자녀를 살리는 부모 기도

주 예수 그리스도의 은혜와 평강이 넘치기를
기도하며 이 책을 드립니다.

자녀를 살리는 부모 기도

초판 1쇄 발행   2019년 11월 25일
초판 3쇄 발행   2023년 7월 20일

지은이   차영희
그린이   나54.7

펴낸이   박종태
펴낸곳   비전북
출판등록   2011년 2월 22일 제2022-000002호

주소   경기도 파주시 월롱산로 64 (야동동)
전화   031-907-3927
팩스   031-905-3927
이메일   visionbooks@hanmail.net

책임편집   강인구
디자인   참디자인
마케팅   강한덕 박상진 박다혜 전윤경
관리   정문구 정광석 박현석 김신근 정영도
경영지원   김태영 최영주
인쇄 및 제본 예림인쇄

공급처   (주)비전북
전화   031-907-3927
팩스   031-905-3927

ISBN 979-11-86387-34-4 (03230)

자녀를
살리는
부모기도

차영회 지음
나54.7 그림

"기도는 자녀를 위한 최고의 선물입니다"

비전북

아이를
어떻게
키울까?

어떻게 하면 아이가 행복한 삶을 살 수 있을까?

돌아보니 부모가 된 기쁨보다 '아이를 어떻게 키울까?' 하는 걱정과 근심이 더 많았습니다. 아이를 낳았을 때의 기쁨도 잠시 여러 가지 문제에 부딪힐 때마다 허둥거렸습니다. 준비되지 않은 상태에서 '부모'가 되었기 때문에 부모 노릇을 제대로 하지 못했습니다.

아이를 잘 키우고 싶다고 아이가 잘 되기를 바라는 마음만 앞섰습니다. 얕은 지식과 생각만으로 아이를 키우다 보니 상처를 주고, 때로는 상처를 받는 미숙한 부모였습니다. 특히 '신앙을 유산으로 물려주겠다'라는 생각 때문에 좌충우돌했습니다. 말씀으로 양육하고 싶은 열망만 컸지 무엇하나 제대로 한 게 없습니다. 그럼에도 아이가 행복한 삶을 살기를 바라는 마음만은 한결같습니다.

세상의 공격으로부터 자녀를 지켜야 합니다.

부모 노릇이 힘든 시대입니다. 아이들은 우리 세대와는 전혀 다른 문화환경 속에서 살고 있습니다. 세상 문화는 점점 타락해 가고 더 악하게 진화하고 있습니다. 이런 환경 속에서 어떻게 하면 우리 아이들이 세상 문화에 물들지 않고 하나님의 자녀로 살 수 있을까요? 세상의 유혹을 이기고 승리하는 삶을 살 수 있을까요? 세상의 공격을 이기고 하나님의 자녀로 양육할 과제가 우리 부모에게 있습니다.

부모가 깨어있어야 아이가 살아납니다.

부모가 갈피를 못 잡는 사이 아이들은 성장하여 부모의 곁을 떠나고 있습니다. 아쉬움과 후회가 밀려옵니다. 비로소 말씀을 묵상하고 기도하는 것만이 세상과 싸움에서 자녀를 승리케 하는 가장 강력한 무기임을 깨닫습니다.

부모가 깨어있으면 세상의 그 어떤 것도 함부로 아이를 공격하지 못합니다. 하나님께서는 부모에게 많은 것을 원하지 않으십니다. 적은 시간일지라도 매일 자녀를 위해 기도하길 원하십니다.

나의
죄를
회개합니다

저는 자녀를 잘 키운 부모가 아닙니다. 그러므로 이 책은 자녀 양육의 성공담이 아닙니다. 자녀를 올바르게 사랑하지 못한 그리고 제대로 기도하지 못한 미숙한 부모의 회개이자 참회록입니다. 그러나 아직 부모 노릇이 끝나지 않았기에 다시 한번 다잡는 마음을 이 책을 통해서 나누고자 합니다.

부모의 소망은 자녀가 365일 복 있는 자녀로 살아가는 것입니다. 그 일은 매일 하나님께 드리는 3분으로 시작됩니다. 오늘 드린 짧은 시간이 자녀를 살리게 될 것입니다.

진정한 복을 누리며 사는 자녀는 말씀에 뿌리를 내리고 사는 자녀입니다. 세상의 기준에 따라 목표를 달성하고 뜻을 이루는 자녀가 아닙니다. 하나님을 가까이 하고 사랑하는 자녀가 진정한 복을 누리는 자녀입니다.

자녀는 부모의 열심과 헌신만으로 올바르게 자라지 않습니다. 하나님의 은혜가 아니면 불가능한 일입니다. 오늘도 주님의 은혜를 구할 뿐입니다.

(이 책이 만들어지기까지 많은 분의 기도와 도움이 있었습니다. 거친 원고를 다듬으며 초점을 잃지 않도록 도와준 사랑하는 아내, 영적 스승 정태일 목사님, 정기영 목사님, 문서 사역을 격려하면서 후원해 주시는 박종태 장로님, 무엇보다 '기도 밴드'에 올린 글을 읽고 적용하며 성원해 주는 자녀 양육의 동반자 부모님들께 깊은 감사를 드립니다.)

이 책을
사용하는
방법

1. 찬송과 기도로 매일 한 장씩 읽고 묵상합니다.

2. 가능하면 정해진 날짜에 따라 읽되 꼭 그날이 아니어도 괜찮습니다.

3. 책을 읽다가 공감이 가는 부분이 있다면 밑줄을 긋고
   그 부분을 더 묵상하면 좋습니다.
   혹은 생각 나는 부분을 여백에 기록해 놓아도 좋습니다.

4. 어떻게 자녀에게 적용할 것인지 고민하고 기도하며
   실천할 수 있도록 기도합니다.
   이 책을 자신만의 귀한 책으로 만들어 줄 것입니다.

5. 매일 읽지 못해도 괜찮습니다.
   포기하지 않고 이 책을 마친다면 하나님의 큰 은혜가 임할 것입니다.

6. 또래 자녀가 있는 부모들과 함께 묵상하고 실천한 내용을
   나눠보는 것도 좋은 방법입니다.

함께 길을 가는
부모들의 이야기

1. 막힌 숨을 쉬게 해 주는 메시지

어느 해 늦겨울, 아이들 문제로 마음이 몹시 춥던 날 목사님을 만났습니다. 얘기를 들어주시고 말씀으로 위로하며 간절히 기도해주셨습니다. 그 후 '기도 밴드'에 때마다 올려주시는 메시지를 읽으며 숨을 조금씩 쉴 수 있었습니다. 『자녀를 살리는 부모기도』가 가슴이 답답한 부모들의 숨을 쉬게 할 산소 같은 역할을 하리라 생각합니다. 이선녀(영락교회. 서울)

2. 삶 속에서 구체적으로 적용할 수 있는 책

자녀가 행복한 삶을 살았으면 하는 부모의 바람은 같습니다. 어떤 삶이 행복한 걸까요? 자녀는 부모의 거울이라고 합니다. 부모가 먼저 주변의 상황과 상관없이 하나님 나라의 삶을 보여줘야 자라나는 자녀들도 하나님 안에서 올바르게 자라갈 것입니다. 삶에 구체적으로 적용할 수 있는 귀한 책을 써 주신 목사님께 감사드립니다. 이월영(어린이학교 교장. 경기 포천, 『장화 신고 국회 가요』 저자)

3. 아이를 소중한 존재로 알게 해 준 글

아이를 열성과 정성을 다해 키웠지만, 아이와 갈등으로 죽고 싶을 만큼 심한 우울감에 빠졌습니다. 그때 목사님의 글을 붙잡고 기도했습니다. 그 과정을 통해 제 안에 어둡고 그늘진 생각들이 사라졌습니다. 오늘도 아이가 엄마의 기도 소리만큼 자랄 것을 생각하니 거룩한 사명감마저 느껴집니다. 김선이(옥천 중앙침례교회. 충북 옥천)

4. 자녀를 위한 기도 실천에 도움을 주는 책

제목만으로도 필요성을 실감하는 책입니다. 자녀를 위해 기도한다고는 하지만 자주 잊게 됩니다. 기도마저 내 욕심대로 할 때, 이 책은 365일 자녀를 위해 기도해야 할 부모의 사명을 일깨워줍니다. 자녀들의 영혼을 위해 그분께 집중하는 기도. 실천에 도움을 주는 책입니다. 한기호(서울 성공회 주교좌성당. 경기 부천, 『매콤달콤 맛있는 우리 고전 시가』 저자)

5.자녀를 복 받게 하는 부모의 365일 기도

『꼭꼭 씹어 먹는 성경 시리즈』를 쓰신 목사님이 믿음의 가문을 세워가기를 소망하는 부모들에게 지표로 삼을 1년 365일 말씀을 담아 주셨습니다. 『자녀를 살리는 부모기도』를 통해 하나님께서 자녀의 삶을 구별된 자로 세우시며 회복하게 하실 것입니다. 그리고 쉴만한 물가로 인도해 주실 것입니다. 송금례(동행교회. 경기 과천, 『우리 집에 온 태교 선생님』 저자)

6. 방황과 절망 속에서 찾은 소망

몇 년 전, 자녀 문제로 깊은 절망 속에 빠졌던 때가 있었습니다. 방황하고 있을 때 목사님의 글을 통해 위로와 소망을 얻었습니다. 지금도 아이는 여전히 크고 작은 문제 속에 있지만 기도하며 기다릴 수 있는 여유를 얻었습니다. 이 책이 더 많은 부모님의 손에 들려지길 소망합니다. 김명남(제천 남부감리교회. 충북 제천)

7. 부모 노릇을 잘 감당하기를 바라는 분들께

자녀 양육은 머리와 마음이 따로인 것 같습니다. 하나님께서는 부모가 하나님의 사랑과 성품으로 변화되라고 자녀를 주셨습니다. 그런 의미에서 『자녀를 살리는 부모기도』는 부모가 먼저 그리스도의 성품을 닮아가도록 합니다. 부모 노릇을 잘 감당하기를 갈망하는 부모님들께 꼭 필요한 책입니다. 박현경(여천 무학교회. 전남 여수)

8. 자녀를 영적으로 살리는 훈련 도구

그동안 목사님이 나눠 주시는 글을 다른 부모들과 함께 나누고 기도 제목으로 삼았습니다. 이를 통해 매일 자녀를 위해 기도하며 하나님의 뜻을 찾고 부모의 욕심을 버리는 계기가 되었습니다. 『자녀를 살리는 부모기도』를 통해 자녀를 영적으로 세워가는 청지기 부모가 되기를 바랍니다. 백진희(생명샘교회 교육전도사. 경기 용인)

9. 엄마들의 막힌 마음을 뚫어주는 글

목사님은 엄마들의 막힌 마음을 유쾌하게 뚫어주십니다. 그러면서도 하나님의 긍휼하심이 부모에게 임하도록 함께 울어주십니다. 그동안『꼭꼭 씹어먹는 성경 시리즈』,『묵상하는 엄마 꿈을 찾는 아이』 등의 책으로 자녀 양육에 큰 도움을 받았습니다. 이 책 또한 막힌 부모의 마음을 시원하게 해주는 좋은 친구가 될 것입니다. 염희경(영은교회. 서울)

10. 좋은 부모의 길을 안내하는 한편의 서사시

예측하기 어려운 4차산업혁명 시대에 우리는 어떻게 살아갈까? 불확실한 미래를 살 자녀를 어떻게 키워야 할 것인가? 답은 하나님 말씀에 있습니다. 말씀이 자녀에게 세상을 이기고 이끌어갈 능력을 줍니다. 이 책은 하나님의 영광을 드러내는 자랑스러운 자녀로 양육하는 길을 안내하는 한편의 서사시입니다. 김재평(광동교회 담임 목사. 강원 삼척)

11. 부모 됨이 필요한 사람을 위한 안내서

완벽한 부모를 꿈꾸었지만, 엄마가 되고 나니 그런 부모는 없다는 것을 깨달았습니다. 부모로서 자신감을 잃었을 때 목사님을 통해 실수조차 사용하시는 사랑의 하나님을 만났습니다. 이 책은 부모 됨이 필요한 사람들에게 꼭 필요한 안내서입니다. 성지은(목동제일교회. 서울)

12. 기준과 방향을 제시

자녀는 부모의 기도로 성장해 갑니다. 성경에는 "쉬지 말고 기도하라"라고 기록되어 있습니다.『자녀를 살리는 부모기도』는 기도를 해야 하는 부모에게 올바른 기준과 방향을 보여주고 있습니다. 그리고 날짜에 맞춰 책을 읽으며 기도를 할 수 있어서 큰 도움을 받을 수 있습니다. 이종삼(꿈의 학교 교장. 충남 서산)

* 이 책에서 인용된 성경 구절은 대한성서공회에서 발행한 개정개역4판 성경을 사용했습니다.

목차

아이를 **어떻게** 키울까? · 4

나의 죄를 **회개**합니다 · 5

이 책을 사용하는 **방법** · 6

함께 길을 가는 **부모들의 이야기** · 7

1월 ○ 새로운 시작 앞에서

새해 자녀를 축복하는 기도 · 18

사탄의 방해가 있습니다 · 19

자녀 양육의 첫걸음, 정체성 · 20

자녀 양육 첫걸음, 소명 · 21

그래도 이루어지기를 구하십시오 · 22

부모는 청지기입니다 · 23

부모는 선택해야 합니다 · 24

자녀를 축복하십시오 · 25

자녀 양육은 영적 전쟁입니다 · 26

존엄성을 가르치십시오 · 27

교육의 목표를 분명하게 · 28

올바른 방향을 향하여 · 29

묵상으로 찾아가는 자녀 양육 · 30

축복을 가로막는 담 · 31

더 크고 높은 소망을 두십시오 · 32

부모가 약할 때 자녀는 강해집니다 · 33

소망을 하나님께 두십시오 · 34

진정한 내려놓기 · 35

큰 사람을 만드시는 하나님 · 36

인생의 방향을 바꾸는 쉼표, 기도 · 37

인생의 목표를 정하기 전에 · 38

하나님의 일하심을 기대하십시오 · 39

하나님 앞에 서야 합니다 · 40

"나는 너희의 하나님이라" · 41

희미한 길을 열어가며 · 42

부모는 복의 통로입니다 · 43

성경에 바탕을 둔 양육의 핵심 · 44

우선순위는 성경적 자녀 양육입니다 · 45

예수님을 만남이 축복입니다 · 46

잠언에서 배우는 자녀 양육 · 47

다시 사명 앞에서 · 48

2월 ㅇ 기다린 끝에 오는 봄

기다린 끝에 봄이 옵니다 · 50
믿음으로 기다리십시오 · 51
꼭대기를 갈망하지 마십시오 · 52
멋진 부모와 악한 부모 · 53
생명의 근원은 말씀입니다 · 54
기도로 자라는 자녀 · 55
우리는 그루터기입니다 · 56
아무것도 할 수 없을 때 · 57
할 수 있는 것을 하십시오 · 58
비판하기 전에 따뜻한 마음을 · 59
근심하지 마십시오 · 60
자녀의 영적 귀를 열어 주십시오 · 61
다른 교훈에 끌리지 마십시오 · 62
대가를 지급해야 합니다 · 63

포기할 수 없는 꿈 · 64
되돌아오는 화살을 쏘지 마십시오 · 65
꿈이 없다고 보채지 마십시오 · 66
부모는 파수꾼입니다 · 67
매일 뿌리쳐야 합니다 · 68
특별한 은혜를 사모하십시오 · 69
버려야 할 보상 심리 · 70
소망은 행하는 것입니다 · 71
기도 소리만큼 자라는 자녀 · 72
소망을 예수 그리스도께 두십시오 · 73
부모가 져야 할 십자가 · 74
이중 언어는 불순종입니다 · 75
하나님 나라를 소망하며 · 76
하나님과 동행하는 삶 · 77

3월 ㅇ 부모도 자랍니다

부모도 자라야 합니다 · 80
은혜의 보좌 앞으로 나갑니다 · 81
잔소리에서 벗어나려면 · 82
빵이 목적이 아닙니다 · 83
걱정과 잔소리 · 84
시냇가에 심은 나무처럼 · 85
다툼으로 자녀를 이기지 마십시오 · 86
바쁜 일상 속의 게으름 · 87
뒤끝 없는 화풀이는 없습니다 · 88
급할수록 천천히 · 89
은혜를 경험하십시오 · 90
온유한 부모의 자녀가 행복합니다 · 91
자존심을 벗으면 온유해집니다 · 92
가르침이 우선이 아닙니다 · 93
자녀는 부모를 하나님께로 이끄는 통로 · 94
자녀의 마음을 읽는 부모 · 95

부르심의 자리, 부모 · 96
꿈꾸는 부모, 꿈꾸는 자녀 · 97
균형 있는 성장의 중심추 · 98
부모는 단순해야 합니다 · 99
빨리 듣고 천천히 말하십시오 · 100
말 잘 듣는 자녀보다는 · 101
말씀의 생수가 없으면 · 102
부족함이 없게 하소서 · 103
눈을 열어주소서 · 104
잘못된 관심을 버리십시오 · 105
자녀와 대화 기술은 사랑입니다 · 106
자신을 바라봅니다 · 107
섣불리 판단하지 마십시오 · 108
준비된 말을 하십시오 · 109
하나님의 마음으로 자녀를 보십시오 · 110

4월 ○ 흔들리는 믿음 앞에서

흔들리는 믿음 앞에서 · 112
자책하지 마십시오 · 113
믿음으로 맹세하지 마십시오 · 114
죄를 미워해야 합니다 · 115
낮은 자리로 다시 나갑니다 · 116
마음과 생각이 더 중요합니다 · 117
깨어짐에서 완전함으로 · 118
무거운 짐으로 지칠 때 · 119
깨어 있어 담을 만들지 마십시오 · 120
평범한 일상이 큰 은혜입니다 · 121
내 짐이 점점 무거워질 때 · 122
십자가에서 눈을 떼면 · 123
자녀 양육은 하나님의 임재 현장입니다 · 124
넘을 수 없는 벽 앞에서 · 125
자녀가 내 뜻대로 안 될 때 · 126
자녀가 부모의 믿음을 흔들 때 · 127

마음이 흔들릴지라도 · 128
부모는 용사입니다 · 129
조용히 예수께 내려놓으십시오 · 130
자신을 먼저 돌아보십시오 · 131
하나님의 뜻을 구하십시오 · 132
껍데기는 버려야 합니다 · 133
자녀의 넘어짐, 넘치는 은혜 · 134
부모에게 십자가의 고난이란 · 135
내 생각이 담입니다 · 136
믿음으로 저항하십시오 · 137
가장 큰 담은 자신입니다 · 138
겨자씨만 한 믿음 · 139
내 모습 이대로 받아 주소서 · 140
동역자를 구하십시오 · 141
어떻게 사랑하십니까? · 144

5월 ○ 어떻게 사랑하십니까?

가정은 영적 공동체입니다 · 145
하나님 되심을 인정합니다 · 146
눈치 보지 마십시오 · 147
구원의 하나님을 기뻐합니다 · 148
하나님께 먼저 물으십시오 · 149
하나님의 이름을 속이지 마십시오 · 150
깨물어 덜 아픈 손가락이 있습니다 · 151
하나님이 우리의 중심을 보시듯 · 152
부모를 위한 기도 · 153
사랑은 삶의 힘입니다 · 154
터널 같은 길을 지날 때 · 155
하나님을 경외하여 받는 복 · 156
가정을 움직이는 원리 · 157
사랑을 기억하십시오 · 158
가정을 지키는 12가지 믿음의 고백 · 159
하나님 사랑합니다 · 160

하루에 1분이라도 입에 말씀을 · 161
먼저 사랑하심 · 162
자녀를 망치는 길 · 163
자녀는 기쁨입니다 · 164
집착은 사랑이 아닙니다 · 165
말씀이 생각나야 합니다 · 166
항상 기뻐하십시오 · 167
마음의 눈으로 보십시오 · 168
자녀를 품는 부모의 마음 · 169
가장 먼저 깨달아야 할 일 · 170
균형 있는 자녀 양육 · 171
힘을 다하는 청지기의 마음 · 172
부모를 공경하십시오 · 173
자녀를 위하여 울기 전에 · 174

6월 ○ 노를 젓되 키를 맡기십시오

노를 젓되 키를 맡기십시오 · 176
오직 예수를 바라봅니다 · 177
욕심과 탐욕 사이 · 178
원하는 것은 끝이 없습니다 · 179
짜증은 죄로 이어집니다 · 180
꿈을 강요하지 마십시오 · 181
중심에 하나님이 계십니다 · 182
문제 해결이 초점이 아닙니다 · 183
근심 걱정에 매이지 마십시오 · 184
딱 맞는 부모와 자녀는 없습니다 · 185
소유권을 주장하지 마십시오 · 186
힘을 빼면 강해집니다 · 187
자신을 분명히 알아야 합니다 · 188
사랑과 권위의 혼동 · 189
고요할 때 기도합니다 · 190
부모가 평안해야 합니다 · 191

자녀를 신뢰한다는 것은 · 192
양육의 핵심은 자녀가 아닙니다 · 193
자녀 양육은 상상력입니다 · 194
생각을 바꾸는 자녀 양육 · 195
손에서 놓아야 멀리 날아갑니다 · 196
비교하는 마음을 다스려야 합니다 · 197
예수님의 마음으로 살아가기 · 198
주인과 똑같은 기쁨을 누리십시오 · 199
하나님을 알 때 자존감이 높아집니다 · 200
교육만으로 변화되지 않습니다 · 201
자녀를 사랑한다는 것은 · 202
마음이 열리기를 구하십시오 · 203
마땅히 두려워할 자를 두려워하십시오 · 204
성경을 무시한 하나님의 뜻은 없습니다 · 205

7월 ○ 자녀는 말씀이 성취되는 과정

자녀는 말씀이 성취되는 과정입니다 · 208
믿음으로 고백합니다 · 209
사람을 판단하는 기준 · 210
우연이 아닙니다 · 211
하나님을 기다리십시오 · 212
자녀를 부유케 하는 길 · 213
모든 것이 풍족한 삶 · 214
버려야 얻습니다 · 215
부모의 입에서 자녀의 입으로 · 216
자녀를 가르치기에 앞서 · 217
우리는 행복한 사람입니다 · 218
부르심에 응답하게 하십시오 · 219
실수를 미래와 바꾸지 마십시오 · 220
자신을 사랑하십시오 · 221
헛된 예언에 속지 마십시오 · 222
더 많은 요구에 감사합니다 · 223

하나님의 약속을 믿으십시오 · 224
막연한 기대를 버려야 합니다 · 225
자녀가 부모를 택했습니다 · 226
오래 참음으로 기다리십시오 · 227
예수 그리스도를 만난다는 것 · 228
이렇게 자녀를 축복하십시오 · 229
부모의 손길은 따뜻해야 합니다 · 230
하나님을 기쁘시게 하는 자녀 · 231
입증하지 않아도 됩니다 · 232
말씀으로 즐거운 자녀 · 233
자녀 양육은 부모의 경건 훈련입니다 · 234
말씀에 순종하는 큰 사람 · 235
믿음은 선물입니다 · 236
은혜 위에 은혜를 구하십시오 · 237
자녀는 주님의 증거입니다 · 238

8월 ○ 이기는 싸움

이기는 싸움을 시작하십시오 · 240
대상을 분명하게 알아야 합니다 · 241
부는 바람을 두려워 마십시오 · 242
부모는 연약합니다 · 243
하나님의 영을 가득 채우십시오 · 244
자녀를 빼앗기지 맙시다 · 245
고난 중에 만나는 하나님 · 246
우상 숭배를 피하십시오 · 247
이기는 것만이 승리가 아닙니다 · 248
부모가 분노해야 할 것 · 249
영향력은 하나님으로부터 옵니다 · 250
권세 있는 하나님의 자녀 · 251
본질을 분별하십시오 · 252
이긴다는 것의 의미 · 253
말씀으로 자유로운 삶 · 254
자녀 양육의 비법 · 255

하나님 사랑으로 사랑하십시오 · 256
자녀로부터 자유로운 부모 · 257
누구로부터 영향을 받고 있습니까? · 258
기준이 분명해야 합니다 · 259
약한 것을 자랑하십시오 · 260
나의 우는 소리를 들으소서 · 261
자존심을 지킵시다 · 262
실패를 넘어서 바라보십시오 · 263
소망을 품으십시오 · 264
가장 좋은 것을 주십니다 · 265
권위를 잃지 마십시오 · 266
영적 성장을 이루십시오 · 267
함부로 말하지 마십시오 · 268
생각하는 부모가 되십시오 · 269
자신을 속이지도 말고 속지도 마십시오 · 270

9월 ○ 주님 손에 드리십시오

주님 손에 드리십시오 · 272
행동에 따라 반응하지 마십시오 · 273
감사와 은혜로 누리는 삶 · 274
순수한 것을 원하시는 하나님 · 275
자녀도 죄인임을 인정해야 합니다 · 276
믿음의 환경을 만드십시오 · 277
자녀 양육과 돈 · 278
행위를 가르치십시오 · 279
안전한 길로 가십시오 · 280
하나님이 원하시는 부모의 의무 · 281
삶을 물려주십시오 · 282
창조주 되시는 하나님의 선언 · 283
하나님께서 쓰시는 자녀 · 284
연약함은 부끄러움이 아닙니다 · 285
여호와 이레의 길 · 286
자녀를 향한 하나님의 뜻 · 287

솔직하게 구하십시오 · 288
어루만져 주는 친구를 두십시오 · 289
주체가 누구입니까? · 290
하나님의 자녀입니다 · 291
상처 받으시는 하나님 · 292
기도 응답은 하나님의 주권입니다 · 293
그럼에도 자녀는 기쁨입니다 · 294
상처를 꿰매시는 하나님 · 295
복되고 형통한 삶을 구하십시오 · 296
자녀를 잘 키운다는 것은 · 297
뿌리를 어디에 내리고 있나요? · 298
분노는 '상처 입은 나'의 표현입니다 · 299
하나님께 도움을 구하십시오 · 300
부모는 빛이 아닙니다 · 301

10월 ○ 실패는 없습니다

실패는 없습니다 · 304
삶의 기쁨은 선물입니다 · 305
열매를 기다리며 · 306
불안의 끝에서 기적을 경험하십시오 · 307
상처를 치유하는 십자가 · 308
용기와 믿음으로 이겨냅시다 · 309
자녀의 열매를 보는 때 · 310
심은 대로 거둡니다 · 311
좋은 땅은 없습니다 · 312
자족함은 감사입니다 · 313
부족한 것이 문제가 아닙니다 · 314
훈계를 두려워 마십시오 · 315
은혜라 말할 수 없는 은혜의 때 · 316
부족함에서 행복은 시작합니다 · 317
체면보다 귀한 것을 택하십시오 · 318
하나님의 위로를 구하십시오 · 319

맞서 싸우십시오 · 320
하나님으로부터 용기를 얻으십시오 · 321
열매를 원한다면 일하십시오 · 322
모든 것에 감사하십시오 · 323
울며 씨를 뿌리십시오 · 324
자녀가 우선이 아닙니다 · 325
신앙 교육의 성과주의를 버리십시오 · 326
은혜를 입을수록 · 327
하나님과 자주 대면하십시오 · 328
능력의 하나님을 바라봅니다 · 329
진실한 부모가 되길 소망합니다 · 330
하나님 없는 자신감은 죄입니다 · 331
먼저 하나님을 사랑하십시오 · 332
사랑한다면 훈계하십시오 · 333
진정한 복을 구하십시오 · 334

11월 ○ 그래도 가야 할 길

그래도 가야 할 길 · 336
자녀는 자랑이 아니라 감사입니다 · 337
멍에를 감사함으로 지십시오 · 338
혼자가 아닙니다 · 339
긍휼은 오직 하나님께 달려 있습니다 · 340
부모로서 자신감을 가집시다 · 341
하나님의 영광을 위하여 · 342
받은 은혜를 되새겨 보십시오 · 343
부모의 자리를 잊지 마십시오 · 344
지금이라도 씨앗을 뿌려야 합니다 · 345
한 번도 가보지 않은 길 · 346
헛된 인생은 없습니다 · 347
믿음의 계보가 이어지기를 소망하며 · 348
'알고도'의 아픔이 있습니다 · 349
부모를 향하신 하나님의 뜻 · 350
오직 주만 바라봅니다 · 351

포기하지 않으시는 하나님 · 352
결과를 예단하지 마십시오 · 353
기다림이 깊어질수록 · 354
희망이 사라질 때 · 355
부모의 책임은 어디까지일까요? · 356
과거에 발목 잡히지 마십시오 · 357
기다림은 때를 준비하는 것입니다 · 358
열매는 부모의 것이 아닙니다 · 359
부모가 있어야 할 자리 · 360
부모를 정결케 하는 고난 · 361
삶을 풍요롭게 하는 것 · 362
어리석은 자녀는 부모의 책임입니다 · 363
사랑의 깊이가 다릅니다 · 364
하나님의 영광을 가로채지 마십시오 · 365

12월 ○ 하나님의 때를 기다리십시오

하나님의 때를 기다리십시오 · 368

우리가 소망을 두어야 할 곳은 · 369

오직 하나님을 위하여 · 370

이 길 끝까지, 함께 · 371

평안을 추구하십시오 · 372

묵상은 싸움입니다 · 373

시간이 많지 않습니다 · 374

잠시 멈추십시오 · 375

간구에 늦음이란 없습니다 · 376

평안의 미래를 바라보십시오 · 377

사람이 정한 때를 두려워하지 마십시오 · 378

인생 최고의 선물, 자녀 · 379

완벽한 부모는 없습니다 · 380

끝까지 견디는 자에게 주시는 은혜 · 381

'적당한 때'가 은혜입니다 · 382

선교의 끝은 자녀입니다 · 383

자녀의 길을 예비하십시오 · 384

마침내 이길 것입니다 · 385

돌을 세우는 부모가 되십시오 · 386

모든 것이 하나님 은혜입니다 · 387

주여 기다립니다 · 388

말씀은 늘 가까이 있습니다 · 389

부모의 책임을 기억하십시오 · 390

지켜보시는 하나님이 계십니다 · 391

오직, 하나님의 이름으로 나가십시오 · 392

하나님을 아는 것이 성공입니다 · 393

하나님과 동행한다는 것은 · 394

지금을 감사함으로 누리십시오 · 395

지금 꿈을 꿔도 될까요? · 396

구하는 기도, 행하는 기도 · 397

장차 나타날 영광을 기대하십시오 · 398

1월

새로운 시작 앞에서

새해 자녀를 축복하는 기도

하나님 우리 아버지와 주 예수 그리스도로부터 은혜와 평강이 너희에게 있을지어다_에베소
서 1장 2절

전능하신 아버지 하나님, 그 이름으로 자녀를 축복합니다.

머리를 축복합니다. 말씀을 깨닫는 지혜를 주시고 하나님의 자녀로 살아가는
데 필요한 모든 것을 배우고 익히게 하소서.

눈을 축복합니다. 악하고 더러운 것 보지 않게 하시고 아름다운 것들만 보게 하
시고 나이 들어도 시력이 흐려지지 않아 주님의 말씀을 늘 읽게 하소서.

귀를 축복합니다. 유혹하는 말과 거짓된 소리를 듣지 않으며, 세미한 주님의 음
성을 듣고 아픈 이의 신음과 배고픈 자의 소리를 듣게 하소서.

입을 축복합니다. 거칠고 악한 말 대신 덕스러운 말을 하게 하시고 불평과 불만
보다 감사와 찬양하는 입술이 되게 하소서. 음식을 탐내는 입이 되지 않게 하소서.

손을 축복합니다. 남의 것을 빼앗는 손이 아니라 베풀고 나누며, 사랑을 전하는
손길 되게 하소서.

발을 축복합니다. 악인의 꾀를 따르지 않고 하나님의 말씀과 동행하여 주님 말
씀 전하는 발되게 하시고, 겸손한 자리에 머무는 발이 되게 하소서.

오장육부를 축복합니다. 장기의 모든 기능이 늘 정상적으로 움직이게 하시고
특별히 소화기관을 축복하셔서 음식을 잘 소화하게 하여 건강한 몸을 유지하게
하소서.

마음을 축복합니다. 오직 하나님만 사랑하는 풍요한 마음 되게 하시고, 형제자
매를 사랑하고 부모에게 순종하는 겸손한 마음을 갖게 하소서.

 날마다 자녀를 축복하며 기도하는 부모 되게 하소서.

사탄의 방해가 있습니다

그러나 내가 가는 길을 그가 아시나니 그가 나를 단련하신 후에는 내가 순금같이 되어 나오리라_욥기 23장 10절

'자녀를 말씀으로 키우고자 하는데 고난이 닥칠 수 있을까?'

그럴 수 있습니다. 자녀를 키우면서 큰 잘못을 하지 않아도 고난의 풀무 불 속에 있을 수 있습니다. 알 수 없는 일들로 고통을 당하기도 합니다. 이는 부모가 특별히 선하지 못하거나 의롭지 못해서 생기는 일들이 아닙니다.

성경의 수많은 인물이 선하고 의로움에도 고난과 순교의 길을 걸었습니다. 포로로 잡혀갔던 다니엘, 눈물의 선지자 예레미야, 순교자 스데반, 평생 가시밭길을 걸었던 사도 바울 등 헤아릴 수 없이 많습니다. 욥도 진실하고 하나님을 경외하는 사람이었지만 고난을 겪었습니다.

우리의 신앙생활도 그렇습니다. 기도와 찬양의 자리를 떠나지 않고 있음에도 이유를 알 수 없는 일들로 고통을 당하기도 합니다.

원인을 명백하게 밝힐 수는 없지만 분명한 것은 하나님의 자녀를 키우는 데 사탄의 방해가 있다는 것입니다. 사탄은 자녀가 하나님 나라의 백성으로 자라게 그냥 놔두지 않습니다.

사탄의 온갖 계략이 자녀와 부모를 힘들게 하고 걸림돌을 만듭니다. 그러나 이런 일들은 하나님께서 사탄보다 못해서 발생하는 일이 아닙니다. 오히려 하나님께서는 부모와 자녀를 사랑하셔서 허락하신 것입니다.

사탄의 방해는 부모에게 있는 불순물을 제거하고 순금처럼 단단한 믿음을 갖게 합니다. 하나님의 사랑을 더욱 확신하게 됩니다. 부모는 자녀로 인한 고난을 통해서 하나님께서 자녀를 보내신 뜻을 깨닫게 됩니다.

 주님, 자녀 양육을 방해하는 사탄을 두려워하지 않고, 그 어떤 방해에도 가던 길을 절대 포기하지 않도록 도와주소서.

자녀 양육의 첫걸음, 정체성

그가 대답하되 나는 히브리 사람이요 바다와 육지를 지으신 하늘의 하나님 여호와를 경외하는 자로라 하고_요나 1장 9절

'나는 누구인가?'

정체성에 대한 질문입니다. 이 질문에 자녀가 분명한 대답을 하도록 하는 것이 자녀 양육의 첫걸음이며 또한 끝 지점입니다.

정체성은 삶을 살아가는 원동력을 제공합니다. 그래서 사람들은 이 질문의 답을 찾기 위해서 수많은 노력을 합니다. 공부하고, 외모를 가꾸고, 재물을 모으고, 명예와 권력을 얻고자 애를 씁니다.

그러나 이렇게 얻은 정체성은 언제든지 흔들리고 무너질 수 있습니다. 인간 존재에 대한 근원의 해답을 주지 못하기 때문입니다. 실제로 평생을 노력하여 지위와 명성을 얻었지만, 행복을 누리는 사람들은 많지 않음을 볼 수 있습니다.

그렇다면 우리의 정체성을 어디에서 찾아야 할까요? 부모는 자녀에게 정체성을 어떻게 심어 줄 수 있을까요? 정체성은 성경에 있습니다.

요나는 정체성이 분명한 사람이었습니다. 바다에서 큰 폭풍을 만난 사람들이 요나를 둘러싸고 묻습니다. "네가 어디서 왔으며 네 나라가 어디며 어느 민족에 속하였느냐?" 곧 "너는 누구냐?"라는 질문입니다. 그때 요나는 "나는 천지를 지으신 하나님을 경외하는 히브리 사람이다"라고 분명하게 말합니다. 이 대답은 "나는 하나님의 자녀이다"라는 고백과 같습니다.

우리 인생길과 자녀의 앞길에도 크고 작은 폭풍이 있습니다. 그때 자녀의 정체성이 분명하다면 인생길을 방황하지 않습니다. 처한 상황과 상관없이 하나님은 여전히 우리를 사랑하고 계시며 우리는 하나님의 자녀라는 것을 잊지 않게 됩니다.

주님, 자녀가 확고한 정체성을 가지고 살아갈 수 있도록 말씀을 가르치는 부모가 되길 소망합니다.

자녀 양육 첫걸음, 소명

내가 또 주의 목소리를 들으니 주께서 이르시되 내가 누구를 보내며 누가 우리를 위하여 갈꼬 하시니 그때에 내가 이르되 내가 여기 있나이다 나를 보내소서 하였더니_이사야 6장 8절

'하나님께서 나를 왜 부르셨을까?'

사람들은 자신의 소명에 대해서 궁금해합니다. 부르심은 어머니 몸에서 태어나는 출생과 더불어 또 다른 영적 출생이기 때문입니다. 그리스도인에게 소명은 그만큼 중요합니다. 분명한 것은 모든 사람은 하나님의 특별한 부르심을 받고 태어난다는 사실입니다.

여기에 약간의 오해가 있습니다. 부르심을 드러나는 현상에 초점을 둘 때 생기는 오해입니다. 다메섹으로 가던 사울처럼 부르심을 받는 장면을 떠올립니다. 이사야, 예레미야, 다니엘처럼 이상 현상을 통해서 부르심을 받는다고 생각합니다. 아주 틀린 것은 아닙니다. 하나님께서는 특정한 사람을 부르실 때 우리가 이해할 수 없는 방법을 통해서 부르시기도 합니다.

그러나 현상에 초점을 두는 것은 옳지 않습니다. 이미 하나님의 자녀는 모두 부르심을 받았습니다. 하나님께서 생육하고 번성하여 모든 생물을 다스리라고 우리를 부르셨습니다. 그리고 우리를 부르신 또 다른 이유는 복음입니다.

우리는 모두 태어날 때부터 부르심을 받고 태어납니다. 그 소명이 우리 안에 잠들어 있을 때 하나님께서는 다양한 방법을 통해서 깨어나게 하십니다. 말씀을 읽다가 또는 찬양을 부르다가, 기도하다가, 혹은 아름다운 자연을 보다가, 누군가의 이야기를 듣다가 등등 사람의 성품과 형편에 맞게 하나님께서는 우리의 부르심을 깨닫게 하십니다.

직업(달란트, 은사)도 마찬가지입니다. 어떤 일을 하고 있느냐보다 그 일을 통해서 하나님의 부르심에 응답하고 있느냐가 더욱 중요합니다.

주님, 말씀으로 자녀를 양육하는 것이 하나님의 부르심에 순종하는 부모의 첫걸음임을 알고 순종하게 하소서.

05

그래도 이루어지기를 구하십시오

주 여호와께서 이같이 말씀하셨느니라 그래도 이스라엘 족속이 이같이 자기들에게 이루어 주기를 내게 구하여야 할지라_에스겔 36장 37절

하나님께서는 우리에게 필요한 것을 아시고 넉넉하게 채워 주십니다. 그런데 말씀은 '그래도 구하라'고 하십니다. 예수님께서도 "아버지께 구하는 자에게 좋은 것으로 주신다"라고 말씀하셨습니다(마 7:11).

하나님께서는 이스라엘 백성들이 다시 고향으로 돌아가게 될 것이라고 말씀하셨습니다. 조상들의 땅에서 땅을 일구며 씨를 뿌리고, 곡식이 잘 자라서 추수할 것이 많고, 폐허가 되었던 성에 사람들이 북적거리게 될 것이라고 하셨습니다. 그런데도 "이루어 주기를 내게 구하라"고 말씀하셨습니다. 회복을 약속하셨지만 하나님께 구하라고 하셨습니다.

엘리야에게도 그러셨습니다. 엘리야가 갈멜산에서 비 오기를 일곱 번 기도할 때까지 기다리셨습니다. 하나님은 주시기로 약속하시고 왜 그것이 이루어지기를 기도하라고 하실까요?

첫째는, 하나님 자신을 위해서입니다. 우리는 기도할 때 무엇인가 얻기를 바라는 마음이 있습니다. 그러나 하나님은 기도를 통해서 우리와 친밀해지기를 원하십니다. 기도를 통해서 우리가 좀 더 하나님과 가까워지고 그로 인하여 하나님의 이름이 거룩해지기를 원하십니다.

둘째는, 우리를 위해서입니다. 간절히 구함 없이 모든 것이 넉넉하게 채워지는 삶을 생각해 봅니다. 일하지 않고 모든 것을 풍족하게 쓸 수 있는 삶의 끝은 우리를 하나님과 멀어지게 합니다. 이는 이스라엘 역사를 통해서도 알 수 있고 우리 삶을 잠시만 뒤돌아보아도 알 수 있습니다. 올해도 변함없는 하나님의 은혜로 살아가게 됩니다. 하나님께서는 우리에게 풍성하게 채워 주십니다. 그런데도 기도해야 합니다. 기도는 문제의 해결뿐만 아니라 하나님과 가까워지는 소통의 통로이기 때문입니다.

주님, 자녀의 삶에 부족함이 없이 풍성하게 채워 주소서. 구하는 것에 응답하여 주시니 감사합니다.

부모는 청지기입니다

> 한 집 주인이 포도원을 만들어 산울타리로 두르고 거기에 즙 짜는 틀을 만들고 망대를 짓고 농부들에게 세로 주고 타국에 갔더니_마태복음 21장 33절

사람 사는 게 셋방살이와 같다는 생각을 합니다. 남의 집에 몸과 몇 가지 필요한 물건만 가지고 들어가서 정해진 기한까지 살다가 나가는 내 것이 없는 삶입니다.

포도원을 빌린 농부는 그렇지 않았습니다. 포도원을 자신의 것으로 여기기 시작했습니다. 포도원을 갖고 싶은 욕심이 생겼습니다.

욕심을 넘어선 탐욕이 생겼고 그 틈으로 죄가 들어와 사람을 죽이게까지 되었습니다. 농부가 정해진 세를 내면서 농사를 지었다면 해마다 풍년을 누리며 오래도록 편안하게 살았을 겁니다.

부모에게 자녀는 셋방살이와 같습니다. 자녀를 키우는 모든 과정은 농부가 포도원에서 일하는 것과 같습니다. 농부가 주인에게 세를 내는 것은 포도원지기는 주인이 아니라는 것을 확증하는 것과 같습니다.

부모도 마찬가지입니다. 부모가 자녀를 잘 키워서 자녀가 성공한다고 해도 자녀의 주인은 부모가 아닙니다. 또한 자녀가 부모가 원하는 대로 자라지 않았더라도 자녀의 모습과 상관없이 자녀의 원래 주인은 따로 있습니다. 잠시 빌려서 기쁨을 얻을 뿐인데 문득 욕심이 틈을 탑니다. '자녀가 내 것이 아닐까?'라는 의심을 하게 되고 그 의심은 곧 내 것이라는 확신으로 변하고 셋방살이가 주인이 사는 안방을 넘보게 됩니다.

유혹을 받지 않는 것은 늘 내가 주인이 아님을 깨닫고 고백하는 길밖에 없습니다. 원래 가질 수 없었던 포도원을 잠시 얻어서 탐스러운 포도가 열리는 모습을 볼 수 있으니 기쁘고 감사할 뿐입니다. 자녀에게도 그런 마음을 가졌으면 좋겠습니다.

주님, 자녀의 있는 모습대로 감사하며 사랑하길 원합니다. 원하는 대로 자라고 있지 않더라도 자체만으로도 큰 기쁨이 되게 하시니 감사합니다.

부모는 선택해야 합니다

너희가 섬길 자를 오늘 택하라 오직 나와 내 집은 여호와를 섬기겠노라_여호수아 24장 15절

"네가 우상을 섬길 것인지 하나님을 섬길 것인지 선택하라."

이런 말을 부모가 자녀에게 자신 있게 말할 수 있을까요? 그러기 위해서는 부모가 먼저 하나님을 선택하는 분명한 삶을 살아야 합니다. 부모의 분명한 선택이 틀리지 않았음을 보여 줄 필요가 있습니다.

자녀 양육은 부모의 선택에서 시작됩니다. 부모는 세상의 가치관으로 자녀를 양육할 것인지 기독교 세계관으로 자녀를 양육할 것인지 선택해야 합니다. 그 선택은 오로지 부모에게 달려 있습니다. 하나님께서는 부모에게 자녀를 선물로 주셨지만, 양육 방법까지 강요하지 않으십니다.

부모의 선택은 자유롭습니다. 부모의 의지나 가치관에 따라 하나님의 간섭 없이 방법을 선택할 수 있습니다. 다만 언젠가 하나님 앞에 섰을 때 반드시 부모의 선택에 대한 책임을 져야 합니다.

부모일지라도 자녀에게 강제로 하나님을 선택하게 할 수는 없습니다. 하나님을 섬기며 사는 삶은 억지로 되지 않기 때문입니다.

그러나 부모가 하나님을 섬기며 사는 삶을 보면서 자녀도 자연스럽게 부모를 따라 하나님을 믿게 됩니다. 부모에 대한 믿음은 곧 하나님에 대한 믿음으로 이어집니다.

'자녀를 어떻게 양육할 것인가'는 부모가 선택해야 할 몫입니다. 이 선택은 한 번으로 끝나지 않습니다. 자녀를 키우면서 순간순간마다 해야 합니다. 자녀를 잉태하면서부터 부모의 사명이 다하는 그날까지 이어집니다.

주님, 오늘도 망설임이 없이 하나님을 선택하는 부모가 되게 하소서. 부모의 선택이 자녀에게 복 되게 하시니 감사합니다.

자녀를 축복하십시오

> 야베스가 이스라엘 하나님께 아뢰어 이르되 주께서 내게 복을 주시려거든 나의 지역을 넓히시고 주의 손으로 나를 도우사 나로 환난을 벗어나 내게 근심이 없게 하옵소서 하였더니 하나님이 그가 구하는 것을 허락하셨더라_역대상 4장 10절

하나님께서 부모에게 준 권리 중에서 가장 큰 것은 무엇일까요? 그것은 바로 자녀를 축복하는 권리입니다. 부모가 자녀를 축복하는 것은 권리이자 또한 의무입니다. 권리는 누리는 것이며 의무는 반드시 이행해야 하는 것입니다.

부모가 자녀를 축복하는 것은 기쁨이며 하나님의 말씀에 순종하는 일입니다. 자녀가 복 받기를 원치 않는 부모는 없습니다. 그런데도 자녀를 축복하는 부모는 흔치 않습니다. 그저 막연하게 자녀가 복 받기를 원할 뿐입니다.

부모가 어찌해야 자녀가 복을 받는지 모르는 채 살아갑니다. 자녀를 하나님의 권세로 축복해야 합니다. 현실은 눈코 뜰 새 없이 바쁩니다. 몸은 고단하고 지쳐서 핑곗거리가 쌓여갑니다. 그러나 어떤 핑계를 대어도 그것은 하나님 말씀에 대한 불순종이며 교만입니다.

하나님의 복 없이 자녀가 잘 자랄 수 있다고 생각하는 것만큼 위험하고 헛된 일은 없습니다. 지금 당장 열매가 보이지 않는다고 하여 축복을 하지 않는 것은 말씀을 믿지 못하는 불신앙입니다. 부모의 입술을 통해서 자녀에게 선포된 말씀은 하나님의 시간 속에서 반드시 열매가 맺힙니다.

하나님께서는 역사의 사실 속에 부모가 흔적을 남기도록 초대하고 계십니다. 그 초대에 부모는 당연히 순종해야 합니다. 순종의 열매는 달지만, 불순종의 열매는 쓰고 거칩니다.

자녀를 품에 안고 하나님의 은혜가 자녀에게 넘치도록 자녀를 축복하십시오.

 주님, 자녀를 말씀으로 축복하는 부모가 되길 원합니다. 자녀를 축복하는 일에 힘을 쏟는 부모가 되게 하시니 감사합니다.

자녀 양육은 영적 전쟁입니다

진실로 너희에게 이르노니 무엇이든지 너희가 땅에서 매면 하늘에서도 매일 것이요 무엇이
든지 땅에서 풀면 하늘에서도 풀리리라_마태복음 18장 18절

눈에 보이는 것은 매우 중요합니다. 눈에 보이는 것에 따라서 생각합니다. 그러
나 눈에 보이는 것이 전부는 아닙니다.

눈에 보이는 세상은 눈에 보이지 않는 영적 세계에 영향을 받습니다. 세상의 모
든 일은 영적인 것과 관계를 맺고 있습니다. 눈에 보이는 것은 보이지 않는 것의
영향을 받고 있지만 우리는 눈에 보이는 것만 믿고 살아가려고 합니다.

자녀 양육과 영적인 것과는 어떤 상관이 있을까요? 분명한 것은 자녀가 어머니
의 뱃속에서 잉태되는 순간부터 영적인 관계를 맺는다는 것입니다. 그런데도 부
모는 영적인 세계보다 눈에 보이는 세계에만 관심을 둡니다.

아이들의 행동에 따라 부모의 마음이 변합니다. 아이들의 모습이 중요하지 않
다는 것은 아닙니다. 중요합니다. 아이들의 움직임에 따라 부모가 흔들리는 것은
당연합니다. 그러나 자녀의 모든 행동은 영적인 것과 연결되어 있다는 것을 잊지
말아야 합니다.

몸과 영혼은 따로따로 움직이지 않습니다. 몸의 움직임은 영적인 것에 영향을
주고 영적인 것은 몸의 움직임에 영향을 줍니다. 그렇다고 꼭 집어서 어떤 행동이
영적인 것에 영향을 주고받는다고 규정할 수는 없습니다. 다만 인간은 눈에 보이
는 것보다 보이지 않는 영적인 부분에 더 많이 영향을 받는다는 것을 잊지 말아야
합니다. 영적 상태를 벗어난 부모와 자녀의 삶은 존재하지 않습니다.

그래서 자녀 양육은 영적 전쟁입니다. 눈에 보이는 것보다 눈에 보이지 않는 것
들과의 싸움이 더 치열합니다. 자녀 양육은 자녀가 자랄수록 영적 전쟁의 강도가
점점 강해집니다.

주님, 눈을 열어서 말씀에서 놀라운 진리를 보게 하시고, 눈에 보이는 헛된 것에 영향을
받지 않도록 붙잡아 주세요.

존엄성을 가르치십시오

10

땅에 있는 성도들은 존귀한 자들이니 나의 모든 즐거움이 그들에게 있도다_시편 16편 3절

모든 인간은 귀한 존재입니다. 그래서 인간의 존엄성은 그 어떤 경우에라도 훼손되어서는 안 됩니다. 존엄성은 하나님으로부터 부여받은 것이기 때문입니다.

존엄성이 무너지면 자신의 존재를 하찮게 여깁니다. 자존감이 떨어지고 다른 사람을 무시하고 무례하게 행동합니다. 자신의 존재 가치만큼 상대방을 대하기 때문입니다.

존엄성은 스스로 가질 수 없습니다. 또한 깨달음이 없으면 무가치합니다. 그래서 어려서부터 부모의 가르침이 필요합니다. 자기 자신을 스스로 귀하게 여기는 법을 가르쳐야 합니다. 자기 자신을 귀하게 여기는 것은 타인의 존재 가치를 귀하게 여기는 것에서 출발합니다.

자신만 사랑하는 삶은 사랑과 희락과 화평과 오래 참음과 자비와 양선과 충성과 온유와 절제와 같은 성령의 열매를 맺을 수 없습니다. 자기애가 아닌 타인의 존재 가치를 먼저 인정하도록 가르쳐야 합니다.

부모의 가르침에 따라 자녀는 삶의 방향이 달라집니다. 부모가 자녀를 존귀하게 대하면 자녀는 다른 사람을 존귀하게 대합니다. 부모가 다른 사람을 공경하며 형제를 사랑하는 것을 보면서 자녀도 그렇게 살아갑니다.

부모가 자녀에게 인간의 존엄성에 대해서 가르친다는 것은 자녀를 그렇게 대하는 것에서 출발합니다. 하나님께서 자녀를 존귀하게 여기시는데 부모가 자녀를 함부로 대해서야 되겠습니까? 또한 존귀함을 받은 자녀가 어찌 부모를 공경하지 않으며 다른 사람의 존엄성을 부정할 수 있겠습니까? 부모가 자녀에게 인간의 존엄성에 대해서 가르친다는 것은 말로만 하는 것이 아니라 삶으로 보여 주는 것입니다.

 주님. 예수님께서 우리에게 보여 주셨던 것처럼 자녀에게 말씀과 삶으로 존엄성을 가르치는 부모 되게 하소서.

11

교육의 목표를 분명하게

너는 이 율법의 모든 말씀을 그 돌들 위에 분명하고 정확하게 기록할지니라_신명기 27장 8절

하나님께서는 이스라엘 백성들에게 가나안 땅에 들어가거든 기념비를 세우라고 하셨습니다. 그 이유는 하나님 말씀이 이스라엘의 안내자임을 확실하게 하기 위해서입니다. 요즘은 공부하는 목적을 개인의 출세와 성공에 두고 있습니다. 곧 공부가 취업과 연관되어 있어서 다른 아이들보다 공부를 더 잘해야 더 좋은 곳에 취업할 수 있고 더 많은 것을 누리며 살 수 있다고 믿고 있습니다.

교육을 통해 새로운 것을 배우고 성장하는 것이 아니라 오히려 사람들을 이겨야 하는 경쟁이 되었습니다. 교육을 통해서 나보다 다른 사람들을 먼저 생각하고 이웃을 위해서 사용한다는 논리는 이미 사라진 지 오래되었습니다.

그러나 신명기 6장에서 말씀하신 교육 목표는 하나님을 경외하고 사랑하도록 가르치는 것입니다. 먼저 하나님을 사랑하도록 가르치는 것이 교육의 목표가 되어야 합니다. 하나님 말씀은 우리 마음에 새겨진 인생의 길을 비추는 등불입니다. 이 말씀은 자녀 양육의 목적을 분명하게 합니다.

믿음의 부모는 자녀의 교육을 통해서 이르고자 하는 도착지점이 다릅니다. 물질이 우상이 되고 인본주의가 판을 치는 시대에 이를 실천한다는 것이 쉽지는 않습니다. 그러나 하나님 말씀은 우리가 실천하든 안 하든 예나 지금이나 변하지 않는 진리입니다.

자녀에게 세상의 학문과 지식을 가르치기 전에 먼저 하나님을 경외하고 사랑하라고 가르치는 것이 부모에게 주어진 사명입니다. 이 목표와 방향이 흔들리지 않아야 합니다. 이것이 흔들리면 세상의 가치와 하나님 나라의 가치 사이에서 길을 잃게 됩니다. 출발선에서 가고자 하는 곳을 명확하게 정해야 목적지에 무사히 도달할 수 있습니다.

주님, 부모와 자녀가 함께 해야 할 것은 하나님을 사랑하고 경외하는 것임을 잊지 않게 하소서.

올바른 방향을 향하여

네가 씨를 뿌려도 추수하지 못할 것이며 감람 열매를 밟아도 기름을 네 몸에 바르지 못할 것
이며 포도를 밟아도 술을 마시지 못하리라_미가 6장 15절

농부가 봄에 씨를 뿌리고 여름 내내 열심히 일했음에도 가을에 열매를 얻지 못한다면 참으로 억울하고 참담한 일입니다. 이는 주님의 이름으로 귀신을 쫓아내며 많은 권능을 행하였지만 주님으로부터 "불법을 행하는 자"(마 7:23)라는 말을 듣는 것과 같습니다.

주님을 위해서 열심히 일했다고 생각했는데 주님을 만났을 때 "나는 너를 모른다"라는 말을 들을 수도 있습니다. 하나님의 뜻대로 행하지 않았기 때문입니다.

우리는 살아가면서 '먹어도 배부르지 못하고 항상 속이 빈' 상황을 만나지 말아야 합니다. 그것만큼 헛되고 억울하고 분한 일은 없습니다.

자녀 양육도 그렇습니다. 부모가 온 힘을 다해 양육했지만 그 열매를 얻지 못할 수도 있습니다. 열매는 풍성하지만, 주님께 인정받지 못할 수도 있습니다.

그 열심과 방향이 틀렸기 때문입니다. 주님의 뜻대로 자녀를 양육하지 않고 내 힘과 내 뜻대로 열심을 내었기 때문입니다. 곧, 하나님 없는 성공입니다. 화려하고 풍성한 열매가 있어도 늘 배가 고픈 것과 같은 성공과 같습니다. 열매가 없는 것과도 같습니다.

열심히 가는 것보다 제대로 된 방향으로 가는 것이 중요합니다. 내 생각과 내 뜻대로 가는 것이 아니라 하나님과 함께 하나님의 뜻대로 가야 합니다. 내가 원하는 방향이 아니라 하나님께서 기뻐하시는 방향으로 가야 합니다.

주님 없이 편하게 가는 길보다 주님과 함께 가는 길이 힘들고 어려운 길일지라도 그 길을
기쁨으로 가게 하소서.

묵상으로 찾아가는 자녀 양육

이 율법책을 네 입에서 떠나지 말게 하며 주야로 그것을 묵상하여 그 안에 기록된 대로 다 지
켜 행하라 그리하면 네 길이 평탄하게 될 것이며 네가 형통하리라_여호수아 1장 8절

아무리 길을 찾아도 보이지 않습니다. 두려움과 걱정이 폭풍처럼 몰려옵니다. 도대체 어떻게 해야 할까? 여호수아가 처한 상황입니다. 그동안 모세 곁에서 큰 전쟁도 여러 번 겪었지만, 이번에는 어떤 방법도 떠오르지 않고 막막할 뿐입니다.

그때 하나님께서 말씀하셨습니다. "말씀을 묵상하라." 여호수아는 순종하여 말씀 앞에 섭니다. 그리고 다시는 두려워하지 않고 어디로 갈 것인가에 대해서 걱정하지 않습니다. 이미 하나님께서 약속하신 말씀을 붙잡았기 때문입니다.

"가라! 네가 어디로 가든지 내가 너와 함께 있을 것이다."

당시 여호수아에게는 백성을 이끌고 가나안 땅으로 가는 방법과 앞으로 있을 전쟁에서 승리하는 방법이 절실했습니다. 그런데 하나님께서는 말씀을 묵상하라고 명령하셨습니다.

하나님의 말씀 앞에서 오랜 시간을 보냈던 여호수아, 그는 요단강을 건너 여리고 성을 점령하고 여러 나라와의 전쟁을 승리로 이끌었습니다. 정복한 땅을 분배할 때도 잡음 없이 일을 처리했습니다. 그 원동력은 '말씀 묵상'에 있었습니다.

우리도 부모가 되는 순간 여호수아와 같은 위치에 있습니다. 수없이 치러야 할 싸움과 안개와 같은 길을 앞에 두고 있습니다. 길을 잃을 수도 있고 뜻하지 않은 사건을 만나 걱정과 두려움으로 눈앞이 캄캄해질 수도 있습니다.

길이 보이지 않습니다. 그렇다고 무작정 갈 수도 없어 더 답답합니다. 방법은 하나, 다시 말씀 앞에서 마음을 진정시키고 세상을 향한 귀를 닫고 말씀을 읽습니다. 서서히 안개가 걷히고 희미한 길이 보이며 발소리가 들립니다. 그 발소리를 따라갑니다. 걱정과 두려움이 사라지고 마음에 평안이 찾아옵니다.

주님, 자녀 양육의 길이 막힐 때 답답하고 걱정과 근심이 몰려올 때 말씀 묵상으로 길을 찾게 하소서. 살아 계신 하나님의 말씀이 방황하는 발걸음을 인도하시니 감사합니다.

축복을 가로막는 담

예물을 제단 앞에 두고 먼저 가서 형제와 화목하고 그 후에 와서 예물을 드리라_마태복음 5
장 24절

"내 이름으로 이스라엘 자손에게 축복할지니 내가 그들에게 복을 주리라"(민
6:27)." 하나님께서 부모에게 하나님의 이름으로 자녀를 축복하라고 명령하셨습니
다. '축복'의 핵심은 하나님의 주권에 있습니다. 곧 우리가 받을 복의 내용과 시기는
하나님의 손에 전적으로 달렸다는 뜻입니다.

자녀가 하나님께서 주시는 복을 누리기 위해서는 부모의 순종이 필요합니다.
순종은 하나님께서 베푸시는 복을 흘려보내는 통로입니다. 복이 흘러가는 통로인
부모가 통로에 흐르는 내용을 바꾸거나 더할 수 없습니다. 그러나 통로가 막히면
무엇이든지 흐르지 못합니다.

자녀를 축복하고자 할 때 먼저 해야 할 일은 복이 그대로 흘러갈 수 있도록 통로
를 원활하게 하는 일입니다. 통로를 가로막고 있는 담이 있다면 제거해야 합니다.
부모와 자녀 사이에 가장 큰 담은 쌓여 있는 감정과 관계입니다.

부모가 자녀에게 상처를 준 일이 있다면 용서를 구하고 회개해야 합니다. 부모
와 자녀 사이에 해결하지 못한 것들로 관계가 멀어졌다면 먼저 해결해야 합니다.
부모가 먼저 손을 내밀고 마음을 열어야 합니다. 어떤 일에 대해서 부모는 다 풀어
서 없어졌다고 해도 자녀에게 남아 있다면 해결해야 합니다. 부모와 자녀 사이에
담이 있는 상태에서는 부모가 축복하고자 해도 자녀의 마음이 닫힙니다.

자녀를 축복하기 원한다면 먼저 막힌 담을 제거하십시오. 오늘 부모와 자녀 사이
에 작은 돌이라도 떨어진 것이 있다면 해가 지기 전에 치워 버리기를 소망합니다.

주님, 늘 깨끗한 통로가 되어 자녀에게 하나님께서 약속하신 축복을 흘려보내는 부모가
되게 하소서.

더 크고 높은 소망을 두십시오

내게는 모든 것이 있고 또 풍부한지라_빌립보서 4장 18절

이 세상에 부족함 없이 살고 있다고 말하는 사람이 얼마나 될까요? 사람은 어떤 형편에 처하든지 늘 부족하고 아쉬운 상태로 살아갑니다. 그만큼 소유에 대한 사람의 갈증은 깊습니다.

특히 자녀를 양육하는 것은 돈과 매우 밀접합니다. 부모는 자녀에게 모든 것을 풍족하게 해 주고 싶습니다. 그래서 늘 부족하고 안타까움으로 남습니다. '조금만 더 있다면' 하는 아쉬움이 있습니다. 부모의 삶보다 좀 더 나은 삶을 자녀에게 물려주고 싶은 마음 때문입니다. 그러나 자녀를 양육하는 데 돈이 전부는 아닙니다.

바울은 빌립보 교인들이 전해 준 선물을 받고 "내가 모든 것이 풍족하다"라며 감사 인사를 전하고 있습니다. 교인들이 무엇을 전해 주었기에 바울은 그런 고백을 할 수 있었을까요? 자유가 없는 감옥에서 무엇을 가진들 풍족하고 만족할 수 있을까요? 그런데도 바울은 진정으로 풍족함에 감사하고 있습니다.

온갖 고난을 겪어 보았다고 해도 감옥에서조차 모든 것이 풍족하다고 고백할 수는 없을 것입니다. 대답은 재물, 곧 소유에 대한 바울의 기준이 달랐기 때문입니다. 그는 만족의 100%를 채우려고 하지 않았습니다. 모든 것을 이루려고 하지도 않았습니다. 소망이 세상의 끝에 있지 않았습니다.

감옥에서 풍부함과 만족감으로 진정한 자유를 누렸던 바울의 소망은 예수 그리스도 안에 있었습니다. 예수 그리스도 안에서 누리는 풍족함이었습니다. 오직 예수 그리스도 한 분으로 인하여 모든 것이 채워지는 삶이었습니다.

예수 그리스도 안에서 모든 것이 풍족하게 채워지는 삶! 그것이 우리의 소망입니다. 어떤 상황과 환경에 있을지라도 풍족함을 누리는 자유, 상황과 환경이 내 안에 있는 평안함을 빼앗아가지 못하는 삶을 사시기 바랍니다.

오직 예수 그리스도로 인하여 자녀의 행복한 삶이 이루어지도록 오늘도 기도하는 부모가 되길 원합니다.

부모가 약할 때 자녀는 강해집니다

이와 같이 성령도 우리의 연약함을 도우시나니 우리는 마땅히 기도할 바를 알지 못하나 오직 성령이 말할 수 없는 탄식으로 우리를 위하여 친히 간구하시느니라_로마서 8장 26절

많은 부모가 세상의 강한 힘을 원합니다. 자녀에게 더 많은 재산, 더 좋은 환경, 더 나은 삶을 물려주기 원해서입니다. 자녀가 더 좋은 것을 누리며 살아가기를 바라는 부모의 마음입니다.

그러나 대부분의 부모는 자녀에게 물려줄 만한 세상의 강한 힘을 얻지 못합니다. 그래서 자신의 무기력 앞에 좌절합니다. 강해질 수 없는 자신에게 실망하고 자식을 바라보며 안타까워합니다.

그러나 알아야 할 것이 있습니다. 소유로 생긴 강함은 안개와 같습니다. 그것으로 진정한 기쁨을 누릴 수 없습니다. 부모가 가진 것이 없다고 좌절하거나 안타까워하지 않아도 됩니다.

부모가 약할 때 자녀가 강해집니다. 약한 부모는 자신을 의지하지 않고 하나님 앞으로 나가기 때문입니다. 부족한 부모는 하나님을 의지합니다. 세상의 힘으로 어려움을 풀려고 하지 않고 십자가 앞에 모든 문제를 내어놓습니다.

약한 부모는 자기 생각으로 자녀를 양육하려 하지 않습니다. 하나님은 우리 생각과 다르시다는 것을 알고 있습니다. 그리고 성령님께서 하나님의 뜻대로 간구하십니다(롬 8:27).

강한 부모는 자신을 의지합니다. 그러나 하나님의 어리석음이 사람보다 지혜롭고 하나님의 약하심이 사람보다 강하십니다(고전 1:25). 사람이 지혜 있게 꾸미나 자신의 꾀에 빠집니다(고전 3:19).

하나님께서는 부모의 약함을 택하시어 세상의 강한 것들을 부끄럽게 하십니다. 부모의 약함은 세상에서 멸시와 천대를 받지만 하나님은 그것을 귀하게 여기십니다(고전 1:28).

 주님, 부모가 약하고 약할 때 십자가 앞으로 나가 자신의 의지를 내려놓고 기도하기 원합니다. 부모가 약함으로 자녀가 강해지니 감사합니다.

소망을 하나님께 두십시오

1 17

나의 영혼아 잠잠히 하나님만 바라라 무릇 나의 소망이 그로부터 나오는도다_시편 62편 5절

사람에게는 미래를 알고 싶어 하는 마음이 있습니다. 아마 미래가 지금보다 더 나을 것이라고 믿는 마음이 있기 때문입니다. 그래서 사람들은 예로부터 점술가, 예언가 등을 필요로 했습니다.

행여나 미래가 기대치에 미치지 못한다면 어떻게 해서든지 바꾸기를 원합니다. 그러나 인간의 역사 이래 누구도 자신의 미래를 바꾼 사람은 없습니다. 설령 누군 가 삶을 바꿀 수 있다고 장담해도 그의 미래를 살아 보지 않았기 때문에 증명할 수 없습니다.

사람들은 불확실한 미래를 대체할 무언가를 찾습니다. 그래서 재물, 직업, 권력 등에 집착합니다. 자신의 미래를 보장해 줄 수 있는 것을 찾는 데 온 힘을 다 쏟습 니다.

부모에게도 그런 마음이 존재합니다. 자녀의 미래가 불확실하게 보입니다. 그 래서 자녀의 미래를 보장해 줄 든든한 무엇인가를 찾으려고 합니다. 소명을 떠난 직업, 모으는 것에만 초점을 두는 재물, 소유에만 급급한 권력이나 명예가 이에 속합니다. 그러나 세상의 그 어떤 것도 우리의 미래를 보장해 주지 못합니다. 세 상에 미래를 보장해 줄 수 있는 것은 아무것도 없습니다.

우리가 의지해야 할 것은 재물·직업·권력·명예가 아니라 하나님입니다. 하 나님께 소망을 두는 자가 복이 있다고 성경은 말씀하고 있습니다(시 146:5). 그러므 로 부모는 자녀의 미래를 하나님께 맡겨야 합니다.

자녀의 미래가 하나님께 맡겨질 때 불확실성이 사라집니다. 미래를 향한 근심 과 걱정이 평안으로 바뀝니다.

부모와 자녀의 미래는 하나님께 있음을 믿습니다. 성령님의 능력으로 기쁨과 평안을 마 음껏 누리게 하시니 감사합니다.

진정한 내려놓기

나 여호와는 그들의 하나님이 되고 내 종 다윗은 그들 중에 왕이 되리라 나 여호와의 말이니라_에스겔 34장 24절

'내려놓음' '포기' 자녀 양육에서 가장 많이 듣는 말입니다. 의문이 생깁니다. 도대체 무엇을 내려놓고 무엇을 포기하란 말인가? 포기할 만큼 얻으려 한 것도 없고 버릴 만큼 가진 것도 없는데 난감합니다.

자기 성찰을 해 봅니다. '내가 더 내려놓을 것은 무엇인가?' 그래서 자신에게 채찍을 듭니다. 나약한 믿음과 넘치는 욕심에 대해서 자책합니다. 그럴수록 위축이 됩니다. 자신감이 없어지고 죄인 같은 생각이 듭니다. 초점이 잘못되었습니다. 죄인도 아니고 갈증에 시달리지 않아도 되는데 다른 방향을 바라보고 있기 때문입니다. 부모가 소유의 관점으로 '내려놓기'를 바라보고 있습니다. 그러니 아무리 찾아도 더는 가진 것이 보이지 않습니다.

하나님께서 부모에게 요구하시는 것은 가진 것에 대한 '포기'가 아닙니다. 주권에 관한 문제이며 통치권에 대한 인정입니다. 곧 자녀 양육에 대한 주권의 문제입니다. '누가 우주 만물을 통치하는가?'에 대한 대답입니다. 내 인생의 주인이 누구인가에 대한 질문이며 답입니다.

'내려놓기'는 양육 주권과 부모의 삶에 대한 통치권의 문제입니다. 내 욕심대로 자녀를 키우고 싶음을 포기합니다. 자녀의 미래를 하나님께서 계획하심을 믿습니다. 지금은 비록 보이지 않는 불확실한 미래지만 믿음으로 나아갑니다. 부모는 자녀를 잠시 맡아 기르는 청지기입니다. 하나님께서는 부모에게 이것을 요구하십니다. 하나님께서 친히 자녀 인생의 주인이 되기를 원하십니다.

자녀 양육에서 진정한 '내려놓기'는 양육 주권이 부모에게 있지 않고 하나님께 있음을 인정하는 것입니다.

자녀 인생이 하나님의 손에 있음을 고백합니다. 하나님께서 자녀의 삶을 인도하시니 감사합니다.

큰 사람을 만드시는 하나님

그날에 여호와께서 모든 이스라엘의 목전에서 여호수아를 크게 하시매_여호수아 4장 14절

모세의 뒤를 이어 이스라엘의 지도자가 된 여호수아는 원래부터 겁이 없고 담대한 사람은 아니었던 것 같습니다. 어쩌면 겁이 많고 소심한 사람이었던 같습니다. 하나님은 여호수아에게 "강하고 담대하라"라는 말씀을 여러 번 반복하셨습니다.

어쩌면 처음에는 백성들도 여호수아가 미덥지 못했을지 모릅니다. 모세의 영향력이 워낙 컸기 때문입니다. 그러나 요단강을 여호수아의 인도 아래 건넌 뒤에는 사정이 달라졌습니다. 백성들이 여호수아를 모세처럼 두려워하며 모두 순종했습니다.

여호수아가 뛰어난 지도력을 백성들에게 보여 준 것이 아니었습니다. 다만 하나님께서 여호수아를 크게 쓰셨기 때문입니다. 하나님께서 여호수아를 모세처럼 사용하셨습니다. 백성들은 여호수아와 함께하시는 하나님의 능력을 보았습니다.

부모는 자녀가 훌륭하게 자라주기를 소원하며 최선을 다해 양육합니다. 때로는 욕심이 지나쳐서 부모가 개입을 합니다. 부모의 재력과 시간을 투자하여 자신이 원하는 방향으로 자녀를 이끌어갑니다. 때로는 자녀에게 자신을 꿈을 대신 이루게 하기도 합니다. 그러나 이런 방법은 결코 자녀의 삶에 유익하지 않습니다. 하나님의 자녀는 하나님의 손에 달려 있습니다.

하나님께서 사용하시고자 하는 자녀는 하나님께서 만들어 가십니다. 큰 사람이 되는 것은 부모의 재력과 자녀의 재능에 있지 않습니다. 하나님께서 하시고자 하시면 사람이 가진 것은 문제가 되지 않습니다.

부모가 해야 할 일은 하나님의 말씀에 온전하게 순종하는 일입니다. 그리고 말씀과 기도로 자녀를 양육하십시오. 큰 사람이 되기를 소원하기 전에 하나님의 말씀을 믿고 따르는 순종이 먼저입니다.

 자녀를 크게 높이시는 하나님의 위대하심을 만나는 해가 되기를 예수 그리스도 이름으로 축복합니다.

인생의 방향을 바꾸는 쉼표, 기도

1 / 20

내가 주의 지성소를 향하여 나의 손을 들고 주께 부르짖을 때에 나의 간구하는 소리를 들으소서_시편 28편 2절

기도, 사랑하는 자녀를 위한 기도. 수천 번 강조해도 부족한 말입니다. 특히 새해에 기도의 중요성에 관해서 이야기하는 것은 각별합니다. 설령 지금은 기도하고 있지 못하다고 할지라도 자녀 양육에서 기도는 매우 중요하기 때문입니다.

부모가 자녀를 양육하는 일은 기도와 더불어 사는 삶이라고 할 수 있습니다. 부모가 기도 없이 자녀를 키운다는 것은 상상조차 할 수 없는 일입니다. 자녀 양육은 기도 그 자체입니다.

하나님께서는 자녀로 인해서 울고 있는 부모의 기도를 들으시고 그 간구를 무시하지 않으십니다(시 102:17). 우리의 기도는 천사의 손으로부터 하나님 앞으로 올라갑니다(계 8:4).

신앙의 역사 속에서 수많은 믿음의 선진들이 기도를 통해서 인생의 방향을 바꾼 경우를 우리는 알고 있습니다. 손을 들고 하나님 앞으로 나가서 부르짖을 때 주님께서는 들으십니다. 모세의 기도는 하나님의 마음을 돌이켰으며, 에스더의 기도는 민족을 살렸고, 엘리야의 기도는 가뭄을 멈추게 했으며, 히스기야의 기도는 목숨을 연장했습니다.

자녀의 부족함을 불평하기 전에 먼저 주님 앞에 아뢰는 부모가 되길 원합니다. 인생에서 방황할 때 허둥거리지 말고 주님께 아룀으로 길을 찾는 삶이 되길 소망합니다.

자녀에게 문제가 있는 것이 아닙니다. 기도 없는 부모가 문제입니다. 자녀를 탓할 게 아니라 주님 앞에 무릎 꿇는 부모가 되길 원합니다.

 모든 일에 앞서 기도의 자리로 나가는 부모가 되길 소망합니다.

인생의 목표를 정하기 전에

1
21

나의 출생으로부터 지금까지 나를 기르신 하나님, 나를 모든 환난에서 건지신 여호와의 사자
께서 이 아이들에게 복을 주시오며_창세기 48장 15~16절

부모는 자녀가 어려서부터 꿈을 정하고 달려가길 원합니다. 목표를 정하고 달려가서 쟁취하는 인생, 우리는 그런 삶을 성공담으로 종종 듣습니다. 하나님이 없는 인생에서는 모두 그렇게 살기 원하고 그렇게 살아가기도 합니다.

그러나 하나님이 삶의 주인이라고 고백하는 우리는 목표를 향해 끝없이 질주하는 것이 삶의 목적인지 한번 생각해 봐야 합니다. 그리스도인의 인생은 하나님과 함께 시작하여 하나님과 같이 가고 하나님과 함께 끝이 납니다.

야곱은 하나님께서 약속의 말씀을 주셨음에도 자신의 손으로 원하는 것을 얻으려고 노력했던 사람입니다. 자기 생각으로 형의 장자권을 쟁취했고, 외삼촌의 집에서도 자기 생각으로 재산을 늘려 거부가 되었습니다. 그러나 그는 '험악한 세월'이었다고 고백했습니다. 가장 사랑했던 아들이 짐승에게 물려서 죽었다고 알고 살았으며, 딸이 이방인에게 험한 일을 당했고, 외삼촌에게 속으며 살았고, 자식이 자신의 침상을 침범하는 일을 겪었습니다.

자신의 손으로 원하는 것을 움켜쥐려 했던 야곱은 인생의 끝자락에서 진리를 깨닫습니다. 그것은 '출생에서부터 지금까지 나를 기르신 하나님'이란 고백입니다. 자신이 인생의 주인처럼 살아왔는데 뒤돌아보니 하나님이 함께하시지 않았다면 여기까지 올 수 없었다는 깨달음입니다.

목표를 정하고 그것을 성취하는 것이 우리 삶의 목적은 아닙니다. 그 성취가 아무리 훌륭할지라도 하나님의 뜻과 거리가 멀다면 헛됩니다. 목표를 정하고 성취하는 삶이 아니라 하나님과 함께하는 삶이 우선입니다.

달려가도 하나님의 뜻을 향해서 달려가야 합니다. 자녀가 목표를 정하기 전에 그것이 하나님과 관계가 있는지를 먼저 살펴봐야 합니다.

주님, 삶의 목표를 달성하기보다 하나님을 사랑하며 살아가는 것이 우선순위가 되게 하소서.

하나님의 일하심을 기대하십시오

너희는 두려워하지 말고 가만히 서서 여호와께서 오늘 너희를 위하여 행하시는 구원을 보라_
출애굽기 14장 13절

우리는 삶에서 하나님의 일하심을 기대합니다. 순간순간 하나님께서 내 삶에 개입하셔서 일하시길 간절히 바랍니다. 때로는 하나님께서 일하실 조건을 만들기 위해 노력하기도 합니다. 내가 하나님을 위해서 열심히 하면 하나님께서 내 일을 대신해 주실 것으로 기대합니다.

신앙생활과 교회 생활에 열심을 냅니다. 교회 생활과 관련된 일들을 열심히 하면 자녀는 하나님께서 키워 주실 것으로 믿습니다. 자녀가 잘 자라기를 바라는 마음에서 억지로라도 봉사에 참여합니다.

이는 자칫하면 하나님을 거래꾼으로 만들 수 있습니다. 하나님께 제물을 드리고 헌신을 하고 봉사해야 내가 하나님께 원하는 것을 요구할 수 있다고 생각합니다. 내가 봉사한 만큼 하나님께서 베풀어 주신다고 여기는 것입니다.

우리의 삶 속에서 하나님의 일하심은 하나님의 완전한 주권입니다. 우리의 조건에 따라서 하나님께서 손을 펼치시고 접으시는 것이 아닙니다. 하나님은 하나님의 뜻대로 우리의 삶 속에서 일하실 뿐입니다.

다만, 우리는 하나님께서 우리의 삶에 개입하실 틈을 내주어야 합니다. 자신의 능력과 힘과 노력으로 모든 것을 완벽하게 갖추고 하나님을 초청한다면 하나님께서 서실 자리가 없습니다. 자녀에 대한 부모의 계획과 생각으로 치밀하게 짜인 각본 속에 하나님의 자리는 없습니다.

자신의 힘과 능력을 과시하는 삶 속에 하나님을 들러리로 세우는 것은 잘못된 일입니다. 삶의 주인이 자신이 되고 하나님을 손님으로 초대한다면 하나님의 일하심을 기대할 수 없습니다.

 주님, 온전히 내 뜻을 내려놓고 하나님을 신뢰함으로 하나님의 일하심을 기대하는 부모가 되게 하시니 감사합니다.

하나님 앞에 서야 합니다

1
23

이는 우리가 다 반드시 그리스도의 심판대 앞에 나타나게 되어 각각 선악간에 그 몸으로 행한 것을 따라 받으려 함이라_고린도후서 5장 10절

우리 사회에서 자녀를 말씀으로 양육한다는 것은 쉬운 일이 아닙니다. 말씀으로 양육해야 할 이유보다 하지 못할 이유가 훨씬 더 많습니다. 믿는 부모로서 산다는 것은 참 어렵습니다. 그런데도 언젠가는 그 역할이 끝날 때가 옵니다.

그리고 반드시 하나님 앞에서 답해야 할 때를 맞이하게 됩니다. 어떤 답을 해야 할까요? 자녀를 말씀으로 양육하지 못한 많은 이유를 찾아야 할까요? 정신없이 분주했고 게으르고 나태했음을 고백해야 할지도 모릅니다. 때로는 교회 생활에 시간과 노력을 들이느라 정작 자녀를 돌보지 못한 때도 있습니다.

이해는 갑니다. 그렇게 할 수밖에 없었을 것이라고 여겨지기도 합니다. 그러나 이런 생각은 우리의 생각일 뿐입니다.

하나님 앞에서 드러나는 것은 교회 공동체도 아니며, 사회의 나쁜 환경도 아닙니다. 오직 자신이 선택했던 일들입니다. 자녀를 말씀으로 가르치지 못할 변명거리 대신 부모가 어떤 선택을 했는지 물으십니다. 그 질문의 대답은 자녀를 낳고 기른 부모가 해야 합니다.

부모의 책임을 면제하는 것은 아무것도 없습니다. 또한, 부모의 책임을 면제해 줄 수 있는 사람도 없습니다. 하나님 앞에서는 부모 자신만이 답변할 책임과 의무가 있을 뿐입니다.

삶의 분주함과 고단함이 자녀를 말씀으로 가르치는 데 담이 되지 않아야 합니다. 언젠가 하나님 앞에 섰을 때 눈물의 기도와 말씀으로 훈육하고자 했던 추억들이 고스란히 떠오르기를 소망합니다.

 언젠가 하나님 앞에서 섰을 때, 품에 안으시고 모든 수고를 기억하시고 등을 두드려 주시는 날을 기다리며 부모의 사명을 다하게 하소서.

"나는 너희의 하나님이라"

나는 그들의 하나님이 되고 그들은 내 백성이 될 것이라_예레미야 31장 33절

"나는 너희의 하나님이 되고 너희는 내 백성이다."

하나님과 우리와의 관계를 나타낼 수 있는 말씀 중에서 이보다 분명한 것은 없습니다. 말씀을 곰곰이 생각해 봅니다. 하나님께서 나를 바라보며 말씀하십니다. "내가 너의 하나님이야. 그리고 너는 내 자녀지."

하나님께서 나의 하나님이 된다는 것은 무슨 뜻일까요? 나의 하나님은 어떤 분이실까요? 분주한 일상 속에 살다 보면 '나의 하나님'에 대해서 잊어버리고 사는 때가 많습니다.

하나님께서는 말씀으로 세상을 만드셨고 자기 백성들을 구하기 위해 홍해를 가르시고 적들과 대신 싸우셨습니다. 자기 백성들이 배반하여 떠났지만, 하나님께서는 아들을 보내 십자가에서 피 흘리기까지 사랑하셨습니다.

그런 하나님은 우리와 먼 곳에 계시지 않습니다. 우리의 고통과 한숨까지 들으시고, 우리가 어디에 있든지 항상 함께 계십니다. 하나님은 우리를 한순간도 떠나신 적이 없습니다. 우리가 딴짓할 때도 하나님은 우리만 바라보고 계십니다.

모든 공급의 원천이 되시며 우리 인생길을 인도하고 계십니다. 하나님께서는 자기 백성들이 순종하고 사랑하기를 바라십니다.

새해가 밝았습니다. 올해도 우리는 우여곡절의 삶을 살아갈 것입니다. 어떤 형편과 상황에 있을지라도 잊지 말아야 할 것은 우리는 하나님의 자녀라는 사실입니다.

사랑하는 자녀에게도 많은 일이 일어날 수 있습니다. 비록 절망의 나락으로 떨어질지라도 "나는 너희의 하나님이라"라는 말씀을 잊지 않았으면 합니다.

주님, 자녀를 사랑으로 보호하고 인도하시는 하나님이 계시니 감사합니다. 항상 하나님 자녀라는 자부심을 품고 당당히 살아가는 부모되길 소망합니다.

희미한 길을 열어가며

우리가 지금은 거울로 보는 것 같이 희미하나 그때에는 얼굴과 얼굴을 대하여 볼 것이요 지금은 내가 부분적으로 아나 그때에는 주께서 나를 아신 것 같이 내가 온전히 알리라_고린도전서 13장 12절

밝고 어두운 것은 분명합니다. 그러나 인생길의 밝음과 어둠은 쉽게 분간할 수가 없습니다. 특히 자녀의 길은 더욱 희미하여 늘 선택을 망설이게 합니다. 이것은 말씀 앞에 설 때나 무릎 꿇고 기도할 때나 별 차이가 없어 보입니다. 보일 듯 말 듯 확신이 들지 않습니다.

새해에는 자녀를 말씀으로 양육하겠다고 다짐을 해 봅니다. 그러나 뭔가를 시도해 보려고 하지만 분명하게 손에 잡히는 것이 없습니다. 좌우를 돌아봐도 도움을 청할 만한 사람이 보이지 않습니다.

이는 성경에 바탕을 둔 자녀 양육이 그만큼 어려운 것이며 쉽게 갈 수 없다는 것을 뜻하기도 합니다. 한편 그리스도인 부모로서 반드시 가야 할 길이기에 방해 세력도 그만큼 많다는 것을 나타내는 것이기도 합니다.

분명한 것은 확신이 들지 않고 명확히 보이지 않는다고 하여 선택을 멈춰서는 안 됩니다. 또 선택한 길을 가다가 뒤돌아서거나 다른 길로 가서도 안 됩니다. 지금은 희미하여 드러나지 않지만 때가 되면 태양이 어둠을 거둬 내듯이 모든 것이 분명해집니다.

그때까지 우리는 참고 기다리며 묵묵히 이 길을 가야 합니다. 하나님을 끝까지 신뢰하고 소망이 흔들리지 말며, 힘을 다해 가야 합니다. 우리는 혼자가 아닙니다. 하나님께서 우리와 함께하시고 많은 믿음의 사람들이 부모와 자녀를 위해서 기도하고 있습니다.

주님. "내가 너와 함께 있어 너를 구원할 것이라"(렘30:11)이 말씀을 믿고 희미한 길을 열어 가며 자녀를 사랑하기를 소망합니다.

부모는 복의 통로입니다

너희 조상의 하나님 여호와께서 너희를 현재보다 천 배나 많게 하시며 너희에게 허락하신 것
과 같이 너희에게 복 주시기를 원하노라_신명기 1장 11절

부모의 사명은 무엇일까요?

첫째는 자녀에게 하나님의 말씀과 하나님을 경외하는 법을 가르치는 것이고,
둘째는 자녀에게 복의 통로가 되는 일입니다. 이 중에서 두 번째 사명인 복의 통로
가 되어 하나님께서 자녀에게 복 주시기를 구하는 매우 중요한 일을 잊어버릴 때
가 있습니다.

자녀가 복 받기를 원하지 않는 부모는 없습니다. 그러나 부모는 원하는 복을 자
녀에게 줄 수 없습니다. 그래서 복의 근원이신 하나님께 간절히 구해야 합니다.

하나님께서는 자녀에게 복 주기를 원하십니다. 자녀의 청지기인 부모를 통해서
자녀에게 복 주기를 원하십니다. 그런데 통로가 되는 부모가 막혀 있어서 하나님
께서 주시는 복을 자녀에게 전달하지 못하는 경우가 종종 있습니다. 어떨 때 통로
가 막히는 것일까요?

첫째는 부모가 자녀에게 하나님의 말씀을 가르치지 않을 때입니다. 하나님께서
는 자녀에게 말씀을 통해서 복을 주십니다. 그런데 자녀가 말씀을 알지 못하여 하
나님을 경외하는 법을 모른다면 복이 흐를 수 없습니다. 자녀가 복 받기를 원한다
면 말씀을 가르쳐야 합니다.

둘째는 하나님께서 자녀에게 복 주시기를 간절히 구해야 합니다. 하나님은 부
모에게 "구하라"고 말씀하셨습니다. 구한 것의 응답 여부는 하나님께서 결정하실
일입니다. 다만 부모는 간절히 구하는 일을 할 뿐입니다.

하나님, 오늘도 사랑하는 자녀의 삶을 성령님께서 주관해 주셔서 사랑과 기쁨과 평안과 인내와
친절과 선과 신실함과 온유와 절제의 열매가 맺히게 하시고 은혜와 평강, 힘과 보호, 건강과 치
유, 거룩과 경건, 풍요와 번성, 지혜와 총명의 복 주시기를 예수 그리스도 이름으로 기도합니다.

성경에 바탕을 둔 양육의 핵심

마땅히 행할 길을 아이에게 가르치라 그리하면 늙어도 그것을 떠나지 아니하리라_잠언 22 장 6절

스스로 죄의 길에서 돌이켜서 하나님께로 나오는 사람은 없습니다. 하나님의 인도하심 없이는 자신이 죄의 길에 서 있음조차 알지 못합니다. 자녀도 마찬가지 입니다. 길을 안내하는 사람이 없으면 악한 길에서 벗어날 수 없습니다.

부모는 자녀의 길을 안내하는 사람입니다. 하나님의 말씀으로 아이의 길을 열어 주는 역할이 부모에게 주어졌습니다.

가르친다는 행위는 테두리를 치는 것을 말합니다. 부모의 역할은 자녀의 삶에 하나님의 말씀을 기준으로 테두리를 치는 안내자 역할입니다. 성경에 바탕을 둔 자녀 양육이 자녀를 하나님 나라의 온전한 백성이 되게 하는 길입니다.

자녀가 하나님께 대항하려는 교만한 생각을 버리게 해야합니다. 악한 생각을 멀리하며 말씀이 자기를 통제하도록 하는 방법을 거듭되는 훈련 과정을 통해서 배우고 익히게 됩니다.

성경적 양육은 자녀에게 삶의 지혜를 배우게 합니다. 말씀이 자신을 통제한다는 것은 어떤 문제에 부딪혔을 때 내 생각과 경험을 통해서 해결하는 것이 아닙니다. 말씀이 확실한 기준이 되어 판단의 분별력을 가지게 됩니다.

핵심은 말씀에 순종하는 자녀가 되게 하는 일입니다. 하나님의 말씀에 순종하면 당연히 부모의 권위에 따르며 순종합니다. 형제자매를 사랑하고 이웃을 사랑합니다. 이를 통해서 자녀가 잘되고 땅에서 장수하는 복을 누립니다(엡 6:3).

현명한 부모는 자녀를 이 복된 자리로 인도하고 지혜로운 자녀는 부모의 가르침에 순종하여 말씀을 깨닫습니다. 하나님께서는 마음을 다하여 믿고 따르면 하나님과 사람 앞에서 귀하게 여김을 받게 된다고 약속하셨습니다(잠 3:4~6).

주님, 약속의 말씀을 믿고 자녀를 하나님께로 인도하는 부모가 되게 하소서.

우선순위는 성경적 자녀 양육입니다

이스라엘 자손 중에서 사람이나 짐승을 막론하고 태에서 처음 난 모든 것은 다 거룩히 구별하여 내게 돌리라 이는 내 것이니라 하시니라_출애굽기 13장 2절

하나님께서는 사람이나 짐승이나 땅의 소산을 막론하고 처음 것을 구별하여 드리라고 말씀하고 계십니다. 하나님의 뜻은 무엇일까요?

씨를 뿌리고 땀을 흘려 곡식을 수확한 농부의 마음을 헤아려 보면 알 것 같습니다. 결혼하여 첫아이를 낳았던 그때의 마음입니다.

첫 것이라고 하여 더 좋거나 많은 것도 아닙니다. 하나님께서 요구하시는 것은 우리의 마음입니다. 곧 삶에서 중심이며 우선순위입니다. 우리 모든 소유의 주인이 하나님이시며 모든 일의 우선순위를 하나님으로 두라는 명령입니다.

일의 순서를 정하는 일은 매우 중요합니다. 그 사람의 가치관이 드러나기 때문입니다. 그 사람이 어떤 사람인지를 나타내는 일이기도 합니다. 하나님께서는 우리 삶의 주인이 하나님이심을 잊지 말라고 말씀하고 계십니다.

그렇다면 부모의 우선순위는 무엇일까요? 자녀 양육입니다. 자녀 양육을 우선순위에 놓되 자녀가 우상이 되지 않고 하나님의 말씀과 기도로 양육하는 일입니다.

성공과 출세보다 하나님의 말씀에 순종하도록 자녀를 양육해야 합니다. 자녀가 하나님을 경외하고 기쁨으로 섬기며 살도록 가르쳐야 합니다.

자녀에게 문제가 발생했을 때 제일 먼저 하나님께 아뢰고 길을 찾아가야 합니다. 자녀 양육의 주권이 하나님께 있음을 고백하고 부모의 뜻과 생각대로 자녀를 키우지 않아야 합니다. 하나님의 뜻에 먼저 순종하고 양육합니다.

우선순위를 정하면 행동이 따라옵니다. 하나님께서는 우리에게 이런 마음을 원하십니다. 중심이 곧게 선 그 마음을 받기 원하십니다.

주님, 분주한 일상이지만 우선순위에 자녀 양육을 놓게 하소서. 말씀으로 자녀를 양육하는 일을 최우선에 두는 부모 되게 하소서.

예수님을 만남이 축복입니다

시몬 베드로가 이를 보고 예수의 무릎 아래에 엎드려 이르되 주여 나를 떠나소서 나는 죄인이로소이다 하니_누가복음 5장 8절

"깊은 데로 가서 그물을 내려라."

베드로는 밤새 고기를 잡았지만 빈손이었습니다. 그물을 씻고 있을때 예수님께서 오셔서 말씀하셨습니다. 베드로는 다시 그물을 던졌고 그물이 찢어질 만큼 고기가 잡혔습니다. 그때 베드로는 많이 잡힌 고기를 보지 않았습니다. 밤새도록 실패한 경험을 만회할 대상으로 예수님을 붙잡지 않았습니다.

거룩한 빛 앞에서 자신의 모습이 그대로 드러남을 보고 "나는 죄인입니다"라고 고백했습니다. 그렇습니다. 우리가 주님 앞에 섰을 때 가장 먼저 깨닫는 것은 자신이 죄인이라는 사실입니다. 예수님만이 오직 길이요 진리요 생명이심을 알게 됩니다. 우리 인생에서도 베드로처럼 밤새도록 일했지만 손에 쥐는 것 하나 없을 때가 있습니다. 자녀를 키우면서도 마찬가지입니다. 온 힘을 다했지만 돌아오는 것은 오히려 자녀의 어긋남일 수 있습니다.

더는 나아갈 수 없는 막다른 길에서 주저앉아 있을 때 주님께서 만나 주셨습니다. 그래서 다시 일어설 수 있었고 다시 걸어갈 수 있었습니다. 맞습니다. 주님께서는 죽었던 우리를 살리셨고, 슬픔과 절망에서 기쁨과 희망으로, 실패에서 성공으로 이끌어 주셨습니다. 부모는 자녀가 주님을 만나기를 간절히 바랍니다. 때로는 욕심이 지나쳐서 자녀에게 예수님을 성공의 도구로 잘못 소개하기도 합니다. 그물이 찢어질 정도로 잡힌 고기에 초점을 둡니다. 더 높은 곳으로 올라가는 사다리처럼 여기기도 합니다.

그러나 자녀가 주님을 만나야 하는 이유는 베드로처럼 "나는 죄인입니다"라는 고백을 하기 위해서입니다. 우리는 예수님이 아니면 죄의 종에서 벗어날 수 없는 영원한 죄인이기 때문입니다.

자녀에게 예수님이 구원의 빛으로 찾아오시길 소망합니다. 자녀에게 예수님이 생명의 빛으로 찾아오시길 간절히 구합니다. 자녀가 예수님을 만나는 진정한 복을 누리게 하소서.

잠언에서 배우는 자녀 양육

여호와를 경외하는 것이 지식의 근본이거늘 미련한 자는 지혜와 훈계를 멸시하느니라_잠언 1장 7절

자녀 양육의 출발점은 하나님을 경외하는 일입니다. 하나님을 경외하며 말씀을 듣는 삶은 사람의 본분이며 부모가 가야 할 길입니다(전 12:13).

하나님을 자녀 양육의 주인으로 인정하고 가는 길은 하나님의 인도하심을 받습니다(잠 3:6). 부모가 자기 생각대로 자녀를 키우고자 해도 그 걸음을 인도하시는 이는 하나님이십니다(잠 16:9).

중심에 예수 그리스도가 계실 때 영혼이 즐거우니(잠 2:10), 부모는 예수 그리스도를 구하는 것이 금과 은으로 이익을 얻는 것보다 낫고 진주보다 귀하다는 것을 자녀에게 가르쳐야 합니다(잠 3:14~15).

자녀가 예수 그리스도를 높이면 예수님께서 자녀를 높이시고, 자녀가 예수님을 품으면 예수님께서 자녀를 영화롭게 하실 것입니다(잠 4:8). 자녀는 하나님의 말씀에 귀를 기울여 마음에 간직하고, 생명 샘이 흘러나오는 마음을 지켜야 합니다(잠 4:23). 자녀가 세상에 마음을 빼앗기지 않도록 부모의 입술에서 기도와 말씀이 끊이지 않아야 합니다.

부모의 입에서 나오는 열매로 자녀가 만족하게 되고(잠 18:20), 죽고 사는 것 또한 부모의 혀에 달렸으니(잠 18:21), 부모의 입에서 구부러지고 비뚤어진 말을 멀리하고(잠 4:24) 진리의 말씀이 떠나지 않아야 합니다(시 119:43).

하나님께서는 말씀을 통해서 슬기와 옳은 것을 깨닫는 능력을 주십니다. 하나님을 떠나서는 그 어떤 것에서도 행복과 만족을 찾을 수 없습니다. 세상에서 누리는 모든 것이 하나님을 떠나 있다면 헛될 뿐입니다.

주님, 자녀의 삶이 하나님을 경외하는 삶이 되게 하소서. 자녀 양육의 핵심도 오로지 하나님을 경외함에 있게 하소서.

31

다시 사명 앞에서

1

너는 알지 못했다는 이유로 네 책임을 회피하지 말아라. 네 마음을 살피시며 너를 지켜보고 계시는 분이 어찌 그것을 모르겠느냐? 그는 사람이 행한 대로 갚아 주실 것이다_잠언 24장 12절, 현대인의 성경

모든 그리스도인의 사명은 땅 끝까지 복음을 전하는 일입니다. 이 사명은 이 땅에서 살아 있는 동안은 힘을 다해 수행해야 할 명령입니다. 또한 하나님께서 각 개인에게 주신 사명이 있습니다.

여기에 '부모'라는 사명이 특별하게 더해집니다. 부모는 '부모'가 된 이상 거부할 수 없는 사명이 됩니다. 부모에게는 '자녀 양육'이라는 사명이 분명하게 주어졌습니다.

부모에게 가장 가까운 이웃은 자녀이며 제자로 삼고 세례를 베풀어야 할 대상입니다. 부모가 자녀를 말씀으로 양육하는 일은 '사명 위의 사명'입니다.

가끔은 잊어버리기도 합니다. 또는 자신의 사명을 다른 곳에 위탁하려고 합니다. 교회가 부모의 사명을 대신하기를 책임지기를 원합니다. 학교가 맡아주기를 원합니다. 때로는 어떤 단체가 혹은 유명한 사람이 쓴 책이 부모의 사명을 대신해 줄 것으로 기대합니다.

그러나 자녀 양육에 대한 하나님의 뜻은 분명합니다. 하나님은 부모에게 자녀 양육을 맡기셨습니다. 그러므로 그 결과 또한 부모에게 물으십니다. 사명을 수행한다는 것은 결과만을 말하는 게 아닙니다. 과정에 대한 책임의식입니다. 부모로서의 사명을 재정적 뒷바라지로만 생각한다면 그것은 올바른 자세가 아닙니다.

'부모' 사명에 대한 책임의식을 자녀가 보고 자랍니다. 하나님께서 보고 계십니다.

주님, 부모만이 받을 수 있는 '자녀 양육'의 귀한 사명을 주시니 감사합니다. 오늘도 그 사명 앞에서 겸허하게 무릎 꿇는 하루가 되기를 소망합니다.

2월

기다린 끝에 오는 봄

기다린 끝에 봄이 옵니다

2
01

파수꾼이 아침을 기다림보다 내 영혼이 주를 더 기다리나니 참으로 파수꾼이 아침을 기다림
보다 더하도다_시편 130편 6절

높은 망루에 올라 밤새도록 혼자서 마을을 내려다보고 있는 파수꾼을 생각해 봅니다. 그는 잠들 수 없는 밤을 보내면서 어둠이 짙어질수록 날이 밝기를 기다립니다. 파수꾼은 어둠이 아무리 깊어도 반드시 아침이 온다는 것을 알고 있습니다.

봄이 오는 길목에 있습니다. 새순이 돋은 나무와 꽃을 쉽게 볼 수는 없지만 그래도 봄은 이미 우리 턱밑까지 와 있습니다. 아침저녁 쌀쌀한 공기를 헤치고 봄이 걸어오는 소리가 들립니다.

봄이 꼭 온다고 확신하는 것은 매서운 바람이 몰아치는 겨울을 보냈기 때문입니다. 살을 에는 듯한 칼바람이 조금씩 약해지고 봄은 아주 천천히 오고 있습니다. 자고 일어나면 온 천지에 새순과 꽃이 만발했으면 하는 생각도 듭니다. 그렇다고 억지로 봄을 끌어다 놓을 수는 없습니다. 아직 새 옷으로 갈아입지 못한 새순이 이겨내지 못합니다.

그래서 봄이 스스로 우리 곁으로 다가오기를 기다려야 합니다. 부모가 자녀를 양육할 때 봄은 언제 올까요? 사방을 분간할 수 없는 칠흑 같은 밤을 헤매고 있고, 가슴을 쪼개는 바람을 맨몸으로 맞고 있고, 걷고 걸어도 샘물이 보이지 않는 사막 같은 길을 걷고 있는데, 도무지 끝이 보이지 않는 터널을 지나고 있는데 봄은 오는 걸까요?

그러나 우리는 기억해야 합니다. 봄을 만들 수는 없지만, 반드시 봄은 스스로 우리 곁으로 온다는 것을 잊지 말아야 합니다. 우리는 어둡고 긴 밤을 걷어낼 수 없고 칼바람을 멈추게 할 순 없지만 봄이 그 일을 합니다.

믿음으로 자녀를 키운다는 것은 기다림입니다. 하나님의 도우심을 믿고 기다릴 때 새벽을 지나 아침이 오듯이 겨울을 지나 봄이 올 것입니다.

주님, 기다림에 지쳐서 쓰러지지 않도록 손잡아 주시고 속히 봄을 보내 주소서. 봄이 오고 있음을 믿는 믿음이 흔들리지 않게 하소서.

믿음으로 기다리십시오

이 묵시는 정한 때가 있나니 그 종말이 속히 이르겠고 결코 거짓되지 아니하리라 비록 더딜지
라도 기다리라 지체되지 않고 반드시 응하리라_하박국 2장 3절

믿음은 기다림이라고 합니다. 기다림은 하나님의 약속의 때를 끝까지 믿는 것을 말합니다. 그러나 알 수 없는 때를 기다린다는 것은 쉬운 일이 아닙니다. 특히 자녀에 대한 일은 더욱 그렇습니다.

자녀를 위해서 기도하면서 그 응답을 기대합니다. 때로는 지금 당장 눈앞의 변화를 보기 원하고 그렇지는 않더라도 희망의 싹이라도 보기 원합니다. 간절히 기도했지만 아무런 변화가 없을 때 낙담하거나 포기하기 쉽습니다.

그런데도 믿음으로 기다려야 하는 이유는 부모가 기대하는 때와 하나님의 때가 다르고 부모가 기대하는 것과 하나님께서 주시는 것이 다르기 때문입니다. 기도의 응답은 하나님께 속해 있습니다.

라헬은 요셉을 낳았지만 이집트에서 총리가 될 줄은 생각도 못했습니다. 아브라함도 그 자손이 별처럼 많게 될 것이라는 약속을 받았지만, 그 생전에는 그 모습을 보지 못했습니다. 룻과 보아스는 자신들이 낳은 아들의 후손 중에서 다윗 왕이 태어날 것이라고 상상이나 했을까요?

사람은 정해진 시간을 살기 때문에 시간 밖에서 일어날 일은 알 수 없습니다. 그러나 하나님께서는 역사의 시작과 끝을 통찰하시면서 경영하고 계십니다.

지금 당장 눈에 보이지 않는다고 하여 기도의 응답이 없는 것은 아닙니다. 하나님은 결코 우리의 기도를 외면하지 않으십니다. 모두 들으시고 우리가 원하는 것보다 더 좋은 것으로 준비하고 계십니다.

자녀는 하나님께서 주신 선물입니다. 자녀가 하나님 나라의 큰 일꾼이 되기를 원하는 것은 부모보다 하나님이 더하십니다. 하나님께서는 부모가 원하는 것보다 더 크고 좋은 것으로 자녀에게 주십니다.

주님, 지금 당장 자녀에게 눈에 띄는 변화가 없다고 자녀에 대한 믿음을 버리지 않게 하소서. 이미 하나님께서 준비하고 일을 시작하셨음을 믿습니다.

03 꼭대기를 갈망하지 마십시오

예수께서 이르시되 또 기록되었으되 주 너의 하나님을 시험하지 말라 하였느니라 하시니_마태복음 4장 7절

다른 사람들로부터 관심 받는 것을 싫어하는 사람은 없습니다. 누구든지 칭찬 받기 원하고 박수갈채를 받고 싶어 합니다. 이름 없는 들풀로 피어나기보다는 화려한 꽃이 되어 사랑받기 원합니다.

그럴 수 없는 상황에서도 우리는 끊임없는 꿈을 꾸며 도전합니다. 또 유혹을 받습니다. '저 높은 곳에 너는 설 수 있어!' '네가 설 곳은 저 높은 곳이야.' 귓가에 은밀한 목소리가 들립니다. 내면으로부터 달콤한 목소리를 만들어 내기도 합니다. '내가 오를 곳은 저곳이야!' '나는 꼭 저곳에 서야 해!'

왜 이런 마음이 생길까요? 다른 사람의 반응을 통해서 자신의 존재감을 확인하려하기 때문입니다. 마음이 연약할수록 외부의 반응에 더 쉽게 동요됩니다.

부모에게도 그런 마음이 있습니다. 내 아이가 다른 아이들보다 뛰어나서 칭찬과 박수를 받았으면 합니다. 그런 것으로 부모의 존재감을 확인하고 싶은 욕망이 있기 때문입니다. 부모의 허전함을 채우려고 합니다.

그래서 자녀를 점점 더 높은 곳으로 몰아갑니다. 때로는 그것을 하나님의 뜻으로 덮어씌우기도 합니다. 그러나 하나님의 뜻은 우리가 높은 꼭대기에 서는 것이 아닙니다. 자신을 낮추고 하나님을 바라봐야 합니다.

자녀가 아무리 높은 곳에 있어도 부모는 만족하지 못합니다. 높은 곳을 갈망하면 할수록 갈증만 심해집니다. 끝내 도달할 수 없다는 절망감에 사로잡힙니다.

진정 높은 곳은 하나님의 손에 이끌리어 세워지는 곳입니다. 그곳이 가장 고귀하고 높은 자리입니다. 하나님이 세우신 곳에 자녀가 서 있어야 부모의 갈증이 멈춥니다. 모세의 세움같이 자녀도 세워지기를 간절히 구하는 하루가 되길 소망합니다.

주님, 세상에서 받는 갈채를 향해서 달려가기보다 하나님께서 세우신 곳에 서 있는 부모와 자녀 되기 원합니다.

멋진 부모와 악한 부모

내가 너희의 반역함과 목이 곧은 것을 아나니 오늘 내가 살아서 너희와 함께 있어도 너희가
여호와를 거역하였거든 하물며 내가 죽은 후의 일이랴_신명기 31장 27절

"나는 그들을 가나안 땅으로 인도할 것이다. 그들은 배불리 먹고 편안하게 살게
될 때 우상을 섬기고 나를 버리고 내 언약을 어길 것이다"(신 31:20 참고).

하나님께서는 당신의 백성들이 가나안 땅에서 어떻게 살아갈지에 대해서 모세
에게 말씀하셨습니다. 모세는 가나안 땅을 앞에 두고 걱정이 많았습니다. 백성들
이 하나님의 말씀대로 순종하며 살아야 할 텐데 그럴 것 같지 않았습니다.

모세는 언약궤를 메는 레위 사람들에게 말했습니다. "이 율법책을 언약궤 옆에
두고 증거로 삼고 잊지 마시오. 내가 살아 있을 때도 하나님께 복종하지 않았는데
내가 죽은 다음에는……"(신 31:26~27 참고).

"내가 살아 있을 때도"라고 말하는 모세의 말에서 부모의 마음을 읽을 수 있습니
다. 그렇습니다. 부모가 살았을 때 자식이 하나님께 순종하는 모습을 보아야 합니
다. 그런데도 이 일을 미루는 부모가 있습니다. 이 시대의 풍조를 따르려는 부모
입니다. 이런 부모입니다.

"자녀는 부모의 소유가 아니다. 그냥 둬도 때가 되면 하나님을 알게 된다."

"자녀에게 억지로 말씀을 가르치거나 교회로 인도하는 것은 폭력이다."

이런 부모를 일컬어 '멋진 부모'라고 합니다. 그들은 갈채를 받고 '역시 생각이
있는 부모야!'라는 소리를 듣습니다. 그럴 수도 있습니다. 그들은 교육을 깊이 공
부하고 인간에 대해서 다양한 지식을 가지고 있을 테니까요.

이런 이유로 '멋진 부모'라고 불리는 사람, 그는 하나님 앞에서도 정말 멋진 부모
일까요? 그렇지 않습니다. 그는 목이 곧은 자이며 자신에게 맡겨진 자녀를 유기하
는 것이며 하나님께 불순종하는 부모입니다.

세상으로부터 받는 칭찬에 목말라 하는 부모 되지 않게 하소서. 이 세상에서 성공했다고
칭찬을 못 받아도 주님 보시기에 멋진 부모가 되기 원합니다.

2 05 생명의 근원은 말씀입니다

예수께서 대답하시되 기록된 바 사람이 떡으로만 살 것이 아니라 하였느니라_누가복음 4장 4절

"네가 만일 하나님의 아들이어든 이 돌들에게 명하여 떡이 되게 하라."(눅 4:3)

마귀는 먹는 것으로 하와와 이스라엘 백성들을 넘어뜨렸습니다. 그리고 오늘은 40일 동안 금식하신 예수님께 다가왔습니다. 물론 예수님은 돌로 떡을 만드실 수 있으며 때에 따라 오병이어의 기적을 일으키십니다(마 14:19). 그러나 예수님은 떡이 아니라 하나님 나라에 초점을 맞추셨습니다. 사람이 살아가는데 먹는 것은 매우 중요합니다. 예수님께서도 배고파하셨고 음식을 드셨습니다. 마귀는 우리에게 이 점을 파고들어 비슷한 색깔로 유혹합니다.

"그래, 네가 하나님을 믿는 것은 인정한다. 그러나 먹고 살아야 믿을 거 아니야?"

"네가 돈을 벌어야 십일조도 하고 선교도 하고 이웃도 돕지. 안 그래?"

복음의 능력을 구원과 하나님의 나라를 위해 사용하는 것보다 개인적 욕구를 채우는 데 사용하라는 마귀의 유혹입니다. 우리에게도 그런 유혹을 합니다. 부모도 분간을 못 하면 자녀를 유혹하게 됩니다. 자녀에게 복음을 왜곡합니다.

"네가 성공하고 출세해야 복음을 널리 전할 수 있지 않겠니?"

"네가 공부를 잘해야 하나님께 영광이지!"

이런 신념으로 세상에 이름을 날리고 부를 쌓고 권력을 얻기도 합니다. 그러나 그로 인하여 하나님과 멀어져 있다면 평생을 노력하여 얻은 것이 무슨 소용이 있을까요? 그런 삶은 영생이 없습니다. 영생의 근원은 떡이 아니라 살아 계신 하나님의 말씀입니다. 그래서 우리 삶은 떡이 아닌 하나님의 말씀에 초점을 맞춰야 합니다. 말씀을 통해서 떡을 공급받는 삶입니다.

예수님께서 마귀의 유혹을 말씀으로 물리치신 것처럼 부모를 향한 마귀의 유혹을 말씀으로 물리쳐야 합니다. 말씀으로 유혹을 이긴 부모는 자녀에게 복음을 왜곡하여 전하지 않습니다. 우리 생명의 근원은 하나님의 말씀 안에 있습니다.

생명의 근원이신 여호와 하나님, 부모와 자녀를 인도하시고 거친 세상을 살아갈 때 자녀가 목자 없는 양과 같이 되지 않게 하소서.

기도로 자라는 자녀

향연이 성도의 기도와 함께 천사의 손으로부터 하나님 앞으로 올라가는지라_요한계시록 8장
4절

부모가 자녀를 양육하면서 기도할 수 있는 것은 특권이며 행복한 일입니다. 하나님의 은혜가 아니면 갈 수 없는 길이 부모라는 길이기 때문입니다. 설명할 수 없고 이해할 수 없는 일들이 자녀를 키우면서 일어납니다.

아마 기도가 없다면 부모의 가슴은 새까만 숯덩이가 되었을지도 모릅니다. 십자가 앞에서 부르짖음이 없었다면 말 못 하는 망부석이 되었을지도 모릅니다. 부모에게 기도 없는 삶은 상상할 수도 없습니다.

그렇다고 해서 기도할 때마다 하나님께서 응답하시는 것은 아닙니다. 부르짖는 요구마다 문제가 해결되는 것도 아닙니다. 자녀의 평안을 위해서 기도했지만 그렇지 못한 경우도 많고 자녀의 성공을 위해서 기도했지만 실패하는 때도 있습니다. 그래도 부모는 기도를 멈출 수 없습니다.

그냥 기도의 자리로 나갈 뿐입니다. 부모를 깊은 좌절감으로 몰아넣는 것은 자녀 앞에서 무력함을 느낄 때입니다. 그래도 기도의 자리로 나갑니다.

목숨을 내놓아도 해결되지 않는 무력감에 시달릴 때도 기도를 놓지 않습니다. 탄식과 울음뿐일 때도 기도의 자리에서 떠나지 않습니다.

기도는 응답이 없어도 자녀를 자라게 합니다. 눈에 보이게 달라지는 것이 없어도 기도가 자녀를 자라게 합니다. 자녀를 둘러싼 크고 작은 일들이 끊이지 않아도 쉼 없는 부모의 기도가 자녀를 자라게 합니다.

하나님께서 자녀에게 영적인 지혜와 총명으로 가득 채워 주셔서 하나님을 더욱 알아가며, 어려움과 힘든 일을 만나도 넘어지지 않고 강건하게 자라기를 기도합니다.

우리는 그루터기입니다

그중에 십분의 일이 아직 남아 있을지라도 이것도 황폐하게 될 것이나 밤나무와 상수리나무
가 베임을 당하여도 그 그루터기는 남아 있는 것 같이 거룩한 씨가 이 땅의 그루터기니라_이
사야 6장 13절

아합왕 시대에 하나님 나라의 백성들은 하나도 살아남지 못한 듯 보였습니다. 그러나 하나님께서는 바알에게 무릎 꿇지 않은 칠천 명을 숨겨 놓으셨습니다.

백성들이 포로가 되어 끌려간 나라에도 선지자를 세우셨고 나라가 흔적도 없이 사라졌을 때도 하나님의 말씀은 끊이지 않았습니다. 하나님을 사랑하며 고난을 견디고 있는 백성들이 있었습니다. 하나님의 말씀은 어떤 경우에도 소멸하지 않기 때문입니다.

생명이 없는 곳에서도 생명을 탄생시키는 것이 하나님의 말씀입니다. 모든 것이 끝났다고 생각되는 절망 속에서도 다시 희망의 싹을 틔우는 것이 하나님의 말씀입니다. 우리는 그 말씀을 믿고 사는 하나님의 자녀입니다.

아이를 키운다는 것은 삽으로 태산을 옮기는 것과 같습니다. 특히 말씀으로 키운다는 것은 태산을 맨손으로 파내는 것과 같은 무모한 짓으로 여겨지기도 합니다. 때로는 모든 것을 다 포기하고 세상의 가치관에 따라 편하게 키우고 싶지만, 끈을 놓을 수 없는 것은 이것이 부모에게 맡겨진 사명이기 때문입니다.

지금은 어떻게 해서든지 살아남아야 할 때입니다. 물질이 세상을 지배하고 성공과 출세가 사람을 종으로 부리는 때이지만 믿음을 잃지 않고 하나님의 자녀로 묵묵히 살아가야 합니다.

믿음의 세대가 끊어지지 않고 계속 이어져야 합니다. 부모는 우리의 자녀가 낳은 아이에게 말씀을 들려주는 것을 볼 때까지 이 삶을 포기하지 않아야 합니다. 아무리 절망 가운데 있더라도 부모는 포기할 수 없습니다.

불가능한 일을 가능한 것으로 바꾸시는 하나님께서 이 땅에 시온을 노래하는 우리 자녀들로 가득하게 하실 것을 믿습니다. 부모를 그날을 위해 그루터기로 사용하여 주시니 감사합니다.

아무것도 할 수 없을 때

2
08

너희는 두려워하지 말고 가만히 서서 여호와께서 오늘 너희를 위하여 행하시는 구원을 보라_
출애굽기 14장 13절

자녀를 위해서
아무것도 할 수 없을 때
기도할 때입니다.
하나님께서 일하십니다.
자녀를 위해서
무슨 일이든 할 수 있다는
자신감이 있을 때
기도할 때입니다.
교만으로 넘어지는 실수를
막아 주십니다.
두려움과 걱정이 앞설 때
십자가 앞에 엎드려
잠잠히 기다리면
앞서서 일하시는 하나님의
능력을 봅니다.
주여,
오늘도 연약한 저를 도우사
겸손하게 엎드리는 부모 되게 하소서.

"두려워하지 말라 내가 너와 함께함이라. 놀라지 말라 나는 네 하나님이 됨이
라. 내가 너를 굳세게 하리라. 참으로 너를 도와주리라. 참으로 나의 의로운 오른
손으로 너를 붙들리라"(사 41:10).

 주님, 지금 아무것도 할 수 없을 만큼 지쳐 있습니다. 낙심과 두려움을 이기고 기도하게
하소서.

할 수 있는 것을 하십시오

2
09

여호와께서 내 간구를 들으셨음이여 여호와께서 내 기도를 받으시리로다_시편 6편 9절

살면서 우리에게 일어나는 일을 분명하게 알 수 있는 것이 얼마나 될까요? 도무지 까닭을 알 수 없는 게 대부분입니다. 내게 왜 이런 고난과 환란이 생기는지 또는 이런 감사와 기쁨이 어찌 생기는지 모릅니다.

뿐만 아니라 내 뜻과 내 마음대로 할 수 있는 것도 별로 없습니다. 목표를 정하고 그 길로 힘을 다하여 달려왔지만, 아직도 갈 길이 멀게 느껴집니다. 내 삶이지만 내가 설명할 수 없습니다.

자식만 해도 그렇습니다. 내가 낳고 길렀지만, 도무지 그 속에 무엇이 들었는지 알 수 없을 때가 허다합니다. 잘되라고 정성을 쏟지만, 부모가 원하는 곳으로 자식은 가지 않습니다.

많이 알고 있는 듯하지만 아는 게 없고, 할 수 있는 게 많은 것 같지만 할 수 없는 게 많은 것이 인생 같습니다. 인생의 길은 학식과 경험과 상관없이 답이 없습니다. 그래서 부모가 자녀를 위해서 할 수 있는 것은 매우 한정되어 있습니다. 부모 마음의 크기만큼 많지 않습니다. 할 수 있는 게 있어도 여건과 환경이 따라주지 않아서 마음만 아플 때가 많습니다. 또는 부모가 자녀에게 꼭 필요하지 않을 때도 많습니다. 어쩌면 오히려 방해가 될 때도 있습니다.

그렇다고 부모가 자녀를 위해서 손 놓고 있을 수는 없습니다. 부모가 할 수 있는 것을 찾아 최선을 다해야 합니다. 환경과 여건에 상관없이 어떤 부모이건 모두 할 수 있는 것은 무엇일까요? 그것은 자녀에게 하나님의 말씀을 가르치는 것과 자녀를 위해 기도하는 일입니다.

자녀를 품고 기도하는 일과 하나님의 말씀을 자녀의 입속에 넣어 주는 일은 우리 모두 할 수 있습니다. 무릎 꿇고 자녀를 위해 기도하십시오.

우리 자녀를 도우시는 전능하신 하나님, 위로 하늘의 복과 아래로 깊은 샘의 복과 많은 자녀와 짐승을 기르는 복이 자녀의 머리에 내리기를 원합니다(창 49:25~26 참고).

비판하기 전에 따뜻한 마음을

너희가 비판하는 그 비판으로 너희가 비판을 받을 것이요 너희가 헤아리는 그 헤아림으로 너
희가 헤아림을 받을 것이니라_마태복음 7장 2절

"비판하지 말라." 예수님은 비판의 뿌리가 어디서부터 출발하고 있는지를 보셨
습니다. '비판'은 아직 자신의 내면 깊은 곳에 해결하지 못한 죄가 남아 있는 상태
입니다. 비판은 거울로 자기 자신을 들여다보는 것과 같습니다. 자신의 모습을 보
고 다른 사람에게 화를 내는 것입니다.

다른 사람의 잘못을 보고 비판하고자 할 때 내 속에 해결하지 못한 같은 모양의
죄가 있는 것도 문제지만 더 큰 문제는 그 안에 도사린 분노입니다. 이 분노는 자
신의 죄를 감싸려고 더 큰 죄를 불러오기 때문입니다.

부모가 자녀의 단점을 지적합니다. 자녀의 단점이 눈에 잘 띄는 것은 부모에게
해결하지 못하고 남아 있는 똑같은 것이 있기 때문입니다. 그러나 부모는 이 점을
인정하기 쉽지 않습니다. 왜냐하면 부모에게는 자식을 야단치는 분명한 목적이
있기 때문입니다. 부모는 자녀가 올바른 길을 가기를 바랍니다.

문제는 야단칠 때 일어나는 분노입니다. 우리가 분노 없이 비판할 수 있을까요?
아무리 사랑하는 자식이라고 할지라도 여러 번 비슷한 잘못을 지적할 때 자연스
럽게 분노가 일어납니다. 왜 분노가 일어나는 것일까요? 자신의 관점이 판단 기준
이기 때문입니다. 자신의 기준을 상대방이 무너트리는 것은 자신을 무시하는 것
이라고 여기기 때문입니다. 그러나 판단 기준은 우리가 아니라 주님이십니다.

다른 사람의 단점을 비판하고 비판을 통해서 상대방을 바꿀 수 있다고 생각한다
면 오산입니다. 누구의 단점을 고쳐 주고 싶은 마음이 있다면 먼저 자신을 돌아보
는 시간이 필요합니다. 그리고 그를 향한 따뜻한 마음이 생길 때까지 기다려야 합
니다. 부모와 자녀 사이도 마찬가지입니다.

주님, 자녀를 함부로 지적하고 비난하기보다 주님이 저를 보시는 따뜻한 마음으로 자녀
를 바라보게 하소서.

2·11 근심하지 마십시오

너희는 마음에 근심하지 말라 하나님을 믿으니 또 나를 믿으라_요한복음 14장 1절

"염려하지 말고 근심하지 말라."

그러나 근심이 사라지지 않습니다. 주님께서는 우리가 처한 상황을 모르시는가 봅니다. 우리의 안타까운 마음을 잘 이해하시지 못하는 듯합니다.

믿음으로 자녀를 양육하고 싶은데 환경은 호락호락하지 않습니다. 세상은 온통 자녀를 유혹하는 것들뿐이고 부모는 그것들을 막기에 힘에 부칩니다.

앞으로 이 험한 세상을 어찌 살아갈지, 스스로 자기 앞가림이나 할지, 공부가 끝나면 취업, 취업이 되면 결혼은 어떻게 할지 등 등 자녀를 향한 근심과 걱정이 끝이 없습니다.

주님께서는 우리가 가지고 있는 걱정거리를 모르시는 것일까요? 그렇지 않습니다. 우리의 마음을 지으시고 머리카락까지 세시며 우리의 모든 것을 알고 계시는 하나님은 우리의 상황을 모르시지 않습니다. 우리보다 우리의 상황을 더 잘 알고 계십니다. 그런데도 왜 근심하지 말라고 하시는 걸까요? 쓸데없는 일로 인하여 우리 마음을 다른 곳에 빼앗기는 것을 원치 않으시기 때문입니다. 마음을 빼앗긴다는 것은 하나님을 온전하게 신뢰하지 못하는 증거입니다.

특히 아직 일어나지도 않은 자녀의 앞날에 대해 미리 근심하는 것은 주님에게서 멀어진 태도라 할 수 있습니다. 자녀의 주인이 하나님이심을 잊은 상태입니다. 하나님께서 사람의 걸음을 정하시고 걸음을 인도하는 분이심을 잊었기 때문입니다.

우리의 모든 상황을 아시지만 근심하지 말라고 하시는 것은 우리를 사랑하고 보호하시기 위해서입니다. 누구든지 염려와 근심으로 어떤 문제를 해결할 수 없으며(마 6:27) 오히려 뼈를 마르게 할 뿐임을 아시기 때문입니다(잠 17:22). 그래서 주님께서는 아무것도 염려하지 말고 모든 일에 기도하라고 하십니다(빌 4:6).

부모의 안타까운 마음을 아시는 주님. 나의 삶을 인도하신 것처럼 자녀의 삶도 인도하여 주소서. 하나님! 나의 근심하는 소리를 들으소서!

자녀의 영적 귀를 열어 주십시오

너를 언어가 다르거나 말이 어려워 네가 그들의 말을 알아 듣지 못할 나라들에게 보내는 것이
아니니라 내가 너를 그들에게 보냈다면 그들은 정녕 네 말을 들었으리라_에스겔 3장 6절

하나님은 에스겔 선지자에게 타는 속을 그대로 내보이셨습니다. 하나님의 가슴
을 아프게 하는 사람들은 다름 아닌 선택된 '이스라엘 백성'들이었기 때문입니다.
더는 하나님의 말씀을 들으려고 하지 않는 백성들을 보면서 하나님의 마음은 얼마
나 아프셨을까요? 자식에게 외면당하는 부모의 안타까운 심정이 느껴집니다.

부모를 향한 하나님의 마음을 생각해 봅니다. 자녀를 부모에게 선물로 맡기시
면서 그 자녀와 하나님과 대화가 될 수 있도록 가르쳐 달라고 부탁하셨습니다. 그
런데 어느 때부턴가 자녀와 하나님 사이가 점점 멀어지고 있습니다. 하나님께서
자녀를 불러도 알아듣지 못하고 있습니다.

자녀가 하나님을 알지 못하니 그의 음성을 들을 수 없기 때문입니다. 선물로 받
은 자녀 때문에 부모와 하나님의 사이도 멀어지고 있습니다. 세상의 소리를 향한
부모의 귀만 점점 커지고 있습니다.

하나님께서는 부모에게 어떻게 된 일이냐고 물으십니다. 그런데도 부모는 대답
이 없습니다. 하나님은 다시 말씀하십니다. "내 사랑하는 아이와 이야기를 나누고
싶구나!" 여전히 부모는 못들은 체하며 외면합니다.

하나님께서는 답답해하시지만, 부모는 답답하지 않습니다. 부모는 육신의 대화
가 잘 통하는 것으로 만족해합니다. 그러나 부모가 자녀를 애타게 부르는데 일부
러 듣지 않고 딴청을 피우는 자녀의 모습을 한 번만 생각해도 부모는 하나님의 심
정을 이해할 수 있습니다.

오늘 부모보다 자녀를 더 사랑하시는 하나님께서 우리의 자녀와 이야기를 나누
고 싶어 하신다는 것을 잊지 마십시오. 부모의 영적 귀가 막혀 있다면 자녀와 하나
님 사이를 부모가 막고 있는 것입니다.

주님, 자녀가 하나님을 아는 지식이 날로 풍성해지고, 하나님과의 교제가 친밀하도록 도
와주소서.

13 다른 교훈에 끌리지 마십시오

2

여러 가지 다른 교훈에 끌리지 말라_히브리서 13장 9절

'남의 손에 든 떡이 커 보인다'라는 속담이 있습니다. 숨겨진 마음을 표현한 것이기도 하며 내 것의 소중함을 알라는 의미도 담겨 있습니다. 지금도 우리 눈에는 사방에 '남의 손에 든 떡'이 보입니다.

특히 어느 집 아이가 공부를 잘한다는 소리를 들으면 저절로 고개가 돌아가고 귀가 쫑긋해집니다. 때로는 그 부모가 했던 방법을 똑같이 따라해 보기도 합니다. 그러나 내 손에 든 떡보다 귀한 것을 얻기는 쉽지 않습니다.

남의 것을 부러워하는 사람의 속마음이야 그럴 수 있다고 봅니다. 그러나 따라가서 안 될 것은 그릇된 복음입니다. 잘못 전해지는 하나님 말씀입니다. 그런데도 우리 주변에는 왜곡된 복음을 전파하는 수많은 무리가 존재하고 있습니다. 또 많은 사람이 '헛된 진리'에 열광하고 모여들고 있습니다.

자녀 양육에서도 '세상의 교육 방법'에 이끌려 가는 부모들이 많이 있습니다. 알고 갈 때도 있지만 모르고 무리 속에 섞여 가는 경우가 대부분입니다. 그 방법을 보니 '먹음직도 하고 보암직도 하고 지혜롭게 할 만큼 탐스럽기도'(창 3:6) 합니다. 말씀대로 자녀를 양육하는 것보다 왠지 잘 자랄 것 같습니다. 크게 악해 보이지도 않고 하나님의 말씀을 많이 벗어난 것 같지도 않아 보입니다.

무엇이든지 처음에는 별로 표시가 나지 않습니다. 그러나 시간이 흘러 뒤를 돌아보면 돌아가기에는 너무 먼 길을 왔다는 것을 알게 됩니다. 지금 작은 것을 소중하게 여기지 않으면 훗날 더 큰 것을 잃게 됩니다.

다른 곳을 돌아볼 시간이 없습니다. 하나님 말씀으로 자녀를 양육하기에도 시간이 부족합니다. 지금은 자녀가 부족하고 연약해 보여도 때가 되면 큰 나무가 되어 부모에게 그늘을 만들어 줄 것입니다.

주님, 세상풍조에 흔들리지 않고 오직 하나님의 말씀만이 변하지 않는 진리임을 믿고 자녀를 양육하도록 도와주소서.

대가를 지급해야 합니다

천국은 마치 밭에 감추인 보화와 같으니 사람이 이를 발견한 후 숨겨 두고 기뻐하며 돌아가서
자기의 소유를 다 팔아 그 밭을 사느니라_마태복음 13장 44절

밭을 빌려서 농사를 짓는 어떤 농부가 밭을 갈다가 땅속에 숨겨진 다이아몬드 원석을 발견했다면 어떻게 해야 할까요? 자신의 모든 것을 팔아서라도 밭을 사야 합니다.

자녀는 땅속에 있는 원석 상태로 부모에게 옵니다. 다른 사람들은 몰라보겠지만 부모는 단번에 엄청난 보화인 걸 알아봅니다. 원석은 다듬는 시간과 노력이 필요합니다. 곧 보석으로 거듭나기 위한 부모의 투자가 필요합니다. 다듬지 않으면 그대로 볼품없는 돌덩이에 지나지 않습니다.

또한, 자녀를 '보석 같은 존재'로 키우기 위해서는 농부처럼 자신의 모든 소유를 팔 수 있어야 합니다. 부모의 헌신 없이 자녀는 절대 자라지 않습니다. 시간, 노력, 정성을 자녀에게 쏟아야 합니다.

세상 만물 중에서 거저 자라는 것은 하나도 없습니다. 들의 풀 하나도 하나님께서 햇볕과 비를 내리지 않으시면 자라지 못합니다. 자녀를 양육하는 일도 마찬가지입니다. 부모의 대가가 필요합니다. 물론 열매는 하나님께서 결정하실 일이지만 물을 주고 다듬는 일은 부모의 몫입니다.

원석의 가치를 드러나게 하는 것은 부모의 손길입니다. 부모가 자녀를 돌덩이로 취급하면 자녀는 그렇게 됩니다. 그러나 온 힘을 다해 다듬어 가면 자녀는 보석이 됩니다. 물론 부모가 가치 없이 취급해도 하나님께서는 원석을 세상에서 빛나는 보석으로 바꿔 주십니다. 그런 경우 부모는 하나님의 심판을 피할 수 없습니다.

부모는 밭에 숨겨진 보화인 자녀를 발견한 사람입니다. 오늘도 그 밭을 사기 위해서 부모는 기쁨으로 자신의 소유를 버립니다. 부모의 소유는 점점 사라지고 원석은 점점 보석의 모양을 갖추어 갑니다.

 오늘도 밭에 숨겨진 보화를 발견한 것처럼 자녀의 올바른 양육을 위해서 감사함으로 부모의 소유를 버리기를 소망합니다.

15 포기할 수 없는 꿈

2

예수 그리스도로 말미암아 의의 열매가 가득하여 하나님의 영광과 찬송이 되기를 원하노라_
빌립보서 1장 11절

누구나 꿈을 꿉니다. 그러나 모든 꿈이 이루어지는 것은 아닙니다. 꿈을 향해 달려가다가 포기하기도 하고 잊어버리기도 하면서 또 다른 꿈을 꿉니다. 자신이 꾼 꿈이 이뤄지는 것을 살아서 보기도 하고 때로는 세월이 흘러 후손이 보기도 합니다.

사람들은 어떤 꿈을 꾸었다가 그것을 이루지 못하면 실패라고 말합니다. 그러나 그리스도인에게 꿈의 실패는 없습니다. 꿈이 다르기 때문입니다. 무엇이 되는 것이 목적이 아니기 때문입니다.

우리의 꿈은 한결같습니다. 이루고자 하는 목표와 가는 방향이 달라도 우리의 꿈은 하나입니다. 그것은 '하나님의 영광'입니다. 설령 목표에 도달하지 못했어도, 중간에 포기하고 싶어도 포기할 수 없는 꿈입니다. 그래서 그리스도인의 꿈에는 실패가 없습니다.

하나님께서는 우리가 도달하려는 목표에 관심이 있지 않으십니다. 우리 자신에게 관심이 있으십니다. 곧 우리의 달려가는 길이 하나님께 영광이 되는지, 꿈을 이룸이 하나님께 영광이 되는지에 관심이 있으십니다.

이루고자 했던 꿈이 이뤄지지 않았다고 하나님께서 우리를 버리신 게 아닙니다. 가던 길을 포기했다고 해서 하나님께서 우리에게 등을 돌리지 않으십니다. 하나님은 모든 것이 '하나님께 영광'이 되기를 원하고 계십니다.

우리에게는 결코 포기할 수 없는 꿈이 있습니다. 어떤 상황과 환경 가운데 있을지라도 물러설 수 없는 꿈이 있습니다. 오직 하나님의 영광을 위하여!

부모는 자녀에게 가르쳐야 합니다. 꿈을 이루는 방법이나 꿈을 이루기 위한 노력보다 하나님께 영광이 되는지 먼저 생각하도록 가르쳐야 합니다.

자녀가 하나님께서 주신 꿈을 꾸게 하시고 그 꿈을 하나님의 영광 가운데 하나님께서 이루어 주소서.

되돌아오는 화살을 쏘지 마십시오

2
16

악을 행하는 자들 때문에 불평하지 말며 불의를 행하는 자들을 시기하지 말지어다_시편 37
편 1절

경우에 어긋나는 행동을 하는 악한 사람들이 날뛰는 세상을 보면 불평과 불만의
입술이 저절로 열립니다. 때로는 험악한 말들을 쏟아내기도 합니다. 마음에서 솟
아나는 울분을 참을 수 없어 과격한 행동까지 합니다.

틀리지 않습니다. 있는 그대로 판단해도 상대방이 분명히 틀립니다. 비난받아
마땅하고 욕을 먹는 그것만으로는 충분 하지 않을 때가 많습니다. 악한 사람들이
활개를 치고 다니는 것을 보면 너무 화가 납니다. 그런데도 하나님께서는 그들로
인해서 불평하지 말고 시기하지 말라고 말씀하십니다. 오히려 주님이 우리를 용
서하신 것 같이 행하라고 말씀하십니다.

"누가 누구에게 불만이 있거든 서로 용납하여 피차 용서하되 주께서 너희를 용
서하신 것 같이 너희도 그리하고"(골 3:13).

그러나 이렇게 사는 것이 쉽지 않습니다. 우리의 입이 항상 열려 있는 까닭입니
다. 다만 애를 쓸 뿐입니다. 특별히 힘을 다해 불평과 불만을 쏟아내지 말아야 할
대상이 있습니다. 바로 내 가족입니다. 특히 자녀입니다.

부모가 자녀에게 쏟아내는 모든 말들은 자녀의 미래가 되기 때문입니다. 비록
자녀가 잘못했다고 하더라고 비난하지 말아야 합니다. 도저히 참을 수 없어서 순
간에 목구멍을 넘어왔다면 손바닥으로 막아야 합니다. 비난하고 있음을 깨닫는
즉시 멈춰야 합니다.

우리의 입술에서 쏟아내는 불평과 불만과 비난 같은 험악한 말은 나를 향해서
되돌아오는 화살입니다. 그 화살로 자녀는 물론 나까지 상처를 입을 수 있습니다.

 주님, 내 입에 파수꾼을 세워 거짓된 혀는 사라지고 진실한 입술만 남도록 나의 입술을
지켜 주소서.

꿈이 없다고 보채지 마십시오

2
17

그 후에 내가 내 영을 만민에게 부어 주리니 너희 자녀들이 장래 일을 말할 것이며 너희 늙은
이는 꿈을 꾸며 너희 젊은이는 이상을 볼 것이며_요엘 2장 28절

"네 꿈이 뭐니?" 어른들은 아이들만 보면 이렇게 묻기를 좋아합니다. "글쎄
요⋯⋯" "없는데요"라고 하면 안타까워하면서 꿈을 갖기를 강요합니다.

어려서부터 꿈을 꾼다는 것은 좋은 일입니다. 누구든지 꿈을 가지면 그 꿈을 이
루기 위해서 스스로 노력하고 애를 쓰기 때문에 보기가 좋습니다. 부모들은 자녀
의 꿈을 직업과 연결하는데 꿈이 성취되면 먹고사는 문제가 해결되기 때문입니다.

그러나 꿈과 직업이 반드시 일치하는 것은 아닙니다. 꿈과 직업이 잘 맞는다면
다행이지만 그렇지 않을 때 먹고사는 일에 자신의 인생이 허비된다는 생각을 하
면 삶이 너무 팍팍해집니다.

그런데도 꿈을 꾼다는 것은 참 행복한 일입니다. 그것이 이루어지는 것과는 별
개입니다. 꿈은 삶을 더욱 풍요롭게 합니다. 그렇다고 해서 꿈을 억지로 가질 수
는 없습니다. 욕심을 채우는 꿈은 성취되었을 경우 오히려 자신을 망치는 독이 될
수도 있습니다. 그래서 하나님께서 주시는 꿈을 꾸는 게 중요합니다.

부모가 자녀에게 강요하는 꿈은 자녀를 힘들게 하고 오히려 그 꿈으로 인해 자
녀가 병들 수 있습니다. 각 사람에게 향하신 하나님의 계획은 하루아침에 보이지
않습니다. 하지만 결코 우리의 자녀가 무의미한 인생을 살도록 내버려 두지 않으
십니다. 다만 부모가 성급해서 보지 못할 뿐입니다.

자녀가 말하는 장래 일이나 늙은이가 꾸는 꿈이나 젊은이가 보는 이상은 모두
하나의 지점을 향해 있습니다(행 2:17). 그것은 개인의 꿈과 희망을 넘어선 하나님
나라의 일입니다.

 꿈이 없다고 자녀를 탓하기 전에 먼저 부모가 말씀에 순종하고 자녀도 이와 같게 하소서.
하나님의 말씀에 순종하는 자라면 그 누구든지 하나님께서 주신 꿈을 꿀 것이며, 그 꿈이
성취될 것을 믿습니다.

부모는 파수꾼입니다

내가 너를 이스라엘 족속의 파수꾼으로 세웠으니 너는 내 입의 말을 듣고 나를 대신하여 그들을 깨우치라_에스겔 3장 17절

파수꾼은 높은 망대에 올라 멀리 내다보며 다가올 일을 먼저 봅니다. 그래서 항상 잠들지 말고 깨어 있어야 하며 한시라도 마음을 놓아서는 안 됩니다.

파수꾼은 멀리서 일어나고 있는 일을 전합니다. 파수꾼은 고난을 많이 겪습니다. 사람들이 보지 못하는 것을 먼저 보고 듣기 때문입니다.

노아는 언제 사용될지도 알 수 없는 배를 오랫동안 지었으며 아브라함은 자신이 갈 곳이 어디인지 분명하게 모르면서 고향을 떠났습니다. 자신의 조국에 임할 하나님의 심판을 전한 예레미야는 동족들로부터 심한 억압을 받았습니다. 에스겔은 이상한 행동으로 손가락질을 받았고 호세아는 결혼도 자기 뜻대로 하지 못했습니다.

모두 망루에 서 있는 파수꾼이기 때문입니다. 다른 사람들이 보지 못한 것을 보고 들었기 때문입니다. 그런데도 순종했습니다. 파수꾼의 사명입니다.

부모는 파수꾼입니다. 지금 자녀에게 벌어지는 일들보다는 앞으로 일어날 일에 대해서 보고 들어야 합니다. 그래서 늘 깨어 있어야 하고 들려오는 소리에 민감해야 합니다. 눈과 귀가 어두워지지 않도록 갈고 닦아야 합니다.

부모가 자녀의 시험과 성적 등에만 관심을 둔다면 앞으로 일어날 일들을 대비하지 못합니다. 자녀를 향한 하나님의 계획하심을 전혀 알지 못하기 때문입니다. 그래서 부모의 눈과 귀는 항상 하나님을 향해서 민감하게 열려있어야 합니다. 깨어 있어야 합니다.

 주님, 부모의 눈과 귀가 열려 자녀를 깨우치는 파수꾼이 되게 하소서.

2 / 19 매일 뿌리쳐야 합니다

형제들아 내가 그리스도 예수 우리 주 안에서 가진 바 너희에 대한 나의 자랑을 두고 단언하노니 나는 날마다 죽노라_고린도전서 15장 31절

주님께서는 날마다 자기 십자가를 지고 따르라고 말씀하셨고(눅 9:23), 사도 바울은 십자가 앞에서 자신을 쳐서 날마다 죽으며 복종한다고 고백했습니다. 그만큼 우리는 우리를 무너트리려는 거친 유혹의 세상에 살고 있습니다.

청년 요셉은 자신을 유혹하는 여인의 손을 뿌리치고 도망쳤습니다. 요셉은 그로 인하여 감옥에 갇혔습니다. 유혹을 뿌리친 대가는 더 큰 난관으로 다가왔습니다.

우리는 유혹의 바다를 지나고 있습니다. 오늘 한고비를 넘기면 내일 더 큰 유혹이 우리를 기다리고 있습니다. 자녀를 성경적으로 양육한다는 것은 유혹의 바다를 헤엄치는 것과 같습니다. 한 번 유혹을 뿌리친다고 끝나는 것이 아니라 가끔은 지치고 맥이 빠집니다.

세상의 유혹을 뿌리치는 것은 내가 입었던 옷이 찢기는 아픔이 있습니다. 아픔을 겪고 나면 보상은 뒤따르지 않고 또 다른 유혹이 기다리고 있습니다. 유혹은 세상의 눈으로 보면 절호의 기회일 수 있습니다.

세상은 우리의 자녀를 유혹하기에 아주 좋은 조건을 갖추고 있습니다. 유혹의 환경은 점점 은밀하고 치밀해지고 있습니다. 자녀는 아직 세상에 홀로서기에 약합니다. 세상을 분간하기에 아직은 연약합니다.

부모도 요셉처럼 강하지 않을 수 있습니다. 자녀는 더욱 그렇습니다. 그래서 어제의 승리가 오늘을 보장해 주지 않고 어제의 실패가 오늘을 지배하지 않습니다.

매일 유혹을 뿌리치는 것이 극도의 긴장감 속에서 지내는 것을 의미하지는 않습니다. 오히려 나약한 존재임을 깨닫고 주님께 의지하며 매 순간을 이길 수 있음에 감사하고 기쁨으로 사는 삶입니다.

 자녀를 향한 유혹이 파도처럼 밀려오고 있지만, 주님 손잡고 안전하게 걸어가는 하루를 보내게 하소서.

특별한 은혜를 사모하십시오

그런즉 가장 작은 일도 하지 못하면서 어찌 다른 일들을 염려하느냐_누가복음 12장 26절

우리는 특별한 가치를 가진 존재입니다. 부모와 자녀 모두가 하나님의 특별한 사랑을 받고 있습니다. 하나님은 우리를 사랑하셔서 예수 그리스도를 보내시어 십자가에서 피 흘리게 하셨습니다. 그만큼 우리는 하나님의 관심과 사랑을 받고 있습니다.

부모는 자녀가 하나님의 특별한 사랑을 받기 원합니다. 그런데 하나님께 받는 특별한 사랑이란 무엇일까요? 홍해가 갈라지는 것같은, 반석에서 샘물이 솟는 것 같은, 하늘에서 만나가 내리는 것 같은 기적일까요? 로봇이 변신하는 것처럼 하루 아침에 달라지는 것일까요?

우리가 살면서 기적을 체험하는 것은 정말 감사하고 기쁜 일입니다. 그러나 그런 기적이 일어난다고 부모와 자녀가 더 친밀해지고 사이가 좋아질까요? 그럴 수도 있겠지만 아닐 수도 있습니다.

하나님의 특별한 사랑, 곧 은혜는 늘 자녀와 함께하심입니다. 시편의 말씀처럼 하나님께서 자녀를 눈동자처럼 지켜 주십니다.

"나를 눈동자 같이 지키시고 주의 날개 그늘 아래에 감추사"(시 17:8).

아침에 부모가 사랑으로 자녀를 안아 주고, 자녀는 감사함으로 아침 인사를 하고, 식탁에 둘러앉아 소찬도 감사하며, 길가에 이름 없는 들풀을 보면서 미소 짓고, 쓰레기 하나도 함부로 버리지 않고, 자녀가 필요한 곳에 부모가 있고, 손잡고 동네를 걷는 것 등 일상생활에서 누리는 소소한 일들이 하나님의 특별한 은혜입니다.

일상생활에서 자녀와 누리는 작은 기쁨을 큰 감사함으로 받는 것이 특별한 은혜입니다. 특별한 은혜는 우리에게 이미 주어졌습니다.

 오늘 자녀와 이야기도 많이 나누고 같이 보내는 시간을 통해서 특별한 은혜를 사모하고 누리는 부모가 되길 소망합니다.

버려야 할 보상 심리

너희 중에 누구든지 으뜸이 되고자 하는 자는 너희의 종이 되어야 하리라_마태복음 20장 27절

세베대의 아들 야고보와 요한의 어머니가 예수님을 찾아왔습니다. 두 아들의 자리를 부탁하기 위해서였습니다. 예수님이 권력을 잡으면 중요한 자리를 달라고 부탁했습니다. 세상 어느 부모가 야고보 어머니의 마음 같지 않을까요? 더하면 더 했지 덜할 부모는 없습니다.

세상의 일들은 주고받는 보상 관계로 맺어져 있습니다. 누구를 따른다는 것은 그를 통해서 자신에게도 이익이 되는 것을 취할 수 있기 때문입니다. 그래서 더는 취할 것이 없게 되면 뒤도 돌아보지 않고 떠나갑니다.

야고보 어머니의 말을 듣고 다른 제자들이 화를 낸 것은 그들도 같은 마음이기 때문입니다. 그런데 주님께서는 단호하게 "다른 사람의 으뜸이 되고자 한다면 다른 사람의 종이 돼라"라고 말씀하십니다.

생각해 봅니다. 신앙생활을 열심히 하는 이유가 내가 얻고자 하는 것이 있기 때문은 아닌지, 헌신이 나의 유익을 구하고자 하는 것은 아닌지, 소득을 구별하여 드리는 연보가 더 큰 보상으로 돌아오기를 원하는 것은 아닌지, 내 부족함을 채우는 수단으로 '예수'를 선택하지 않았는지 돌아봅니다.

자녀를 말씀으로 양육하고자 함이 이와 같지 않은지 반성해 봅니다. '신앙'을 출세의 수단으로 선택한 것은 아닐까? 부모의 마음으로 돌아보니 여전히 그런 마음이 없다고 할 수 없습니다. 그래도 내가 수십 년을 주님을 위해서 헌신했는데, 그래도 몇 년을 교회를 위해서 봉사했는데, 온갖 세상의 유혹을 뿌리치고 오직 주님의 말씀으로 자녀를 양육하려고 애썼는데, 최소한 이 정도의 보상은 있어야 하는 것이 아닌가? 이런 마음이 깊은 곳에 있습니다. 버려야 합니다.

주님이 말씀하셨으니 그런 마음을 버리기 원합니다. 섬김을 받는 자리에 있지 말고 섬기는 낮은 곳으로 가라고 말씀하셨으니 순종하기 원합니다.

소망은 행하는 것입니다

소망의 하나님이 모든 기쁨과 평강을 믿음 안에서 너희에게 충만하게 하사 성령의 능력으로
소망이 넘치게 하시기를 원하노라_로마서 15장 13절

그리스도인의 소망의 시작은 하나님이며 소망의 목적도 하나님입니다. 하나님
이 아니면 소망도 가질 수 없고 소망을 이룰 수도 없기 때문입니다.

"나의 영혼아, 잠잠히 하나님만 바라라. 무릇 나의 소망이 그로부터 나오는도
다"(시 62:5).

소망은 헛된 것이 이루어지길 바라는 것이 아닙니다. 하나님의 약속의 말씀에
근거하여 믿음으로 기다리는 것입니다. 주님의 말씀이 이루어지길 기다리는 일입
니다.

그러므로 소망을 가진 사람이 고난을 참고 즐거워하며, 그리스도 안에서 자신
을 거룩하게 하는 것은 하나님께서 우리에게 모든 것을 넘치도록 주시기 때문입
니다.

누구나 소망을 가질 수 있으나 하나님께서 주신 소망만이 진정한 소망입니다.
자기의 힘과 능력과 의로운 행위와 지식에 두는 소망은 거짓 소망이며 헛된 것들
입니다.

"주의 종에게 하신 말씀을 기억하소서. 주께서 내게 소망을 가지게 하셨나이다"
(시119:49).

부모는 자녀에게 소망을 갖습니다. 부모의 소망은 바라며 기다리는 것만이 아
니라 말씀대로 이루어질 것을 믿으며 사는 것입니다. 부모가 자녀에게 소망을 갖
는 것은 그 소망이 하나님께로부터 왔기 때문입니다.

 소망이신 하나님을 믿습니다. 오늘도 그 소망으로 자녀를 사랑하게 하시니 감사합니다.

2
23
기도 소리만큼 자라는 자녀

엘리야는 우리와 성정이 같은 사람으로되 그가 비가 오지 않기를 간절히 기도한즉 삼 년 육
개월 동안 땅에 비가 오지 아니하고_야고보서 5장 17절

우리가 원하지 않아도 예수 그리스도를 구주로 영접하는 순간부터 영적 전쟁의 한가운데 서게 됩니다. 신앙생활을 열심히 하든지 게을리 하든지 전쟁터에서 생활하는 셈입니다. 영적 전쟁은 교회와 마귀와의 싸움이며, 우리는 교회에 소속된 군사입니다.

주일에 교회에 가려고 하면 아이들이 생떼를 써서 화를 돋우거나 남편(아내)이 괜히 시비를 걸어 싸움이 벌어지기도 합니다. 자녀를 위해서 기도하는 일이 쓸데없거나 하찮은 일로 여겨질 때도 있습니다. 이유 없이 아이들이 귀찮고 품에 안기는 것조차 짜증이 나기도 합니다. 얼핏 보기에는 일상사 같아 보이지만 그렇지 않습니다.

이런 상황을 사탄이 만들어 가고 있다는 것을 인식해야 합니다. 어떻게 해서든 사탄은 자녀를 하나님 가까이 가지 못하게 하려고 합니다. 그렇다고 겁낼 필요는 없습니다. 우리의 기도를 중보하시는 예수님이 계시기 때문입니다.

하나님께서는 기도하는 사람들을 통해서 이 땅을 다스리기 원하십니다. 전쟁터에서 예수 그리스도를 방패삼아 영적 싸움에서 승리하길 원하십니다.

자녀 양육에서 부모의 기도는 전쟁터에서 사용하는 무기와 같습니다. 부모의 기도 소리가 자녀를 자라게 합니다. 자녀의 성장이 부모가 잘 먹이고 잘 입히는 데 있는 것 같지만, 아닙니다. 부모의 기도 소리에 있습니다. 부모의 기도는 자녀의 강한 부분을 더욱 강하게 하고 약한 부분을 세워 줍니다.

자녀가 세상의 어떤 공격에도 무너지지 않고 하나님 나라의 군사로 우뚝 설 수 있게 하는 것은 부모의 기도밖에 없습니다. 부모의 기도는 콩나물에 물을 주는 것과 같습니다. 부모의 기도가 자녀를 성장하게 합니다.

 오늘도 자녀를 위한 기도의 줄을 놓지 않길 간절히 소망합니다.

소망을 예수 그리스도께 두십시오

이를 위하여 우리가 수고하고 힘쓰는 것은 우리 소망을 살아 계신 하나님께 둠이니 곧 모든 사람 특히 믿는 자들의 구주시라_디모데전서 4장 10절

초대 교회 성도들은 많은 핍박과 고난을 겪었습니다. 집과 재산을 빼앗기고 떠돌면서 살고 감옥에 갇혀서 육체의 고통을 수없이 당했습니다. 그런데도 믿음을 버리지 않고 오히려 더욱 견고하게 했습니다.

그들이 환란과 고통을 이길 수 있었던 것은 소망을 하나님께 두었기 때문입니다. 곧 오실 예수님을 기다리면서 영광의 면류관을 바라보며 온갖 고초를 이길 수 있었습니다.

살아 계신 하나님께 소망을 두지 않았다면 그 무엇도 믿음을 지키게 할 수 없었습니다. 하나님의 위로하심과 지금 당하고 있는 환란이 절대 헛되지 않다는 확신이 신앙을 지키도록 했습니다.

'자녀를 키우다 보면 오늘의 고생을 보상받을 수는 있을까? 아니 보상은 못 받더라도 나중에 아이들이 알아줄까?' 하는 생각이 수없이 듭니다. 밑 빠진 독에 물 붓는 것 같은 상황 속에서 우리가 바라봐야 할 것은 자녀가 아닙니다. 자녀를 바라보면 볼수록 더 깊은 낙담 속으로 빠져들 뿐입니다. 잠시 고개를 들어 우리의 소망이신 예수 그리스도를 바라보십시오.

우리에게 홀로 자녀를 키우도록 내버려 두지 않으시는 예수 그리스도를 바라보십시오. 한계에 부딪혔을 때 주저 없이 소망이신 예수님을 바라보십시오.

주님께서는 우리의 모든 것을 기억하고 계십니다. 부모가 얼마나 자녀를 위해서 애쓰고 노력했는지를 모두 알고 계십니다. 우리가 기억하지 못하고 있는 아주 작은 것들까지도 잊지 않고 계십니다.

소망이신 예수님을 바라보면 다시 힘이 생깁니다. 다시 자녀를 사랑할 마음이 솟아납니다. 희망이 없어 보이던 자녀에게서 다시 희망이 보입니다.

주님, 자녀에 대한 실망이 예수 그리스도를 바라봄으로 희망으로 바뀌게 되길 기도합니다.

부모가 져야 할 십자가

이에 예수께서 제자들에게 이르시되 누구든지 나를 따라오려거든 자기를 부인하고 자기 십자가를 지고 나를 따를 것이니라_마태복음 16장 24절

믿는 모든 자에게는 자신이 져야 할 십자가가 있습니다. 모양과 형태는 다르지만 자기의 분량만큼 십자가를 지고 주님을 따라갑니다. 십자가는 분명 짐입니다. 그런데도 져야 하는 것은 고난보다 받을 영광이 더 크기 때문입니다(롬 8:18).

그렇다면 부모가 져야 할 십자가는 무엇일까요? 자녀입니다. 자녀 그 자체가 부모가 져야 할 고난과 영광의 십자가입니다. 이 십자가는 느닷없이 생긴 것이 아니라 자녀가 부모에게 선물로 오는 순간부터 같이 왔습니다.

주님께서는 우리에게 요구하십니다. 십자가를 질 때 감사와 기쁨으로 감당하라고 하십니다. 짜증과 염려와 걱정을 하면서 억지로 지기를 원치 않으십니다. 십자가에는 영광이 있기 때문입니다.

부모가 져야 할 십자가가 자녀라는 확신이 들면 자녀에게 벌어지는 다양한 문제들에 대해 조금은 여유가 생깁니다. 부모가 해야 할 일이 무엇인지 명확하게 알 수 있습니다.

신앙생활에서 가장 우선순위는 자녀를 믿음으로 양육하는 일입니다. 말씀 한 구절을 같이 읽고 함께 기도하고 찬송하는 일들이 작은 일이 아니라 주님이 말씀하신 십자가를 지는 일입니다.

자녀에게 일어나는 모든 일이 부모가 져야 할 십자가임을 알 때 담대해질 수 있습니다. 비로소 자녀가 부모의 기쁨이 되고 감사가 됩니다. 자녀의 모든 것들이 부모에게는 감사일 뿐입니다. 십자가의 고난이 없는 영광은 없습니다.

부모에게 맡겨진 '자녀'라는 십자가를 기쁨과 감사함으로 지는 힘을 주시니 감사합니다.

이중 언어는 불순종입니다

2 / 26

어떤 사람에게 두 아들이 있는데 맏아들에게 가서 이르되 얘 오늘 포도원에 가서 일하라 하니 대답하여 이르되 아버지 가겠나이다 하더니 가지 아니하고 둘째 아들에게 가서 또 그와 같이 말하니 대답하여 이르되 싫소이다 하였다가 그 후에 뉘우치고 갔으니_마태복음 21장 28~30절

아이들은 언어를 한 가지만 사용하지 않습니다. 부모 앞에서 하는 말과 행동이 다른 사람들이나 친구들과 있을 때와는 다른 경우가 종종 있습니다. 아이들뿐만 아니라 어른들도 '이중 언어'를 많이 사용합니다. 교회에서 하는 말과 회사에서 하는 말과 친구들과 하는 말이 다릅니다.

어린아이임에도 불구하고 부모를 속일 만큼 완벽하게 이중 언어를 사용할까요? 물론입니다. 그렇다면 왜 이런 일들이 생기는 것일까요?

첫째는 부모의 과잉보호 때문입니다. 이런 부모는 자녀를 언제나 '옹알이'하는 어린아이 취급합니다. 아이들은 자신의 삶을 자신이 끌고 가지 못하고 타인에 의해서 움직이게 됩니다. 삶의 목표가 없고 숨구멍이 없는 틀 안에 갇혀 있는 것과 같습니다. 그 결과 본능으로 자신이 살아남으려고 합니다. 이중 언어는 숨을 쉬고 싶어 하는 본능의 표현입니다.

둘째는 부모의 강압적인 양육 태도 때문입니다. 아이의 입장을 무시하는 부모의 태도는 자녀에게 남의 힘에 좌우되는 삶을 살도록 강요합니다. 이런 상황 속에서 아이들은 스스로 살아남기 위해서 이중 언어를 사용하게 됩니다.

셋째는 불순종으로 죄에 틈을 내준 결과입니다. 말씀대로 살지 못함의 원인이 자신에게 있음에도 자꾸 변명합니다. 부모는 아이들이 부모의 말에 순종하고 말과 행동이 다르지 않도록 가르쳐야 합니다. 부모의 말에 순종하는 자녀로 양육하기 위해서는 먼저 부모가 하나님 앞에서 진실한 삶을 살아야 합니다.

우리 마음을 완벽하게 꿰뚫어 보고 계시는 하나님, 기도와 삶이 다르지 않은지 돌아보는 부모와 자녀 되길 소망합니다.

하나님 나라를 소망하며

> 만일 여호와를 섬기는 것이 너희에게 좋지 않게 보이거든 너희 조상들이 강 저쪽에서 섬기던 신들이든지 또는 너희가 거주하는 땅에 있는 아모리 족속의 신들이든지 너희가 섬길 자를 오늘 택하라 오직 나와 내 집은 여호와를 섬기겠노라_여호수아 24장 15절

우리 인생에서 하나님을 섬기기로 선택한다는 것은 어떤 의미일까요? 삶에서 하나님을 선택한다는 것은 꽃길을 의미하는 것이 아닙니다. 문제가 없는 순탄한 삶을 보장하지도 않습니다. 그런데도 우리는 하나님을 선택했습니다.

하나님을 선택했다고 하여 모든 문제의 해결책이 눈앞에 있는 것은 아닙니다. 때로는 하나님을 향해 불거진 문제를 해결해 달라고 간청합니다. 그런데도 하나님은 묵묵부답이실 때가 있습니다.

하나님을 선택한 삶은 기도에 응답이 없을지라도 선택의 기점으로 다시 돌아가지 않습니다. 바닥까지 내려앉는 절망에서도 희망을 선택합니다. 도무지 변할 기미조차 안 보이는 자녀 앞에서 포기를 선택하지 않습니다. 환경은 변하지 않았어도 불평과 불만 대신에 감사를, 분쟁 대신에 평화를, 이익 대신에 손해를 택합니다.

하나님을 선택함으로 우리 삶이 더 풍요로워지고 아이들이 평탄한 삶을 보장받는 것은 아닙니다. 또한 성공하거나 명예를 얻는 것을 의미하지도 않습니다. 여전히 문제는 해결되지 않고 고난의 삶은 우리 곁을 떠나지 않을 수도 있습니다.

그럼에도 하나님을 선택한 것에 후회하지 않습니다. 잠시 의심이 들기도 하고 때로는 하나님을 향해 투덜거리기도 하지만 우리의 선택은 분명합니다. 해결되지 않은 문제로 인해 불안하거나 불평하지 않습니다. 뒤치다꺼리가 끝이 없는 자식이지만 여전히 사랑함에는 변함이 없습니다.

우리 삶에서 하나님을 선택한다는 의미는 하나님 나라를 향해 가는 길을 멈추지 않고 하나님 나라에 대한 소망을 버리지 않는다는 것입니다. 소망의 힘을 하나님께서 주시기 때문입니다.

 주님, 지금은 자녀가 부모를 힘들게 하지만 곧 큰 나무로 자라 이웃에게 그늘과 열매를 나눠 주는 모습을 보게 되리라 믿습니다. 오늘도 그날을 소망합니다.

하나님과 동행하는 삶

에녹이 하나님과 동행하더니 하나님이 그를 데려가시므로 세상에 있지 아니하였더라_창세기 5장 24절

이 땅에서 사는 동안 에녹처럼 하나님과 동행했으면 좋겠습니다. 그러나 하나님과 같이 걸어가는 삶은 성공한 삶이 아닐 수도 있습니다. 우리는 일이 잘 풀리고 원하는 것을 성취하는 삶을 원하지만, 하나님과 동행한다는 것은 그런 것들과는 거리가 있습니다.

동행이란 언제나 함께 있는 것을 말합니다. 인간의 삶이 잔잔한 호수 같지 않고 파도치는 바다와 같은데 늘 함께 있다는 것은 무엇일까요? 하나님과 깊은 관계를 맺는 것이고 하나님이 내 삶에 개입하시는 것이며, 모든 행동이 하나님의 간섭 아래 있는 것을 의미합니다.

내가 처한 상황과 환경에 상관없이 하나님과의 관계가 흔들리지 않는 것이 '동행'입니다. 환경은 요동치는 파도 같지만, 하나님을 사랑하는 마음은 고요합니다. 하나님과 동행하는 삶은 환경과 상관없이 언제나 평안함이 있습니다.

하나님께서는 언제나 한결같은 마음으로 우리를 사랑하십니다. 그러나 우리는 아침저녁으로 하나님에 대한 사랑이 변합니다. 아니, 풍랑이는 바다처럼 수시로 요동칩니다.

자녀를 사랑하는 것도 마찬가지입니다. 부모의 마음 상태에 따라서 자녀를 대하는 태도가 변하기도 하고 환경에 따라 흔들리고 또 흔들립니다. 부모라고 할지라도 한결같은 마음으로 자녀를 사랑하지 못합니다.

환경과 상황에 상관없이 늘 하나님과 동행하는 삶을 살기 원합니다. 자녀를 사랑하는 것도 늘 한결같았으면 합니다.

주님, 자녀와 함께 있는 것만으로도 세상이 줄 수 없는 평안을 누리는 삶이 되길 원합니다.

3월

부모도 자랍니다

3 01 부모도 자라야 합니다

내가 어렸을 때에는 말하는 것이 어린아이와 같고 깨닫는 것이 어린아이와 같고 생각하는 것
이 어린아이와 같다가 장성한 사람이 되어서는 어린아이의 일을 버렸노라_고린도전서 13장
11절

자녀가 자라는 과정을 되돌아보면 아쉬움이 많습니다. 아이들이 어렸을 때 좀
더 잘해 줄 걸 왜 그렇게밖에 하지 못했을까? 못다 한 아쉬움이 많습니다.

지금 그 시절로 다시 돌아간다면 잘할 수 있을까요? 아마 여전히 같은 실수를
반복하지 않을까 싶습니다. 얼떨결에 부모가 되었기 때문입니다. 부모의 역할을
배우지 못했고 알지 못했습니다.

아이가 태어나면 부모도 태어납니다. 아이가 세상을 향해서 걸음마를 시작하면
부모의 걸음마도 시작됩니다. 그런데 가끔 자신이 아이와 같이 태어났다는 것을
잊을 때가 있습니다.

자신이 '아이 부모'라는 것을 잊어버립니다. 그래서 아이와 부딪히고 사이가 벌
어지게 됩니다. 부모는 내면에서 혼란을 겪습니다. '아이 부모'와 이미 성장된 '어
른'이 서로 역할을 구분하지 못하고 갈팡질팡하고 있기 때문입니다. 그래서 '어른'
의 눈으로 문제를 바라보고 '어른'의 방식으로 해결하려고 합니다. 아이들과 갈등
을 겪을 때 재빠르게 아이에게 눈을 맞추십시오. 그 뒤에서 같이 갈등하고 있는
'아이 부모'가 보입니다. 어쩔 줄 모르고 있는 '아이 부모'가 자신임을 깨닫는 순간
갈등이 사라집니다.

아이가 태어날 때 부모도 같이 태어나서 같이 자라기 시작합니다. 부모는 예수
그리스도 안에서 장성한 부모가 될 때까지 깨달음을 얻으면서 성장합니다.

부모의 자라남이 멈춰서는 안 됩니다. 늘 제자리에 머물러 있는 것 같아도 자라
고 있습니다. 시간이 흐르면 어느덧 앞에 계신 주님을 만날 것입니다.

 오늘도 말씀과 기도로 자라는 것을 게을리 하지 않는 부모 되길 원합니다.

은혜의 보좌 앞으로 나갑니다

그러나 내가 나 된 것은 하나님의 은혜로 된 것이니 내게 주신 그의 은혜가 헛되지 아니하여
내가 모든 사도보다 더 많이 수고하였으나 내가 한 것이 아니요 오직 나와 함께 하신 하나님
의 은혜로라_고린도전서 15장 10절

자녀가 하나님의 온전한 자녀로 성장하는 데 가장 큰 걸림돌은 부모의 양육 태도입니다. 자신의 경험과 지식에 바탕을 둔 양육 태도가 자녀와 하나님 사이를 가로막습니다.

부모의 경험과 지식에 의해서 결정된 양육 태도는 웬만해서는 변하지 않습니다. 내 자식은 내가 가장 잘 안다는 확신이 가득하기 때문입니다. 어느 정도 틀린 말은 아닙니다. 부모만큼 자식을 잘 아는 사람은 없으니까요.

자녀가 어릴 때는 부모의 신념에 맞게 어느 정도는 진행이 됩니다. 그러나 어느 때부터인가 부모는 혼돈의 길에 서게 됩니다. 자녀가 생각만큼 잘 따라오지 않기 때문입니다. 그때부터 부모와 자녀가 서로 부딪히기 시작합니다. 그런데도 부모의 양육 태도는 쉽게 변하지 않습니다. 여전히 자신의 양육 방법이 옳다는 확신을 버릴 수 없습니다.

그렇다면 언제 변할까요? 그것은 하나님의 은혜를 만날 때입니다. 노력이나 내 힘으로 한 것이 아님을 깨닫게 될 때 부모는 변합니다. 부모의 노력이 무의미한 것이 아니라 더 큰 은혜가 그 노력을 덮을 때 자신의 노력이 티끌처럼 보이고 은혜가 강물처럼 밀려옵니다.

'부모'와 '자녀' 자체가 하나님의 은혜입니다. 우리 존재 자체가 하나님의 은혜이기 때문입니다. 은혜는 사람의 그 어떤 행위와도 연결되지 않습니다. 부모의 재산, 학력, 명예, 노력과 전혀 상관없이 하나님께서는 은혜를 주십니다.

우리는 은혜를 왜 받는지도 모릅니다. 그저 받을 뿐입니다. 이런 은혜 앞에서 변하지 않을 수 없습니다.

 주님, 내 생각과 경험을 내려놓고 은혜의 보좌 앞으로 나가 값없이 주시는 은혜를 받기 갈망합니다.

03

잔소리에서 벗어나려면

> 나는 포도나무요 너희는 가지라 그가 내 안에, 내가 그 안에 거하면 사람이 열매를 많이 맺나
> 니 나를 떠나서는 너희가 아무것도 할 수 없음이라_요한복음 15장 5절

"저 습관만 고치면 참 좋겠는데……."

"저걸 왜 못 고치지. 귀에 딱지가 앉도록 잔소리를 했는데……."

자녀를 지켜보면서 잔소리가 나올 수밖에 없는 몇 가지가 있습니다. 잘못된 습관을 고치고 싶고 잘못 가고 있는 길을 바로 가르쳐 주고 싶은데 아이들은 말을 잘 듣지 않습니다. 그러다 보니 아이들에게 잔소리가 많아지고 볼수록 못하는 것만 보입니다.

그렇다면 하나님은 우리를 어떻게 바라보실까요? 하나님은 우리의 단점을 지적하고 확대하여 꾸중하실까요?

부모의 잔소리는 대부분 자기의 의를 드러내는 경우가 많습니다. 지금 눈에 보이는 태도에만 초점을 두기 때문입니다. 그래서 부족한 것, 못하는 것, 더 있으면 좋겠는 것들에 눈을 돌리게 되고 정작 잘 가꾸면 열매를 많이 맺을 수 있는 가지를 보지 못합니다.

그러나 주님께서는 포도나무 가지에서 언젠가는 맺힐 열매를 보십니다. 지금은 열매다운 것이 보이지 않아도 주님께서는 기다리고 계십니다.

부모도 자녀를 풍성한 열매를 맺을 수 있는 가지로 보아야 합니다. 실제로 그렇습니다. 자녀가 예수님께 붙어 있기만 하면 열매를 맺기 때문입니다.

자녀가 더 나은 사람이 될 것이라고 확신하는 부모는 잔소리에서 벗어날 수 있습니다. 잔소리는 부모와 자녀의 관계만 힘들게 합니다. 잔소리를 멈추십시오.

 주님, 잔소리로 자녀를 통제하려는 마음이 사라지게 하소서. 단점을 지적하기보다 사랑으로 지켜보며 기다리는 부모 되게 하소서.

빵이 목적이 아닙니다

예수께서 대답하여 이르시되 내가 진실로 진실로 너희에게 이르노니 너희가 나를 찾는 것은
표적을 본 까닭이 아니요 떡을 먹고 배부른 까닭이로다_요한복음 6장 26절

사람들은 예수님의 말씀을 듣고자 모였다가 뜻밖에 음식을 배불리 먹게 되었습니다. 그러자 마음이 바뀌었습니다. 예수님께 말씀을 듣기보다 빵을 얻기 위해서 예수님을 찾았습니다. 예수님을 찾는 목적이 변질되었습니다.

문제 해결 중심으로 신앙생활을 하는 경우가 있습니다. 자신에게 불리하거나 해결하지 못할 문제가 생겼을 때는 부르짖으며 하나님을 찾다가 문제가 해결되면 다시 조용해집니다. 물론 인생을 살아가면서 먹고사는 문제는 매우 중요합니다. 반드시 해결해야 할 문제입니다.

그러나 그것이 하나님을 찾는 근본 목적은 아닙니다. 빵을 찾듯이 신앙생활을 하는 것은 하나님을 문제 해결의 도구로 사용하게 될 위험이 있습니다. 예수님께서는 굶주림과 목마름을 해결하실 뿐만 아니라 영원히 목마르지 않게 하는 생명의 근원이십니다.

자녀를 키우다 보면 도움이 필요한 크고 작은 일들이 많이 생깁니다. 부모는 그때마다 간절하게 하나님을 찾습니다. 자녀에게 생긴 어려움을 통해서 부모의 신앙이 자라기도 합니다.

빵을 구하는 것에만 초점을 두게 된다면 '생명의 빵'이신 주님을 만나지 못합니다. 수많은 기적과 이적을 체험해도 그것이 우리에게 영생을 보장해 주는 것은 아닙니다.

 빵을 구하기 전에 먼저 영원한 생명을 주시는 말씀을 구하는 부모 되게 하소서. 자녀에게도 생명의 빵이신 주님의 말씀을 먼저 먹이는 부모 되기 원합니다.

걱정과 잔소리

3
05

온전한 것이 올 때에는 부분적으로 하던 것이 폐하리라_고린도전서 13장 10절

자녀를 온전하게 키우고 싶은 것은 모든 부모의 마음입니다. "~하지 마라" "~해라"와 같은 잔소리도 출발은 이런 마음입니다. 잔소리는 부모 입장에서 보면 사랑으로 하는 말이지만 자녀에게는 간섭에 지나지 않습니다.

잔소리하고 싶어서 하는 부모는 없습니다. 자녀가 부모보다는 더 나은 삶을 살기를 바라는 간절함 때문입니다. 한편으로는 자녀의 유익을 내세우지만 깊은 내면에는 부모가 정한 것에 도달하지 못하면 어쩌나 하는 불안이 깔려 있습니다.

우리 내면에 깔린 탐심입니다. 이 탐심은 자녀를 핑계로 부모가 무엇인가 얻고자 하는 마음입니다. 다만 겉으로 인정하기 어렵기에 자녀가 잘되기를 바라는 부모의 간절한 소망이라고 말할 뿐입니다.

잔소리하는 또 한 가지 이유는 말씀을 온전히 믿지 못하기 때문입니다. 말씀은 현재뿐만 아니라 보이지 않는 미래에도 적용됩니다. 그러나 보이는 현실은 답답하고 미래 역시 크게 다를 것 같지 않아 걱정이 생깁니다. 결국 걱정이 넘쳐서 잔소리를 하고 화를 냅니다. 잔소리는 자녀에게 짜증과 불만만 생기게 할 뿐 정작 효과는 없습니다. 잔소리 때문에 자녀가 바뀌는 예는 없습니다.

부모가 잔소리에서 벗어나는 길은 자녀에게 많이 가르치려는 욕심을 내려놓는 것입니다. 그리고 말씀을 가르치는 데 집중해야 합니다. 자녀를 하나님의 사람으로 온전하게 양육하는 방법은 말씀을 가르치는 것입니다. "모든 성경은 하나님의 감동으로 된 것으로 교훈과 책망과 바르게 함과 의로 교육하기에 유익하니 이는 하나님의 사람으로 온전하게 하며"(딤후 3:16~17).

자녀에게 말씀을 가르치고 오직 말씀에 순종하는 삶을 살도록 가르쳤다면 잔소리하지 마십시오. 하나님의 말씀인 성경은 사람을 온전하게 하기 때문입니다.

 부모가 말씀으로 자녀를 양육함으로 잔소리에서 벗어나길 소망합니다.

시냇가에 심은 나무처럼

그는 시냇가에 심은 나무가 철을 따라 열매를 맺으며 그 잎사귀가 마르지 아니함 같으니 그가

하는 모든 일이 다 형통하리로다_시편 1편 3절

시냇가에 있는 나무는 계절을 따라 꽃을 피우고 열매를 맺습니다. 시냇물이 마
르지 않는 한 나무는 늘 푸르고 잘 자랍니다. 뿌리를 시냇물에 깊이 내리고 있는
나무의 잎사귀는 마르지 않습니다.

마르지 않는 시냇물, 영원히 변하지 않는 시냇물, 그것은 하나님이 주시는 영생
수입니다(요 4:14). 세상에 근원을 둔 시냇물은 언젠가는 마르지만, 근원이 하나님
인 시냇물은 영원히 마르지 않습니다.

나무는 자신이 흡수한 물에 따라서 꽃을 피우고 열매를 맺습니다. 세상에 근원
을 둔 나무는 세상에 맞는 꽃과 열매를 맺지만 하나님으로부터 흐르는 물에 뿌리
를 내린 나무는 하나님 보시기에 아름다운 꽃과 열매를 맺습니다.

자녀도 시냇가에 심어진 나무입니다. 모든 부모는 나무가 늘 푸르고 아름답게
자라기를 바랍니다. 예쁜 꽃이 피고 탐스러운 열매가 맺히기를 원합니다. 그러나
모든 나무가 부모의 바람처럼 자라지는 않습니다.

싹도 틔우지 못하고, 나뭇잎은 병들고, 꽃을 피워도 나비가 날아들지 않고, 열
매를 맺지 못하기도 합니다. 나무 탓이 아닙니다. 깨끗한 물을 뿌리로부터 공급받
지 못했기 때문입니다.

자녀의 삶의 뿌리가 하나님의 말씀에 있어 늘 풍성하게 되기를 소망합니다.

 주님, 영원히 마르지 않는 시냇가에 심은 나무처럼 자녀도 계절을 따라 열매를 맺고 잎사
귀가 푸른 나무가 되기를 간절히 구합니다.

다툼으로 자녀를 이기지 마십시오

3
07

너는 그들로 이 일을 기억하게 하여 말다툼을 하지 말라고 하나님 앞에서 엄히 명하라 이는
유익이 하나도 없고 도리어 듣는 자들을 망하게 함이라_디모데후서 2장 14절

보통 '훈계'하면 회초리를 들고 자녀를 엄하게 야단치는 모습이 떠오릅니다. 그래서 훈계를 하다 보면 자녀를 야단치고 그것이 지나쳐서 자녀와 다툼으로 이어지기도 합니다.

보통의 훈계는 부모의 경험과 지식을 기준으로 자녀의 잘못된 행동을 지적하는 것에 초점이 있습니다. 그러나 말씀에 바탕을 둔 훈계는 하나님의 말씀이 중심이 되어 잘못된 행동을 지적하는 것보다 마땅히 행할 길을 아이에게 가르치는 것입니다(잠 22:6). 자녀의 잘못에 부모의 훈계는 마땅히 있어야 합니다. 그러나 지나쳐서 부모 생각이 개입되면 잔소리가 되고 다툼을 일으키게 됩니다.

부모는 자녀와 말다툼에서 지려고 하지 않습니다. 이때부터 문제의 본질은 사라지고 상처만 남습니다. 부모가 훈계한 것은 자녀가 올바른 길로 가기를 원하는 마음에서입니다. 그러나 말다툼이 시작되면 원하지 않았던 방향으로 거침없이 흐릅니다. 바로 이 순간에 사탄이 개입합니다. 미움이 다툼을 일으키고(잠 10:12), 교만이 다툼을 일으키며(잠 13:10), 자신의 감정을 조절하지 못하고 화를 쉽게 내는 부모가 다툼을 일으키고(잠 15:18), 지혜롭지 못하고 미련한 부모와(잠 18:6) 욕심이 많은 부모가 다툼을 일으킵니다(잠 28:25).

자녀와 말다툼에서 이기려는 생각을 버리십시오. 자녀를 완벽하게 굴복시켜 얻는 게 무엇일까요? 자녀로부터 "죄송합니다. 잘못했습니다"라는 말을 들을 수 있지만 시간이 지나면 후회하게 됩니다. 사탄은 끊임없이 자녀와 부모 사이를 벌어지게 하려고 틈을 엿보고 있습니다.

입을 닫고 크게 숨을 쉬고 눈을 감으면 머리끝까지 올라갔던 화가 멈춥니다. 그때 훈계의 본질을 다시 한번 떠올려 보십시오. 말다툼을 막는 것은 사랑입니다.

> 주님, 자녀와 부모 사이를 말다툼으로 벌어지게 하려는 사탄의 계획에 말려들지 않는 부모 되기 원합니다.

바쁜 일상 속의 게으름

3
08

부지런하여 게으르지 말고 열심을 품고 주를 섬기라_로마서 12장 11절

세상이 바쁘게 돌아갑니다. 아이들도 종종걸음을 치며 하루를 보냅니다. 밤늦게까지 일을 하고 공부를 해도 마무리가 되지 않습니다. 시간이 남는다고 하는 사람은 별로 없습니다. 늘 쫓기듯이 살아 갑니다.

주어진 일에 최선을 다하고 열심을 내는 것은 좋은 일입니다. 그러나 그렇게 성실하게 한평생을 살았음에도 인정을 받지 못한다면 어떨까요? 우리는 언젠가 하나님 앞에 섭니다. 그때 주님이 땀 흘려 일한 것에 대해서 "나는 도무지 알지 못한다"라고 말씀하시며 우리에게 "게으르고 악한 종"이라고 하신다면 어떨까요?

게으름. 그렇습니다. 우리는 바쁜 일상을 보내고 있지만 게으르게 살 수도 있습니다. 바로 하나님이 제외된 바쁜 시간입니다. 온종일 발이 부르트도록 뛰어다녔지만, 그 속에 하나님이 계시지 않았다면 게으른 삶입니다. 아이들이 눈을 뜨고 잠들 때까지 공부와 씨름하면서 보냈지만, 하나님이 필요 없었던 하루는 게으른 삶입니다. 아무 일 없이 평온한 삶을 살고 있어도 하나님이 계시지 않는 삶이라면 게으르고 악한 삶입니다.

육의 양식만을 위해서 힘쓰고 바쁘게 사는 것은 게으른 삶입니다. 온종일 말을 많이 하지만 하나님을 향한 말 한마디 없는 것은 쓸데없는 말을 하며 마땅히 해야 할 말을 하지 않는 게으른 삶입니다(딤전 5:13). 하나님 앞에서 게으른 삶이 되지 않기를 소망합니다.

부모는 자녀가 게으른 삶을 살도록 그냥 두어서는 안 됩니다. 아침에 집을 나서기 전에 품에 안고 하는 축복 기도, 잠들기 전에 안고 하는 축복 기도, 하루에 말씀한 구절이라도 들려주고 또 읽도록 하여 자녀가 게으르지 않도록 이끌어 주어야 합니다.

 주님, 부모의 게으름이 자녀에게 옮겨 가지 않도록 늘 깨어 있게 하소서.

87

3 09 뒤끝 없는 화풀이는 없습니다

어리석은 자는 자기의 노를 다 드러내어도 지혜로운 자는 그것을 억제하느니라_잠언 29장 11절

"나는 뒤끝이 없어. 다 잊어버려. 너를 사랑해서 그런 거니까 마음에 담지 마." 상대방에게 있는 대로 화내고 감정을 담아서 퍼붓고는 바로 잊어버리자고 합니다.

화를 낸 사람은 잊어버릴 수 있습니다. 자신의 감정 찌꺼기를 쏟아냈으니 더는 남아 있는 게 없습니다. 그러나 상한 감정의 파편을 맞은 사람은 바로 씻어 낼 수가 없습니다. 감정의 오물을 뒤집어썼기 때문입니다.

화내는 자체에 대해서 탓할 수는 없습니다. 다만 자신의 상한 감정을 그대로 드러내서 죄와 연결되지 않도록 하는 지혜가 필요합니다(엡 4:26). 자신의 감정을 속이지 않는 것은 중요합니다. 그러나 그 감정이 상대방과 연결되어 있을 때는 자신의 감정에만 충실한 것이 정직한 것은 아닙니다.

내키는 대로 하는 감정 표현은 문제의 원인을 상대방에게 돌리기 쉽습니다. 곧 '내가 이렇게 화를 내는 것은 모두 네 탓이다'라는 메시지를 상대방에게 전달하면서 모든 잘못을 상대방에게 돌립니다. 그리함으로써 자신의 잘못은 숨깁니다.

특히 부모는 자신의 감정을 드러내는 데 조심해야 합니다. 자녀 앞에서는 상한 감정을 조절하는 지혜가 필요합니다. 화를 낸 부모는 쉽게 잊어버립니다. 그러나 까닭 없이 '상한 감정의 오물'을 뒤집어쓴 자녀는 마음에 상처가 남습니다.

자녀의 행동이나 말로 인해서 화가 난다면 그것은 나의 내면에 상처 난 감정이 숨어 있다는 뜻입니다.

 주님, 자녀를 화풀이 대상으로 삼지 않게 하시고, 자신도 알 수 없는 화가 날 때 십자가 앞으로 나가 상처를 치료해 주시길 간절히 구하는 부모 되게 하소서.

급할수록 천천히

또 지진 후에 불이 있으나 불 가운데에도 여호와께서 계시지 아니하더니 불 후에 세미한 소리
가 있는지라_열왕기상 19장 12절

도무지 알 수 없습니다. 얼마 전까지만 해도 하나님의 풍성한 은혜 가운데 있었
습니다. 하나님과의 친밀한 교제로 입술에서는 찬양이 나오고 말씀이 꿀송이처럼
달았습니다. 자녀와의 관계에서도 평안함을 누릴 수 있었습니다.

그런데 모든 것이 어긋나 있고 하나님의 은혜는 너무 먼 곳에 있습니다. 입술에
서는 저절로 불평이 나오고 억지로 말씀을 펼치지만, 눈에 들어오지도 않습니다.
자녀와 까닭없이 틀어져서 사사건건 부딪히는데 풀어낼 실마리를 찾지 못하고 있
습니다.

갈멜산에서 엘리야는 불의 사자였습니다. 어떤 군대 장관보다도 용맹했고 결단
력이 있었습니다. 그런데 어찌된 일인지 순식간에 도망자가 되어 광야에 몸을 피
하는 신세가 되었습니다.

엘리야에게 필요했던 것은 밖을 보는 큰 눈이 아니라 자신의 내면을 바라보는
작은 눈이었습니다. 우리도 그렇습니다. 풍성한 은혜를 누리다가 갑자기 뚝 떨어
지면 어쩔 줄 몰라 허둥거립니다. 더 큰 기적을 바라고 한 번에 모든 것을 해결될
만한 하나님의 은혜를 기대합니다.

'무서운 강풍으로 바위를 쪼개며 불 속에서 나타나시는' 하나님을 기대하고 있
습니다. 자신이 원하는 모습대로 하나님께서 보여 주시길 애원합니다. 그럴 때는
오히려 잠시 멈추십시오. 하나님의 이름도 부르지 말고 잠시 그대로 계십시오.

우리가 하나님의 은혜를 느끼지 못한다고 하여 하나님이 우리 곁을 떠나 계시는
것은 아닙니다. 하나님의 이름을 부르지 않는다고 하여 하나님께서 우리 마음을
모르시는 것은 아닙니다.

늘 함께하고 계시는 하나님을 믿고 의지하며 너무 서두르지 않게 하소서.

은혜를 경험하십시오

하나님 곧 우리 주 예수 그리스도의 아버지께서 그리스도 안에서 하늘에 속한 모든 신령한 복을 우리에게 주시되_에베소서 1장 3절

'하나님의 은혜.'

이 단어만 떠올려도 가슴이 설렙니다. 하나님의 은혜가 아니면 살 수 없기 때문입니다. 그래서 삶 속에서 하나님의 은혜를 사모하며 살아갑니다.

하나님의 은혜는 선물입니다. 우리의 상황과 처지에 상관없이 은혜를 주십니다. 아무런 조건 없이 멈추지 않는 샘물처럼 부어 주십니다.

은혜는 세상을 이기는 힘입니다. 우리는 세상을 이길 힘이 없습니다. 육체의 정욕에 무너지지 않을 힘이 없습니다. 그래서 하나님의 은혜가 필요합니다.

자녀 양육에서 하나님의 은혜가 스며야 할 곳이 있습니다.

'내 자식은 다른 아이들보다 뛰어나야 한다. 어떤 희생이 있어도 성공해야 한다. 뛰어난 재능을 가진 아이들을 보면 나도 모르게 시기와 질투가 생긴다. 하나님의 도우심을 인정하지 않고 내 힘으로 자녀를 양육할 수 있다고 생각한다. 자녀를 훈육할 때 기준이 없이 기분에 따라 한다. 자녀를 자신의 소유처럼 인식한다. 오로지 자신의 자식밖에 보이지 않는다……'

부모는 나열할 수 없을 만큼 많은 탐심 가운데 서 있습니다. 누군들 이 유혹을 쉽게 물리칠 수 있을까요? 하나님의 은혜가 아니면 자녀가 자랄 수 없음을 고백하지 않을 수 없습니다.

그런데 하나님의 은혜는 그저 앉아서 받는 것일까요? 거저 받는 선물이지만 길에서 나눠 주는 할인권처럼 받는 것이 아닙니다. 하나님의 말씀을 믿고 순종하며 나갈 때 하나님께서 주시는 선물입니다.

말씀에 반응하는 부모가 되어 하나님의 은혜를 누리길 원합니다. 자녀가 하나님의 은혜로 아름답게 성장하게 하소서.

온유한 부모의 자녀가 행복합니다

3
12

아무도 비방하지 말며 다투지 말며 관용하며 범사에 온유함을 모든 사람에게 나타낼 것을 기억하게 하라_디도서 3장 2절

부모는 온유해야 합니다. 온유란 사람의 표정이나 성질이 따뜻하고 부드러움을 말합니다. 자녀를 따뜻하고 부드럽게 대해야 하는 이유는 예수님의 마음이 온유하고 겸손하시기 때문입니다. 부모의 온유함은 자녀를 행복하게 하기 때문입니다.

모든 자녀는 부모의 마음 상태에 매우 예민합니다. 부모의 마음 상태에 따라 자녀의 행동이 달라집니다. 자녀의 마음은 정해진 틀이 없습니다. 그러므로 부모의 마음 상태를 배워 갑니다.

부모의 마음이 불안하고 기복이 심하면 자녀의 행동은 럭비공처럼 나타납니다. 자신이 자신의 행동을 조절할 수 없으므로 안정을 찾지 못하고 흔들립니다. 성인이 되어서도 불안정한 마음 상태를 그대로 드러냅니다.

부모가 소리 한 번 지른 것으로, 화 한 번 낸 것으로, 변덕 한 번 부린 것으로 자녀가 무슨 상처를 입겠냐고 말할 수 있습니다. 물론 상처를 받지 않을 수도 있습니다. 그러나 분명한 것은 아이가 자라서 부모의 나이가 되고 그 상황을 맞이하게 되면 똑같이 화를 내고 별 것 아닌 것에 성질을 내며 감정의 기복이 심합니다. 다른 사람의 작은 실수도 용서하지 못하고 비난과 불평불만이 많은 사람은 행복할 수 없습니다. 만약 이런 성향을 지닌 부모 밑에서 자녀가 자라고 있다면 자신도 모르는 사이에 몸이 먼저 배웁니다.

부모가 온유하지 못하면 자녀가 행복하지 않습니다. 부모가 자녀를 사랑한다면 모든 일에 온유함을 나타내야 하는 이유입니다. 억지로 지어내는 온유함이 아니라 가슴에서 우러나오는 온유함이 필요합니다.

사랑이 가득 담긴 말과 부드럽고 따뜻함이 느껴지는 몸짓 하나가 자녀를 행복하게 합니다.

 자녀가 온유함을 느낄 수 있는 부모 되기 원합니다. 주님, 온유함을 주옵소서.

자존심을 벗으면 온유해집니다

3
13

이 사람 모세는 온유함이 지면의 모든 사람보다 더하더라_민수기 12장 3절

자녀를 온유함으로 양육하는 시작점은 어디일까요? 하나님의 따뜻함을 어떻게 해야 가질 수 있을까요? 모세에게서 배울 수 있습니다. 모세는 원래부터 온유한 사람이었을까요? 그렇지 않습니다. 시내 산에서 하나님과 대면했을 때 모세는 "내 백성을 이집트에서 인도하라"는 하나님의 명령에 바로 순종하지 않습니다. 이런저런 핑계를 대면서 "제발 다른 사람을 보내소서"라고 끝까지 거절합니다.

하나님은 모세에게 "네 발에서 신을 벗으라"(출 3:5)라고 말씀하셨습니다. 왜 무릎을 꿇거나 엎드리라고 하지 않고 신발을 벗으라고 하셨을까요? 하나님은 모세에게 무엇을 요구하신 것일까요?

왕자의 신분에서 양치기로 40년을 산 모세에게 남아 있는 것은 무엇이었을까요? 권력, 출세, 명예, 재산을 다시 얻겠다는 욕심은 없었을까요? 모든 것을 내려놓았지만 자존심까지 포기했을까요?

하나님께서는 모세가 마지막으로 붙잡고 있던 자존심의 끈을 완전하게 버리라고 요구하셨습니다. 자신이 붙잡고 있던 마지막 자존심마저 버릴 때 모세의 온유함이 시작됩니다.

부모에게도 버릴 것이 있습니다. '그래도 내가 너를 낳았는데' '내가 너보다 인생을 더 살았는데' '그래도 내가 네 부모인데.' 모두 맞는 말입니다. 하나도 틀리지 않습니다. 그런데도 하나님께서는 그런 것마저 버리라고 말씀하십니다. 대신 하나님의 마음을 받으라고 부모에게 요청하고 계십니다.

부모의 마음에서 나오는 온유함, 겸손함도 큽니다. 그러나 하나님의 마음에서 시작되는 온유함보다 크지 못합니다. 나로부터 시작되는 자존심을 버리는 순간 하나님에게서 오는 온유함이 채워집니다.

자녀 앞에서 부모의 자존심을 내세우지 않게 하소서. 하나님께서 원치 않으시는 쓸데없는 자존심을 온전히 버리게 하시니 감사합니다.

가르침이 우선이 아닙니다

그러면 다른 사람을 가르치는 네가 네 자신은 가르치지 아니하느냐_로마서 2장 21절

그리스도인의 모든 직분은 하나님으로부터 받은 영광스러운 것입니다. 모두가 귀하고 아름다운 직분입니다. 특히 그중에서 하나님의 말씀을 가르치는 교사(목사)의 직분은 더욱 귀합니다.

하나님의 말씀은 누구나 읽고 들을 수 있습니다. 그러나 귀 있는 자만 제대로 들을 수 있고 깨달을 수 있는 자만 깨달음을 얻습니다. 말씀을 깨달았다고 하여 모두 남을 가르칠 수 있는 것은 아닙니다.

가르치는 직분을 가진 자는 많은 배움이 필요합니다. 배움이 튼튼해야 다른 사람을 가르칠 수 있기 때문입니다. 그러나 교사는 특별히 말씀을 대하는 자세를 조심해야 합니다. 가르침이 목적이 아니기 때문입니다. 깨달음을 통해서 말씀 앞에 자신을 복종하고 그 깨달음을 실천해 가는 사람이 진정한 교사(목사)입니다.

부모의 직분도 마찬가지입니다. 누구나 부모가 될 수 있습니다. 그러나 모두가 부모는 아닙니다. 하나님의 뜻을 깨닫고 말씀으로 자녀를 양육하는 자만이 부모입니다. 그런 부모만이 하나님의 특별한 비밀을 맛볼 수 있습니다.

부모는 자녀를 양육하는 것이 전부가 아닙니다. 부모를 향하신 하나님의 뜻을 깨닫고 말씀대로 삶을 살아내는 것이 우선입니다. 곧 부모의 생각과 계획이 먼저가 아니라 하나님의 뜻이 우선입니다.

부모 자신이 먼저 말씀 앞에 순종한 다음 자녀에게 가르쳐야 합니다. 그 가르침을 통해서 자녀가 변화됩니다. 그 가르침을 통해서 하나님께서 약속하신 축복이 흘러갑니다.

 부모로서 먼저 말씀에 순종하고 그 삶을 자녀에게 보여 주길 원합니다. 오늘도 깨달은 말씀이 삶으로 드러나는 하루가 되기를 소원합니다.

3
15

자녀는 부모를 하나님께로 이끄는 통로

여호와는 마음이 상한 자를 가까이 하시고 충심으로 통회하는 자를 구원하시는도다_시편 34 편 18절

우리는 늘 하나님과 가까워지기를 간절히 바랍니다. 하나님과 친밀한 교제를 하기 원합니다. 우리의 기도에 응답하시길 간절히 바라며 살아갑니다.

하나님과 친밀해지는 통로는 매우 다양합니다. 금식기도, 부르짖는 기도, 묵상, 말씀 읽기, 찬양, 설교, 봉사 등 각 사람의 형편과 환경과 경험과 기질에 따라 자신의 방법대로 하나님과 가까워지며 교제합니다. 물론 하나님께서는 이런 것들에 얽매이지 않고 하나님의 주권에 따라 우리와 소통하십니다.

자녀는 부모를 하나님과 친밀해지도록 이끌어 주는 통로 역할을 합니다. 자녀로 인해서 하나님을 만나고 하나님의 살아 계심을 경험하는 경우가 많습니다. 그래서 '자녀는 부모를 훈련하는 하나님의 도구'라는 말을 합니다.

자녀가 아플 때 금식 기도를 하고, 자녀가 문제를 일으킬 때 새벽에 부르짖고, 어떻게 키워야 할지 알지 못할 때 성경책을 펼치고 밑줄을 그으며 읽게 됩니다.

자녀로 인해서 가슴이 타들어 가는 아픔을 삼키며 '주여!' 소리밖에 내지 못하고 엎드려 있을 때 하나님의 세미한 음성을 듣습니다. 옷이 모두 벗겨진 채 찬바람 부는 거리를 헤매는 것 같을 때 따뜻한 주님의 품을 느낍니다. 칠흑 같은 어둠 속에서 지쳐 쓰러질 때 말씀 한 구절이 생명의 빛으로 다가옵니다.

자녀 때문에 아팠지만 외면하지 않으시고 응답하시는 주님으로 인해 감사하게 됩니다. 가슴을 아프게 하는 자녀가 아니었다면 하나님께 매달리지 않았을 수도 있습니다. 하나님과 친밀하게 되니 저절로 감사가 나옵니다.

자녀는 부모를 하나님께로 더 가까이 이끌어 주는 통로입니다. 부모의 아픔은 하나님과 더 친밀해지기 위한 성장통입니다.

주님, 자녀 때문에 겪는 아픔을 감사함으로 이겨내는 부모 되길 소망합니다.

자녀의 마음을 읽는 부모

그는 그들 모두의 마음을 지으시며 그들이 하는 일을 굽어살피시는 이로다_시편 33편 15절

예수님과 제자들이 베다니에 있는 시몬의 집에서 식사할 때의 일입니다. 마리아가 값비싼 향유를 예수님의 머리에 부었습니다. 이를 본 제자들이 "비싼 향유를 낭비한다"며 화를 냈습니다. 그러나 예수님의 말씀은 제자들과 달랐습니다.

예수님께서는 칭찬을 하셨습니다. 제자들은 눈으로 본 사실에 근거하여 판단했습니다. 그러나 밖으로 드러난 행동이 모든 진실을 말해 주지 않는다는 것을 몰랐습니다. 아니, 다른 사람의 행동을 함부로 판단해서는 안 된다는 것을 잊었습니다.

다른 사람의 행동을 함부로 판단할 때 문제가 생깁니다. 특히 자녀의 경우가 더욱 그렇습니다. 어릴수록 자신의 마음을 표현하는 데 서투릅니다. 자신도 모르게 마음과는 다르게 행동합니다.

어른들도 비슷합니다. 마음은 그렇지 않은데 말과 행동이 전혀 다르게 나타나서 자신조차도 혼란스러울 때가 있습니다. 말과 행동은 마음으로부터 나옵니다. 그렇다고 해서 그것이 모두가 진실이라고 믿을 수는 없습니다. 때에 따라 마음을 감추고 상대방을 속이기 위해서 말과 행동을 다르게 하는 일이 허다하기 때문입니다.

자녀들도 자신의 마음이 무엇을 원하는지 모를 때 그런 행동을 하기도 합니다. 때로는 속마음을 들키고 싶지 않을 때 전혀 다른 방법으로 표현을 하기도 합니다. 그때 부모는 자녀의 말과 행동만 보고 판단하기보다 마음을 읽는 노력이 필요합니다.

자녀의 마음이 굴곡되지 않은 상태로 잘 표현되도록 세밀한 관심과 훈련이 필요합니다.

 자녀의 말과 행동을 함부로 판단하기보다, 자녀의 마음을 헤아리는 부모 되게 하시니 감사합니다.

부르심의 자리, 부모

3
17

> 너희도 그들 중에서 예수 그리스도의 것으로 부르심을 받은 자니라_로마서 1장 6절

하나님께서는 우리를 부모로 부르셨습니다. 이것은 제자들이 예수님의 택함을 받은 것과 같고 사도 바울을 향한 하나님의 부르심과 같습니다. 우리는 하나님의 부르심이 없이 부모의 자리에 갈 수 없습니다.

세상 모든 부모의 역할은 같습니다. 자녀를 먹이고 입히고 안전하게 양육합니다. 부모는 그 역할에 최선을 다하려고 애쓰고 있습니다. 그런데도 우리를 특별하게 부르신 이유는 무엇일까요?

하나님은 부모를 통해서 이 세상을 사랑하심을 나타내십니다. 부모의 자리에 서는 것은 하나님의 사역에 동참하는 일입니다. 하나님은 부모를 통해서 자녀에게 주시고 싶은 것들이 있습니다.

모든 부모는 자녀를 먹이고 입히고 필요한 것들을 공급해 줍니다. 그러나 이것이 부모 역할의 전부라고 여긴다면 큰 오해입니다. 믿음의 부모는 그 공급자가 하나님이심을 깨닫고 부모가 통로로 사용됨을 감사하며 사랑으로 양육해야 합니다.

부모의 소명은 자녀 양육의 주권이 하나님께 있음을 인정하고 하나님의 마음으로 바라보며, 하나님의 생각으로 자녀를 양육하는 일입니다. 자녀에게 영의 양식을 먹이고 사랑으로 돌보는 부모의 자리가 부르심의 자리입니다.

또한, 부모가 아픔으로 낳은 자녀이지만 하나님께서 주셨음을 인정하고 맡겨주신 자녀를 말씀대로 양육하는 청지기임을 깨닫는 것이 부르심의 자리입니다. 부모의 뜻대로 자녀가 훌륭한 직업을 가졌다고 부모의 사명을 다한 것은 아닙니다. 자녀의 성공 여부와 상관없이 하나님의 뜻대로 양육하는 것이 부모가 있어야 할 부르심의 자리입니다.

 오늘 하나님께서 부르시는 자리에서 부모의 역할을 다하게 하소서.

꿈꾸는 부모, 꿈꾸는 자녀

하나님이 말씀하시기를 말세에 내가 내 영을 모든 육체에 부어 주리니 너희의 자녀들은 예언할
것이요 너희의 젊은이들은 환상을 보고 너희의 늙은이들은 꿈을 꾸리라_사도행전 2장 17절

늙은이와 젊은이의 차이는 '꿈이 있느냐, 없느냐'인 것 같습니다. 젊어서는 꿈이
하늘을 찌를 것 같습니다. 그러나 나이가 들어갈수록 쉽게 꿈을 꾸지 못합니다.
꿈을 꾸어도 이룰 가능성이 적다고 여겨지기 때문입니다. 그래서 나이가 들면 젊
은 사람을 부러워합니다. 다시 꿈꾸고 싶어서입니다.

그런데도 자녀들은 꿈을 별로 소중하게 여기지 않습니다. 꿈이 없거나 꿈을 아
예 꾸려고 하지 않습니다. 부모는 그런 자녀를 보면서 안타까워합니다. 때로는 다
그치기도 합니다.

아이들은 왜 꿈을 가지려고 하지 않을까요? 꿈을 보지 못해서입니다. 꿈꾸는 사
람을 만나지 못했기 때문입니다. 자녀는 자라면서 꿈을 꾸는 것보다 포기하는 부
모의 모습을 보게 됩니다. 그래서 꿈을 함부로 갖기를 두려워합니다.

자녀가 꿈을 갖기 원한다면 부모가 먼저 꿈을 꾸십시오. 세상의 꿈이 아니라 하
나님 나라의 꿈을 꾸십시오. 세상의 꿈은 나이가 들면 점점 시들고 이루기 힘들어
집니다. 그러나 하나님 나라의 꿈은 다릅니다. 나이와 상관없이 누구든지 꿈을 꾸
고 이루어갑니다.

오늘 꾼 하나님 나라의 꿈은 부모가 살아서 이루지 못할 수도 있습니다. 그러나
반드시 이루어집니다. 하나님 나라의 꿈은 하나님께서 성취하시기 때문입니다.

 자녀의 꿈을 말하기 전에 먼저 꿈꾸는 부모가 되기 원합니다. 주님, 저로 하여금 소년처
럼 꿈을 꾸게 하소서.

3
19
균형 있는 성장의 중심추

예수는 지혜와 키가 자라가며 하나님과 사람에게 더욱 사랑스러워 가시더라_누가복음 2장 52절

자녀를 잘 키운다는 것은 자녀를 건강하게 양육하는 것을 말합니다. 건강하다는 것은 육체와 영과 정서의 균형이 맞는 상태를 말합니다.

자녀가 어린 예수님처럼 자라기를 바랍니다. 어느 한쪽으로 치우치지 않고 잘 자라서 하나님과 사람에게 모두 사랑받는 존재가 되었으면 합니다. 육체는 발육이 좋은데 영과 정서는 일그러져 있거나, 육체와 정서는 잘 자라고 있는데 영이 메마른 경우가 많습니다. 혹은 지적으로는 뛰어나지만, 영에서는 악한 모습도 많습니다. 이는 어쩌면 부모가 그런 방향을 원한 탓도 있습니다.

간혹 이런 말을 합니다. "다른 것은 모두 엄마가 책임질 테니 너는 공부만 해라." 이렇게 해서 지식과 지성의 성장은 이루어낼 수 있을지 모르지만 다른 영역의 성장은 멈춘 상태입니다. 이는 건강하지 못한 성장입니다.

성장이 균형을 이룬다는 것은 모든 부분이 동시에 자라는 것을 말하지는 않습니다. 균형을 맞춘다는 것은 중심추가 되는 밑바탕이 튼튼할 때 가능합니다. 그러므로 자녀의 성장에서 중심추를 찾는 일은 매우 중요합니다.

우리의 중심추는 예수 그리스도입니다. 말씀이 중심되어 모든 자녀 양육이 이루어져야 합니다. 곧 말씀이 밑바탕이 되어 중심을 잡고 있으면 다른 부분이 흔들리지 않습니다. 말씀에 중심을 둔 자녀 양육은 좌우로 치우침 없이 골고루 성장하게 합니다.

하나님께 사랑받는 자녀는 세상에서도 사랑을 받게 됩니다. 세상에서 사랑받는다는 것은 사람들에게 꼭 필요한 사람이라는 의미입니다. 하나님의 사랑을 전하는 사람입니다. 그 사람을 통해서 하나님 나라를 볼 수 있는 사람입니다.

 우리 자녀가 하나님과 사람에게 더욱 사랑받게 되기를 간절히 소망합니다.

부모는 단순해야 합니다

사랑은 여기 있으니 우리가 하나님을 사랑한 것이 아니요 오직 하나님이 우리를 사랑하사 우리 죄를 속하기 위하여 화목제물로 그 아들을 보내셨음이라_요한일서 4장 10절

자녀 양육은 간단하지 않습니다. 복잡하고 분주합니다. 세상이 단순하지 않기 때문입니다. 우리의 삶은 바쁘고 복잡한 시간 속에서 톱니바퀴처럼 돌아갑니다. 우리 삶 자체를 단순하게 살 수 없습니다.

그런데도 부모가 자녀를 양육하는 방법은 단순해야 합니다. 그것은 하나님께서 단순하시기 때문입니다. 우리를 사랑하시는 그 이유 하나만으로 자신의 아들을 화목제물로 보내셨습니다. 예수님께서 십자가에서 피 흘리심도 우리를 사랑하심, 그 단순함 하나입니다. 그래서 부모가 자녀를 사랑하는 것도 단순해야 합니다.

하나님의 사랑도 단순합니다. 사랑에 불순물이 없습니다. 이유나 조건이 없습니다. 손익을 계산하지 않고 필요와 불필요를 나누지 않습니다. '사랑' 오직 그 자체일 뿐입니다.

분주한 세상을 살아가면서 단순함을 추구하기가 쉽지 않습니다. 그런데도 부모는 자녀에게 단순해야 합니다. 자녀는 거센 파도 치는 바다 위 작은 배와 같습니다. 바람과 물결에 따라 배는 일렁이고 방향이 바뀝니다. 세상의 환경이 자녀를 가만두지 않습니다.

부모의 단순함이 자녀에게 어떤 영향을 미칠까요? "내가 너를 사랑함에는 변함이 없다." "너는 여전히 내 아들이고 내 딸이다." 환경에 흔들리지 않는 부모의 단순함이 전달될 때 자녀는 안정감을 가지게 됩니다.

'부모와 자녀' 그 하나면 됩니다. 시시각각으로 팔색조처럼 변하는 아이들 앞에서 부모가 단순함을 잃지 않는다면 자녀로 인한 기쁨을 더욱 크게 누릴 것입니다.

하나님께서 부모에게 주시는 사랑을 기억하면서 자녀에게 그 사랑을 베풀기 원합니다. 부모가 자녀를 먼저 사랑하고 보듬는 하루가 되기를 소망합니다.

빨리 듣고 천천히 말하십시오

내 사랑하는 형제들아 너희가 알지니 사람마다 듣기는 속히 하고 말하기는 더디 하며 성내기
도 더디 하라_야고보서 1장 19절

부모가 자녀를 사랑하는 마음은 모두 같습니다. 그러나 성숙한 사랑과 미성숙한 사랑은 표현에서 차이가 납니다. 미성숙한 사랑을 가진 부모는 자녀에게 많은 말을 하려고 합니다. 뿐만 아니라 자녀에게 말할 기회를 주지 않고 자기 말만 합니다. 자녀를 가르치려는 욕심이 앞서기 때문입니다.

자녀의 말을 미처 다 듣기도 전에 중간에 막아 버립니다. 혹은 아예 들으려고도 하지 않습니다. 몇 마디만 듣고 부모가 재빠르게 판단하여 결정을 내리고 지시합니다. 미성숙한 사랑이 앞서기 때문입니다.

누구나 다 말을 조리 있게 하는 것은 아닙니다. 마음속에 있는 것들을 말로 다 표현하지 못할 때도 많습니다. '듣기는 속히 하라'는 것은 말하는 사람의 끝말이 나올 때까지 기다리라는 뜻이 포함되어 있습니다. 다른 사람의 이야기를 집중해서 들으라는 뜻입니다.

말에는 그 사람의 마음이 담겨 있습니다. 말하기를 천천히 하라는 것은 상대방의 말을 듣고 마음까지 헤아릴 시간이 필요하기 때문입니다. 자녀는 부모에게 거절당할 때 마음의 문이 닫히게 됩니다. 그래서 부모는 자녀의 말을 중간에 자르지 않도록 조심해야 합니다.

서둘러서 하는 말은 실수를 하게 됩니다. 듣는 귀는 빨리 열리고 입은 상대방의 마음까지 헤아린 다음에 열려도 늦지 않습니다. 말을 잘한다는 것은 듣기를 잘하는 것과 같습니다.

부모가 자녀에게 일부러 상처가 되는 말을 하지는 않습니다. 다만, 마음이 앞서다 보니 말이 먼저 나올 뿐입니다.

자녀에게 말로 상처를 주지 않는 성숙한 사랑을 하는 부모가 되기를 소망합니다.

말 잘 듣는 자녀보다는

3
22

남의 말 잘 듣는 사람이 왕이 되어 신하들이 아침부터 잔치판을 벌이게 되면 그 나라는 망하며_전도서 10장 16절, 공동번역

자녀에 대한 부모의 바람 중 하나는 '말 잘 듣는 자녀'입니다. 말대답하지 않고 즉시 행동으로 보여 주길 원합니다. "방 좀 치워라" "숙제 다 하고 놀아라" "게임 그만하고 책 좀 봐라" 이런 말을 했을 때 "네" 하고 즉각 대답하길 원합니다.

자녀는 부모의 말을 잘 듣는 것이 마땅합니다. 성경도 자녀를 향해서 부모에게 순종하도록 명령하고 있습니다. "자녀들아, 주 안에서 너희 부모에게 순종하라. 이것이 옳으니라"(엡 6:1).

그런데 많은 자녀들이 부모의 말에 바로 반응하지 않습니다. 대답만 하고 흘려 버리거나, 아예 대답도 하지 않거나, 대답은 했지만 행동은 나중에 하기도 합니다. 그런 자녀를 보면 부모는 속이 터집니다. 그래서 한바탕 잔소리를 쏟아놓습니다. 잔소리를 쏟아놓아도 여전히 속이 끓어오릅니다.

그러나 자녀를 부모의 말에 아무 생각없이 순종만 하도록 어려서부터 훈련을 시켰다고 가정해 봅시다. 자칫하면 자녀가 부모 말만 듣게 될 수도 있습니다. 다른 사람의 명령으로만 움직이고 스스로 생각하지 못하게 되는 심한 예를 든다면, "밥 먹어라"라고 했을 때 밥만 먹고 다른 반찬에는 손도 대지 않습니다. "왜 반찬은 안 먹니?"라고 하면 "밥 먹으라고 했지 반찬 먹으라는 얘기 없었잖아요?"라고 되묻습니다. 부모의 입에서 나온 말만 잘 듣는다면 그것은 해악이 될 수도 있습니다.

틀에 박힌 순종이 아니라 스스로 하는 순종이 필요합니다. 하나님의 말씀에 대한 순종은 틀에 박혀 억지로 하는 것이 아닙니다. 은혜에 감사하여 저절로 나오는 순종입니다. 억지로 하는 것은 순종이 아닙니다.

 자녀가 말씀의 권위에 순종하고 부모의 말에 스스로 순종하게 하소서.

말씀의 생수가 없으면

그는 시냇가에 심은 나무가 철을 따라 열매를 맺으며 그 잎사귀가 마르지 아니함 같으니 그가
하는 모든 일이 다 형통하리로다_시편 1편 3절

아무리 큰 나무라고 해도 물을 먹지 못하면 죽습니다. 아무리 예쁜 꽃을 피우는 나무라고 해도 물이 없으면 꽃을 피우지 못합니다. 시냇가에 있는 나무는 잎사귀가 마르지 않습니다. 나무의 뿌리가 시냇물에 닿아 있으므로 나무는 언제나 싱싱합니다. 봄에는 꽃이 피고 때가 되면 열매가 맺힙니다.

부모는 시냇가에 심은 나무 같아야 합니다. 늘 마르지 않고 마시면 영원히 목마르지 않는 샘물에 뿌리를 내린 나무 말입니다.

"내가 주는 물을 마시는 자는 영원히 목마르지 아니하리니"(요 4:14).

뿌리를 통해서 매일 물이 나무로 공급됩니다. 곧 하나님의 말씀이 매일 부모에게 공급되는 것과 같습니다. 자녀도 마찬가지입니다. 물이 없으면 나무가 죽는 것처럼 말씀이 없으면 자녀는 영적으로 죽은 것과 같습니다.

부모는 영생수인 말씀을 통해서 자녀를 키워 갑니다. 부모가 공급처가 아닙니다. 자녀에 대한 모든 것이 말씀에서 나옵니다. 세상을 창조하시고 만물을 다스리시는 하나님의 위대하신 권능이 말씀의 두레박을 통해서 매일 자녀에게 공급됩니다.

365일 말씀 앞에 선 부모에게 말씀으로 조금씩 젖어 들기 시작한 하나님의 은혜가 온 삶을 적십니다. 내 생각과 내 뜻과 내 힘이 사라지고 하나님의 은혜만 남습니다.

부모가 할 일은 매일 말씀의 물을 '자녀라는 나뭇가지'에 공급하는 것입니다. 꽃이 피고 열매가 맺히는 것은 나무의 주인이신 하나님께서 하실 일입니다.

 말씀에 깊이 뿌리를 내리고 자녀에게 말씀을 공급하는 부모가 되길 소망합니다.

부족함이 없게 하소서

우리가 무슨 일이든지 우리에게서 난 것 같이 스스로 만족할 것이 아니니 우리의 만족은 오직 하나님으로부터 나느니라_고린도후서 3장 5절

찬양합니다. 고백합니다.

"여호와는 나의 목자시니 내게 부족함이 없으리로다"(시 23:1).

늘 부족함이 없는 삶을 소망하지만, 여전히 만족스럽지 못합니다. 가끔은 만족함을 느끼지만, 그것은 잠시 뿐이고 곧 다시 부족함을 느낍니다.

물질의 만족은 오래가지 못합니다. 부부가 금실이 좋아도 상대의 마음을 다 알아주지는 못합니다. 행복하지만 완전한 만족을 경험하지 못합니다.

자녀도 마찬가지입니다. 더는 바랄 것이 없고 이대로 잘 자라주길 바랄때도 있지만, 그래도 알 수 없는 불안함은 여전합니다.

애초 완전한 만족은 우리에게 없습니다. 모든 것을 넘치도록 가지고 있어도 만족함을 누릴 수 없습니다. 만족은 사람에게 있는 것이 아니라 하나님께 있기 때문입니다. 하나님께서 주셔야 누릴 수 있는 것이 만족입니다.

그러므로 만족은 사람의 소유와는 관계가 없습니다. 우리는 자녀가 부족하고 연약해도, 삶이 어려워도 만족을 누릴 수 있습니다. 가진 것이 없어도 불평하지 않고 오히려 행복하게 살 수 있습니다. 오직 예수 그리스도를 가졌다는 이유만으로 말입니다.

노력에 대한 보답이나 열매가 없어도 주님 한 분만으로 만족하기 원합니다. 바라는 것을 얻을 수 없어도 주님 한 분만으로 늘 기쁘게 살기 원합니다.

주님, 항상 나를 인도하여 메마른 곳에서도 내 영혼이 오직 주로 인해 만족하며 삶이 물댄 동산처럼 메마르지 않게 하소서.

눈을 열어주소서

3
25

> 기도하여 이르되 여호와여 원하건대 그의 눈을 열어서 보게 하옵소서 하니 여호와께서 그 청
> 년의 눈을 여시매 그가 보니 불말과 불병거가 산에 가득하여 엘리사를 둘렀더라_열왕기하 6
> 장 17절

부모는 자녀의 보이지 않는 면까지 볼 수 있어야 합니다. 겉으로 드러나는 것만
보면 많은 것을 놓치기 때문입니다. 다른 사람들이 볼 수 없는 부분까지 부모는 세
밀하게 보아야 합니다. 그만큼 자녀를 보는 부모의 눈은 밝아야 합니다.

부모의 눈이 열리기를 소망합니다.

발람의 눈이 열리니 나귀 옆에 여호와의 사자가 칼을 들고 서 있는 것이 보였습
니다. 여호수아의 눈이 열리매 칼을 들고 서 있는 군대 장관이 보였습니다. 엘리
사 시종의 눈이 열리니 산에 불말과 불병거가 가득한 것이 보였습니다.

눈이 열리지 않았을 때는 보이지 않던 것들입니다. 눈이 열려야 하나님의 도우
심이 어디서 오는지 볼 수 있습니다. 눈이 뜨인 사람은 사람을 외모로 보지 않고,
뇌물을 받고 재판을 굽게 판결하지도 않습니다.

눈이 열린 부모는 자녀를 보호하고 있는 천사들의 모습이 보이기 때문에 자녀가
실패하더라도 염려하지 않습니다. 자녀를 둘러싸고 있는 불말과 불병거를 보기
때문입니다.

눈이 열린 부모는 두려워하지 않습니다. 자녀의 문제 앞에서 걱정과 근심으로
낙담하지 않습니다. 하늘로부터 내리는 은혜의 단비를 보기 때문입니다.

주님, 자녀의 눈이 열려서 하나님의 말씀에서 놀라운 신비를 만나기를 소원합니다. 부모
의 눈이 열려서 하나님의 풍성한 은혜를 보기를 간절히 구합니다.

잘못된 관심을 버리십시오

3
26

예수께서 들으시고 이르시되 건강한 자에게는 의사가 쓸데없고 병든 자에게라야 쓸 데 있느
니라_마태복음 9장 12절

바리새인들은 예수님을 따르지 않았습니다. 그런데도 예수님께서 하시는 모든 일에 시비를 걸고 예수님을 따르는 사람들까지 비난했습니다. 예수님께서 세리와 같이 밥을 드시는 것, 제자들이 금식하지 않는 것, 안식일에 병 고치는 것 등을 문제 삼아 시비를 걸었습니다.

바리새인들은 율법만 잘 지키는 사람들이었습니다. 그들은 토색, 불의, 간음 등을 하지 않았고, 때에 맞춰 금식하고, 소득의 십일조를 드리는 신앙의 모범을 보였습니다(눅 18:11~12). 그런데도 예수님은 그들을 향해서 "회칠한 무덤 같다"(마 23:27)고 하셨습니다. 그들이 자신의 행동을 의로 여겼기 때문입니다. 바리새인들은 다른 사람들의 불의를 정죄하지 않으면 견딜 수 없었습니다. 자신은 건강하고 모든 사람은 병들어 보였습니다.

우리도 그럴 수 있습니다. 신앙생활을 열심히 하고 있을 때나 자신의 믿음이 좋다고 생각될 때 주변 사람들이 안타까워 보입니다. 특히 가까운 사람들의 신앙생활이 부족하게 보일 때 자신도 모르게 간섭하게 됩니다. 나쁜 의도가 아니라 선한 마음으로 시작하지만, 결과는 자신의 의를 드러내는 경우가 많습니다.

나름 자녀를 잘 키웠다는 소리를 듣는 경우 남의 자녀에 대해서 간섭하기 쉽습니다. 관심과 간섭이 지나쳐서 자신의 성공담을 이야기하다 보면 자기 의를 드러내고야 맙니다. 자기 의를 드러내는 조언은 받는 입장에서도 도움이 되지 않습니다.

우리는 여전히 주님의 손길이 필요한 병든 자들입니다. 주님의 긍휼함이 필요한 죄인입니다. 주님의 도우심이 없이는 한순간도 제대로 서 있을 수 없는 연약한 자들입니다. 다른 사람에게 관심이 갈 때, 안타까워 보일 때, 그를 위해서 기도하십시오.

 주님, 다른 사람의 일에 간섭하기보다 치료해 주실 주님의 손길이 필요한 사람들을 위해 조용히 기도하게 하소서.

자녀와 대화 기술은 사랑입니다

무엇보다도 뜨겁게 서로 사랑할지니 사랑은 허다한 죄를 덮느니라_베드로전서 4장 8절

부모는 자녀와 오순도순 대화하며 친밀한 관계가 되기를 바랍니다. 그런데 자녀와의 대화가 그렇게 순탄하지만은 않습니다. 오히려 대화하기 전보다 관계가 더 악화되는 경우도 많습니다.

왜 이런 일이 생기는 것일까요? 대화에 대한 오해 때문입니다. 대화에서 가장 중요한 것은 교감입니다. 곧 서로의 느낌과 감정을 나누는 일입니다. 그런데 부모는 대화를 통해서 자녀에게 뭔가를 가르치려고 합니다. 대화를 교육의 수단으로 삼기 때문입니다.

대화를 통해서 상대방을 변화시키려고 하거나 상대의 의견을 무시하고 설득만 하려는 의도가 보일 때, 진솔한 대화를 나눌 수 없습니다. 설령 부모의 논리에 밀려서 더는 말대꾸를 하지 않더라도 진정으로 순복하지는 않습니다. 예수님께서는 제자들을 가르치실 때 어떤 것을 강요하지 않으셨습니다. "너희는 어떻게 생각하느냐?" "네가 원하는 것은 무엇이냐?" 등의 질문을 통해서 제자들의 생각을 묻고 대답을 들으셨습니다. 질문에 대한 대답을 속히 하라고 재촉하지도 않으셨습니다.

부모와 자녀의 대화가 겉돌지 않고 유익하려면 내면의 깊은 생각들을 나눠야 합니다. 그러나 대화의 기술만으로는 상대방과 깊은 감정의 교류가 어렵습니다. 사람의 감정은 매우 다양하지만 어떤 상황에도 변하지 않고 흔들리지 않는 감정이 있습니다. 그것은 사랑입니다. 부활하신 예수님께서 갈릴리 바닷가에서 베드로에게 "네가 나를 사랑하느냐?"고 물으셨던 그 사랑입니다.

부모가 이 사랑의 마음으로 대화에 임할 때 자녀는 요동치는 감정의 물결에 휩싸이지 않고 평상심을 유지할 수 있습니다.

자녀의 마음을 다치게 하지 않고 사랑으로 자녀와 대화하길 소망합니다.

자신을 바라봅니다

이와 같이 너희도 너희 자신을 죄에 대하여는 죽은 자요 그리스도 예수 안에서 하나님께 대하여는 살아 있는 자로 여길지어다_로마서 6장 11절

자녀에게 문제가 생기면 부모의 기도는 간절해집니다. 특히 자녀가 부모에게 순종하지 않고 제 마음대로 하면 더욱 절박할 수밖에 없습니다. 하나님의 은혜를 간절히 구합니다. 마음을 지으신 하나님께서 자녀의 마음을 바꿔 주시길 기도합니다. 고집스런 자녀의 마음이 부드럽게 변화되길 소원합니다.

자녀의 불순종이 순종으로, 자녀의 불성실함이 성실로, 자녀의 거짓말이 정직함으로 변하길 기도합니다. 이런 부모의 기도는 간절합니다. 자녀를 향한 부모의 사랑이 그만큼 크다는 증거이기도 합니다. 그러나 부모의 기도에도 자녀는 쉽게 변하지 않습니다. 잠시 변화가 있는 것 같다가도 곧 되돌아갑니다.

하나님께서 부모의 간절한 기도를 외면하신 것일까요? "아무것도 염려하지 말고 다만 모든 일에 기도와 간구로, 너희 구할 것을 감사함으로 하나님께 아뢰라"(빌 4:6)고 하셨는데 그 약속의 말씀을 잊어버리신 것일까요?

자녀가 바른길로 가기 원하는 부모의 마음이 욕심일까요? 그렇지 않습니다. 하나님께서는 약속의 말씀을 잊지 않으십니다.

기도의 응답은 이미 시작되었고 자녀의 변화를 위한 하나님의 일은 진행 중입니다. 하나님께서는 부모의 변화된 모습을 통해서 자녀를 변화시키기 원하십니다. 하나님께서는 부모가 먼저 하나님의 형상을 닮아가길 원하십니다. 부모에게서 드러나는 하나님의 형상을 통해서 자녀도 변화되길 원하고 계십니다.

자녀의 변화는 부모로부터 시작됩니다. 결국 자녀를 위한 기도 응답은 부모를 바꾸는 일입니다. 자녀가 변화되기를 원하나요? 그렇다면 내 모습에서 하나님의 신실하심이 보이는지 점검해 보십시오. 부모가 변화되었다면 이미 자녀의 변화도 시작되었습니다.

주님, 저를 먼저 하나님 앞에서 합당한 자로 변화시켜 주소서.

3 / 29 섣불리 판단하지 마십시오

입법자와 재판관은 오직 한 분이시니 능히 구원하기도 하시며 멸하기도 하시느니라 너는 누구이기에 이웃을 판단하느냐_야고보서 4장 12절

"될성부른 나무는 떡잎부터 알아본다"라는 속담이 있습니다. 뭔가를 어려서부터 잘하는 아이들에게는 용기와 격려가 되는 말이지만, 그렇지 못한 아이들에게는 낙인을 찍는 말입니다. 무엇보다 하나님의 시각에 맞지 않는 말입니다. 사람의 판단 기준은 주로 환경과 소유에 근거합니다.

무언가 지금보다 더 좋아졌을 때 하나님께서 축복하셨다고 말합니다. 물론 환경과 소유의 변화가 하나님께서 주신 것이 아니라고 단언할 수는 없습니다. 그러나 그것이 꼭 '하나님의 축복'이라고 판단할 수도 없습니다.

아브라함은 외아들을 제물로 바치라는 명령을 받았지만, 그 행위는 하나님께 완전히 인정받아 축복을 준비하는 시간이었습니다. 요셉은 모함을 받아 감옥에 가게 되었지만, 그 고난이 애굽의 총리가 되는 계기가 되었습니다. 이스라엘 백성들은 나라를 잃고 노예로 끌려갔지만, 그 기간에 다시 신앙을 회복하고 하나님 나라를 꿈꾸게 되었습니다.

하나님께서 주시는 복을 사람의 눈으로 판단해서는 안 됩니다. 사람이 보기에는 좋아 보이나 하나님의 기준에는 못 미치며, 사람이 보기에는 힘든 환경 가운데 있으나 하나님께서 주신 축복의 문일 수도 있습니다.

부모가 자녀를 보는 것도 마찬가지입니다. 지금 자녀가 제대로 하는 것이 없는 것 같아도 자녀의 미래를 섣불리 판단하지 마십시오. 자녀의 앞날을 쉽게 판단하지 마십시오.

지금 자녀가 고통 가운데 있다면 믿음으로 잘 이겨 낼 수 있도록 간절히 구하며, 더 좋은 것으로 주실 것을 믿음으로 기대하십시오.

주님, 자녀를 섣불리 판단하기보다 소망을 품는 부모가 되기를 원합니다.

준비된 말을 하십시오

사람은 입에서 나오는 열매로 말미암아 배부르게 되나니 곧 그의 입술에서 나는 것으로 말미암아 만족하게 되느니라_잠언 18장 20절

말의 중요성이 점점 사라지는 시대에 살고 있습니다. 생각 없이 내뱉는 말과 상대방을 곤경에 빠트리는 말 때문에 많은 사람이 고통을 당하고 있습니다. 말이 많습니다. 그러나 말의 권능은 크지 않습니다. 교회 안에서도 수많은 말을 하지만, 말다운 말을 찾아보기 힘들게 되었습니다. 사람들은 말의 권위를 인정하지 않고 있습니다.

말이 갖는 힘의 근원은 하나님입니다. 그러므로 그리스도인들은 말을 함부로 해서는 안 됩니다. 하나님께서 말씀으로 세상을 창조하셨음을 잊지 말아야 합니다. 부모의 말에는 하나님께서 주신 권위가 있습니다. 능력이 있습니다. 능력이 있다는 것은 입으로부터 나온 말이 그대로 실현된다는 것을 말합니다.

부모가 자녀에게 가장 많이 실수하는 게 자신도 모르게 내뱉는 말입니다. 말은 의도적으로 입을 닫지 않으면 바늘구멍만 한 틈만 있어도 튀어나오는 속성을 가지고 있습니다. 생각보다 빨리 터지는 말, 생각 없이 나오는 말, 자신도 모르게 쏟아 놓은 말 때문에 가슴을 칠 때가 한두 번이 아닙니다. 부모가 자녀에게 쏟아 낸 말들은 하나도 땅에 떨어지지 않고 자녀의 마음 밭에 뿌려집니다. 그리고 때가 되면 가시로 자라기도 하고 덤불이 되기도 하고 돌부리가 되어 자녀에게 상처를 냅니다.

부모가 더러운 말은 입 밖에 내지 않고 은쟁반에 금 사과처럼 합당한 말만 할 수 있다면 좋겠지만 그렇지 못합니다. 혀가 마치 고삐 풀린 망아지처럼 제어가 안 됩니다. 자신이 한 말을 자신이 듣고도 귀를 의심할 정도입니다.

방법은 한 가지입니다. 우리 생각과 뜻을 하나님께 맡기고 우리 혀에 성령님이 함께하시기를 늘 간절히 구하는 것 뿐입니다.

 주님, 우리의 혀가 말씀에 붙들려 있어 언제나 준비된 말을 하는 부모가 되기를 소망합니다.

하나님의 마음으로 자녀를 보십시오

3
31

종들아 두려워하고 떨며 성실한 마음으로 육체의 상전에게 순종하기를 그리스도께 하듯 하라_에베소서 6장 5절

마리아가 값비싼 향유를 예수님의 발에 부었을 때 가룟 유다의 마음은 이미 정해져 있었습니다. 유다의 마음은 예수님을 떠나 배반할 준비를 하고 있었습니다. 그래서 향유가 돈으로 보이고 마리아의 행동이 마음에 들지 않았습니다.

마음의 상태에 따라 세상이 달라집니다. 같은 사물일지라도 사람의 마음에 따라 세모가 되기도 하고 네모가 되기도 합니다. 에덴동산에서 하와도 마음을 빼앗겨 범죄했고 다윗도 마음을 빼앗겨서 죄를 지은 것입니다. 누구든지 마음을 빼앗기면 빼앗긴 상대에게 조종당하게 됩니다. 그래서 하나님은 우리에게 "네 마음을 힘써 지키라"(신 4:9)고 말씀하셨습니다.

부모의 마음이 평안하면 자녀를 평안하게 바라봅니다. 그러나 부모의 마음이 요동을 치면 자녀를 바라보는 눈도 수시로 변합니다. 기준이 없고 같은 일임에도 때로는 이랬다가 때로는 저랬다가 변덕스럽습니다. 부모는 부모의 마음대로 기분을 표현하면 그만이지만 그 피해는 고스란히 자녀가 입게 됩니다.

자녀 처지에서 보면 마른하늘에서 날벼락을 맞는 것과 같습니다. 까닭 없이 혼나기도 하고 혼나야 할 일을 했음에도 아무 탈 없이 넘어가기도 하고 도무지 종잡을 수 없습니다. 상황이 혼란스러운 자녀는 자연스럽게 부모의 눈치를 보게 됩니다. 자신감이 없어지고 매사에 주눅이 들어 소심해집니다. 그러나 이것도 한때입니다. 부모의 힘을 이길 때가 되면 거칠어지고 말을 듣지 않고 행동이 폭력적으로 변하게 됩니다.

부모가 자녀를 대하는 태도가 부모의 마음 상태에 따라 변해서는 안 됩니다. 우리를 향한 하나님의 사랑이 변함없으신 것은 우리가 항상 잘하기 때문이 아닙니다. 하나님의 사랑이 변함이 없으시기 때문입니다.

 평안과 사랑의 마음으로 자녀를 바라보게 하시니 감사합니다.

4월

혼들리는 믿음 앞에서

흔들리는 믿음 앞에서

이는 선지자 이사야를 통하여 하신 말씀에 우리의 연약한 것을 친히 담당하시고 병을 짊어지셨도다 함을 이루려 하심이더라_마태복음 8장 17절

우리 믿음은 흔들리는 갈대와 같습니다. 어떤 시련이 닥쳐와도 이겨 낼 수 있을 것 같지만 티끌만도 못한 믿음 앞에서 좌절하고 낙망할 때가 많습니다. 특히 자녀 앞에서는 믿음이 왜 그렇게 요동치는지 모르겠습니다.

아침에 이불 속에서 늦장을 부리고, 밥상 앞에서 투정을 부리고, 챙겨야 할 준비물이 뭔지도 모르고, 뭐 하나 제대로 하는 게 없는 것 같습니다.

참고 참다가 자신도 모르게 폭발합니다. '아차!' 싶지만 믿음이 흔적도 없이 사라지는 순간입니다. 아이가 학교에 간 뒤 돌아보니 그렇게 화를 내지 않아도 될 일이었습니다. 가슴을 치고 반성을 합니다. 다른 집의 아이들에게는 차근차근 이야기하고 잘 쓰다듬어 주지만 내 자식에게는 거칠고 투박하기만 합니다.

자녀 양육의 다양한 지식들을 내 자식에게 적용하기는 쉽지 않습니다. 사랑이 깊은 탓입니다. 아이들 앞에서 한순간 무너져 내린 믿음 때문에 넘어지셨나요? 이 땅에 발을 딛고 살아가고 있는 한 누구도 믿음을 자랑할 만한 사람은 없습니다. 흔들리는 믿음에 잠시 몸을 맡겨도 좋습니다. 그렇다고 해서 정신을 잃지는 마십시오.

주님이 지신 십자가에는 우리의 연약함이 담겨 있습니다. 주님이 흘리신 피에는 우리의 보잘것없음이 속해 있습니다. 그래도 부모입니다. 엄마니까 자식에게 걸려서 넘어지는 것입니다. 아빠니까 자식 앞에서 한없이 작아지는 것입니다. 자식에게 걸려서 넘어지지 않는 부모는 없습니다.

부모의 넘어짐은 하늘 아버지 앞에서 연약한 자녀의 모습입니다. 하늘 아버지 앞에서 넘어짐은 부끄러움이 아닙니다.

주님, 죄책감과 좌절 속에 있지 않고 하나님께서 기다리시는 십자가 앞으로 나가게 하소서.

자책하지 마십시오

4
02

예수께서 이르시되 네게 이르노니 일곱 번뿐 아니라 일곱 번을 일흔 번까지라도 할지니라_마태복음 18장 22절

아이들을 키우면서 같은 실수를 반복하는 안타까움이 있습니다. 화를 내면서 말하면 안 되는데, 이렇게 말하려고 한 게 아닌데, 지난번에도 이것 때문에 힘들었는데, 왜 같은 실수를 반복할까?

이럴 때마다 부모는 깊은 자괴감에 빠집니다. 물론 같은 실수를 반복하지 않으면 좋지만 그렇다고 자책감에 빠지는 것은 옳지 않습니다. 연약한 자신을 인정하고 주님 앞으로 나가는 것이 더 현명합니다.

아브라함도 그랬습니다. 아내를 동생이라고 속이는 실수를 두 번이나 했습니다. 아브라함도 그런 자신의 모습이 싫었을 것입니다. 하나님도 안타까우셨을 것입니다. 그런데도 하나님은 아브라함이 이삭을 바칠 믿음이 생길 때까지 기다리셨습니다.

우리는 매일 같은 실수를 반복하며 아이들을 키우고 있습니다. 그러나 죄책감과 자괴감으로 하나님을 떠나서는 안 됩니다. 믿음의 조상 아브라함은 두 번씩이나 같은 실수를 하였지만, 여호와를 위하여 제단을 쌓는 일을 멈추지 않았습니다.

우리는 연약합니다. 우리의 힘으로는 죄악을 벗어날 수 없습니다. 같은 실수를 반복할지라도 십자가를 떠나지 말아야 합니다.

'하나님을 믿는 자가 어찌 이리도 바보 같은가?'

스스로 자책하며 하나님을 멀리하기보다 '주님, 연약한 저를 도우소서' 하고 간절히 구해야 합니다.

주님, 저를 위로하시고 격려하시며 손을 더 굳게 잡아주세요. 저는 주의 자녀입니다.

113

03
4

믿음으로 맹세하지 마십시오

그러므로 자기가 굳게 서 있다고 생각하는 사람은 넘어지지 않도록 주의하십시오_고린도전서 10장 12절, 쉬운성경

"주를 위하여 내 목숨을 버리겠습니다."

주님이 잡히시기 전 제자들과 함께 음식을 나누며 제자들의 발을 씻겨 주시던 날, 베드로는 말했습니다. 그러나 얼마 후 저주에 가까운 부인(否認)을 세 번이나 했습니다.

우리도 베드로와 같습니다. 믿음이 충만할 때는 "죽도록 충성하겠습니다." "오직 주님만을 위하여!"라고 외치지만 곧 그렇게 말한 것조차 잊어버리게 되는 상황을 만날 수 있습니다.

믿음은 살아 있는 생명체와 같습니다. 그러므로 믿음 위에 굳게 서 있다고 생각할 때 넘어지지 않도록 조심해야 합니다. 자랑할 만한 믿음은 세상에 없습니다. 넘어질 때 주님께서 일으켜 세워 주시지 않으면 금세 잠들어버리는 것이 믿음입니다(마 26:40).

자녀를 양육하는 것도 이와 같다는 생각이 듭니다. 아이들이 요절을 외우고 기도를 하고 찬송가를 부르며 신앙생활을 익혀 갈 때 부모는 열 배 백 배 과장해서 자랑합니다. 물론 어린아이가 고사리 같은 손을 모으고 기도하고 발음도 제대로 되지 않는 입술로 찬양하는 것은 가슴 벅찬 일입니다. 그러나 마치 확증된 믿음처럼 혹은 부모의 믿음을 본받는 것처럼 여겨서는 안 됩니다. 아이들의 믿음은 쪽박에 물을 채워 가는 것과 같습니다. 한 방울씩 더해 가는데 부모의 자랑은 쪽박을 깨뜨리는 것이 될 수 있습니다.

부모의 믿음이든 자녀의 믿음이든 함부로 맹세하고 함부로 자랑하지 마십시오. 그러나 너무 조심스러워하거나 두려워할 필요는 없습니다. 우리의 기우뚱거림을 아시는 주님이 항상 등 뒤에 계십니다.

우리의 넘어짐을 먼저 아시는 주님, 미리 손을 내밀어 잡아 주소서.

죄를 미워해야 합니다

네가 선을 행하면 어찌 낯을 들지 못하겠느냐 선을 행하지 아니하면 죄가 문에 엎드려 있느니라 죄가 너를 원하나 너는 죄를 다스릴지니라_창세기 4장 7절

하와가 금지된 열매를 먹을 때 뱀의 유혹이 있었습니다. 다윗도 죄를 범할 때 '나태'와 '늘어짐'이 있었습니다. 유혹, 나태, 욕심은 죄와 연결해 주는 매개체입니다.

매개체의 형태는 다양합니다. 티끌처럼 작은 것부터 태산처럼 큰 것에 이르기까지 시간과 장소와 형편에 따라 변하는 기술이 있습니다. 보이는 것은 티끌이지만 속에는 태산 같은 죄의 덩어리가 있습니다.

죄는 부풀어지고 아메바처럼 분화하는 속성이 있습니다. 스스로 번식하는 능력이 강력합니다. 포기하게 하고 방관하게 합니다. 점점 깊어갈수록 달콤한 맛과 향기도 깊어집니다. 그렇다고 죄를 두려워할 필요는 없습니다. 죄는 빛에 드러나게되면 자멸하는 속성이 있습니다. 그래서 성경은 말씀하고 있습니다.

"악을 행하는 자마다 빛을 미워하여 빛으로 오지 아니하나니 이는 그 행위가 드러날까 함이요"(요 3:20). 십자가 앞으로 나가서 빛으로 오신 예수 그리스도를 만날 때 죄는 사라지게 됩니다(요 1:9).

자녀가 죄의 유혹을 받을 때 그 유혹을 다스릴 수 있도록 가르쳐야 합니다. 죄를 짓지 않는 것만으로는 부족합니다. 죄를 미워해야 합니다. 죄에 대해 스스로 대처하는 사고가 필요합니다. 자녀를 위해 기도해야 합니다.

"주님, 사랑하는 자녀를 죄로부터 보호하여 주소서. 자녀가 죄를 미워하게 하소서. 죄를 능히 다스릴 수 있도록 성령의 능력을 주소서."

또한 죄는 숨길 때 더욱 커집니다. 작은 죄라도 밝은 빛에 드러내야 합니다. 자녀에게 작은 죄라도 고백하고 용서를 구할 수 있도록 가르쳐야 합니다. 스스로 드러내지 못할 때는 성령님께서 드러내실 수 있도록 간절히 구해야 합니다.

 주님, 사랑하는 자녀의 숨겨진 죄가 있다면 드러나게 하소서. 자녀가 죄를 미워하게 하소서.

낮은 자리로 다시 나갑니다

아무도 자신을 속이지 말라 너희 중에 누구든지 이 세상에서 지혜 있는 줄로 생각하거든 어리석은 자가 되라 그리하여야 지혜로운 자가 되리라_고린도전서 3장 18절

자녀를 키우면서 하나님께서 많은 은혜를 주셨습니다. 그러나 앞뒤 분간 못하는 실수투성이의 부모였습니다. 자녀가 말씀 몇 구절 외우는 것이 큰 자랑인 양 떠들고 으스댔습니다. 말씀을 가르치지 않는 다른 부모들을 비난하고 정죄하기도 했습니다.

자신은 실천하지 못하면서 자녀에게만 요구했던 것들이 죄라는 것을 이제 깨닫습니다. 지난날은 어리석고 미련했습니다. 하나님께서는 "모든 것이 하나님의 은혜입니다"라는 고백을 하게 하셨습니다.

자녀가 자랄수록 말씀에 바탕을 둔 자녀 양육에 대해서 깨닫게 되는 것은 점점 적어지고 희미해져 갑니다. 내가 적용하지도 못한 말씀을 자녀에게 강요할 수는 없습니다. 또 내 자녀에게도 요구하지 못한 말씀을 다른 부모와 자녀에게 요구할 수 없습니다.

자녀는 자라고 있는데 부모가 자라지 못하고 지난날의 기적 같은 체험에만 매달리고 있어 안타깝기 그지없습니다. 그래서 다시 십자가 앞으로 나가 은혜를 사모합니다.

더 시간이 흐른 뒤 성장한 아이들이나 혹은 그들의 부모들을 만났을 때 "그때 당신이 한 말은 가짜야!" 이런 말을 듣지 않으려면 지금이라도 늦지 않았습니다. 낮은 자리에서 말씀대로 살아가는 부모가 되어야 합니다.

 모든 것이 하나님의 은혜임을 고백하며 낮은 자리로 다시 나갑니다. 교만을 버리고 스스로 지혜 있는 체하지 않기를 다짐하고 간절히 구합니다.

마음과 생각이 더 중요합니다

모든 지각에 뛰어난 하나님의 평강이 그리스도 예수 안에서 너희 마음과 생각을 지키시리라_
빌립보서 4장 7절

자녀의 마음보다 행동에만 초점을 두는 부모가 있습니다. 물론 올바른 자녀가
좋습니다. 그러나 행동보다 더 중요한 것은 마음과 생각입니다. 마음은 사람을 지
키는 대문입니다.

행동은 마음과 생각의 표현이기 때문입니다. 부모가 자녀의 마음보다 겉으로
드러나는 행동에만 관심을 둔다면 아이들을 왜곡할 수 있습니다. 누군가에게 관
심과 칭찬을 받으려고 마음과 다른 행동을 하게 할 수도 있습니다.

마음과 생각은 보이지 않지만, 행동으로 나타납니다. 아담과 하와는 마음과 생
각을 빼앗겨 사탄의 유혹에 넘어갔습니다. 다윗도 마음과 생각을 빼앗겨 '간음'을
저질렀습니다. 마음과 생각을 지키지 못하면 하나님께 대적하는 행동을 하게 됩
니다.

사탄은 세상의 악한 환경을 통해 우리 자녀의 마음과 생각을 빼앗으려고 때마다
엿보고 있습니다. 그러나 자녀는 자신의 마음과 생각을 지킬 힘이 없습니다.

세상에 마음과 생각을 빼앗길 것에 대해 두려워하지 말고 감사함으로 하나님께
의지해야 합니다(빌 4:6). 부모와 자녀가 예수 그리스도 안에 머물 때 하나님께서
자녀의 마음과 생각을 지켜 주실 것입니다. 자녀의 마음에 악한 생각을 품지 않도
록 성령님께서 함께하실 것입니다(신 15:9).

살아 계신 하나님의 말씀이 하나님을 대적하려는 교만함을 무너뜨릴 것입니다.
그리고 마음과 생각을 사로잡아 예수님께 복종하도록 할 것입니다(고후 10:5).

주님, 자녀의 마음과 생각을 지켜 주세요.

깨어짐에서 완전함으로

우리가 그를 전파하여 각 사람을 권하고 모든 지혜로 각 사람을 가르침은 각 사람을 그리스도 안에서 완전한 자로 세우려 함이니_골로새서 1장 28절

애초에 하나님께서 창조하신 사람의 모습은 완전했습니다. 부족함이 없이 지정의(知情意)가 충만했지만 아담과 하와의 불순종으로 인해 사람은 상처를 입었습니다. 꽉 찬 상태가 아닌 부족함을 가진 상태가 되었습니다.

타락 이후 인류의 역사는 인간의 부족함을 채우려는 몸부림의 연속이었습니다. 이스라엘 백성들은 광야에서 마실 물이 없다고, 고기를 먹지 못한다고, 생선과 오이와 참외와 부추와 파와 마늘을 먹지 못한다고 하나님께 불평했습니다. 이처럼 사람은 작은 것이라도 부족하면 참지 못하고 어떻게 해서든지 채우려고 몸부림을 칩니다.

인간이 부족함을 채우려는 모습은 다양하게 나타납니다. 주로 일탈 행위를 통해서 표출되지만 가끔은 선한 모습으로도 표출됩니다.

모든 악한 행동들은 부족함을 채우기 위한 몸부림이라고 할 수 있습니다. 때로는 공부도 하나님 없이 열심을 낸다면 이와 같다고 할 수 있습니다. 열심히 일하는 것도 하나님 없이 한다면 일탈 행위에 지나지 않습니다.

그 어떤 것도 하나님 없는 행위는 인간의 부족함을 온전히 채울 수 없습니다. 전도자의 고백처럼 모든 것이 헛되고 헛될 뿐입니다.

우리 자녀가 하나님 없이 자신의 부족함을 채우려고 몸부림치고 있지는 않은지 살펴보아야 합니다. 하나님만이 우리의 상처를 꿰매고 부족한 부분을 완전하게 채워 주실 수 있습니다.

자녀의 삶이 하나님만으로 부족함 없이 채워지길 간절히 소망합니다. 하나님 한 분만으로 만족하길 원합니다.

무거운 짐으로 지칠 때

4
08

수고하고 무거운 짐 진 자들아 다 내게로 오라 내가 너희를 쉬게 하리라_마태복음 11장 28절

문득 모든 것을 포기하고 싶은 생각이 듭니다. 아무 근심 걱정 없는 무중력 상태가 있다면 그곳에 머무르고 싶습니다.

시작은 했는데 끝은 보이지 않고, 넘어졌다 일어난 것 같은데 또 넘어져 있고, 처음에는 분명하게 보였는데 지금은 길을 잃어버렸습니다. 어디서 얽혔는지 어떻게 풀어야 할지 도무지 생각이 나지 않습니다.

자식 하나 잘 키우는데 무슨 걸림돌이 그렇게 많은지 모르겠습니다. '안 되는가 보다' 하고 포기하고 싶을 때는 잠시 한 걸음 쉬어 가십시오. 다른 길을 선택하기 전에 잠시 귀를 기울이면 소리가 들립니다. 몸과 마음이 지친 부모를 향해 부르는 소리가 있습니다.

"내게로 오라, 내게로 와서 쉬어라." 부모가 지치기 전부터 부르는 소리였습니다. 부모가 오기를 기다리고 계셨습니다. 온몸에 매달린 무거운 짐도 대신 지실 준비를 하고 손짓하고 계셨습니다.

짐을 혼자 지려고 자신에게 집중하느라 부르는 소리를 듣지 못했을 뿐입니다. 무거운 짐이 누를 때 주님의 음성을 외면하지 마십시오. 억지로 기도하고 찬송하지 않아도 됩니다. 그냥 가만히 누워서 내면의 소리에 귀를 기울여 보십시오. 짐을 혼자서 지기에는 무겁다고 주님께 아뢰십시오. 무거운 짐 속에 들어 있는 것들을 주님께 보여 드리십시오.

내가 지고 있던 짐을 주님께 맡기고 쉬고 있으면 가야 할 길이 보입니다. 예전보다 더 무거운 짐이 생겨도 이겨 나갈 힘이 생깁니다. 주님이 우리에게 가벼운 멍에를 주시려고 십자가의 고통을 당하셨습니다. 죄의 짐으로부터 자유를 주셨습니다.

 주님, 무거운 짐으로 힘들고 지쳤습니다. 넘어지지 않도록 손을 잡아 주세요.

깨어 있어 담을 만들지 마십시오

다윗이 자기의 가족에게 축복하러 돌아오매_사무엘하 6장 20절

다윗은 하나님의 궤를 옮겨올 때 왕의 체면도 버리고 기쁨에 겨워 춤을 추었습니다. 한 번 실패한 경험이 있어서 기쁨이 더욱 컸습니다.

하나님께 번제와 화목제를 드리고 백성들을 축복하는 성대한 잔치를 베풀었습니다. 백성들이 돌아가고 다윗도 자신의 가족들을 축복하기 위해 집으로 돌아갔습니다. 이는 왕이 아닌 한 가정의 아버지와 남편으로 되돌아간 모습입니다.

권력을 가진 왕일지라도 가정으로 돌아오면 자녀를 축복하고 아내를 사랑하는 남편의 모습이어야 합니다. 남편이든 아내든 사회에서의 모습이 가정에서 그대로 유지된다면 행복한 가정을 만들 수 없습니다.

무엇보다도 가족 구성원은 축복을 가로막는 담을 만들어서는 안 됩니다. 다윗이 큰 기쁨을 안고 가족을 축복하려고 집으로 돌아왔지만, 가족을 축복하지 못했습니다. 아내 미갈이 다윗을 비난함으로 다툼이 벌어졌기 때문입니다. 아내와 다투고 가족을 축복할 수 있는 남편은 없을 것입니다.

우리의 삶에서도 이와 같을 때가 종종 있습니다. 은혜를 받았지만, 그 은혜를 나누기도 전에 쓸데없는 다툼이 생깁니다. 남편이 축복을 가로막는 담을 만들기도 하고, 아내가 담을 만들기도 하고, 때로는 아이들이 만들기도 합니다.

축복을 가로막는 담을 만드는 일이 없어야겠지만 설령 있다고 할지라도 맞대응하지 않았으면 좋겠습니다. 부부가 깨어 있으면 축복을 가로막는 담을 만들지 않을 것입니다.

부모가 늘 깨어 있어 자녀의 축복을 가로막는 담을 만들지 않게 하소서.

평범한 일상이 큰 은혜입니다

또 그 땅의 소산물을 먹은 다음 날에 만나가 그쳤으니 이스라엘 사람들이 다시는 만나를 얻지 못하였고 그 해에 가나안 땅의 소출을 먹었더라_여호수아 5장 12절

만나는 하늘의 양식이었습니다. 이스라엘 백성들은 40년 동안 만나를 먹었습니다. 그러나 가나안 땅에 들어와서는 땅에서 나는 양식을 먹고 살았습니다. 만나는 내 노력 없이 먹는 양식이었지만 땅에서 나는 곡식들은 힘을 들여 농사짓지 않으면 먹을 수 없는 양식이었습니다.

만나와 메추라기는 하늘에서 내리는 기적의 양식입니다. 그러나 땅에서 나는 곡식은 노력한 만큼 얻는 지극히 평범한 양식입니다. 농사를 지을 수 없는 광야를 지나면서도 옷이 낡거나 신이 해어지지 않았습니다(신 8:4). 그러나 가나안 땅에서는 게으른 자는 옷이 낡아지고 일하지 않는 자는 신이 해어졌습니다.

우리는 기적을 간절히 바랍니다. 특히 자녀에게 놀라운 기적이 일어나기를 소원합니다. 때로는 자녀도 자신의 노력과 땀 흘림 없이 특별한 결과를 얻고싶어 합니다. 물론 하나님은 바위에서도 샘물을 솟게 하시고 홍해를 가르실 수 있습니다. 그러나 노력도 하지 않고 열매를 기대하는 것을 원하지 않으십니다.

달란트를 땅에 묻어두는 종을 게으르고 악한 종이라고 하셨습니다. 하나님은 우리에게 일할 힘과 씨 뿌릴 수 있는 지혜를 주셨습니다. 그런데도 게으르고 악한 습성으로 가만히 앉아서 기적이 일어나기만 바라는 것은 옳지 않습니다.

광야에서 내리는 만나만이 기적이 아닙니다. 우리의 평범한 일상이 정말 큰 기적입니다. 저녁에 온 가족이 한자리에 모일 수 있다는 것도 하나님께서 주시는 큰 은혜입니다.

햇볕과 바람이 은혜임을 깨닫는 것은 삶의 큰 기쁨입니다. 내가 부모인 것도, 자녀가 내 곁에서 눕고 일어나는 것도 하나님의 은혜 없이 될 수 없습니다. 깨닫지 못하며 누리고 있는 은혜가 얼마나 많은지 생각해 보았으면 좋겠습니다.

 주님, 구하지 않았음에도 누리고 있는 은혜가 우리 삶을 이끌어감을 감사드립니다.

내 짐이 점점 무거워질 때

4 11

나는 마음이 온유하고 겸손하니 나의 멍에를 메고 내게 배우라 그리하면 너희 마음이 쉼을 얻으리니_마태복음 11장 29절

다른 사람에게는 하찮은 것일지라도 나에게는 견디기 힘든 짐이 있습니다. 다른 사람들은 쉽게 풀어도 나는 매듭조차 찾지 못하는 것도 있습니다. 다른 사람들이 멀쩡하게 걸어가는 길을 나는 돌부리에 걸려 넘어집니다.

나에게는 분명 다른 짐이 있습니다. 자녀를 키우는 일도 마찬가지입니다. 같은 조건 같은 상황에서 다른 아이들은 잘만 가고 있는데 내 자녀는 걸음조차 떼지 못합니다. 주변에서 나를 도와준다고 "그거 별 일 아니야, 이렇게 해 봐"라고 조언하는데 그렇게 해 봐도 별 소용이 없습니다.

아무리 생각해도 까닭을 알지 못합니다. 어디서부터 문제가 시작되었고 이 지경에까지 이르게 되었는지 돌아봐도 알 수 없습니다. 그래서 더 답답합니다. 이유라도 알면 좋겠는데 말입니다.

그러는 사이 짐은 점점 무거워지고 사방은 짙은 안개로 덮이고 있습니다. 내가 어디에 있는지조차 분간할 수 없습니다. 다른 사람들 보기에는 괜한 걱정거리 같지만, 나는 어렵기만 합니다.

주님이 부르십니다. "내게로 오라. 내가 너희를 쉬게 하리라."(마 11:28) 주님 앞으로 나가십시오. '문제가 풀릴까?' '짐이 가벼워질까?' 생각하지 말고 그냥 주님 앞으로 나가십시오. 주님 앞에서 모든 짐을 내려놓고 쉬십시오. 십자가 앞에 서면 쉼 가운데 안개가 걷히고 내가 가야 할 길이 보일 것입니다.

종류와 관계없이 짐은 무겁습니다. 다른 사람들이 보는 것과 상관없이 내 짐은 무겁습니다. 무거운 짐을 지고 남몰래 흘리는 눈물보다 주님 앞에 짐을 내려놓고 흘리는 눈물을 선택하십시오.

주님, 짐이 무거워 쉬고 싶습니다. 평안함과 쉼을 주옵소서.

십자가에서 눈을 떼면

그리고 우리 믿음의 근원이시며 우리 믿음을 완전케 하시는 예수님을 바라봅시다_히브리서
12장 2절, 현대인의 성경

예수님을 향해 물 위를 걸어가던 베드로가 파도를 보고 무서워하는 순간 바다에
빠졌습니다. 다윗이 무너진 것도 한순간이었습니다. 티끌 같던 한순간이 누룩 넣
은 빵처럼 점점 부풀어 오릅니다.

길을 가면서 일부러 넘어지거나 다치는 사람은 없습니다. 우연히 돌부리에 걸려
서 넘어지거나 자신의 걸음이 뒤엉켜서 넘어지는 것입니다. 넘어질 때 큰 상처를
입을 때도 있지만 때로는 아파서 살펴보니 상처가 나 있을 때도 있습니다.

인생을 살면서 넘어지지 않고 갈 수는 없습니다. 누구든지 넘어지고 상처를 입
습니다. 문제는 넘어짐이 아니라 일어남입니다. 자신이 넘어졌는지도 모르거나
상처에서 피가 흘러도 아픔을 느끼지 못할 때가 문제입니다.

그리스도인의 삶은 십자가를 보고 갑니다. 어디에 어떤 모습으로 있든지 십자
가를 향하여 멈추지 않고 가야 합니다. 십자가를 바라보고 있으면 자신이 넘어졌
다는 것을 깨달을 수 있습니다. 넘어졌다는 것을 알면 일어날 수 있습니다. 십자
가에서 눈을 떼면 넘어집니다. 넘어지고도 넘어짐을 모릅니다. 그래서 우리의 눈
은 늘 십자가를 바라봅니다.

자녀를 키우는 일도 마찬가지입니다. 십자가를 바라보고 가면 때로는 넘어지고
울기도 하지만 점점 십자가로 가까이 갈 수 있습니다. 주님이 우리를 십자가로 인
도하십니다. 그러나 세상의 가치를 좇는 순간 넘어집니다. 오랜 시간 후 돌아보면
십자가의 길과 많이 벌어진 것을 알게 됩니다.

우연히 넘어졌거나 실수하여 넘어졌을지라도 십자가에서 눈을 떼지 마십시오.
오직 하나님만 의지해야 합니다.

 주님, 독수리가 날개 치며 올라가듯 새 힘을 주시고 달려가도 지치지 않고 걸어가도 피곤
하지 않게 하소서.

4
13
자녀 양육은 하나님의 임재 현장입니다

내가 주께 대하여 귀로 듣기만 하였사오나 이제는 눈으로 주를 뵈옵나이다_욥기 42장 5절

욥의 혼란은 하나님의 임재와 함께 눈 녹듯이 사라졌습니다. 믿는 자에게 하나님의 임재는 수많은 질문에 대한 대답입니다. 하나님의 임재 앞에 더는 남아 있는 질문이 없습니다.

우리는 종종 하나님의 임재를 경험합니다. 고통 가운데 있을 때, 절망에 빠졌을 때, 고독함에 지칠 때 하나님의 임재를 경험합니다. 그러나 편안함을 누릴 때나 고요한 바다를 지나면서 하나님의 임재를 알아차리기는 쉽지 않습니다.

부모는 자녀를 키우면서 하나님의 임재를 가장 많이 경험합니다. 두렵고 떨릴 정도로 하나님의 살아 계심을 느낍니다.

부모의 능력보다 자녀의 문제가 더 클 때, 자녀가 쉬지 않고 문젯거리를 만들어낼 때, 자녀가 부모를 너무나 아프게 할 때, 안타까운 바로 그 상황들 가운데서 오히려 부모는 하나님의 임재를 경험합니다. 살아 계시는 하나님을 만나 값없이 누리는 은혜를 깨닫게 됩니다.

하나님의 임재는 출렁이는 파도 가운데만 있지 않습니다. 나뭇잎조차 떨어지지 않는 고요한 날에도 하나님의 임재는 있습니다. 순탄한 우리의 삶 가운데도 있습니다. 하나님은 늘 자녀와 함께 계십니다. 언제나 우리와 함께 걷고 계십니다.

부모가 알아차리지 못할 뿐입니다. 부모의 자녀 양육 가운데 하나님의 임재는 늘 있습니다. 아무 일이 없는 날에도 하나님 임재는 계속되고 있습니다.

오늘도 하나님의 임재를 누리며 살게 하시니 감사합니다.

넘을 수 없는 벽 앞에서

여호와여 주의 긍휼을 내게서 거두지 마시고 주의 인자와 진리로 나를 항상 보호하소서_시편 40편 11절

사람은 누구나 예기치 않은 상황을 만나면 걱정과 두려움을 갖게 됩니다. 준비가 없었고 결과를 예측할 수 없기 때문입니다. 자녀를 키우면서 뜻하지 않게 만나는 일들은 두려움이 더욱 큽니다. 그 불안과 두려움은 자녀를 사랑하는 깊이만큼 더해지는 것 같습니다.

이곳저곳에 도움의 손길을 청합니다. 그래도 해결 방안을 얻지 못하면 허둥거리게 되고 불길한 생각들이 머릿속을 떠나지 않습니다. 그때 우리가 놓치는 것이 하나 있습니다. 사람들의 의견을 구할수록 하나님과 관계는 헝클어지고 멀어진다는 사실입니다.

해결해야 할 문제와 근심과 걱정거리가 있을 때 사람들과 상의하기 전에 먼저 하나님께 도움을 구하십시오.

넘을 수 없는 벽을 만나면 두려워하지 말고 하나님께 집중해야 합니다. 예기치 못한 상황을 만났을 때 사람을 찾지 말고 하나님의 얼굴을 구하십시오. 하나님께 상황을 그대로 아뢰십시오.

"여호와여 멀리 하지 마옵소서. 나의 힘이시여 속히 나를 도우소서"(시 22:19).

하나님은 언제나 우리 편이십니다. 사람의 힘에 의지하지 말고 하나님께 구하십시오. 하나님은 걱정 근심과 두려움 앞에 당당하게 서 계십니다.

 저를 도울 자 주님밖에 없사오니, 우리 하나님 여호와여 도우소서.

자녀가 내 뜻대로 안 될 때

4
15

이 잔을 내게서 옮기시옵소서 그러나 나의 원대로 마시옵고 아버지의 원대로 하옵소서_마가
복음 14장 36절

부모에게 자녀가 늘 기쁨이 되는 것은 아닙니다. 때로는 부모를 힘들게 하기도
하고 아프게 하기도 합니다. 한마디로 자녀는 부모의 뜻대로 되지 않습니다. 좋든
나쁘든 자녀는 부모가 원하는 대로 살지 않습니다.

부모와 자녀 사이는 갈등이 생기게 마련입니다. 갈등의 강도가 다를 뿐이지 갈
등이 없을 수는 없습니다. 그러므로 부모는 갈등이 생겼을 때 해결하는 지혜가 필
요합니다. 해결 방법에 따라서 갈등이 더욱 고조되기도 하고 유익한 방향으로 흐
르기도 합니다.

자녀의 엇나감을 통해서 부모가 알아야 할 것이 있습니다. 무엇일까요? 자녀는
부모의 소유가 아니며, 부모의 마음대로 양육할 수 없다는 것입니다.

자녀는 독립된 인격체입니다. 자녀의 삶에 부모가 지나치게 개입하거나 통제하
려고 해서는 안 됩니다. 부모는 자녀를 완벽하게 통제할 수 없습니다. 자녀도 자신
이 책임져야 할 인생이 있습니다. 부모의 역할을 스스로 제한할 필요가 있습니다.

자녀와 크고 작은 갈등이 생기지 않을 수는 없습니다. 다만 부모는 자녀와 갈등
이 생겼을 때, 하나님의 세미한 음성에 귀를 기울여야 합니다. 그것이 갈등을 지
혜롭게 해결하고 오히려 유익하게 만드는 방법입니다.

자녀를 부모 마음대로 할 수 없다는 것을 인정해야 그때 깨달을 수 있는 것들이
부모와 자녀의 갈등 속에 숨어 있습니다. 자녀를 탓하기 전에 먼저 부모의 뜻이 하
나님의 뜻을 벗어나 있지는 않은지 점검해 보십시오.

 하나님의 말씀에 귀 기울여 부모의 생각대로 자녀를 양육하지 않기를 소망합니다.

자녀가 부모의 믿음을 흔들 때

집 하인이 두 주인을 섬길 수 없나니 혹 이를 미워하고 저를 사랑하거나 혹 이를 중히 여기고 저를 경히 여길 것임이니라 너희는 하나님과 재물을 겸하여 섬길 수 없느니라_누가복음 16장 13절

우리의 주인은 오직 하나님 한 분이십니다. 그런데 어떻게 재물이 '하나님'과 같은 위치에 있을 수 있을까요? 재물이, 우주 만물을 창조하시고 경영하시는 하나님과 같이 논의된다는 사실 자체가 놀랍기만 합니다.

현실에서 재물은 '귀신도 부린다'라고 할 만큼 위력이 대단합니다. 재물은 하루에도 몇 번씩 우리의 마음을 뒤흔들어 놓습니다. 재물의 유무에 따라 사람의 안정감이 영향을 받습니다. 재물은 우리의 믿음까지 손쉽게 흔들어 버립니다.

비단 돈만이 아닙니다. 권력이나 명예, 때에 따라서는 '사람'이 그 위치에 있기도 합니다. 그러고 보니 세상에서 빛을 내며 존재하는 것들은 모두 하나님의 권위에 도전하고 있습니다.

부모는 무엇 때문에 가장 많이 흔들릴까요? 두말할 나위 없이 자녀입니다. 자녀는 부모의 안정감을 뒤흔듭니다. 물론 전혀 영향을 받지 않을 수는 없겠지만, 자녀 때문에 부모의 안정감이 영향을 받는다면 자신의 믿음을 다시 돌아봐야 할 때입니다. 잠시 흔들림이 있었지만, 다시 믿음으로 평안을 유지할 수 있어야 합니다.

자녀의 연약함과 부족함으로 부모의 안정감이 무너질 때 기억해야 합니다. 자녀의 부족한 것을 풍성하게 채워 주시는 이는 하나님이십니다(빌 4:19). 부모가 모든 것을 채워 줄 수 없다는 것을 인정해야 합니다.

자녀에 대한 부모의 지나친 욕심은 하나님과 자녀를 함께 섬기는 것과 같습니다. 자신의 능력이나 재물 대신 하나님을 의지하여 자녀를 양육할 때 우리 아버지 하나님께서 자녀의 부족한 것을 채워 가십니다.

 자녀가 부모의 믿음을 흔드는 존재가 아니라 믿음의 증거가 되기를 소망합니다.

마음이 흔들릴지라도

예수 그리스도는 어제나 오늘이나 영원토록 동일하시니라_히브리서 13장 8절

살면서 한결같이 주님만 바라보고 살아갈 수 있을까요? 그러기를 소원하지만 사람의 마음은 '흔들리는 갈대'와 같을 뿐입니다. 사람의 마음은 간사하여 같은 바람도 기분에 따라 다르게 느껴집니다.

그러나 예수님은 한결같으셨습니다. 가이사랴 빌립보에서 "주는 그리스도시요 살아 계신 하나님의 아들이십니다"라는 베드로의 고백을 듣고 기뻐하셨습니다. 그러나 베드로가 자기의 죽음을 막으려고 하자 "사탄아 내 뒤로 물러가라!" 하시면서 야단을 치셨습니다. 하나님 아버지의 뜻을 마음대로 바꾸지 않으셨습니다.

부모가 자녀를 양육하는 것도 이와 같았으면 좋겠습니다. 사실 마음이 불편하고 힘든 상태에서 자녀에게 말씀을 가르친다는 것은 쉽지 않습니다. 그런데도 한결같은 마음으로 자녀에게 말씀을 먹이고 기도하는 부모가 되었으면 합니다.

자녀를 대하는 태도가 부모의 기분이나 환경에 따라서 바뀌는 것도 옳지 않습니다. 같은 상황임에도 부모의 변덕스러운 태도 때문에 자녀는 혼란스럽기만 합니다. 죄짓는 느낌이 들고 불편하기 그지없습니다. 마음이 요동치고 있는데 아무렇지도 않은 듯 기도하기는 어렵습니다. 그럴지라도 마음을 정돈하고 말씀 앞에 서야 합니다.

"주님, 지금 제 마음이 매우 힘들고 어렵습니다. 도와주세요." 이렇게 고백하며 나갈 때 마음이 점차 가라앉고 새로움으로 채워집니다. 마음이 안정되지 않고 기도조차 버겁게 느껴질 수 있지만, 최소한 더 험악해지는 것은 막을 수 있습니다.

기분이나 상황에 따라 자녀 양육이 흔들릴 수 있습니다. 마음과 믿음도 흔들릴 수 있습니다. 그래도 자녀를 대할 때는 평정심을 유지하도록 노력해야 합니다.

 온전히 주님을 신뢰함으로 상황에 따라 마음이 흔들리지 않기를 간절히 구합니다.

부모는 용사입니다

그러나 내가 이스라엘 가운데에 칠천 명을 남기리니 다 바알에게 무릎을 꿇지 아니하고 다 바알에게 입맞추지 아니한 자니라_열왕기상 19장 18절

세상의 힘은 우리가 생각하는 것보다 막강합니다. 내가 싸워서 이길 만한 것들이 별로 없습니다. 그런데도 사람들은 자신이 마음만 먹으면 어떤 것이든지 능히 이길 수 있다고 생각합니다.

특히 맘몬(재물)의 힘은 강합니다. 가진 자의 권력과 맘몬의 힘 앞에 서 있기조차 힘듭니다. 언뜻 보면 세상은 권력과 맘몬에 의해서 움직이고 있는 듯이 보입니다.

그러나 세상을 움직이는 힘은 권력도 맘몬도 아닙니다. 하나님이십니다. 그렇다면 하나님은 어떤 사람들과 세상을 함께 경영하실까요? 분명한 것은 세상의 기준에 맞는 사람들은 아닙니다.

바알에게 무릎 꿇지 않은 칠천 명의 남은 자입니다. 하나님은 세상의 권력과 돈의 힘에 무릎을 꿇지 않은 자들과 하나님의 나라를 경영하십니다.

부모는 바알에게 무릎 꿇지 않는 사람이 되어야 합니다. 권력과 맘몬을 두려워하지 않는 사람이어야 합니다. 두려워하지 않을 뿐더러 권력과 맘몬 앞에서도 순결함과 정직함을 잃지 않아야 합니다.

부모는 영적 전쟁에 참여한 용사입니다. 예수님의 전투 명령에 따라 가정이라는 배를 이끄는 선장입니다. 부모가 이끄는 배에 아이들이 타고 있습니다. 자녀가 부모의 싸우는 모습을 보고 있습니다.

선장은 자신의 힘으로 적들과 싸우지 않습니다. 앞에서 적들과 싸우고 계신 군함장이신 주님의 명령에 따를 뿐입니다. 주님의 명령에 따라 방향키를 움직입니다. 주님의 명령에만 귀를 잘 기울이면 됩니다. 곧 주님께서는 승리를 선포하실 것입니다.

주님, 세상의 압력에도 무릎 꿇지 않고 믿음의 선한 싸움에서 승리하는 날이 되길 소원합니다.

4 19 조용히 예수께 내려놓으십시오

주의 말씀을 조용히 읊조리려고 내가 새벽녘에 눈을 떴나이다_시편 119편 148절

자녀 양육은 무거운 짐입니다. 혼자 지고 갈 수 없는 무게입니다. 부부가 힘을 모아도 감당하기 어려울 때가 많습니다.

그런데도 부모들은 그 무게를 스스로 감당하려고 애를 씁니다. 그리고 너무 힘들다고 불평을 합니다.

자녀 양육의 짐이 무겁다고 여기저기 하소연합니다. 그리하지 마십시오. 주님께서는 부모가 모든 짐을 내려놓기 원하십니다.

주님의 초대에 응하십시오.

조용히 예수님께 나가십시오.

어깨를 짓누르는 모든 짐을 내려놓고 편히 쉴 수 있는 곳, 그곳이 예수님입니다. 더 버티다가는 짐에 눌려 일어나지 못할지도 모릅니다. 그러기 전에 내려놓으십시오.

분주한 삶을 내려놓고 주님과 마주하고 앉으면 들을 수 있습니다. 다정한 주님의 음성이 지친 마음을 만져 주실 것입니다

모든 짐을 내려놓습니다.

눈치 보지 않고 이것저것 따지지도 않고 그냥 내려놓는 것이 필요합니다. 찬양 가운데 한숨이 기도되어 하나님께로 향하게 될 것입니다

부모가 모든 것을 감당하려 하지 마십시오. 주님께 기대십시오.

얽히고설킨 속마음을 주님께 쏟아 놓으십시오.

주의 사랑 앞에 모든 짐을 내려놓습니다. 늘 은밀히 보시는 주님, 은혜를 베푸소서.

자신을 먼저 돌아보십시오

나는 광범위하게 습득한 내 지식을 총동원하여 나를 지으신 하나님이 의로우신 분임을 너에게 설명해 주겠다_욥기 36장 3절, 현대인의 성경

내 자식임에도 도무지 속을 알 수 없을 때가 많습니다. 열 달 동안 아이를 품고 있었던 어머니의 경우는 더욱 그렇습니다. 자녀의 낯선 모습에 당황합니다. '정말 내 뱃속에서 나온 아이가 맞나?' 하는 생각도 듭니다. 도저히 이해하기 어려운 행동을 하기 때문입니다. 그러나 그런 행동을 하는 자녀가 이상한 것이 아닙니다.

엄마의 뱃속에 있었지만 모든 것을 지으신 분은 하나님이시기 때문입니다. 그러므로 성격과 기질, 성품 등이 당연히 달라야 합니다. 부모와 많은 부분이 닮았지만 분명 다른 인격체이기 때문입니다.

아이가 커가면서 점점 벽을 느낍니다. 아이가 무엇을 생각하는지 깊은 내면에 무엇이 있는지 감조차 잡을 수 없습니다. 그래서 답답한 마음에 여러 가지 방법으로 아이를 흔들어 봅니다.

아마 평생을 노력해도 부모가 자식의 마음을 다 알기 어려울 것입니다. 그것은 하나님의 영역입니다. 오직 자녀를 지으신 하나님만이 아십니다.

자녀의 마음을 조금이라도 이해하고 알기를 원한다면 먼저 '나'를 돌아보십시오. 스스로 내 마음을 들여다보고 분명한 내 생각을 끄집어내 봐야 합니다.

하나님께서 나를 어떻게 지으셨는지 하나님께서 내게 주신 기질이나 성품이 어떤지 알아야 합니다. 나를 자세히 살펴다보면 보이지 않던 자녀의 깊은 내면도 조금씩 보이게 될 것입니다.

나를 지으신 분도 하나님이시며 자녀를 지으신 분도 하나님이십니다. 이 고백이 분명하다면 부모를 낯설게 하는 자녀의 행동에 당황하지 않고 오히려 감사하게 될 것입니다.

나를 지으신 하나님을 찬양합니다. 자녀를 지으신 하나님을 찬양합니다.

하나님의 뜻을 구하십시오

4
21

사람의 마음에는 많은 계획이 있어도 오직 여호와의 뜻만이 완전히 서리라_잠언 19장 21절

예수님께서는 "누구든지 하나님의 뜻대로 행하는 자가 내 형제요 자매요 어머니이니라"(막 3:35)라고 하셨습니다. 그만큼 그리스도인들에게 하나님의 뜻은 견주어 맞설 것이 없는 지표입니다. 자녀를 하나님의 뜻대로 양육하는 것이야말로 부모에게 가장 큰 사명이자 보람이고 기쁨입니다. 그러나 하나님의 뜻은 분명하게 드러나지 않고 쉽게 알 수 없습니다.

하나님의 뜻은 왜 그렇게 분명하게 나타나지 않는 것일까요? 그것은 하나님의 뜻을 잘못 이해하고 있는 데 있습니다. 부모는 자녀를 향한 하나님의 뜻을 '자녀가 무슨 일을 해야 하는가?' 곧 직업과 연관지으려고 합니다. 물론 하나님께서 자녀를 세상에 보내실 때 특별한 일을 맡기실 뜻과 계획을 세우고 계십니다. 그러나 그것은 하나님의 입장에서 보는 것이지 부모의 입장은 아닙니다.

직업에만 하나님의 뜻을 연관시키다 보니 '성취, 성공, 공부, 업적' 같은 것들에 초점을 두게 됩니다. 부모의 욕심이 하나님의 뜻을 왜곡시킵니다.

하나님은 숫자나 크기를 통해서 하나님의 뜻을 드러내는 것을 원치 않으십니다. 소유의 많고 적음에 하나님의 뜻이 있지 않습니다. 일의 성취나 성공에 하나님의 뜻은 흔들리지 않습니다.

그렇다면 하나님의 관심은 어디에 있을까요? 말씀에 대한 순종에 있습니다. 이미 성경을 통해서 말씀하신 것들에 대한 순종입니다. 성경에 우리가 살아가는데 필요한 하나님의 뜻이 밝혀져 있습니다.

자녀에 대한 하나님의 뜻을 알고 싶은 까닭은 미래에 대한 두려움과 걱정이 있기 때문입니다. 하나님께서는 그 두려움과 걱정을 주님께 맡기고 자녀를 사랑하고 하나님을 사랑하기를 원하십니다.

염려와 걱정은 하나님께 맡기고, 지금은 자녀를 사랑하고 함께 누리기 원합니다.

껍데기는 버려야 합니다

백성이 요단을 건너려고 자기들의 장막을 떠날 때에 제사장들은 언약궤를 메고 백성 앞에서
나아가니라_여호수아 3장 14절

이스라엘 백성들에게 언약궤는 하나님 임재의 상징이었습니다. 요단강을 건널
때는 언약궤를 멘 제사장들이 요단강 물에 발을 담그자 강물이 멈추고 백성들은
마른 땅을 건넜습니다(수 3:14~17).

여리고 전투에서는 언약궤를 앞세우고 성을 돌 때 성이 무너졌습니다. 그런데
블레셋과의 전투에서 삼만 명이나 죽임을 당하고 엘리의 아들 홉니와 비느하스는
죽고 언약궤는 빼앗겼습니다.

왜 이런 일이 생긴 것일까요? 임재의 상징이었던 언약의 본질이 변질되어 하나
님과 멀어지고 결국 깨어지면서 언약궤에 하나님의 영광이 나타나지 않았기 때문
입니다. 이스라엘 백성들이 하나님께 집중하지 않고 눈에 보이는 승리의 결과물
에만 초점을 두었기 때문입니다.

우리 신앙생활과 자녀 양육에도 깨어진 언약궤가 있습니다. 자신의 경험과 지
식만으로 자녀를 양육하는 것은 깨어진 언약궤를 앞세우는 것과 마찬가지입니다.
깨어진 언약궤를 붙잡고 있는 사람은 예수님께서 말씀하셨던 외식하는 자들입니
다(마 6:2). 내 안에도 깨어진 언약궤의 모습들이 많이 있습니다. 진리가 부서진 껍
데기는 모두 버려야 합니다.

겉모습에 이끌리는 자녀 양육이 아니라 하나님과의 친밀함을 추구하는 자녀 양
육이어야 합니다. 하나님의 깊은 사랑이 부모를 통해서 자녀에게 넘치도록 하나
님과 친밀함을 유지하십시오.

 깨어진 언약궤를 붙잡고 있다면 버리고 하나님과의 관계를 회복하는 오늘이 되기를 소망
합니다.

자녀의 넘어짐, 넘치는 은혜

4
23

율법이 들어온 것은 범죄를 더하게 하려 함이라 그러나 죄가 더한 곳에 은혜가 더욱 넘쳤나니_로마서 5장 20절

자녀의 태도가 마음에 차지 않아서 걱정하는 부모들이 많습니다. 혹은 원치 않는 자녀의 행동으로 가슴앓이를 하는 부모도 많습니다. 아무런 말썽 없이 부모의 뜻대로 잘 자라는 것처럼 보이는 다른 집 자녀를 부러워합니다.

그러나 잘 자라는 것처럼 보이는 자녀가 반드시 좋은 것만은 아닙니다. 하나님께서는 자녀에게 일어나는 모든 것을 하나도 버리지 않으십니다. 자녀의 일탈 행위까지도 합력하여 선을 이루는 데 사용하십니다. 자녀를 부모의 훈련 도구로 사용하실 때가 많습니다.

자녀만큼 부모의 시선을 끄는 것도 없습니다. 자녀는 늘 부모를 긴장시킵니다. 자녀에게 일어나는 크고 작은 문제들은 부모를 성장하게 하는 도구입니다. 자녀에게 일어나는 문제 앞에 무너지지 않는 부모는 없습니다.

자녀가 부모 뜻대로 자라주지 않는다는 것을 느끼는 순간 매달릴 곳은 하나님밖에 없다는 것을 깨닫게 됩니다. 그래서 뒤돌아보면 모든 것이 하나님의 은혜임을 고백하게 됩니다. 자녀의 넘어짐으로 십자가 앞에서 무릎 꿇는 부모, 마음이 아프고 힘들지만 그때가 은혜받을 때입니다. 부모가 성장하는 시기입니다. 그러니 자녀의 넘어짐을 두려워하지 마십시오. 하나님의 은혜가 부어질 때입니다.

넘어지지 않는 다른 자녀를 보며 부러워하지도 말고 걱정하지도 마십시오.

자녀 때문에 마음이 아프고 근심과 걱정이 떠나지 않는다면 하나님의 은혜를 사모하십시오.

 자녀에게 벌어지는 모든 것들은 하나님의 은혜임을 고백합니다.

부모에게 십자가의 고난이란

이에 바라바는 그들에게 놓아 주고 예수는 채찍질하고 십자가에 못 박히게 넘겨 주니라_마태복음 27장 26절

십자가의 고난을 묵상합니다.

고난의 의미는 내 삶의 중심에 십자가가 있음을 고백하며 흐트러진 삶을 다시 세우는 것에 있습니다. 내 삶의 주인이 예수 그리스도이심을 확인하는 시간입니다.

세상에 휩쓸려 가고 있는 자신을 건져내는 시간이기도 합니다. 내 삶을 짓누르는 무거운 짐을 믿음으로 감당하여 고난을 지나 부활에 참여하는 기쁨입니다.

부모의 처지에서 고난의 의미를 생각해 봅니다. 자녀는 부모에게 십자가와 같습니다. 고난과 부활의 영광이 함께 있는 십자가입니다. 고난의 십자가를 거쳐야만 부활의 영광에 참여할 수 있는 것과 같습니다.

자식에게 몰두하여 행여나 하나님이 작아져 있다면 다시 회복해야 합니다. 자녀 양육의 중심에 하나님이 없다면 다시 회복해야 합니다. 자녀 양육의 방법이 세상으로 치우쳐 있다면 바로 세워야 합니다.

자녀로 인해 져야 할 짐 때문에 두려워하고 염려했다면 이제는 기꺼이 십자가를 지듯이 감당해야 합니다. 고통 없는 열매가 없음을 기억해야 합니다.

믿음으로 자녀를 양육하는 일에 주변에서 들려오는 비난과 조롱이 두려웠다면 담대함을 위해 기도하십시오.

주님께서 주신 자녀의 십자가를 기쁨으로 기꺼이 지길 소망합니다.

내 생각이 담입니다

4 / 25

이는 내 생각이 너희의 생각과 다르며 내 길은 너희의 길과 다름이니라 여호와의 말씀이니라_이사야 55장 8절

안타깝지만 자녀의 성장을 가로막는 담이 부모일 경우가 가장 많습니다. 부모에게는 자녀를 잘 키우고자 하는 숭고한 마음과 자녀의 성장을 가로막는 담이 동시에 있습니다. 그래서 부모는 자신이 가지고 있는 담을 제거하는 작업을 먼저 해야 합니다.

부모가 가지고 있는 담 중에서 가장 큰 것은 '내 생각'입니다. 아무 생각 없이 자녀를 양육하는 것만큼 어리석은 것도 없습니다. 그러나 그 생각이 '내 생각'이라면 그것이 곧 자녀를 가로막는 담이 됩니다.

사람들은 문제를 해결하기 위해 자신의 경험과 지식을 모두 동원하여 '내 생각'을 만들고 '내 생각대로' 판단합니다. 때로는 '내 생각'이 큰 성공을 이루고 눈에 보이는 좋은 결과를 만들어내기도 합니다. 그러나 그 생각의 끝에는 영생이 없습니다.

아브라함과 이삭은 '내 생각'으로 아내를 누이동생이라 했습니다. 한센병을 치료하러 찾아온 나아만은 엘리사가 '자기 생각'대로 치료하지 않자 화를 냈습니다. 자녀 양육도 다르지 않습니다. '내 생각'이 먼저 움직일 때 자녀가 힘들어집니다. 부모의 생각과 하나님의 생각이 다르기 때문입니다. 하나님께서 자녀를 생각하시도록 부모의 생각을 잠시 내려놓아야 합니다.

부모는 눈앞의 것을 생각하지만 하나님께서는 자녀의 삶 전체를 보십니다. 자녀의 다음 세대까지 생각하십니다. 하나님의 생각은 깊이와 넓이가 다릅니다.

부모가 '내 생각'을 내려놓아야 합니다.

주님, '내 생각'을 내려놓는 하루가 되기를 소망합니다.

믿음으로 저항하십시오

너희가 만일 그 땅의 원주민을 너희 앞에서 몰아내지 아니하면 너희가 남겨둔 자들이 너희의 눈에 가시와 너희의 옆구리에 찌르는 것이 되어 너희가 거주하는 땅에서 너희를 괴롭게 할 것이요_민수기 33장 55절

하나님께서 가나안 땅을 앞에 둔 이스라엘 백성들에게 하신 말씀은 크게 세 가지입니다. 첫째는 하나님께서 주신 율법을 지키고 하나님을 경외하는 것이고, 둘째는 거주민을 몰아내고 우상을 부수는 것이고, 셋째는 자녀에게 말씀을 가르치라는 것이었습니다.

가나안의 환경에 물들지 말고 저항하여 하나님 나라가 든든히 서 가기를 바라시는 하나님의 마음을 읽을 수 있습니다. 성경 속에는 거룩하지 못한 환경에 저항하여 끝내 믿음으로 승리하는 사람들이 많습니다.

자신이 낳은 아이를 죽이라는 이집트 왕의 명령에 저항한 모세의 부모, 거대한 골리앗에게 저항한 다윗, 백성들의 불신에 목숨을 걸고 저항했던 갈렙과 여호수아, 돌에 맞아 죽어가면서까지 저항했던 스데반, 박해에 맞선 예수님의 제자들에 이르기까지 셀 수 없이 많습니다.

오늘날에도 하나님은 부모에게 같은 요구를 하고 계십니다. 자녀를 말씀으로 양육하겠다고 하는 것은 저항의 최일선에 서는 것을 의미합니다. 세속의 가치에 저항하고, 진리가 아닌 것들과 타협하지 않으며, 말씀을 왜곡하려는 세력들에게 맞서고, 자녀에게 말씀을 가르치지 못하도록 하는 모든 악한 환경에 저항하라고 말씀하십니다.

부모의 거친 저항 없이 자녀를 안전하게 양육할 수 없습니다. 부모의 저항 없이 믿음을 물려 줄 수 없다는 것을 잊지 말아야 합니다.

 자녀를 둘러싼 악한 환경에 믿음으로 저항하여 승리하는 부모가 되기 원합니다.

4
27

가장 큰 담은 자신입니다

문들아 너희 머리를 들지어다 영원한 문들아 들릴지어다 영광의 왕이 들어가시리로다_시편
24편 7절

인생의 길에는 담이 많습니다. 생로병사가 모두 크고 작은 담들입니다. 그러나 앞에 보이는 담이 분명할 때는 힘을 내어 도전할 수 있습니다. 문제는 보이지 않는 담입니다. 아무것도 보이지 않는데 걸려 넘어지고 담이 없는 것 같은데 앞으로 나가지 못할 때입니다.

보이지 않는 담이 인생에서 가장 큰 걸림돌입니다. 분명한 대상이 없어서 적절한 대응을 할 수도 없습니다. 안타까울 뿐입니다.

보이지 않는 담이 느껴질 때는 한 박자 쉬는 여유가 필요합니다. 고요함 속에 자신을 놓습니다. 가장 고요한 장소는 십자가 앞입니다. 십자가의 빛이 나를 비추면 어둠에 가려졌던 자신의 모습이 드러납니다. 희미하게 나를 가로막고 있는 담이 보이기 시작합니다. 돌부리도 모습을 드러냅니다. 그렇습니다. 그동안 나를 둘러싼 환경과 여건이 담과 돌부리라고 생각했는데 아니었습니다.

나 자신이 담이었습니다. 내가 놓은 돌부리에 내가 걸려 넘어졌습니다. 감사하지 못하는 불평과 불만, 온전히 믿지 못하는 의심과 불신앙, 안개처럼 사라질 땅의 가치를 붙잡고 있던 어리석음, 아직도 죽지 않은 자아와 하나님의 뜻으로 포장된 내 뜻 등 끝없이 담을 만들고 있는 자신이 보입니다.

그렇다고 겁내거나 두려워할 필요는 없습니다. 자신이 가장 큰 담이라는 것을 알았다면 제거하면 됩니다. 다만 그 담은 밖에서는 치울 수 없고 스스로 안에서만 제거할 수 있다는 것을 알아야 합니다. 힘을 달라고 기도할 수는 있지만 다른 사람이 제거해 줄 수는 없습니다.

주님, 내 안에 가로막힌 담을 스스로 걷어내는 힘과 용기를 주소서.

겨자씨만 한 믿음

이르시되 너희 믿음이 작은 까닭이니라 진실로 너희에게 이르노니 만일 너희에게 믿음이 겨자씨 한 알 만큼만 있어도 이 산을 명하여 여기서 저기로 옮겨지라 하면 옮겨질 것이요 또 너희가 못할 것이 없으리라_마태복음 17장 20절

"당신은 겨자씨만 한 믿음이라도 있습니까?" 이런 질문을 받으면 움츠러들지 않는지요? 그러면서 자녀에게는 "네가 겨자만한 믿음이라도 가져 봐라. 못할 일이 없다"라고 다그칩니다. 믿음이 있으면 못할 것이 없다고 강조합니다.

그런데 예수님께서 제자들에게 말씀하신 겨자씨 같은 믿음은 크기를 말하는 것일까요? 정말 믿음이 양에 의해서 결정된다면 제자들은 그 양을 다 채웠을까요? 만약 하나님께서 우리에게 믿음의 크기를 요구하신다면 우리는 결단코 그 크기를 맞출 수 없습니다. 불가능한 일입니다. 하나님께서 생각하시는 크기와 양을 어떻게 가늠이나 할 수 있겠습니까?

예수님께서 제자들에게 말씀하신 겨자씨만 한 믿음은 크기와 양을 가리키신 것이 아닙니다. 그런데도 우리는 믿음을 크기와 양으로 측정하려고 합니다. 우리의 눈에 보이는 것으로 믿음을 나타내려고 행위에 치중하게 됩니다. 우리의 행위를 통해서 믿음의 크기를 보여 주고 싶어합니다.

믿음이 크기나 양이 아니라면 주님께서 말씀하시는 것은 무엇일까요? 하나님께 불순종하여 물고기 뱃속에서 삼 일을 지낸 요나를 떠올립니다.

"내가 말하기를 내가 주의 목전에서 쫓겨났을지라도 다시 주의 성전을 바라보겠다 하였나이다"(욘 2:4).

요나는 자신이 불순종하여 하나님께 벌을 받는다는 것을 알면서도 '주의 성전'을 바라보았습니다. 하나님께서 우리에게 요구하시는 것은 하나님에 대한 신뢰를 끝까지 버리지 않는 믿음입니다.

주님, 어떤 상황과 어떤 형편에 있을지라도 주님 바라보는 것을 멈추지 않으며 비록 말씀에 불순종하여 죄 가운데 있을지라도 하나님을 떠나지 않기 원합니다. 하나님을 전적으로 신뢰합니다.

내 모습 이대로 받아 주소서

4 / 29

그들이 배들을 육지에 대고 모든 것을 버려두고 예수를 따르니라_누가복음 5장 11절

베드로와 안드레, 세베대의 아들 야고보와 요한은 그들이 가지고 있던 배와 가족을 내버려 두고 예수님을 따라갔습니다. 모든 것을 그대로 두고 예수님을 따라가는 제자들, 우리는 '예수님을 따르는 제자'라는 단어를 떠올릴 때마다 그 모습을 연상합니다. 동시에 모든 것을 버리고 예수님을 따라가야 한다는 부담감이 밀려옵니다. 믿는 자로서 제자의 길을 안 갈 수도 없고 또 지금의 모든 것을 버릴만한 결단과 용기도 없습니다.

세상과 하나님 나라를 양손에 들고 예수님께서 가신 길을 따라갈 수는 없습니다. 거룩하신 하나님 앞으로 나가기 위해 우리는 거룩해야 합니다. 그러나 우리는 완전하게 거룩해질 수도 없고 말씀 앞에 완벽하게 순종할 수 없습니다. 모든 것을 갖추고 준비된 상태를 기다린다면 영원히 하나님 앞으로 나갈 수 없을 것입니다.

우리가 해야 할 일은 주님의 공로에 힘입어 십자가 앞으로 나가는 일입니다. 죄에 빠진 상태에서도, 갈 곳을 알지 못하고 헤매는 길에서도, 낙담하여 희망을 잃어버린 곳에서도 주님께 손을 내미는 것입니다.

주님 앞에 모든 짐을 내려놓습니다. 끝없이 마음을 괴롭히는 불평과 원망, 힘에 겨운 고난과 고통, 도움의 손길이 전혀 없는 현실, 작은 돌부리에도 걸려 넘어지는 연약한 자신의 모습을 내려놓습니다.

주님이 은혜를 베푸실 때 푸념과 원망이 기도로 변하고 하나님의 손길을 느끼는 자리에 이르게 될 것입니다.

주님, 자녀를 신앙으로 잘 양육하고 싶지만 뜻대로 되지 않아서 낙담이 됩니다. 하나님 앞에서 죄송하고 부끄러워서 일어나지 못하고 있습니다. 이 마음 그대로 주님 앞으로 나가오니 받아 주소서.

동역자를 구하십시오

우리는 하나님의 동역자들이요 너희는 하나님의 밭이요 하나님의 집이니라_고린도전서 3장
9절

아이는 혼자서 키울 수 없습니다. 부부의 노력만으로는 부족합니다. 신앙 공동
체의 도움이 필요합니다.

갓난아이를 교회 공동체에 소개하고 유아 세례를 베푸는 것은 단순하게 소개의
의미가 아닙니다. 하나님 나라의 백성으로 키우는 데 교회 공동체가 함께하겠다
는 의미입니다. 성인으로 성장할 때까지 교회 공동체가 울타리가 되겠다는 뜻이
기도 합니다.

그 아이를 위해서 기도하고 관심을 기울이며, 부모도 아이의 성장 과정을 알리고
기쁜 일, 어려운 일을 함께 나누어야 합니다. 그러나 현대 사회는 너무 바빠 그렇게
못하는 경우가 다반사입니다. 다른 가정의 자녀에게 관심을 쏟기 어렵습니다.

그럼에도 아이의 양육에 함께하는 동역자가 필요합니다. 자녀 문제로 힘들고
어려울 때 조언을 구하고 아픔을 함께 나누는 동역자가 필요합니다. 부모는 동역
자의 충고를 진심으로 받아들일 수 있어야 합니다. 자신을 아프게 하는 말일지라
도 감사함으로 받아들이고 영적인 조언을 더 깊게 생각해야 합니다. 물론 최종 판
단은 부모의 몫입니다. 일이 뜻대로 잘 풀리지 않았다고 하여 조언자를 비난하거
나 원망해서는 안 됩니다.

아이가 어려서는 부모의 품에서 자라는 것 같지만 결국 돌아갈 자리는 하나님입
니다. 부모와 자녀 모두 하나님의 자녀입니다. 그러므로 내 자녀를 키우듯이 다른
자녀의 양육에 동참하는 마음이 필요합니다.

교회 공동체 안으로 들어온 아이가 스스로 세상으로 나가는 것은 부모만의 책임
이 아닙니다. 교회 공동체의 책임도 큽니다. 교회 안에 어떤 아이들이 있는지 돌
아보고 기도로 양육에 참여하길 원합니다.

주님, 자녀를 믿음으로 양육하는 데 함께할 동역자를 만나게 하소서.

5월

어떻게 사랑하십니까?

어떻게 사랑하십니까?

내가 너희를 사랑하였노라 하나 너희는 이르기를 주께서 어떻게 우리를 사랑하셨나이까 하는도다_말라기 1장 2절

"우리를 어떻게 사랑하셨습니까?"

이스라엘 백성들은 하나님께 따졌습니다. 이에 하나님은 말라기 선지자를 통해서 말씀하십니다. 서운하고 안타까운 마음을 넘어서 마치 변명하고 계시는 듯합니다.

"눈먼 희생 제물을 기뻐 받겠느냐? 그런 것들을 너희라면 받겠느냐?"

사람도 받지 않을 제물을 드린 것에 대해 말씀하시며 차라리 성전 문을 닫고 만나지 않으면 좋겠다고 말씀하십니다. 성전에서 드려지는 제사는 하나님과 백성들의 만남입니다. 하나님은 그 만남을 원하고 기뻐하십니다. 그런데도 얼마나 서운하고 안타까우셨으면 그 성전을 닫으면 좋겠다고 말씀하실까요?

우리가 드리는 제물은 깨끗한가요? 하나님께서는 제물을 원하시는 게 아니라 정결한 마음을 원하십니다.

자녀는 하나님께서 주신 선물입니다. 그래서 우리는 고백합니다. 하나님께서 쓰시고자 할 때 언제든지 드리겠다고 말입니다. 그렇다면 자녀를 깨끗한 제물로 드릴 수 있도록 제대로 양육했는지 돌아봐야 합니다.

자녀가 깨끗한 제물로 양육되었다는 것은 무슨 의미일까요?

그것은 자녀를 말씀으로 양육하는 일에 최우선을 두는 것입니다. 적당하게 남는 시간으로 구색 맞추기가 아니라 온 힘을 다하여 말씀으로 양육하는 일입니다. 그렇게 자란 자녀는 하나님께 드리는 거룩한 제물이 될 것입니다.

 주님, 오늘도 자녀를 말씀으로 양육하고 하나님과 사랑의 교제를 나누는 날이 되기를 소망합니다.

가정은 영적 공동체입니다

그러므로 하나님의 전신 갑주를 취하라 이는 악한 날에 너희가 능히 대적하고 모든 일을 행한 후에 서기 위함이라_에베소서 6장 13절

'가정' 하면 가장 먼저 떠오르는 것이 '행복'입니다. 포근하고 안락하고 쉼이 있는 곳이 가정입니다. 누구든지 행복한 가정을 꿈꾸며 결혼을 하고 자녀를 낳고 최선을 다하는 삶을 삽니다. 그러나 '행복한 가정'은 생각처럼 쉽게 만들어지지 않습니다. 가족이 모두 건강하고, 쉴 집이 있고, 먹고 입는 것이 풍족하고, 아이들이 잘 자라고 있음에도 행복하다고 느끼지 못하는 경우가 많습니다.

그것은 가정이 영적 공동체이기 때문입니다. 가정은 하나님의 설계에 따라 만들어진 영적 공동체입니다. 가정의 주인은 하나님이시며 우리는 잠시 세 들어 사는 나그네일 뿐입니다. 세 들어 사는 사람이 주인 행세를 하니 온전한 행복을 맛볼 수 없는 것입니다.

가정은 자녀가 세상에 나가서 살 수 있도록 많은 것을 배우는 훈련 장소입니다. 인생의 가치가 형성되는 곳입니다. 이때 부모가 가장 중요하게 여겨야 할 것이 있습니다. 바로 가정은 영적 공동체라는 생각입니다. 그래야 자녀가 하나님 중심의 삶을 배울 수 있습니다.

나는 누구인가? 어디서 왔는가? 무엇을 위해서 세상에 왔는가? 이런 질문의 시작과 답이 하나님으로부터 시작되고 마무리되어야 합니다. 이것은 그리스도인으로서의 정체성과 부르심입니다. 이것을 배우고 가르치는 곳이 가정입니다. 그래서 가정은 영적 공동체입니다.

가정은 하나님께서 우리를 창조하신 목적을 이루는 출발점입니다. 가정의 주인이 하나님이시며 가정이 영적 공동체라는 것을 안다면 자녀 양육의 길이 보입니다.

주님, 가정이 영적 공동체임을 깨닫는 부모가 되게 하소서.

5
03 하나님 되심을 인정합니다

> 너희를 내 백성으로 삼고 나는 너희의 하나님이 되리니 나는 애굽 사람의 무거운 짐 밑에서
> 너희를 빼낸 너희의 하나님 여호와인 줄 너희가 알지라_출애굽기 6장 7절

인간의 욕구 중에서 인정 욕구는 매우 중요합니다. 사람은 다른 사람들로부터 인정을 받지 못하면 제대로 성장하지 못합니다. 특히 자녀는 부모로부터 인정을 받아야 안정감 있게 자존감과 정체성을 세우며 자라갑니다.

하나님께서도 인정해 주기를 원하십니다. 우리 삶의 주인이 하나님이시며 우주 만물의 주인이 하나님이심을 인정해 주길 원하십니다. 출애굽기의 핵심 중 하나는 "내가 너희의 하나님이다."라는 말씀입니다.

"이 언약은 내가 너희 조상들을 쇠풀무 이집트 땅에서 끌어내던 날에 그들에게 명령한 것이라. 곧 내가 이르기를 너희는 내 목소리를 순종하고 나의 모든 명령을 따라 행하라. 그리하면 너희는 내 백성이 되겠고 나는 너희의 하나님이 되리라"(렘 11:4).

창세기 1장 1절부터 우주 만물을 창조하고 경영하는 분이 여호와 하나님이라는 것을 인정하라고 말씀하고 계십니다. 그래서 요한은 요한계시록 마지막에서 "아멘 주 예수여 오시옵소서."라고 고백합니다. 우주 만물의 시작과 끝이 하나님이심을 고백하는 말씀입니다.

부모가 하나님이 하나님 되심을 인정하는 것은 자녀 양육의 주권이 하나님께 있음을 인정하는 것입니다. 부모의 뜻과 계획대로 자녀를 양육하는 것이 아니라 하나님께 모든 것을 맡기는 일입니다.

 우리 삶의 주인은 하나님이심을 고백합니다. 자녀도 하나님이 하나님 되심을 고백하게 하소서.

눈치 보지 마십시오

너 인자야 내가 네게 이르는 말을 듣고 그 패역한 족속같이 패역하지 말고 네 입을 벌리고 내가 네게 주는 것을 먹으라_에스겔 2장 8절

에스겔은 다른 민족이 아닌 이스라엘 백성들에게 파송된 선지자였습니다. 그런데 에스겔을 핍박하고 말씀을 듣지 않는 사람들은 이스라엘 백성들입니다.

우리의 경우를 생각해 봅니다. 자녀를 말씀으로 양육하고자 할 때 가장 큰 걸림돌이 믿음의 형제자매일 수 있습니다. 가시 같은 사람이 교회 밖 사람들이 아니라 교회 안에 있는 사람들입니다.

'자기만 믿음으로 키우나?' '적당히 해야지' 등의 말로 돌부리를 만들어 놓습니다. 그래서 가끔은 위축되고 괜히 다른 사람들에게 유별난 사람으로 보이는 것은 아닐까 걱정을 합니다.

오늘 하나님께서 말씀하십니다. "그런 일로 기죽지 말고 겁내지 말고 눈치 보지 말아라. 내가 명령한 일이다. 너는 두려움 없이 행하라." 그렇습니다. 자녀를 말씀으로 양육하는 일을 주변 사람들의 반응 때문에 멈춰서는 안 됩니다. 당당하지만 자랑하거나 과시하지 않습니다.

주변에 가시나 돌부리가 되는 것들이 있더라도 겸손하게 나가면 됩니다. 감사한 마음으로 주님을 바라봅니다. 하나님께서 직접 부모에게 주신 명령을 거부할 수 없습니다. 또 한 가지 하나님께서 하신 말씀 중 잊지 말아야 할 것이 있습니다.

하나님께서는 에스겔에게 반드시 '내 말을' 전하라고 하셨습니다. 하나님의 말씀을 마음대로 더하거나 빼지 말라는 뜻입니다. 선지자도 말씀을 전할 때 핍박을 받으면 변질될 수 있음을 경고한 것입니다. 주변의 눈치를 보지 않는다는 것은 당당함을 말합니다. 그리고 그 당당함은 깊은 내면에서 나옵니다.

 하나님께서 주신 말씀을 붙잡고 두려워 말고 눈치 보지 말고 자녀를 양육하는 부모 되게 하시니 감사합니다.

05

구원의 하나님을 기뻐합니다

비록 무화과나무가 무성하지 못하며 포도나무에 열매가 없으며 감람나무에 소출이 없으며
밭에 먹을 것이 없으며 우리에 양이 없으며 외양간에 소가 없을지라도 나는 여호와로 말미암
아 즐거워하며 나의 구원의 하나님으로 말미암아 기뻐하리로다_하박국 3장 17~18절

하박국 선지자의 모습을 누가 제일 기뻐할까요? 하나님께서 하박국 선지자보다
더 기뻐하십니다. 하박국 선지자는 포도나무에 열매가 없고 우리에 가득해야 할
양이 없음에도 기뻐합니다. 그 이유는 오직 하나님 때문입니다. 그런 하박국의 모
습을 보면서 하나님께서 더 기뻐하십니다.

부모의 모습도 이렇게 되기 원합니다. 자녀를 아무리 살펴보아도 뭔가 될 것 같
지 않습니다. 결과가 시원치 않더라도 기뻐하는 부모가 되기를 원합니다. 잘하는
것도 없으면서 늘 당당하고 먹기 좋아하고 놀기만 좋아하는 자녀 때문에 속이 터
질지라도 기뻐합니다.

우리가 텅 빌 정도로 양을 모두 팔고 외양간의 소를 모두 팔아 뒷바라지를 했지
만, 도무지 열매를 맺을 것 같지 않은 자녀가 있습니까? 자녀에 대한 소망조차 포
기하고 싶나요?

땀 흘려 일한 농부가 열매가 풍성하지 못한 들판을 바라보며 감사하기란 쉽지
않습니다. 부모가 그렇게 힘을 쏟았지만, 도무지 결실이 보이지 않는 자녀를 바라
보며 감사하기란 쉽지 않습니다.

비록 그럴지라도 자녀는 뱃속에서 나올 때부터 부모가 주인이 아니라 하나님께
서 주인이 되셨으니 자녀로 말미암아 감사해야 합니다(시 22:10).

자녀의 열매를 보고 기뻐하고 감사함이 아니라 '자녀 됨' 하나만으로도 감사하고 기뻐하
는 부모 되기 원합니다. 자녀와 함께 하나님을 섬기는 것만으로도 즐거워하는 부모가 되
게 하소서.

하나님께 먼저 물으십시오

여호와께 묻지 아니하였으므로 여호와께서 그를 죽이시고 그 나라를 이새의 아들 다윗에게
넘겨 주셨더라_역대상 10장 14절

사울 왕은 블레셋과의 싸움에서 패하여 스스로 목숨을 끊었습니다. 그러나 성경 말씀은 사울의 죽음을 다르게 정의하고 있습니다. 하나님의 말씀을 지키지 않고 하나님께 묻지 않는 죄를 지었기 때문이라고 했습니다.

사람들은 눈에 보이는 결과를 중시합니다. 그러나 하나님께서는 눈에 보이는 것보다 우리 마음속에 있는 근원을 보십니다. 세상을 살아가면서 혹은 자녀를 키우면서 세상의 지식과 경험을 구하는 것이 죄일까요?

문제 해결을 위해서 유익한 방법을 찾는 게 하나님께 범죄는 아닙니다. 적과의 전쟁에서 이기기 위해서 작전을 짜고 무기를 개발하고 주변 나라에 도움을 청하는 것이 죄가 될 수 없습니다.

하나님께서는 사람의 노력을 탓하시는 게 아닙니다. 그 마음속 우선순위를 보시는 것입니다. 삶의 주인이 하나님이심을 고백하고 있는가에 초점이 있습니다. 어떤 문제가 발생했을 때 먼저 세상의 지식과 힘을 구하는 것은 하나님을 전적으로 신뢰하지 못하기 때문입니다.

세상의 힘에 의지하려는 마음은 죄입니다. 하나님께서 모든 것의 중심이라면 먼저 하나님께 묻고 그분 말씀에 순종해야 합니다. 하나님께서는 하나님보다 세상의 힘에 더 의지하려는 것을 죄라고 말씀하고 계십니다.

설령 아주 좋은 해결 방법이 보일지라도 먼저 하나님께 구해야 합니다. 주님께서 말씀하십니다.

자녀에게 생기는 모든 문제를 먼저 하나님께 묻고 그 뜻을 구하는 부모가 되길 원합니다.
주님께서 하시는 말씀을 먼저 듣게 하소서.

하나님의 이름을 속이지 마십시오

5 07

나는 자비를 원하고 제사를 원치 않으며 불로 태워 바치는 번제보다 나를 아는 것을 원한다_
호세아 6장 6절, 현대인의 성경

　자녀를 키우면서 하는 가장 큰 잘못 중 하나는 하나님의 이름으로 자녀를 속이는 것입니다. 곧 하나님의 이름을 팔아서 나의 욕심을 채우려 한 것입니다. '하나님의 영광을 위하여'란 명목으로 아이들을 옥죄고 잘못된 길로 인도합니다.

　흔히 이렇게 말합니다. "네가 성공하는 것은 하나님의 영광을 위해서다."

　그러나 그 이면에는 '공부를 열심히 하라'는 명령과 사회에서 성공하길 바라는 '욕구'가 숨어 있습니다. 그 욕구를 하나님의 이름으로 포장하여 그럴듯하게 말한 것뿐입니다. 자녀가 사회에서 영향력 있는 사람이 된다는 것이 나쁜 일은 아닙니다. 열심히 배우고 익힌 학문과 땀 흘려 일해서 쌓은 재물을 사회를 위해서 사용하는 것은 매우 좋은 일입니다. 그러나 그렇다고 해서 복음의 영향력이 재물, 권력, 명예, 지위에 따라 결정되는 것은 아닙니다.

　오히려 복음의 영향력은 우리가 가진 그 어떤 것에도 영향을 받지 않습니다. 만약 영향을 받는다면 그것은 사람의 힘이지 하나님의 능력이 아닙니다. 복음이 하나님과는 아무런 관계가 없는 헛된 말이 될 뿐입니다. 세상의 가치관이 그대로 교회 속에 침투하여 교회가 세상에서 빛이 되지 못하고, 무늬만 그리스도인들을 배출하고 있습니다.

　하나님께서 원하시는 것은 많은 재물이 아닙니다. 하나님을 아는 것입니다. 그리하여 육신의 몸으로 세상에 오셔서 십자가에서 피를 쏟으며 우리를 사랑하신 것처럼 낮은 곳에서 하나님의 사랑을 전하라는 것입니다.

　혹시라도 자녀에게 '하나님의 영광을 위하여' 공부하기를 강요하고, 세상에서 성공하기를 원하고 있다면 지금 바로 멈추십시오.

 하나님의 이름으로 자신의 욕심을 채우려는 부모가 되지 않기를 소원합니다. 하루하루 하나님을 알아가고 그 사랑을 전하는 부모와 자녀가 되기를 간절히 기도합니다.

깨물어 덜 아픈 손가락이 있습니다

요셉은 노년에 얻은 아들이므로 이스라엘이 여러 아들들보다 그를 더 사랑하므로 그를 위하
여 채색옷을 지었더니_창세기 37장 3절

야곱과 요셉의 관계는 '편애'의 두드러진 모습입니다. 요셉은 아버지 야곱의 편애 때문에 형제들의 미움을 받아 죽을 위기를 맞았고 결국 노예로 팔려갑니다. 아이들은 이렇게 묻습니다. "왜 형(누나)을 나보다 더 사랑해요?" "왜 동생에게 나보다 더 잘해 줘요?" 그때 부모들은 대답합니다. "열 손가락 깨물어서 안 아픈 손가락이 있는 줄 아니?"

그런데 정말로 그럴까요? 같은 부모의 뱃속에서 나왔지만 자녀는 모두 다릅니다. 타고난 기질이 다르고 성장 과정이 다릅니다. 그럴 뿐만 아니라 자녀가 느끼는 부모의 모습도 각기 다릅니다. 따라서 자녀들 사이에서 다툼이 생기는 것은 자연스러운 일입니다.

자녀들간의 다툼이 심해질 때 부모는 자신의 양육 태도를 점검해야 합니다. 야곱이 그런 경우입니다. 우리도 그렇습니다. 있는 듯 없는 듯 말썽 없이 자란 자식이 있는가 하면 유독 속을 썩이는 자식이 있습니다. 어떤 자식은 말하지 않아도 부모 마음을 알아주는가 하면, 잔소리를 해도 도무지 말을 안 듣는 자식이 있습니다.

그러다 보니 자식을 대하는 태도가 자녀에 따라 달라집니다. 부모의 자랑거리가 되고 기쁨을 주는 자녀에게 마음이 더 갑니다. 그것을 '인지상정'이라고 합니다. 그런데 주님께서는 우리의 그런 마음을 질타하고 계십니다.

자기 유익을 따라 사랑한다면 사랑이 아닙니다. 자식은 더 그렇겠지요. 자녀들끼리 다툼이 잦다면 편애가 있었는지 먼저 살펴보는 것이 좋겠습니다. 자식에 대한 편애를 어쩔 수 없는 것이라고 여기지 말아야 합니다.

 주님, 자녀를 사랑할 때 부모 욕심이 개입된 사랑을 하지 않게 하소서.

하나님이 우리의 중심을 보시듯

내가 보는 것은 사람과 같지 아니하니 사람은 외모를 보거니와 나 여호와는 중심을 보느니
라_사무엘상 16장 7절

사람은 대개 밖으로 드러나는 것들로 판단합니다. 자신이 가진 것, 곧 얼굴 생김새, 재산, 학력, 권력, 명예를 '자신'이라고 여깁니다. 또한 상대방이 가지고 있는 것으로 그 사람을 이해하려고 합니다. 그래서 사람과 사람의 관계는 눈에 보이는 것들로 결정됩니다.

사람들은 더 많은 소유를 소망하며 살아갑니다. 소유가 많아야 다른 사람들에게 대접을 받기 때문입니다. 눈에 보이지 않는 것으로 다른 사람을 평가하기는 쉽지 않습니다. 그것은 눈에 보이는 것도 다 보지 못하는 인간의 한계 때문입니다.

그러나 하나님은 밖으로 드러나는 것으로 그 사람을 평가하시지 않습니다. 그 사람의 '중심(heart)'을 보십니다. 하나님께서 보시는 중심이 무엇일까요? 눈에 보이지 않고 숨겨져 있는 사람의 중심이란 무엇일까요?

하나님께서 보시는 중심은 사랑입니다. 하나님에 대한 사랑입니다. 하나님께서 우리 마음속에 있는 깨끗하지 못한 것들까지 모두 알고 계시지만 그런 것들을 판단 기준으로 삼지 않으십니다. 마음속에 깨끗하지 못한 것들이 있음에도 불구하고 우리를 사랑하십니다. 그래서 마음 깊은 곳에서 하나님을 향한 사랑을 찾고 계십니다. 하나님께서는 그 사랑도 크기를 보지 않으십니다. 티끌만 한 사랑 한 점만 있어도 하나님은 그것을 귀하게 보시고 기뻐하십니다.

자녀 양육도 하나님께서 우리의 중심을 보시는 것과 같아야 합니다. 부모가 자녀에게 눈에 보이는 것에만 집중하도록 가르쳐서는 안 됩니다. 눈에 보이는 것보다 먼저 하나님을 사랑하는 법을 가르쳐야 합니다. 세상 모든 것에 앞서 마음 가득 하나님을 사랑하도록 가르쳐야 합니다.

주님, 사람을 볼 때 그 사람 마음 깊은 곳에 있는 하나님을 향한 사랑을 보았으면 합니다.
그 사람의 소유에 따라 판단하지 않게 하소서.

부모를 위한 기도

믿음으로 모세가 났을 때에 그 부모가 아름다운 아이임을 보고 석 달 동안 숨겨 왕의 명령을 무서워하지 아니하였으며_히브리서 11장 23절

가슴에 자녀를 안고 축복하는 부모가 되기 원합니다.

자녀가 실수를 하고 걱정할 때 "괜찮아, 그럴 수도 있지"라고 말하며 자녀를 위로하는 부모가 되게 하소서. 자녀가 "난 할 수 없어요."라고 말할 때 "넌 특별한 아이야. 할 수 있어!"라고 힘을 주는 부모가 되게 하소서.

아주 작은 일이라도 스스로 한 자녀에게 "참 잘했구나!" 칭찬하는 부모가 되게 하소서! 일을 앞에 두고 두려워할 때 "두려워하지 마라! 하나님께서 너와 함께하신다" 용기를 주는 부모가 되게 하소서.

자녀가 슬퍼하며 낙담해 있을 때 "항상 기뻐하라!"라며 슬픔을 넘어선 기쁨을 보이는 부모가 되게 하소서.

자녀가 불평과 불만에 빠져 있을 때 야단치기보다 "범사에 감사하라!"고 타이르게 하소서. 자녀가 무슨 일을 하더라도 "나는 너를 믿는다" 하면서 자녀에 대한 무한한 신뢰를 보여 주는 부모가 되게 하소서.

부모의 말에 순종한 작은 행동에 "고맙다!"라고 말하여 부모와 자녀 사이에 친밀감을 더하게 하소서.

부모가 뜻하지 않은 실수를 했을 때 숨기지 말고 "미안하다" 사과하며 먼저 용서를 비는 부모가 되게 하소서.

사랑하는 자녀에게 사랑과 희락, 화평과 오래 참음, 자비와 양선, 충성과 온유, 절제인 성령의 모든 열매와 은사로 복 주시기를 원합니다.

여호와를 경외하며 그의 길을 걸어 복 받는 자녀가 되길 예수 그리스도 이름으로 기도합니다. 아멘.

주님, 부모와 자녀가 주야로 말씀을 묵상하여 복 있는 삶을 살게 하소서.

5 11 사랑은 삶의 힘입니다

하늘로부터 소리가 있어 말씀하시되 이는 내 사랑하는 아들이요 내 기뻐하는 자라 하시니라_
마태복음 3장 17절

인생을 살아가면서 거센 풍랑을 만날 때 이겨 낼 힘은 어디에서 올까요? 자신이 가진 소유보다(재산, 학력, 명예, 권력) 깊은 내면에서 나오는 힘일 것입니다. 내면에 마르지 않는 샘물이 있다면 아무리 거친 세상이라고 할지라도 이겨내며 살아갈 것입니다.

그 샘물이 무엇일까요? 사랑입니다. 누군가에게 받는 사랑이 마르지 않는 샘물입니다. 예수님께서 이 땅에서의 삶을 승리로 이끄신 것은 하나님 아버지로부터 받는 사랑 때문이었습니다.

예수님께서는 하나님 아버지로부터 사랑받는 존재라는 것을 인식했기에 언제나 하나님 말씀대로 순종했고, 말씀대로 행동하셨습니다. 자신에게 가해지는 모진 핍박도 그 사랑의 힘으로 이겨낼 수 있었습니다.

누군가로부터 받는 사랑은 힘을 가지고 있습니다. 자녀가 부모의 사랑을 확신한다면 자신이 부모로부터 한없는 사랑을 받고 있음을 안다면 세상을 이길 힘이 솟아날 것입니다.

자녀를 향한 부모의 사랑이 자녀 내면의 마르지 않는 샘물이 되길 소망합니다. 자녀가 끊임없이 공급되는 사랑의 샘물로 어떤 고난과 역경을 만날지라도 끝내 이겨 내는 모습을 보길 원합니다.

 하나님께로부터 받는 사랑으로 자녀에게 사랑을 주는 부모가 되길 소망합니다. 역경과 고난을 사랑의 힘으로 이기게 하시니 감사합니다.

터널 같은 길을 지날 때

은도 내 것이요 금도 내 것이니라 만군의 여호와의 말이니라_학개 2장 8절

끝없는 터널 같은 길을 지날 때가 있습니다. 햇빛을 찾아 나가 보려 애를 쓰지만, 그럴수록 더 깊은 수렁으로 빠져듭니다. 그래도 포기가 되지 않아서 무엇이든지 해보려고 합니다.

자식도 그렇습니다. 남부럽지 않게 키워보려고 애를 썼지만, 더 엉키기만 하는 실타래 같은 때를 만납니다. 아이들과 가깝게 지내보려고 다가서지만, 오히려 더 멀어지고 그나마 있던 관계의 끈도 끊어져버린 듯합니다. 막막함 앞에 그저 넋을 놓고 있을 때도 있습니다. 밤잠 설치고, 먹을 것도 못 먹고 발을 동동 굴렀던 것을 생각하니 자신이 초라해지기까지 합니다.

이런 일도 있습니다. 자녀에게 부모로서 뭔가를 해 주어야 하는데 아무것도 할 수 없을 때가 있습니다. 목숨이라도 내놓아서 해결될 수만 있다면 그렇게 하겠는데 손끝 하나 움직일 수가 없어서 가슴만 새까맣게 타들어 갑니다.

자식이 아파하는 것을 옆에서 지켜보느니 차라리 내가 아플 수만 있다면 그렇게 하고 싶습니다. 내가 낳은 자식을 위해서 아무것도 할 수 없는 자신이 한없이 밉기만 합니다.

걱정과 낙담과 근심이 몰려옵니다. '내가 이래서는 안 되는데' 하면서도 두려움에 휩싸이게 됩니다. 그 두려움은 우리를 깊은 수렁 속으로 끌고 들어갑니다. 그 수렁은 아무것도 할 수 없는 안타까움과는 다른 것입니다.

멈춰야 합니다. 두려움을 떨쳐버리고 담대함으로 하늘을 바라보아야 합니다. 내 삶의 모든 것은 주님 것이며, 자녀도 주님 것임을 인정해야합니다. 나와 자녀의 삶의 주인이 '내'가 아니며 주님이심을 고백합니다.

주님, 당신의 자녀를 보호하시고 오직 성령의 열매로 덮어 주소서.

하나님을 경외하여 받는 복

5
13

네가 호렙 산에서 네 하나님 여호와 앞에 섰던 날에 여호와께서 내게 이르시기를 나에게 백성을 모으라 내가 그들에게 내 말을 들려주어 그들이 세상에 사는 날 동안 나를 경외함을 배우게 하며 그 자녀에게 가르치게 하리라 하시매_신명기 4장 10절

'경외'란 하나님을 두려워함으로 공경하는 것을 말합니다. 하나님께서는 사람에게 두려움의 대상입니다. 그러나 그 두려움은 공포와는 다릅니다. 이사야가 하나님을 만났을 때 "화로다 나여 망하게 되었도다!"(사 6:5)라고 고백한 것과 같습니다. 숨어 있는 죄악이 말갛게 드러나는 순간입니다.

하나님을 경외하면 경건한 마음으로 찬양과 예배의 자리로 나가게 됩니다. 부모가 하나님을 경외하도록 자녀에게 가르쳐야 하는 이유는 하나님을 경외할 때 받는 복에 답이 있습니다. 하나님을 경외할 때 자손이 복을 받으며, 집안에 자손들이 많아집니다. 하나님을 경외함으로 섬기는 사람들은 죄를 짓지 않고 부모를 공경하며, 이웃을 속이지 않고 사랑합니다.

힘없고 나약한 사람들을 괴롭히거나 그들의 재산을 약탈하지 않고 온전하고 정직하여 악을 미워합니다. 지혜가 넘치며 풍성한 양식과 장수하는 복을 누립니다. 하나님을 경외하는 사람은 누구든지 복을 받습니다. 사람들로부터 인정을 받고 집안이 구원을 받으며 고난의 때에 하나님께서 견고한 피난처가 되어 주십니다.

"너희 성도들아, 여호와를 경외하라. 그를 경외하는 자에게는 부족함이 없도다"(시 34:9).

하나님께서는 하나님을 경외하며 사는 백성들이 이와 같은 복을 누리며 살아가길 원하십니다.

 부모에게 하신 명령은 자녀가 하나님을 경외하도록 가르치라는 것입니다. 그 명령에 순종하여 온 가정이 복을 누리기를 소망합니다.

가정을 움직이는 원리

너희도 성령 안에서 하나님이 거하실 처소가 되기 위하여 그리스도 예수 안에서 함께 지어져
가느니라_에베소서 2장 22절

가정은 서로 다른 남자와 여자가 만나서 이루는 인류 최초의 공동체입니다. '남
남'이 만났기 때문에 서로 노력하지 않으면 늘 파도가 칠 수밖에 없습니다.

성경은 가정을 향하신 하나님의 뜻을 깨닫고 평안을 지키기 위해서 노력하라고
말씀하고 있습니다. 다만 그 노력의 근원이 사람의 힘이 아니라 성령님이라고 강
조합니다. 가정을 온전하게 하나로 묶어 주는 끈은 오직 성령님이십니다.

모든 일을 겸손과 온유로 하고 사랑으로 서로의 잘못을 용납하는 것이 가정입니
다. 세상 사람들이 손가락질을 해도 모든 친구가 틀렸다고 해도 가족은 서로 품어
주고 안아 주어야 합니다.

가슴 속에 있는 것들을 내어 놓고 함께 울 수 있는 곳이 가정이 되어야 합니
다. 부모와 자녀의 첫 만남은 불완전한 상태입니다. 그래서 서로 온전한 가정을 만
들기 위한 노력이 필요합니다.

"아내들은 남편에게 주께 하듯이 따르고, 남편들은 그리스도께서 목숨을 버리
신 것처럼 아내를 사랑하며, 자녀는 부모에게 순종하고, 부모는 자녀를 노엽게 하
지 말고 오직 주의 교훈과 훈계로 양육하라."

에베소서의 이 가르침이 가정을 움직이는 원리입니다. 평안은 성령 충만한 가
정에 있습니다.

가정의 평화는 십자가로부터 옵니다. 그러므로 온 가족이 행복하길 원한다면
먼저 하나님의 은혜를 간구하며 성령 충만하는 일에 우선을 두어야 합니다.

주님, 우리 가정에 손을 얹으시고 은혜를 부어 주소서.

5
15
사랑을 기억하십시오

너는 기억하라 네가 애굽 땅에서 종이 되었더니 네 하나님 여호와가 강한 손과 편 팔로 거기
서 너를 인도하여 내었나니_신명기 5장 15절

하나님께서는 이집트에서 종살이하던 이스라엘 백성들을 사랑하여 젖과 꿀이
흐르는 가나안 땅으로 인도하셨음을 기억하라고 말씀하십니다. 그뿐 아니라 그
들이 가진 재물이며 모든 능력도 하나님께서 주셨음을 기억하라고 하십니다(신
8:18). 이는 곧 하나님이 이스라엘을 통치하는 왕이시며 백성들의 주인이심을 잊지
말라는 뜻입니다. 이스라엘 백성들을 향하신 하나님의 사랑은 영원토록 변함이
없으신데 백성들은 이를 믿지 못했습니다. 오히려 "하나님께서 우리를 어떻게 사
랑하셨습니까?"라고 반문했습니다(말 1:2).

이것이 이스라엘 백성들만의 얘기일까요? 우리도 "하나님, 저를 사랑하신다면
증거를 보여주세요."라고 입버릇처럼 말합니다. 어둡고 깊은 죄의 터널에서 끌어
내셨음을 기억하지 못합니다. 이슬처럼 내리는 하나님의 은혜를 잊고 살아갑니다.

자녀들도 그런 것 같습니다. 부모가 베풀었던 사랑은 기억하지 못하고 티끌 같
은 서운한 일들만 기억합니다. 그리고는 부모에게 "언제 나를 사랑했냐?" 되묻습
니다. 그러나 자녀가 부모의 사랑 없이 어찌 자랄 수 있겠습니까? 부모가 먹고 싶
은 것 다 먹고, 입고 싶은 것 다 입고, 쓰고 싶은 대로 다 쓰면서 어떻게 자녀를 키
울 수 있었겠습니까?

자녀는 부모의 사랑을 기억하지 못합니다. 그렇다고 하여 자녀 사랑하기를 멈
출 수는 없습니다. 자녀가 기억 못 한다고, 거절한다고 멈출 수 있는 사랑이 아니
기 때문입니다.

때가 되면 부모가 자신을 얼마나 사랑했는지 알게 되겠지요. 설령 모른다고 해
도 부모는 그저 자녀를 사랑할 뿐입니다. 자녀에 대한 끝없는 사랑을 멈출 수 없는
게 부모입니다.

오늘도 하나님께서 저를 사랑하심에 감사하며 그 사랑을 자녀에게 흘려보내는 날이 되기
를 소망합니다. 변하지 않는 자녀에게 실망하지 않고 여전히 사랑하게 하소서.

가정을 지키는 12가지 믿음의 고백

1. 하나님은 우리를 지으셨고 우리를 가정으로 부르셨다(창 2:7, 시 2:7, 사 43:1).
2. 예수 그리스도로 인하여 우리 가정은 죄와 사망에서 벗어나 새로워졌다(고후 5:17, 롬 8:1~2).
3. 우리 가정은 존귀한 자와 사랑받는 자들이 모였다(벧전 2:9, 마 3:17).
4. 우리가 두려움과 염려에 휩싸이지 않는 것은 하나님께서 우리와 함께하시기 때문이다(수 1:9, 빌 4:6, 사 41:10).
5. 우리는 가정을 해치려는 악한 세력들을 두려워하지 않는다(겔 3:17, 느 4:14).
6. 부모는 자녀에 대한 사랑의 의무를 다하며, 자녀로부터 존경과 인정을 받는다(잠 31:30, 고전 7:3, 잠 30:23).
7. 우리 가정은 하나님께서 주신 자녀의 열매가 풍성한 복 받은 가정이다(시 127, 128).
8. 하나님께서는 우리에게 주신 소명을 이루도록 지혜와 능력을 주셨다(출 36:1, 빌 4:13).
9. 우리는 지정의(지성, 감정, 의지)와 육체가 온전하다(시 104:1, 시 103:22, 눅 2:52).
10. 우리는 모든 일을 결정할 때 지혜를 주시는 주님을 의지한다(약 1:5, 롬 8:6, 시 119:137, 롬 11:33).
11. 우리는 예수님의 사랑으로 마땅히 져야 할 짐을 기쁨으로 진다(마 16:24, 요일 3:16, 요 13:34).
12. 주님께서는 우리 가정의 주인이신 포도나무이며, 우리는 그 가지에 사랑으로 연합되어 있다(시 127:1, 골 2:2).

주님, 이런 가정이 되기를 원합니다.

5 / 17 하나님 사랑합니다

그가 너로 말미암아 기쁨을 이기지 못하시며 너를 잠잠히 사랑하시며 너로 말미암아 즐거이
부르며 기뻐하시리라_스바냐 3장 17절

자녀는 부모에게 기쁨을 주는 존재입니다. 부모가 자녀를 키운다는 것은 인생에서 더할 나위 없는 기쁨입니다. 자녀가 말씀 안에서 잘 자라는 것을 볼 때 절로 감사와 찬양이 나옵니다. 자녀는 부모 인생에서 최고의 선물입니다.

부모가 자녀를 잘 키우는 것은 당연한데 이것이 하나님께는 어떤 의미일까요? 신앙생활과 관계가 있는 것일까요? 물론입니다. 하나님께 드리는 사랑의 표현입니다. 하나님께서 기뻐 받으시는 순종의 행위입니다.

아이가 자라면서 어느새 부모의 이런저런 것들을 닮아가는 것을 봅니다. 아이의 이름을 부를 때 몸을 돌리는 반응을 보면 기쁨을 주체하지 못합니다. 습관, 말투, 걸음걸이, 생김새 등이 붕어빵처럼 닮아갑니다. 좋지 않은 습성을 닮아갈 때조차 은근히 좋아합니다.

하나님께서도 우리 자녀를 바라보실 때 그리하시지 않을까요? 말씀에 반응하며 조금씩 하나님의 형상을 닮아가는 모습을 보면서 즐거워하십니다. 하나님은 조바심을 내시며 기다리고 계실 겁니다. "사랑하는 아들(딸)아~" 하고 부르시면 "네"라고 대답하면서 몸을 돌려 반응하는 자녀를 하루빨리 보고 싶어 하십니다.

자녀가 '아바 아버지'의 모습을 닮아가도록 하는 일이 자녀 양육입니다. 이는 하나님을 사랑하지 않는다면 하지 못할 일입니다. 하나님에 대한 사랑 없이 말씀으로 양육할 수 없습니다. 하나님에 대한 순종 없이는 할 수 없는 일입니다. 잠시 맡겨진 하나님의 자녀가 하나님의 형상을 닮으며 자라고 있는데 어찌 기뻐하시지 않겠습니까? 하나님께서는 알고 계십니다.

 자녀에게 사랑의 표현을 하는 부모가 되게 하소서. 쓰다듬고 안아 주고, 보듬게 하시니 감사합니다.

하루에 1분이라도 입에 말씀을

사람은 입에서 나오는 열매로 말미암아 배부르게 되나니 곧 그의 입술에서 나는 것으로 말미암아 만족하게 되느니라_잠언 18장 20절

먹는 것도 살아가는 즐거움의 하나입니다. 그래서 많은 사람이 무엇을 먹고 마실까를 결정하는 데 시간을 보냅니다. 그러나 우리는 떡으로만 살 수 없음을 알고 있습니다. 무엇보다 하나님의 말씀을 먹지 않으면 살 수 없습니다(신 8:3).

먹고 마시는 것을 공급하시는 분도 하나님이십니다. 우리가 살아가는 데 필요한 모든 것의 공급은 하나님께로부터 받고 있습니다. 하나님의 입에서 나오는 말씀으로 먹고 마시는 육의 생활과 영의 풍성함을 누리고 있습니다. 하나님의 말씀이 우리 삶의 근원이며 원동력입니다.

어렸을 때는 말씀을 기억하도록 하는 것이 중요합니다. 말씀을 소리 내어 읽도록 하는 게 좋습니다. 말씀을 읽되 자주 반복하여 읽어야 기억됩니다. 하나님께서는 여호수아에게도 입에서 말씀이 떠나지 않도록 하라고 명령하셨습니다(수 1:8).

부모는 자녀의 입술에서 진리의 말씀이 선포되며, 구부러진 말과 비뚤어진 말 대신 찬송이 흘러나오길 원합니다. 자녀의 입술이 아름답게 사용되길 바랍니다. 입에서 나오는 것들은 마음에서 나오는 것이기에 상대방을 살리기도 하고 상처를 주기도 합니다. 무엇보다 내 입술에서 나온 말들의 열매를 자신이 보면서 살아갑니다. 그래서 우리의 입술에서는 늘 사람을 살리는 말들이 선포되어야 합니다. 다른 사람을 살리기 전에 자신이 살기 때문입니다.

자녀에게 요절 하나 읽도록 하는 것은 1분이면 됩니다. 매일 같은 구절을 일주일만 반복하면 저절로 외워집니다. 1년이면 52구절을 암송할 수 있습니다. 때가 되어 그 말씀이 자녀의 입술에서 선포될 때 그 말씀은 열매가 되어 자녀에게 되돌아올 것입니다.

 오늘도 하나님의 말씀으로 풍요로운 하루가 되기를 소망합니다.

5
19
먼저 사랑하심

우리가 사랑함은 그가 먼저 우리를 사랑하셨음이라_요한일서 4장 19절

하나님께서는 우리를 사랑하십니다. 하나님의 사랑하심에는 조건이 없습니다. 하나님의 사랑은 우리의 힘이나 노력으로 얻어 낸 것이 아닙니다.

그런데도 하나님께서 우리를 정말 사랑하시는가 의심할 때가 있습니다. 사랑을 느끼고 싶은데 아무런 움직임이 없습니다. 부모의 사랑이 그렇습니다. 힘을 다하여 사랑을 주지만 자녀는 아무런 변화가 없습니다. 여전히 마음을 아프게 하고 부모가 원하는 길로 가지 않습니다.

하나님께서 정말 우리를 사랑하신다면 '자녀를 저렇게 내버려 두진 않으실 텐데'라는 생각이 듭니다. 그래서 묻습니다. "하나님, 정말 저를 사랑하시나요?" 그러나 하나님은 여전히 대답이 없으십니다.

그럼에도 하나님께서는 우리를 사랑하고 계십니다. 그뿐 아니라 우리의 자녀도 변함없이 사랑하고 계십니다. 우리의 노력으로 얻은 사랑이라면 만질 수 있도록 보여 주셨을 겁니다. 하나님의 사랑은 변함이 없는데 조건과 환경이 변하여 그 사랑을 느낄 수 없을 뿐입니다.

자녀가 변하지 않는다고 낙담하지 마십시오. 하나님께서 부모보다 먼저 앞서서 일하고 계십니다. 이스라엘 백성보다 먼저 홍해를 건너신 하나님께서 지금도 우리의 자녀를 위해서 일하고 계십니다(신 1:30).

내가 낳은 자식이라 하여 하나님보다 더 사랑한다고 말하지 마십시오. 하나님이 부모보다 더 사랑하십니다. 자식 때문에 애간장이 녹는다고 말하지 마십시오. 하나님의 가슴이 더 타들어 갑니다. 부모도 자식 때문에 불면의 밤을 보내지만 하나님께서는 언제나 뜬눈으로 밤을 지새우고 계십니다.

주님, 부모가 자녀를 먼저 사랑하게 하시니 감사합니다.

자녀를 망치는 길

너희가 기도할 때에 무엇이든지 믿고 구하는 것은 다 받으리라_마태복음 21장 22절

우리는 '무엇이든지 믿고 구하라'는 말씀 앞에 용기를 얻습니다. 아무것도 할 수 없을 때 한줄기 생명의 빛으로 다가옵니다. 그러나 분명하게 '무엇이든지'라고 했는데 아무리 기도해도 응답이 없을 때 다시 낙담하기도 합니다.

기도하는 모든 것이 다 응답되어 문제가 해결된다면 우리의 삶이 어떻게 될까요? 원하는 것마다 가질 수 있는 인간의 삶이 과연 행복할까 생각해 봅니다. 하나님께서는 꼭두각시가 될 것입니다.

부모는 자녀가 원하는 모든 것을 채워 주고 싶어합니다. 자신의 너그러움을 드러내거나 자녀의 요구를 들어주는 경제력을 부모의 능력이라고 여깁니다. 자녀가 어릴 때는 원하는 것들을 들어주는 것이 어렵지 않습니다. 그러나 곧 부모의 수용 능력에 한계가 드러나는 시기가 옵니다.

어려서부터 자신이 원하는 대로 살던 아이는 그 방식 그대로 사회생활을 하려고 합니다. 그러나 자녀의 욕구는 바로 벽에 부딪혀 좌절되고 그 좌절감을 참지 못하게 됩니다. 작은 불편도 견디지 못하고, 자신의 욕구를 방해하는 대상은 모두 적이 됩니다. 분노하고 참지 못하며, 자신을 피해자라고 여깁니다. 그 대상은 부모도 예외가 아닙니다. 부모는 오직 자신의 욕구를 채워 주는 '기계' 같은 존재일 뿐입니다.

'무엇이든지 믿고 구하는 것을 다 받는다'는 것은 우리가 원하는 대로 받는다는 것이 아닙니다. 부모가 자녀의 요구를 수용하는 것은 중요합니다. 그러나 무분별한 수용은 오히려 자녀를 망치는 길입니다.

주님, 자녀의 요구를 분별하는 지혜를 주소서.

5
21
자녀는 기쁨입니다

눈물을 흘리며 씨를 뿌리는 자는 기쁨으로 거두리로다_시편 126편 5절

'자식이 아니라 원수'라는 말이 있습니다. 자식이 부모의 속을 얼마나 썩이면 이런 말이 나올까 싶습니다. 옛날처럼 많지도 않은데 자녀 때문에 속을 끓이는 부모가 점점 늘어나고 있습니다.

까닭을 알 수 없는 자녀의 일탈과 반항에 그저 속수무책입니다. 어디 하소연할 데도 없어 혼자서 울기만 할 뿐입니다. 그런데도 자녀는 부모에게 기쁨입니다.

자녀의 어긋난 행동은 부모를 힘들게 하지만 그것이 부모를 움직이고 성장케 하는 원동력입니다.

엇나간 자녀의 행동과 반항으로 속을 태우면서 부모는 진정한 부모가 되어 갑니다. 자녀의 어려움을 해결하면서 부모가 성숙해져 갑니다. 자녀가 부모를 훈련시키는 통로가 되는 것입니다.

자녀를 낳고 키우면서 하나님의 마음을 이해하게 되고 비로소 어른이 되어 갑니다. 무엇보다 자녀가 부모의 기쁨인 것은 자녀를 키우면서 부모의 신앙이 성숙해 가기 때문입니다. 자녀의 아픔을 통해서 부모의 믿음이 견고해집니다. 자녀의 어려움을 통해서 더욱 십자가를 의지하게 됩니다.

자녀 문제를 붙잡고 씨름하다 보면 어느새 쑥 자란 자신의 모습을 볼 수 있습니다. 그래서 자녀는 언제나 부모의 기쁨입니다. 자녀가 무탈하게 자라면서 즐거움을 줄 때나 문제를 일으키면서 힘들게 할 때나 자녀는 부모에게 기쁨일 뿐입니다.

 주님, 부모가 자녀를 위해서 흘리는 눈물과 기도와 감사로 드리는 찬양으로 자녀가 자라게 하시니 감사합니다.

집착은 사랑이 아닙니다

이 세상이나 세상에 있는 것들을 사랑하지 말라 누구든지 세상을 사랑하면 아버지의 사랑이
그 안에 있지 아니하니_요한일서 2장 15절

하나님께서 이 세상을 사랑하심과 우리가 세상을 사랑함은 다릅니다. 우리가
세상을 사랑하는 것에는 밑바탕에 '욕심'과 '자기애'가 있습니다. 그러나 하나님의
사랑은 예수 그리스도의 목숨까지 내어놓는 사랑입니다. 욕심과 자기애가 깔린
사랑은 지나치면 집착이 됩니다.

때로는 하나님에 대한 사랑이 집착으로 변할 수도 있습니다. 하나님을 사랑하
는 것이 아니라 자신의 욕심을 채우기 위한 도구로 사용합니다. 이웃을 돌보지 않
는 봉사, 가정을 챙기지 않는 헌신 등 다른 사람을 배려하지 않는 봉사와 헌신은
집착이 될 수 있습니다.

건강한 몸을 위해서 운동을 하는 것은 좋은 일이지만 운동에만 모든 것을 집중
한다면 그것은 집착입니다. 물건을 사는 일, 먹는 일, 옷을 사는 일 등은 필요한 일
이지만 지나치면 집착이 되고 집착은 곧 우상이 됩니다.

어느 한 가지 일에 빠져서 하나님과의 관계가 소홀해진다면 그것은 그 일에 대
한 사랑이 아니라 집착이고 곧 우상이 되는 것입니다. 자녀도 마찬가지입니다. 부
모가 자녀를 사랑하는 것은 마땅합니다. 온 힘을 다해 사랑해야 합니다.

그런데도 욕심과 자기애가 있다면 그 사랑은 변질됩니다. 자녀를 사랑함에 자
신의 체면과 욕심이 들어가면 집착이 됩니다. 그 집착은 서서히 하나님의 자리를
대신하게 되고 자녀는 곧 우상이 됩니다.

자녀에 대해서 집착과 욕심을 버리고, 하나님 뜻으로 채우길 원합니다. 오늘도 그 사랑을
맛보는 날이 되기를 소망합니다.

23

5

말씀이 생각나야 합니다

주께서 돌이켜 베드로를 보시니 베드로가 주의 말씀 곧 오늘 닭 울기 전에 네가 세 번 나를 부인하리라 하심이 생각나서_누가복음 22장 61절

베드로를 통곡하게 한 것은 닭 울음소리가 아니었습니다. 누구의 질책도 아니었습니다. 주님의 말씀이 생각나서 통곡하게 된 것입니다.

주님의 말씀이 죄에서 돌이키게 하고, 주님의 말씀이 온전한 길로 이끌어갑니다. 주님의 말씀이 사람을 변화시킵니다.

베드로의 통곡을 생각해 봅니다. 어떤 울음이었을까요? 자신도 모르게 깊은 내면에서 터져 나오는 통곡이었을 것입니다. 우리도 그런 경험이 있습니다. 자신도 모르게 흐르는 눈물을 주체할 수 없었던 기억이 있습니다. 말씀 한 구절이 내 가슴 깊은 곳을 찌르고 몸이 뒤틀리는 통곡에 휩싸였던 경험이 있습니다.

사람의 진정한 변화는 말씀으로 시작됩니다.

설령 지금은 신앙생활에서 잠시 떠나 있을지라도 언젠가는 반드시 다시 돌아올 것입니다. 우리에게는 말씀이 있습니다. 지치고 낙망할 때 말씀이 힘을 줍니다. 말씀이 살아가는 힘의 원동력입니다.

우리 자녀도 말씀이 생각나는 삶, 말씀이 떠오르는 인생을 살아갔으면 좋겠습니다. 그런 소망이 있다면 부모는 부지런히 말씀을 가르쳐야 합니다. 자녀에게 말씀이 많이 노출될 수 있는 환경을 만들어야 합니다.

말씀은 저절로 생각나지 않습니다. 베드로는 먼저 주님의 말씀을 들었고 닭 울음소리를 듣자 그 말씀이 생각났습니다. 이처럼 먼저 말씀이 내면에 저장되어 있어야 합니다. 잔소리 하기보다 먼저 말씀을 가르쳐야 합니다.

 주님, 자녀가 어려서 배웠던 말씀을 성령님께서 생각나게 하소서.

항상 기뻐하십시오

항상 기뻐하라 쉬지 말고 기도하라 범사에 감사하라 이것이 그리스도 예수 안에서 너희를 향하신 하나님의 뜻이니라_데살로니가전서 5장 16~18절

"항상 기뻐하고 쉬지 말고 기도하며 모든 일에 감사하라"라는 말씀 앞에 잠시 머물러 봅니다. 어느 것 하나 쉽지 않은 일입니다. 잠시가 아닌 '항상'이어서 어렵습니다. 상황과 여건을 뛰어넘어야 하는 것이라 망설이지 않을 수 없습니다.

실제 우리 삶도 그렇습니다. 하루의 삶에서 '기쁨과 기도와 감사'를 추려낸다면 얼마나 될까요? 하루를 마치고 돌아보면 얼룩진 시간밖에 보이지 않습니다. 형식적인 감사가 아니라 진정한 기쁨과 감사의 삶을 살 수 있을까요?

자녀를 양육하는 부모가 항상 기쁨과 감사 속에 살 수 있을까요? 수시로 문제를 만들어 내는 자녀 때문에 이런 고민조차 할 수 없을 때가 많습니다. 크고 작은 문제들에 부딪힐 때마다 내 경험과 지식이 먼저 반응하고, 시간이 지난 뒤에야 '그럼에도 감사'해야 했음을 깨닫기 일쑤입니다.

우리를 둘러싼 환경들이 항상 기뻐하고 감사할 수 없게 만듭니다. 쉬지 말고 기도할 수 있는 여유를 제공하지 않습니다. 그런데도 '항상 기뻐하고 쉬지 말고 기도하고 감사'하는 삶이 하나님의 뜻이라고 성경은 말씀하고 있습니다.

이 말씀 앞에 우리는 어떻게 순종할 수 있을까요? 우선은 내 의지와 힘으로 할 수 없음을 고백해야 합니다. 사람의 능력으로 이 말씀을 실천하고자 하면 시작부터 넘어지게 될 것입니다.

하나님의 은혜 없이는 불가능한 일입니다. 하나님의 이끄심이 있을 때만 이 말씀 안으로 들어갈 수 있습니다. 주 안에서 기뻐하는 일도 성령님이 이끌어 주셔야 가능하며 하나님께서 감사의 입술을 열어 주셔야 가능한 일입니다.

주님, 오늘도 환경과 여건을 뛰어넘어 항상 기뻐하며 감사하는 삶을 살게 하소서. 하나님의 은혜를 구합니다.

마음의 눈으로 보십시오

5
25

그때에 여호와께서 발람의 눈을 밝히시매 여호와의 사자가 손에 칼을 빼들고 길에 선 것을 그가 보고 머리를 숙이고 엎드리니_민수기 22장 31절

롯과 아브라함은 같은 눈으로 땅을 바라보았지만, 결과는 크게 달랐습니다. 하나님께서는 아브라함에게 '눈을 들어' 바라보라고 하셨습니다. 우리가 사는 세상은 눈에 보이는 것보다 보이지 않는 것들이 더욱 많습니다.

부모는 보이지 않는 것까지 보는 눈으로 자녀를 바라봐야 합니다. 하나님께서 부모의 눈을 밝혀 주시길 간구합니다. 광야에서 물을 먹지 못해 죽을 것 같았던 하갈은 하나님께서 눈을 밝혀 주실 때 샘물을 보았습니다.

아브라함이 아들 대신에 드릴 제물을 발견한 것도 하나님의 시험을 통과하고 눈이 밝아진 다음이었습니다. 엘리사의 사환은 "눈을 열어 보게 하소서"라고 간구한 뒤에 불말과 불병거가 산에 가득한 것을 보게 되었습니다. 이처럼 하나님께서 눈을 열어 주시면 볼 수 없었던 것을 보게 됩니다.

자녀 양육의 환경은 하루아침에 변하지 않습니다. 말씀으로 양육한다고 해서 환경이 갑자기 나아진다고 기대하기 어렵습니다. 세상은 더욱 악해질 것이고 하나님의 말씀을 멀리하게 하려고 할 것입니다. 하나님의 뜻대로 살려고 하는 사람들은 더욱 고난 속으로 빠져들 수도 있습니다.

지금 처한 환경만 본다면 절망을 벗어날 수 없습니다. 그러나 하나님께서 열어 주신 눈으로 바라본다면 미처 발견하지 못한 귀한 것들을 보게 됩니다. 하나님의 창조 손길을 느낄 수 있는 눈을 열어 주시면 삶이 달라집니다.

주님, 눈을 열어 보지 못한 것들을 보게 하시고 보지 말아야 할 것들을 보지 않게 하소서.

자녀를 품는 부모의 마음

너희 안에 이 마음을 품으라 곧 그리스도 예수의 마음이니_빌립보서 2장 5절

베드로는 서툴고 실수가 많은 제자였습니다. 그러나 예수님께서는 그런 제자를 탓하거나 나무라지 않으셨습니다. 언제나 사랑으로 감싸 주시고 손을 내밀어 주셨습니다.

베드로뿐 아니라 다른 제자들도 온전한 사람이 없었습니다. 그런데도 예수님께서는 그들을 제자로 삼으셨습니다. 그들과 함께 하나님 나라를 전하셨습니다. 마지막에 로마 병정에게 붙잡히실 때는 제자들이 예수님을 버리고 도망쳤지만, 예수님께서는 제자들을 버리지 않으셨습니다.

예수님께서는 허물투성이인 제자들을 왜 끝까지 사랑하셨을까요? 넘어지고 엎어지는 지금의 모습을 보지 않으셨습니다. 광야를 지나는 시련을 거쳐서 순금같이 된 모습을 보셨습니다(욥 23:10).

갈 바를 알지 못하고 아내를 누이라고 속이는 등 하나님을 온전하게 신뢰하지 못하던 아브라함이 아들을 제물로 드리는 순종에 이르기까지 하나님은 기다리셨습니다. 자녀를 향한 부모의 마음이 이런 마음이었으면 좋겠습니다. 눈에 보이는 자녀의 모습에 따라 일희일비하는 것이 아니라, 변화된 모습을 품고 기다리는 부모가 되었으면 합니다.

부모 마음을 아프게 한 모든 것들이 자녀를 바르게 서게 하는 밑거름이 될 것을 미리 보기 원합니다. 자녀 때문에 가슴 치며 흘린 눈물을 하나님께서 잊지 않으심을 기억했으면 합니다.

주님이 나를 끝까지 기다려 주시고 품어 주셨던 것처럼 그 마음으로 자녀를 품기를 소망합니다. 그런 마음을 가진 부모가 되기를 원합니다.

주님의 마음으로 자녀를 바라보게 하시고, 주님의 마음으로 자녀를 품어 평안함을 누리는 부모 되길 소망합니다.

가장 먼저 깨달아야 할 일

전에는 우리도 다 그 가운데서 우리 육체의 욕심을 따라 지내며 육체와 마음의 원하는 것을
하여 다른 이들과 같이 본질상 진노의 자녀이었더니_에베소서 2장 3절

자녀 양육에서 부모가 가장 먼저 깨달아야 할 것은 자신이 애초에 죄인이라는
사실입니다. 부모가 되기 이전에도 죄인이었고 부모일 때도 죄인입니다.

부모가 죄인이라는 것을 깨닫는 것이 왜 자녀 양육에서 중요할까요? 자신이 죄인
이라는 것을 인지할 때 겸손해지고 하나님의 은혜를 간구하게 되기 때문입니다.

자녀를 키울 때 가장 경계해야 할 것은 교만입니다. 내 힘으로 모든 것을 다 할
수 있다는 생각은 자신감을 넘어선 교만입니다. 그 교만을 깨뜨리는 것은 자신이
죄인이라는 것을 인정하는 것밖에 없습니다.

자녀에게 최선을 다하지만 겸손과 온유로 할 때 자녀에게 상처를 주지 않습니
다. 억압하지 않으며 함부로 대하지 않습니다. 부모가 죄인임을 인지할 때 부모는
청지기의 자세가 됩니다.

하나님의 뜻을 묻고, 연약함을 하나님께 의지합니다.

부족함을 알기 때문입니다. 불평과 불만 대신에 작은 것에도 감사하고 기뻐하
고 즐거워합니다. 누릴 수 없는 것을 누린다는 것을 알기 때문입니다.

하루하루 하나님의 은혜를 구합니다.

부모의 권위를 내세우지 않을 때 자녀가 세워집니다. 부모가 드러나지 않을 때
자녀가 드러납니다. 부모는 점점 작아지고 자녀는 더욱 성장해 갑니다.

주님, 하나님의 은혜가 아니면 한순간도 버틸 수 없는 죄인입니다. 오늘도 은혜를 사모합
니다.

균형 있는 자녀 양육

내가 오늘 너희에게 명령하는 그 말씀을 떠나 좌로나 우로나 치우치지 아니하고 다른 신을 따라 섬기지 아니하면 이와 같으리라_신명기 28장 14절

신앙생활에서 균형이란 세상과 하나님 사이를 적당히 왔다갔다 하라는 것이 아닙니다. 하나님께 뿌리를 내리고 어떤 상황에서도 흔들리지 않는 것을 말합니다. 선택의 분명함이 균형이라 할 수 있습니다.

적절한 타협은 균형이 아닙니다.

자녀 양육에서도 균형이 필요합니다. 부모가 자녀에게 정성을 다하는 것은 당연합니다. 그러나 말씀으로 자녀를 양육하는 핵심은 자녀가 아니라 하나님입니다. 그러므로 온 힘을 다하는 초점이 하나님을 향해 있어야 합니다. 그런데 엉뚱한 곳에 힘을 다하다 방향을 잃고 결국 하나님을 잊어버리는 경우가 있습니다.

하나님을 배제한 자녀 양육은 하나님께서 기뻐하지 않으십니다. 자녀에게만 온 신경이 가 있고 하나님께는 눈길 한 번 주지 않는다면 다시 돌아봐야 합니다.

자녀가 우선순위인 것은 맞습니다. 그러나 하나님을 사랑하고 섬기는 것까지 등한시하는 자녀 양육은 의미가 없습니다. 자녀 양육의 핵심은 자녀가 하나님을 사랑하도록 하는 것인데 하나님이 빠진 양육이 무슨 의미가 있겠습니까?

하나님의 눈길이 있는 곳에 부모의 눈길도 있어야 합니다. 즐거워하는 자들과 함께 즐거워하고 우는 자들과 함께 울어야 합니다(롬 12:15).

내 자식만 잘되기를 바라는 것이 아니라 이 땅의 모든 자녀에게 같은 마음을 품어야 합니다. 하나님의 마음이 그렇기 때문입니다. 자녀 양육에서 균형은 하나님 중심입니다.

주님, 삶의 중심에 하나님을 둠으로써 사탄에게 틈을 내어주지 않는 부모가 되게 하시니 감사합니다.

힘을 다하는 청지기의 마음

그는 힘을 다하여 내 몸에 향유를 부어 내 장례를 미리 준비하였느니라_마가복음 14장 8절

마리아가 향유를 깨뜨릴 때 제자들은 그 향유의 실제 값어치를 계산했습니다. 그러나 예수님께서는 오로지 마리아의 마음만을 보셨습니다. 아무것도 계산하지 않는 그 마음을 받으셨습니다.

우리는 눈에 보이는 가치를 중요하게 여깁니다. 예물을 드릴 때도 마음을 드리는 것보다 많이 드리는 것에 관심이 있습니다. 하나님께서 원하시는 것은 더 많은 것이 아닙니다. 우리가 드리는 것의 값을 따지지 않으십니다. 귀하고 천한 것을 나누지 않으십니다. 하나님의 관심은 드리는 자의 마음입니다.

부모는 자녀가 어려움을 겪지 않고 살아가길 원합니다. 풍성하게 모든 것을 누리길 바랍니다. 늘 더 해 주지 못한 것을 안타까워합니다. 부모의 자연스러운 마음입니다. 그러나 그것은 하나님께서 최우선으로 원하시는 것이 아닙니다.

하나님께서는 부모에게 자녀가 '하나님의 선물'임을 깨닫고 청지기 역할을 충실하게 하길 원하십니다. 힘을 다하는 청지기를 원하시는 것이지 자녀를 훌륭하게 키운 부모를 원하시는 것이 아닙니다. 할 수 있는 대로 힘을 다하는 것을 바라십니다.

많은 재산이나 권력이나 명예를 남겨 주어도 청지기의 마음가짐이 아니라면 그것은 무용지물입니다. 오히려 자녀의 영혼을 병들게 합니다.

눈에 보이는 가치만을 중요하게 여긴다면 온전한 마음을 드릴 수 없습니다. 청지기의 사명을 제대로 감당할 수 없습니다.

주님, 진리의 말씀에 따라 자녀를 양육하는 믿음의 부모 되게 하소서.

부모를 공경하십시오

믿음으로 모세가 났을 때에 그 부모가 아름다운 아이임을 보고 석 달 동안 숨겨 왕의 명령을 무서워하지 아니하였으며_히브리서 11장 23절

성경은 자녀가 부모를 공경해야 할 것이며, 경홀히 여기지 말고, 부모가 즐겁고 기쁘도록 섬기라고 말씀하고 있습니다.

예나 지금이나 자녀가 부모를 섬기고 순종하는 것은 변하지 않는 진리입니다. 성경은 부모를 공경하는 것은 부모보다 자녀 자신을 위한 길이라고 말씀하고 있습니다. 땅에서 장수하고 복을 누리는 길이 부모를 섬기는 것에 있다고 했습니다. 자녀가 더 잘되기를 바라는 부모의 마음을 하나님께서 먼저 읽고 계셨음을 느낄 수 있습니다.

우리는 누구의 자식으로 또 부모로 살아갑니다. 부모를 섬겨야 하면서 부모로서 공경을 받아야 하는 위치에 있습니다. 두 가지 역할을 감당해야 하지만 단언컨대 자식의 역할보다는 부모의 역할에 큰 비중을 두게 됩니다.

자식의 위치에 서면 부모를 섬기는 것보다 자녀로서 사랑을 받으려고만 합니다. 그리고 부모보다 자녀에게 일이 일어났을 때 더 발을 동동거리게 됩니다.

자녀에게 받는 작은 선물에도 기뻐하고 즐거워하면서 정작 부모에게는 자녀의 역할을 제대로 하지 못하고 있습니다. 성경은 자녀에게 많은 역할을 요구하고 있지만 부모에게는 간단히 명령합니다.

부모에게는 자녀를 믿음으로 양육하고 말씀을 가르치라는 것 외에 특별한 것을 요구하지 않습니다.

주님, 부모를 섬기지도 못하고 자녀에게 말씀을 제대로 가르치지도 못한 모습을 회개합니다.

자녀를 위하여 울기 전에

육신의 생각은 하나님과 원수가 되나니 이는 하나님의 법에 굴복하지 아니할 뿐 아니라 할 수
도 없음이라_로마서 8장 7절

부모가 자녀를 위하여 기도하기 전에 확인해야 할 것이 있습니다. 먼저 부모와
하나님 사이에 막힌 것이 없는지를 확인해야 합니다. 하나님의 사랑이 부모에게
막힘없이 흐르고 있는지를 살펴보아야 합니다.

그 이유가 무엇일까요? 그것은 자녀를 향한 하나님의 사랑과 마음을 알아야 하
기 때문입니다. 하나님께서 자녀를 이 땅에 보내실 때는 분명한 목적과 계획을 가
지고 계십니다. 그리고 부모가 감당할 만하기에 자녀를 선물로 주셨습니다.

하나님께서는 자녀에 대한 하나님의 계획을 꾸준히 알려 주십니다. 그런데 부
모와 하나님 사이가 막혀 있으면 하나님의 계획을 알 수 없습니다. 자녀에 대한 하
나님의 계획과 상관없이 부모 마음대로 자녀를 이끌고 갑니다. 때로는 부모의 생각
을 하나님의 뜻으로 오해하는 일까지 생겨납니다. 그러나 성경 말씀은 하나님을 떠
난 육신의 생각은 하나님과 원수가 되는 일이라고 했습니다.

육신의 생각은 하나님의 자녀를 내 자녀로 생각합니다. 내 생각을 하나님의 뜻
으로 포장하기도 합니다. 그런 관계 속에서 피해를 입는 것은 자녀입니다. 생명보
다 더 귀하게 여기는 자녀가 오히려 부모로 인하여 고통을 당하게 됩니다.

하나님께서 자녀를 위하여 놀라운 일들을 계획하셨음을 믿으십시오. 하나님께
서는 부모보다 더 큰 마음으로 자녀를 품고 계십니다.

주님, 먼저 자신의 연약함을 위해 우는 부모 되게 하소서. 하나님께서 부모의 생각을 뛰
어 넘는 계획과 뜻으로 자녀를 사랑하고 계심을 믿습니다.

6월

노를 젓되 키를 맡기십시오

01

6

노를 젓되 키를 맡기십시오

이는 내 생각이 너희의 생각과 다르며 내 길은 너희의 길과 다름이니라 여호와의 말씀이니라_이사야 55장 8절

자녀를 먹이고 입히고 기르는 것은 부모입니다. 그러나 부모는 자녀 양육의 주체가 아닙니다. 부모는 하나님의 청지기 역할을 할 뿐입니다.

청지기는 주인의 뜻을 살펴야 합니다. 부모 삶의 주인이시고 자녀 삶의 주인이신 하나님의 뜻을 살피는 것이 청지기의 역할입니다. 청지기가 주인의 뜻을 살피지 못하면 자신의 생각대로 일을 합니다.

부모도 자녀 양육의 전문가입니다. 그러나 인간의 타락한 본성을 가진 부모가 아무리 최고의 교육을 한다고 해도 그것은 죄인이 죄인을 가르치는 것일뿐입니다. 부모는 자녀에게 영생을 줄 수 없고 구원을 줄 수도 없습니다.

자녀 양육에서 부모가 주권을 행사하면 자녀에게 세상의 가치를 물려주게 됩니다. 부모가 세상의 가치로 자녀를 양육한다면 그것은 자녀에게 올무가 되고 덫이 되어 자녀의 눈에 가시가 될 것입니다(수 23:13). 자녀를 행복하게 해 주려고 했던 수고가 오히려 해를 끼칠 것이라는 경고입니다.

매일 매일 하나님의 뜻을 묻습니다. 하나님의 뜻에 순종하며 갑니다. 이것이 청지기인 부모가 자녀를 위해 할 수 있는 최선입니다. 간혹 '나는 하나님께 자녀를 맡겼다' 하면서 손 놓고 있는 부모가 있습니다. 대단한 믿음 같지만 실제는 직무유기입니다. '하나님께 맡긴다'는 것은 자녀 양육의 주권이 하나님께 있음을 고백하는 것이지 아무것도 하지 않는 것이 아닙니다.

말씀을 가르치고, 자녀가 예배의 자리로 나갈 수 있도록 이끌어 주고, 기도하고, 자신의 체험을 증거하고, 말씀대로 살아가려고 애쓰는 모습을 보여주어야 합니다. 힘을 다해 노를 젓되 방향 키는 하나님께 맡기는 것입니다.

주님. 자녀를 주님께 맡기는 믿음을 주옵소서. 오늘도 겸손하게 다시 엎드립니다.

오직 예수를 바라봅니다

모든 무거운 것과 얽매이기 쉬운 죄를 벗어 버리고 인내로써 우리 앞에 당한 경주를 하며 믿음의 주요 또 온전하게 하시는 이인 예수를 바라보자_히브리서 12장 1~2절

달리기를 할 때 무거운 짐을 지고는 잘 달릴 수 없습니다. 또 곁눈질을 하면서 잘 달릴 수 없습니다. 믿음으로 사는 것도 그렇습니다. 죄를 주렁주렁 매달고서 믿음으로 살 수 없습니다. 세상과 손잡고 믿음으로 살 수 없습니다.

믿음의 경주는 한 번에 끝나는 것이 아니라 하나님 앞에 서는 날까지 계속돼야 합니다. 포기하지 않고 끝까지 인내하는 것이 필요합니다. 끝내 이길 것이라는 확신을 가지고 앞서 가신 믿음의 선진들처럼 예수 그리스도를 바라보며 달려갑니다.

자녀를 키우는 것도 이와 같다는 생각을 합니다. 세상을 곁눈질하면서 하나님이 기뻐하시는 자녀로 양육할 수 없습니다. 그러나 부모를 유혹하는 짐들이 많습니다. 부모뿐 아니라 자녀도 마찬가지입니다.

그런데 그 유혹이 너무나 달콤해서 뿌리치기 쉽지 않습니다. 가끔은 곁눈질을 하면서도 결승점에 먼저 도달할 수도 있습니다. 그곳에서 환호하는 소리를 들으며 기쁨을 누릴 수 있습니다. 승리자가 되었다고 선포할 수 있습니다. 그러나 결승점에 예수님이 계시지 않는다면 어떻게 할까요?

우리를 기다리는 예수님이 계시지 않는다면 다시는 되돌아갈 수 없는 길을 간 것입니다. 돌이킬 수 없는 길을 힘을 다해 달려갔습니다. 곧 거품처럼 사라질 영광을 붙잡은 것입니다.

유혹을 떨쳐버리고 달리는 길은 외로운 경주입니다. 다른 이는 쉽게 달려간 것처럼 보이지만 힘을 다해 간 길입니다. 자녀 양육의 경주는 달리면 달릴수록 유혹이 많습니다.

주님, 세상 유혹을 뿌리치고 오직 예수 그리스도만 바라보고 달려가기를 소망합니다. 넘어지지 않고 믿음으로 달려가게 하소서.

03

6

욕심과 탐욕 사이

여호와께서 모세에게 이르시되 어느 때까지 너희가 내 계명과 내 율법을 지키지 아니하려느
냐_출애굽기 16장 28절

하나님께서는 이스라엘 백성들에게 만나를 내리실 때 필요한 만큼만 거두라고
하셨습니다. 그리고 그날 거둔 것은 다음 날 아침까지 남겨 두지 말라고 하셨습니
다. 다음 날까지 남겨 둔 만나에서는 벌레가 나오고 썩어서 먹을 수 없었습니다.

생각해 봅니다. 광야에서 내일 먹을 양식을 미리 거두는 것이 탐욕일까? 내일을
위한 준비가 과한 욕심인가? 그렇지 않다고 생각합니다. 미리 준비하는 것이 나쁘
지 않은데 하나님께서는 그런 사람들을 왜 책망하셨을까요?

욕심 속에 숨어 있는 불순종 때문입니다. 하나님은 "너희가 언제까지 내 명령과
가르침을 지키지 않으려느냐?" 하시며 말씀에 순종하지 않는 백성들을 책망하셨
습니다. 그렇습니다. 사람의 욕심은 욕심으로 끝나지 않고 탐욕으로 이어지게 됩
니다. 스스로 멈출 수가 없습니다.

"욕심이 잉태한즉 죄를 낳고 죄가 장성한즉 사망을 낳느니라"(약 1:15)라는 말씀
처럼 욕심이 죄를 낳는 것은 하나님 말씀에 순종하지 않기 때문입니다.

그런데 우리의 삶에서 욕심과 탐욕은 구분하기가 어려워 보입니다. 그러나 간
단합니다. 그 행위가 하나님 말씀에 순종하는 것인지 아닌지를 보면 됩니다. 말씀
에 대한 순종인지 불순종인지가 구별의 기준입니다.

자녀 양육에서도 마찬가지입니다. 기준은 말씀입니다. 아무리 작은 욕심일지라도
하나님 말씀을 벗어난 것이라면 탐욕이 됩니다. 크고 작은 것이 기준이 아닙니다.

주님, 부모의 욕망을 채우려는 마음으로 자녀를 양육하지 않기를 원합니다. 세상의 염려
와 욕심이 말씀을 가로막지 않게 하소서. 하나님 말씀이 자녀 양육의 기준이 되기를 소망
합니다.

원하는 것은 끝이 없습니다

삼가 모든 탐심을 물리치라 사람의 생명이 그 소유의 넉넉한 데 있지 아니하니라_누가복음
12장 15절

부모는 자식이 원하는 것이라면 뭐든지 다 해 주고 싶어합니다. 기 죽이지 않고 필요를 채워 주는 것을 부모의 의무처럼 여깁니다.

아이들에게 새로운 것에 대한 호기심이 커질 때가 있습니다. 그러면 부모는 뒷바라지를 한다고 모든 요구를 다 수용하려 합니다. 그러면서 애가 욕심이 많아서 이것저것 다 하고 싶어 한다고 은근히 자랑을 합니다.

욕심이 모두 나쁜 것은 아닙니다. 적당한 욕심은 그 일을 성취하는 원동력이 되기도 합니다. 그러나 욕심과 탐욕의 경계선은 종이 한 장 차이입니다. 욕심이 조금이라도 커지면 하나님 말씀이 작아지고 곧 탐욕으로 변합니다. 탐욕은 하나님이 싫어하시는 영역입니다.

문제는 부모입니다. 자녀가 원하는 것을 무조건 수용하거나 오히려 부추기면 부모 마음이 탐심으로 변할 수 있습니다. 부모의 탐심은 자녀를 힘들게 하는 가장 큰 요인이 됩니다. 무엇보다 자녀를 하나님으로부터 멀어지게 합니다.

절제가 필요합니다. 자녀가 원해도 선을 정해 주어야 합니다. 그래야 자녀의 지적 호기심을 오래 유지할 수 있습니다. 절제가 없는 욕심은, 성과는 쉽게 낼 수 있지만 곧 지치게 됩니다. 결국 그 화살이 부모에게 '원망'으로 되돌아오게 됩니다.

조금 늦더라도 천천히 하나님과 함께 가는 것이 절제입니다. 혼자서 갈 때는 욕심이 변하여 탐심이 될 수 있지만 하나님과 함께 가면 그럴 일이 없습니다.

주님. 부모의 정욕과 탐심을 십자가에 못 박으소서. 부모의 능력을 자랑하지 않고 오직 하나님을 자랑하게 하소서.

6
05 짜증은 죄로 이어집니다

누가 누구에게 불만이 있거든 서로 용납하여 피차 용서하되 주께서 너희를 용서하신 것 같이
너희도 그리하고_골로새서 3장 13절

자녀가 같은 실수를 반복할 때 부모는 어떤 반응을 보일까요? 심한 화를 내지는 않더라도 짜증을 내거나 신경질적인 반응을 보입니다.

우리는 짜증(신경질)을 대수롭지 않게 생각합니다. 부모가 아이에게 낸 짜증을 죄라고 생각하지 않고 아이들이 내는 짜증도 쉽게 받아줍니다. 짜증이나 신경질은 순간적이며 오래가지 않고 대부분 금세 사라지기 때문입니다. 그러나 짜증은 죄와 연결이 됩니다.

짜증을 내는 데는 원인이 있습니다. 대부분 짜증과 신경질은 어떤 일이 내 뜻대로 되지 않았을 때 생깁니다. 내가 원하는 것이 성취되지 않거나 상대방의 행동이나 말이 자신의 뜻과 맞지 않을 때 나타나는 현상입니다.

짜증과 신경질은 우리 삶의 주인이 하나님이심을 한순간 잊는 일입니다. "사람이 마음으로 자기의 길을 계획할지라도 그의 걸음을 인도하시는 이는 여호와시니라"(잠 16:9). 상황을 자신의 잣대로 분석하기 때문에 짜증과 신경질을 냅니다. 그래서 죄와 연결이 됩니다. 하나님을 우선으로 하지 않기 때문입니다.

짜증과 신경질을 내지 않으려면 넉넉한 마음이 있어야 합니다. 상대방 잘못에 대해서 '주께서 우리를 용서한 것처럼' 이해하려는 마음이 있어야 합니다.

내 뜻과 맞지 않는다고 짜증과 신경질을 내는 것을 주님께서는 원하시지 않습니다. 함부로 짜증과 신경질을 내는 것은 주님께서 기뻐하시는 것이 아닙니다.

주님, 내 뜻에 맞지 않고 내 생각대로 되지 않는다고 짜증과 신경질을 내지 않기 원합니다.

꿈을 강요하지 마십시오

하나님이 말씀하시기를 말세에 내가 내 영을 모든 육체에 부어 주리니 너희의 자녀들은 예언할
것이요 너희의 젊은이들은 환상을 보고 너희의 늙은이들은 꿈을 꾸리라_사도행전 2장 17절

"꿈을 가져야 한다." 어른들은 입버릇처럼 말합니다. 그리고 아이들에게 묻습니
다. "꿈이 뭐니?" 꿈이 없다고 말하거나 우물쭈물하면 핀잔을 주기도 합니다.

"아직도 꿈이 없니?"

그러면서 요셉의 꿈 이야기를 들려주곤 합니다. 꿈을 꾼다는 것, 희망을 가진다
는 것, 무언가 이루고 싶다는 것은 좋은 일입니다. 그러나 꿈이 없다고 해서, 아직
하고 싶은 일이 없다고 해서 핀잔받을 일은 아닙니다.

요셉은 어려서부터 총리의 꿈을 가졌을까요? 만약 요셉 스스로 꿈을 세우고 그
꿈을 자신의 노력으로 이루었다면 그것은 하나님께서 주신 것과는 상관이 없는
일입니다. 요셉은 자신이 꾼 꿈의 뜻을 정확히는 몰랐지만 하나님께서 이루어 가
실 것을 믿고 살았습니다.

꿈은 부모가 "꿈을 가져라"라고 재촉한다고 해서 생기는 게 아닙니다. 하나님께
서 자녀에게 주시는 꿈은 처음부터 드러나지 않을 때도 있습니다. 지금은 구리 거
울로 보는 것처럼 희미하지만 때가 되면 분명하게 볼 수 있습니다.

자녀에게 이런 꿈을 가져라, 저런 꿈을 가져라 강요하기 전에 먼저 자녀가 성령
충만하기를 간구해야 합니다. 성령님께서 주신 꿈으로 자녀의 가슴을 뛰게 하실
것입니다. 하나님께서는 그 누구도 목적없이 이 세상에 보내시지 않으십니다.

 주님, 자녀에게 꿈이 없어 보일지라도 조바심 내지 않고 믿음으로 기다리는 부모 되기 원
합니다.

중심에 하나님이 계십니다

그가 이르러 하나님의 은혜를 보고 기뻐하여 모든 사람에게 굳건한 마음으로 주와 함께 머물러 있으라 권하니_사도행전 11장 23절

누구나 다른 사람에게 인정받으며 살아가기를 바랍니다. 그래서 많은 사람들이 권력과 재력 같은 힘을 가지려고 애를 씁니다. 권력과 재력 등 힘이 있을 때 다른 사람들이 무시하지 못하기 때문입니다.

그리스도인은 재력과 권력 같은 힘을 의지하는 사람이 아닙니다. 오직 하나님만 의지할 뿐입니다. 설령 재력과 권력을 가지고 있더라도 그것을 힘으로 사용하지 않습니다.

예루살렘 교회는 바나바를 보내 안디옥의 사정을 알아보도록 했습니다. 바나바는 안디옥에서 '하나님의 은혜'를 보았습니다. 안디옥 교회 부흥의 중심에 주님이 계신 것을 보았습니다.

안디옥에서 그리스도교를 믿는 사람들이 늘어나게 된 것은 성도들이 열심히 복음을 전했기 때문입니다. 그런데 바나바는 교회의 부흥 원인을 사람에게서 찾지 않고 뒤에 계시는 하나님으로 보았습니다. 복음을 전하는 성도들에게 주님의 능력이 함께하고 계심을 보았습니다.

사람들은 든든한 뒷배가 있는 것을 자랑하기 좋아합니다. 자신 주위에 힘 있는 사람—권력자, 재력가, 영향력이 있는 사람—이 있다는 것을 과시하기도 합니다. 그런 사람들과 연줄을 가지려고 애를 쓰고 실제로 그렇게 해서 많은 도움을 받기도 합니다.

하나님을 믿는 사람들도 종종 세상 풍조를 따라갑니다. 그러나 우리는 '그리스도인'입니다. 우리의 배후와 중심에 하나님이 계심을 보고 세상 사람들이 우리를 '그리스도인'이라고 불러 주길 소망합니다.

 자녀의 뒤에 항상 하나님께서 계심을 고백합니다. 오늘도 자녀가 부모의 힘으로 자라는 것이 아니라 하나님의 돌보심으로 자라감을 믿습니다.

문제 해결이 초점이 아닙니다

이는 너희의 하나님 여호와께서 너희가 마음을 다하고 뜻을 다하여 너희의 하나님 여호와를
사랑하는 여부를 알려 하사 너희를 시험하심이니라_신명기 13장 3절

자녀 양육은 출애굽하여 광야를 지나고 결국 가나안 땅에 들어가는 것과 같습니다. 출애굽은 자녀를 성경의 방법으로 양육하겠다는 결단입니다. 그리고 결단 후에는 결단하기 전보다 더 힘들고 어려운 광야를 만나게 됩니다. 세상의 방법으로 양육했다면 겪지 않아도 될 다양한 문제들을 만납니다. 그냥 지나쳐 갈 수 있는 것들도 밝은 눈으로 보니 보이게 되는 것입니다.

하나님의 말씀대로 산다는 것은 세상과 부딪히며 해결해 가는 과정입니다. 세상과 부딪힘 없이 하나님 말씀대로 살 수 없기 때문입니다.

자녀는 어디로 튈지 모르는 럭비공처럼 문제들을 만들어 냅니다. 하나님께서는 자녀 문제를 통해서 하나님과의 관계가 더욱 긴밀해지고, 하나님을 찾게 되고, 하나님이 누구신가를 알게 되기를 원하십니다. 하나님께서는 문제 해결 과정을 통해서 자녀를 사랑하고 계시다는 것을 드러내기 원하시며 자녀에게 복 주기를 원하십니다.

"네 조상들도 알지 못하던 만나를 광야에서 네게 먹이셨나니 이는 다 너를 낮추시며 너를 시험하사 마침내 네게 복을 주려 하심이었느니라"(신 8:16).

누구든지 복잡하게 얽히고설킨 문제를 원하지 않습니다. 고난의 길을 스스로 선택하려고 하지 않습니다. 그러나 우리는 문제와 고난을 통과해야 합니다. 부모는 자녀가 문제를 만났을 때 직접 개입하는 것을 자제해야 합니다. 또한 문제 해결에만 초점을 두기보다 문제 너머에 계시는 하나님의 사랑을 만날 수 있도록 도와줘야 합니다.

이 과정을 통해서 지금은 어려움으로 힘들지만, 이 시련을 견디어 내면 더 큰 기쁨을 얻는다는 것을 알았으면 좋겠습니다.

 주님, 부모와 자녀가 문제를 만났을 때 두려워하지 않고 맞서 싸워 주님의 이름으로 승리하게 하소서.

근심 걱정에 매이지 마십시오

6
09

평강의 주께서 친히 때마다 일마다 너희에게 평강을 주시고 주께서 너희 모든 사람과 함께 하시기를 원하노라_데살로니가후서 3장 16절

세상을 살면서 걱정 근심을 하고 싶어서 하는 사람은 없습니다. 그러나 불확실성의 시대 속에서 내일에 대한 염려를 떨칠 수 없습니다.

자녀를 늑대가 우글거리는 세상으로 보내는 부모의 마음은 염려스럽기만 합니다. 자녀에 대한 염려는 사랑과 관심의 표현입니다. 사랑하지 않는다면 걱정 근심을 하지 않습니다.

주님께서는 말씀하십니다. 자녀에 대해서 염려한다고 일이 해결되지 않으니(마 6:27), 어떻게 할까 근심하지 말고 하나님께 구하라고 하십니다(빌 4:6).

걱정 근심에 매이지 마십시오. 매임은 종이 되는 것입니다. 사소하더라도 걱정 근심에 매이면 하나님께서 주신 평안을 누릴 수 없습니다. 작은 염려 하나가 꼬리를 물어 곧 불안의 덩어리가 됩니다. 염려와 근심은 실제보다 일을 더 확대시킵니다.

자녀를 키우면서 어찌 무사태평할 수 있을까요? 그러나 우리는 허상에 붙잡히는 염려와 걱정 근심을 떨쳐 버려야 합니다. 실낱같은 걱정이 꼬리를 물기 시작할 때 단호하게 떨쳐 내야 합니다. 어떤 일이 있어도 우리에게 평안을 주시는 주님을 기억해야 합니다.

우리가 매일 것은 평안의 줄입니다. 우리와 함께하시겠다고 약속하신 말씀입니다. 염려와 걱정 근심은 사탄의 유혹이지만, 평안은 하나님의 선물입니다.

 주님, 자녀에게 생긴 문제를 감사함으로 아뢰오니 평안을 주실 줄 믿습니다.

딱 맞는 부모와 자녀는 없습니다

우리가 다 하나님의 아들을 믿는 것과 아는 일에 하나가 되어 온전한 사람을 이루어 그리스도
의 장성한 분량이 충만한 데까지 이르리니_에베소서 4장 13절

자녀를 키우다 보면 '내 뱃속에서 나왔는데 어쩌면 저렇게 맞는 게 하나도 없
지?' 하는 의문이 생길 때도 있습니다. 부모 마음을 손톱만큼도 헤아리지 못하고
마음이 맞는 것보다 서로 엇나가는 게 더 많습니다.

애초에 딱 맞는 부모와 자녀는 없습니다. 부모와 자녀는 서로 다른 인격체입니
다. 그러니 서로를 이해하고 맞추며 사랑하는 법을 배워야 합니다.

부모에게 아이가 생기는 순간 엄청난 변화가 시작됩니다. 처음으로 맡은 부모
역할을 어떻게 해야 할지, 아이가 어떻게 자랄지 알 수 없습니다. 아이도 마찬가
지입니다. 혼란스런 과정을 지나서 부모를 부모로 받아들이고 인정하게 됩니다.

온전하지 못한 사람들이 만나서 서로 사랑하는 법을 배우고 그리스도를 닮은 성
숙한 사람에 이르는 것이 부모와 자녀의 관계입니다. 그러므로 서로 부족함을 인
정하는 게 중요합니다. 서로의 부족함을 알고, 넘어지고, 깨지고, 보듬다 보면 어
느새 서로 사랑하고 서로 기쁨을 주는 관계가 된 것을 알게 됩니다.

자녀를 위해서 울며 부르짖었던 기도가, 부모 때문에 받았던 상처가 행복의 밑
거름이 되었음을 보게 됩니다. 부모와 자녀가 서로 의지하며 사랑하는 관계가 되
었을 때 비로소 고백합니다. "우리는 정말 잘 맞는 사이야."

그날을 기다리며 오늘도 부모와 자녀의 길을 걸어야 합니다..

 주님, '부모'와 '자녀'라는 힘들고 고단한 길을 멈추지 않고 그리스도의 사랑 안에서 온전
히 하나가 되는 그날까지 걸어가게 하소서.

6
11
소유권을 주장하지 마십시오

은도 내 것이요 금도 내 것이니라 만군의 여호와의 말이니라_학개 2장 8절

세상 물건에는 주인이 있습니다. 어린아이들도 "이건 내 거야!"라고 말하기를 좋아합니다. 사람들은 자신의 소유를 자랑스럽게 여깁니다. 재물 때문에 형제자매들끼리 혹은 부모와 자식 간에 다툼이 벌어지기도 합니다.

뭔가를 소유하고 싶은 욕망은 어쩌면 본능일지도 모릅니다. 인간은 불완전한 존재이기 때문에 다른 무엇으로 채우고 싶어 합니다. 대부분의 사람들은 더 많이 갖기를 원합니다.

그리스도인들조차 재물과 권력과 명예에 욕심을 냅니다. "제 것이 아니고 모든 것이 주님의 것"이라고 고백하지만 삶은 그렇지 않을 때가 많습니다.

성경은 세계가 다 하나님의 것이고(출 19:5), 우리 영혼의 주인도 하나님이시며(눅 12:20), 우리 자신조차도 내 것이라고 주장할 수 없다고 말씀하십니다(사 43:1). 티끌 하나라도 우리 것이 없다고 분명하게 선언하고 계십니다.

그리스도인들은 세상에서 잠시 살다가 다시 본향으로 돌아갈 존재입니다(고후 5:1). 심지어 내가 낳고 눈물로 키운 자식도 내 것이 아님을 인정해야 합니다.

부모는 그 앞에 잠시 망설입니다. 자신의 목숨보다 더 소중한 자녀를 빼앗기는 듯한 아픔이 있습니다. 한 귀퉁이에 억울하다는 생각도 듭니다.

그러나 잠시 뒤돌아보면 부모의 노력을 내세울 수가 없습니다. 그저 하나님의 은혜 앞에 부끄러워질 뿐입니다. 소유를 주장할 수 없음이 감사합니다.

'주님의 자녀입니다'라고 고백할 수 있음이 감사합니다. 자녀가 주님의 것임을 인정할 수 있도록 온전한 믿음을 주소서.

힘을 빼면 강해집니다

소망의 하나님이 모든 기쁨과 평강을 믿음 안에서 너희에게 충만하게 하사 성령의 능력으로
소망이 넘치게 하시기를 원하노라_로마서 15장 13절

왜 이렇게 잘 넘어지는지 모르겠습니다. 정말 자녀를 말씀 안에서 잘 키우고 싶은데 뜻대로 되지 않습니다. 자녀를 제대로 양육하기는커녕 자신조차 바로 서기가 힘듭니다.

마음먹은 것도 오래 지속하지 못합니다. 작은 문제만 만나도 평정심을 잃어버리고 화를 쏟아냅니다. 때로는 게으르고 연약한 몸이 원망스럽습니다.

수없이 넘어지고 그때마다 하나님이 손을 내밀어주셔서 이제는 십자가를 바라보기도 민망할 지경입니다. 그러나 자신의 연약함에 죄책감을 더하지 마십시오. 오히려 그 연약함이 우리의 믿음을 강하게 합니다. 넘어지지 않고 성숙한 믿음으로 갈 수 없습니다.

사람이 넘어지지 않는다면 교만이 하늘을 찌를 것입니다. 자녀를 양육할 때에도 부모의 힘으로 모든 것을 이룰 수 있다고 가정해 보십시오. 그것은 부모와 자녀가 함께 패망에 이르는 길입니다. 그러기에 오히려 우리의 연약함은 승리로 이어집니다.

사람의 힘으로는 완전한 기쁨과 평강을 누릴 수 없습니다. 사람의 힘으로는 절망 가운데서 소망을 이룰 수 없습니다. 자녀를 잘 키우고 싶다면 부모가 힘을 빼야 합니다. 내 힘으로, 내 능력으로, 내가 가진 것으로 자녀를 키우겠다는 욕심을 내려놓아야 합니다.

부모의 연약함 때문에 십자가 앞에서 울고 있을 때, 어떻게 자녀를 키워야 할지 몰라 방황하고 있을 때 성령께서 탄식하심으로 간구하고 계십니다(롬 8:26). 부모의 힘이 강할수록 자녀는 약해집니다. 부모의 힘이 약할 때 진리의 성령님께서 갈 길을 인도하실 것입니다(요 16:13).

주님, 부모는 연약하여 넘어집니다. 다시 일어설 수 있도록 성령님을 의지합니다. 소망의 하나님, 부모와 자녀를 강하게 하소서.

자신을 분명히 알아야 합니다

이르되 나는 선지자 이사야의 말과 같이 주의 길을 곧게 하라고 광야에서 외치는 자의 소리로
라 하니라_요한복음 1장 23절

사람들이 세례 요한에게 물었습니다.

"당신이 그리스도요?"

"아니요. 나는 뒤에 오실 그리스도를 예비하는 자일 뿐이오."

요한은 자신의 신분을 속이지 않고 단호하게 대답했습니다.

우리는 살면서 자신의 신분을 포장하고 싶은 욕망에 사로잡히기도 합니다. 신분에 따라 얻는 유익과 손해가 있기 때문입니다.

신앙생활에서도 자신의 신분을 분명하게 아는 것은 매우 중요합니다. 자신이 누구인지를 명확하게 알아야 합니다. 요나처럼 자신이 누구인지를 제대로 알고 살아야 합니다.

요나가 "나는 히브리 사람이며 바다와 육지를 만드신 하늘의 하나님 여호와를 섬기는 사람입니다"(욘 1:9)라고 고백한 것처럼 말입니다.

자녀 양육에서도 분명하게 고백하고 알아야 할 신분이 있습니다. "하나님께서 나를 지으셨고 하나님은 나를 사랑하시며, 나는 하나님의 자녀이다." 또한 부모로서 신분이 있습니다. "나는 선물로 주신 자녀를 양육하는 청지기이다."

부모가 자신의 신분을 정확하게 알아야 자녀를 양육하는 방향을 정할 수 있습니다. 자신의 신분이 하나님의 자녀이며 청지기인 줄을 모른다면 다른 방향으로 가게 될 것입니다. 즉 세상의 가치를 따라 자녀를 양육하게 됩니다. 자녀를 부모의 소유물로 여기고 자기 뜻과 생각대로 양육하고 세상의 평가에 귀를 기울입니다. 세상의 자녀 양육 방법에 유혹을 받아 때로는 흔들리기도 합니다. 이는 버려야 될 것입니다.

주님, 자신이 누구인가에 대한 분명한 고백을 하게 하시고, 자녀를 하나님께서 기뻐하시는 사람으로 양육하기를 소망합니다.

사랑과 권위의 혼동

너는 이것을 말하고 권면하며 모든 권위로 책망하여 누구에게서든지 업신여김을 받지 말라_
디도서 2장 15절

권위는 사람들을 이끄는 힘이나 영향을 끼치는 능력을 뜻합니다. 세상에서의 권위는 재력, 권력, 힘, 명예 등에서 나옵니다. 하지만 모든 권위는 하나님의 통치 아래 속해 있습니다. 하나님을 벗어난 권위는 존재하지 않습니다.

하나님의 권위는 인간이 부여한 것이 아닙니다. 우리가 하나님의 말씀에 순종해야 하는 이유는 말씀 그 자체의 권위 때문입니다. 그러므로 그리스도인의 권위는 스스로 만들 수 있는 것이 아닙니다. 사람의 능력과 재능에 따라 얻는 것이 아니라 하나님께서 필요에 따라 부여하신 것입니다.

부모에게도 하나님께서 주신 권위가 있습니다. 이 권위는 부모의 재산이나 학력이나 능력에 상관없이 주신 것입니다. 그러므로 자녀는 부모가 잘났든지 못났든지 관계없이 부모에게 순종해야 합니다.

하나님께서 부모에게 권위를 주신 것은 자녀를 올바르게 말씀으로 양육하여 하나님 앞으로 이끌라는 뜻이 있습니다. 권위는 자녀 양육에 필요할 뿐입니다. 그런데 가끔 권위와 사랑을 혼동하는 때가 있습니다.

자녀와 친구처럼 지내기 위해서는 권위를 벗어버려야 한다고 여깁니다. 자녀의 어떤 요구라도 들어주고 수용하는 것이 권위 없는 사랑이라고 여깁니다. 물론 상대방의 의견을 무시하고 자신의 주장만 강요하는 그런 권위주의는 없어져야 합니다.

그러나 부모가 자식을 위해서 해 준 것이 없다고, 가진 것이 없다고, 배운 것이 없다고 스스로 부모의 권위를 버리지 마십시오. 또한 사랑이란 이름으로 부모의 권위를 무너트리지 마십시오.

하나님의 말씀의 권위에 순종하는 부모를 통해서 부모에게 순종하는 자녀가 양육되기를 소망합니다.

고요할 때 기도합니다

내가 주 앞에서 쫓겨났으나 나는 다시 주의 성전을 바라보겠다고 말하였습니다_요나 2장 4
절, 현대인의 성경

요나는 하나님의 뜻에 순종하지 않았습니다. 제 생각대로 행동했습니다. 하나
님께서는 큰 파도로 요나의 엇나가는 행동을 막으셨습니다. 바로 앞도 보이지 않
는 고래 뱃속에서 요나는 기도합니다.

우리도 요나처럼 행동할 때가 많습니다. 하나님의 뜻보다는 내 뜻을 세우기 위
해 고집을 부립니다. 자녀 양육도 그렇습니다. 분명하게 하나님의 뜻을 알지만,
그 뜻을 무시합니다. 어떻게 자녀를 양육해야 할지 알고 있지만 그대로 행하지 않
습니다. 내가 생각하는 것과 다르기 때문입니다.

우리는 요나의 물고기 뱃속과 같은 상황에 빠지는 것을 두려워합니다. 그러나
정작 두려워해야 할 것은 모든 것이 순탄할 때입니다. 모든 것이 평온할 때 우리는
영적으로 둔감해지기 쉽습니다. 아무 걱정이 없고 모든 일이 순조롭게 진행될지
라도 하나님과 멀어져 있다면 부르짖어 기도할 때입니다.

비록 요나의 물고기 뱃속과 같은 상황에 있을지라도 하나님과 친밀하다면 몸은
힘들어도 영혼은 평온합니다. 그 상황을 이겨 낼 것입니다. 하나님께서 요나처럼
다시 물고기 뱃속에서 벗어나게 하실 겁니다.

우리가 정작 두려워해야 할 것은 물고기 뱃속과 같은 환경이 아니라 하나님과
멀어져 있는 것입니다. 나의 삶이 하나님과 아무런 관계가 없을 때입니다.

내가 처한 환경이 물고기 뱃속과 같든, 잔잔한 물결과 같든 언제나 하나님과의
거리를 살펴야 합니다. 하나님께서 멀리 계실 때가 곧 물고기 뱃속입니다. 자녀가
무탈하게 자라고 있을 때가 기도할 때입니다. 모든 일이 순조로울 때가 기도할 때
입니다. 고요할 때 기도하는 부모가 되십시오.

주님, 언제나 기도하는 부모 되게 하소서.

부모가 평안해야 합니다

> 평안을 너희에게 끼치노니 곧 나의 평안을 너희에게 주노라 내가 너희에게 주는 것은 세상이
> 주는 것과 같지 아니하니라 너희는 마음에 근심하지도 말고 두려워하지도 말라_요한복음 14
> 장 27절

부모가 평안해야 자녀도 평안합니다. 부모가 평안하지 못할 때 자녀는 불안에 빠지게 됩니다. 불안한 부모 아래서 자녀가 평안과 기쁨을 누릴 수 없습니다. 부모가 평안을 누리지 못하는 이유가 자녀일때도 있습니다.

말씀으로 양육하고자 온 힘을 다했지만 자녀에게서 변화되는 모습을 볼 수 없고, 기도하고 간구했건만 여전히 제자리걸음인 자녀를 보면 마음이 흔들립니다. 자녀를 성경적 방법으로 양육하면 모든 일이 잘 되리라 기대했는데 길은 점점 멀어지는 것처럼 보입니다.

자녀를 말씀으로 양육하는 유익을 좋은 결과에만 두기 때문에 낙심되는 것입니다. 눈에 보이는 보상을 바라기 때문에 낙담합니다. 그래서 평온하던 마음이 부서지는 것입니다.

바울은 빌립보에서 매를 맞고 실라와 함께 감옥에 갇히게 됩니다. 하나님의 인도하심을 따라갔지만 오히려 더 큰 곤욕을 치릅니다. 그런데도 바울과 실라는 찬송합니다. 간수의 가족에게 복음을 전합니다. 바울의 사명은 복음을 전하는 것이었기에 어려운 환경 속에서도 평온함을 유지할 수 있었습니다.

부모가 자녀를 선물로 받았다는 사실 자체에 초점을 맞추고 있으면 평안을 잃지 않습니다. 부모가 흔들리는 것은 상황 때문일 경우가 많습니다. 자녀를 둘러싼 환경(상황) 때문에 부모의 평온함이 깨질 때 자녀가 어떤 영향을 받을지 생각해야 합니다.

하나님께서 부모에게 주신 것은 평안이지 근심과 두려움이 아닙니다.

 주님, 자녀의 존재만으로도 평안을 누리게 하소서. 부모의 뜻대로 자녀가 가고 있지 않을지라도 마음의 평안이 깨지지 않으니 감사합니다.

6
17
자녀를 신뢰한다는 것은

너는 마음을 다하여 여호와를 신뢰하고 네 명철을 의지하지 말라_잠언 3장 5절

신뢰는 상대방을 믿고 의지하는 것을 말합니다. 우리가 하나님을 믿고 따른다는 것은 어떤 것일까요? 그것은 하나님의 무한하신 능력을 온전히 믿고 따르는 것입니다.

우리가 가진 문제의 해결 여부에 따라 달라진다면, 그것은 신뢰가 아닙니다. 하나님을 신뢰한다는 것은 십자가를 같이 지는 것을 뜻합니다.

주님을 따르는 길에 고난이 있어도 믿음을 버리지 않습니다. 상황과 상관없이 주님을 따르는 길을 멈추지 않습니다. 내 문제가 해결되지 않는다고 하나님과의 관계를 버리는 것은 신뢰가 아닙니다. 믿음이 아닙니다.

부모는 자녀에게 무한한 신뢰를 보냅니다. 그것은 자녀의 상황과 관계없는 일입니다. 만약 자녀의 환경이 변해도, 곧 성적이 나빠지거나 말썽을 부리거나 부모의 기대에 못 미쳐도 끝까지 믿고 기다려 주는 것이 신뢰입니다.

자녀는 항상 부모가 신뢰할 만한 행동을 하지는 않습니다. 오히려 신뢰를 깎아내리는 행동을 할 때가 더 많습니다. 스스로 한 약속을 어기고 부모의 말에 대답만 하고 실천하지 않습니다. 치우치지 않고 있는 그대로 봐도 믿음을 갖기가 어렵습니다.

그래도 부모는 자녀에 대한 신뢰를 버려서는 안 됩니다. 자녀의 어그러진 행동은 부모가 져야 할 십자가입니다. 부모가 자녀를 신뢰한다는 것은 자녀의 십자가도 기꺼이 지는 것을 말합니다. 하나님께서 자녀에 대한 신뢰를 거두지 않는 한 부모가 먼저 그렇게 해서는 안 됩니다. 주님께서는 제자들이 모두 떠났지만, 십자가를 지셨습니다. 하나님을 믿고 따른다면 자녀를 끝까지 믿으십시오. 하나님께서 우리에게 보내고 계신 신뢰를 잊지 마십시오.

주님, 자녀가 어떤 상황에 있을지라도 자녀에 대한 신뢰를 버리지 않게 하소서.

양육의 핵심은 자녀가 아닙니다

나의 영혼아 잠잠히 하나님만 바라라 무릇 나의 소망이 그로부터 나오는도다_시편 62편 5절

부모의 인생에서 가장 큰 목표는 자녀를 잘 키우는 일입니다. 부모는 자녀를 성공시키기 위해서 물질과 시간과 노력을 쏟습니다. 때로는 자녀가 부모의 바람대로 높은 지위를 갖고 부를 쌓고 업적을 남기며 이름을 날리기도 합니다. 그런데도 자녀 양육에 성공했다는 부모의 고백을 듣기는 쉽지 않습니다.

애초부터 목표 설정이 잘못되었기 때문입니다. 푯대를 자녀로 잡았습니다. 어떤 일에 성공하기 위해서는 분명한 목표를 세우는 일이 중요합니다. 목표가 분명할 때 흔들림 없이 갈 수 있기 때문입니다.

그러나 자녀 양육에서 자녀가 목표가 될 때 심각한 어려움을 겪을 수 있습니다. 부모의 욕심 때문에 자녀보다 부모의 뜻과 생각이 앞섭니다. 자녀의 생각과 뜻은 사라지고 부모가 자녀처럼 행세합니다.

그리스도인은 세상의 가치에 따라 자녀 양육을 할 때 더 큰 무너짐을 만날 수 있습니다. 부모와 자녀가 함께 신앙을 잃어버리고 몰락할 수도 있습니다. 하나님을 떠난 성공에 이르려 하기 때문입니다.

자녀 양육에서 핵심은 자녀가 아니라 하나님입니다. 우리는 모두 하나님께로 와서 다시 하나님께로 돌아가기 때문입니다. 자녀에게 시작점과 마지막을 알려 주는 것이 핵심입니다. 곧 목표가 하나님입니다.

하나님이 누구신가를 알고, 하나님의 은혜와 사랑을 알고, 심판과 구원, 십자가의 고난과 피 흘리심을 자녀에게 알게 하는 것이 자녀 양육의 핵심입니다. 세상과는 바라보는 목표와 방향 자체가 다릅니다. 출발점이 다르기 때문입니다.

주님, 세상의 가치를 좇아 성장하는 자녀가 아니라 하나님을 경외하며 섬기는 자녀가 되게 하소서.

자녀 양육은 상상력입니다

롯이 아브람을 떠난 후에 여호와께서 아브람에게 이르시되 너는 눈을 들어 너 있는 곳에서 북쪽과 남쪽 그리고 동쪽과 서쪽을 바라보라_창세기 13장 14절

고향을 떠날 때 데려온 사랑하는 조카 롯이 아브람의 곁을 떠났습니다. 말할 수 없는 상실감이 생깁니다. 하나님의 말씀을 따라 사방(四方)을 바라봅니다. 그때 아브람은 무엇을 보았을까요? 끝없이 펼쳐진 초원이 아브람의 허전한 마음을 채워줄 수 있었을까요?

아브람은 자신의 혈육이 하나도 남아 있지 않은 것이 걱정됐던 모양입니다. 자신에게서 대가 끊기게 될지도 모른다는 두려움을 갖고 있었던 것 같습니다. 하나님께서 그 마음을 아시고 이렇게 약속하셨습니다.

"하늘을 우러러 뭇별을 셀 수 있나 보라. 또 그에게 이르시되 네 자손이 이와 같으리라"(창 15:5).

이 말을 들은 아브람은 어떤 생각을 했을까요? 너무 늙었는데 자신의 후손들이 하늘의 별처럼 많아진다는 것을 믿을 수 있었을까요? 아마 상상도 할 수 없었을 겁니다. 그러나 아브람이 상상했든 하지 않았든 지금 그의 자손들은 뭇별처럼 셀 수 없이 되었습니다.

자녀를 키우는 일은 동서남북을 바라보는 일입니다. 하늘을 우러러 셀 수 없는 뭇별을 바라보는 일입니다. 곧 자녀에 대한 풍부한 상상력이 필요합니다.

자녀를 둘러싼 환경을 보면 아무리 희망을 품으려고 해도 낙심이 되고, 앞날에 대한 두려움과 걱정이 떠나지 않습니다.

그럴지라도 하나님의 말씀을 따라야 합니다. "너는 눈을 들어 동서남북을 바라보라!" 지금 눈앞의 상황을 보지 말라는 말씀입니다. 그것이 믿음입니다. 눈에 보이지 않는 것을 확신으로 바라보는 것이 믿음입니다.

 주님, 눈을 들어 믿음의 눈으로 자녀를 바라보는 부모가 되기 원합니다.

생각을 바꾸는 자녀 양육

6
20

이는 하늘이 땅보다 높음 같이 내 길은 너희의 길보다 높으며 내 생각은 너희의 생각보다 높음이니라_이사야 55장 9절

자녀 양육은 부모의 '생각'에서 출발합니다. 하나님은 분명하게 말씀하십니다. "내 생각은 너희 생각과 다르다"(사 55:8, 현대인의 성경).

곧 하나님은 부모의 생각대로 자녀를 양육하는 것을 원치 않으십니다. 사람의 생각과 하나님의 생각은 끝이 다릅니다. 그러므로 자녀 양육은 부모의 생각을 바꾸는 것이 시작이며 끝이라고 할 수 있습니다.

그런데 사람의 생각은 쉽게 바뀌지 않습니다. 아니 생각이 바뀌더라도 그것을 실천하는 데는 시간이 필요합니다. 우리는 "자녀는 하나님께서 주신 선물이다"라고 입버릇처럼 말합니다. 부모는 그저 청지기일 뿐이라고 말합니다. 그러나 실제는 '너는 내 것이다'라는 생각을 버리지 못합니다. 자녀를 선물로 대하지 않고 중요한 결정을 할 때는 '내 생각'이 우선입니다.

생각이 쉽게 바뀌지 않는 것을 자책할 필요는 없습니다. 다만 쉽게 바뀌지 않고 쉽게 행동하지 못한다는 자각이 필요합니다. '내 생각'을 '내'가 바꿀 수 없다는 것을 인정해야 합니다.

'내 생각'을 바꾸려면 어떻게 해야 할까요? 묵상과 기도입니다. 하나님의 말씀을 깊게 생각하며 깨달은 것을 실천하기로 결단하는 기도에서 시작됩니다. 묵상은 깨닫는 것이 시작이고 그대로 실천하는 것이 마무리입니다.

하루하루 말씀을 붙잡고 그렇게 살려고 몸부림칠 때 '내 생각'은 저절로 떠나게 될 것입니다. 묵상과 기도를 떠나지 않아야 부모의 생각을 바꿀 수 있습니다.

 주님. 내 생각을 버리고 하나님의 마음으로 자녀를 양육하기 원합니다.

6
21

손에서 놓아야 멀리 날아갑니다

오직 너희를 위하여 보물을 하늘에 쌓아 두라 거기는 좀이나 동록이 해하지 못하며 도둑이 구
멍을 뚫지도 못하고 도둑질도 못하느니라_마태복음 6장 20절

자녀를 향한 부모의 사랑은 늘 애틋합니다. 자녀를 낳은 엄마는 본능으로 애정을 품고 있습니다. 자녀와 자신을 한 몸으로 여깁니다. 그런데 자녀는 기회만 있으면 떨어지고 싶어합니다. 그 또한 독립된 인격체로 살기 원하는 본능입니다. 자녀가 부모를 떠나는 것은 매우 당연한 일입니다.

문제는 부모가 자녀를 떠나보내지 못하는 데 있습니다. 결혼해서 몸은 떨어져 있어도 여전히 가슴에 남아 있습니다. 가슴에 남아 있다는 것은 계속해서 영향력을 미치고 싶다는 것입니다. 사랑이란 이름으로 '내 자식'이라는 생각을 버리지 못하는 것인지도 모릅니다.

자녀를 키운다는 것은 내 손에서 자녀를 놓는 연습입니다. 자녀가 자랄수록 부모의 손에 쥔 끈의 힘도 점점 약해져 갑니다. 상실의 슬픔과 허전함이 밀려옵니다. 그런데도 끈을 놓아야 하는 것은 그래야만 하나님의 손에 들려지기 때문입니다. 부모는 종종 고백합니다. "내 자녀가 아닙니다. 주님이 주셨습니다. 저는 청지기일 뿐입니다." 그러나 중요한 순간에는 그 고백을 까맣게 잊어버립니다.

부모가 자녀를 손에 쥐고 있는 것은 좀 먹고 녹이 스는 세상에 보물을 두는 것과 같습니다. 부모는 좀과 동록으로부터 자녀를 지킬 힘이 없습니다. 그래서 부모의 손에서 놓아야 합니다. 보물은 하늘에 있어야 안전합니다.

자녀도 하나님의 손길이 미칠 때 훨씬 더 인생이 풍요롭게 됩니다. 사랑이란 핑계로 자녀를 얽매어서는 안 됩니다. 올바른 사랑은 부모의 손에서 자녀를 놓는 것입니다. 말씀에 대한 묵상과 기도만이 자녀를 부모의 손에서 놓게 할 수 있습니다.

 주님, 부모의 욕심으로 자녀를 손에 쥐지 않게 하소서.

비교하는 마음을 다스려야 합니다

네 이웃의 집을 탐내지 말라 네 이웃의 아내나 그의 남종이나 그의 여종이나 그의 소나 그의
나귀나 무릇 네 이웃의 소유를 탐내지 말라_출애굽기 20장 17절

사울은 "사울은 일천이나 다윗은 일만"이라는 사람들의 말에 귀를 기울이기 시작하면서 다윗에 대한 미움이 싹텄습니다. 이처럼 남의 평가나 소리에 귀를 기울여 생기는 비교 의식은 자신을 병들게 합니다.

하와가 자신이 늘 먹던 열매보다 '선악을 알게 하는 나무의 열매'가 더 먹음직스럽게 보였던 것이 비교의 시작입니다. 비교는 자신을 초라하고 보잘것없는 사람으로 느끼게 합니다. 비교의 틈새로 '탐욕'이 파고들어 눈을 가리게 만듭니다.

하나님은 사람을 만드시고 서로 비교하지 않으셨습니다. 아니 다른 사람과 비교할 수 없도록 특별한 존재로 만드셨습니다. 비교한다는 것은 하나님의 평가보다 사람의 평가에 귀를 기울인다는 것입니다. 자녀에 대한 평가는 이미 하나님께서 하셨습니다. 그런데도 굳이 다른 사람과 비교한다면 그것은 탐욕이며, 하나님에 대한 불순종입니다. 하나님을 온전하게 신뢰하지 못하기 때문입니다.

부모가 관심을 가져야 할 것은 다른 아이들보다 잘하거나 못하는 것을 찾아내는 것이 아닙니다. 하나님께서 자녀의 어떤 면을 좋아하시는지에 관심을 가져야 합니다.

자녀를 비교하기 시작하는 순간부터 자녀뿐 아니라 부모까지 가슴에 멍이 들기 시작합니다. 하나님께서는 자녀의 모습 그대로 사랑하고 인정해 주길 원하십니다. 자녀의 있는 모습 그대로 사랑하기에도 시간이 부족합니다.

 주님, 무엇과도 비교할 수 없는 귀한 존재인 자녀를 그 모습 그대로 사랑하기 원합니다.

예수님의 마음으로 살아가기

너희 안에 이 마음을 품으라 곧 그리스도 예수의 마음이니_빌립보서 2장 5절

우리 삶의 주인은 하나님이시며 예수님께서는 우리 안에 계십니다. 그런데 우리는 여전히 삶의 질곡 가운데 있습니다. 작은 일에도 화를 내고 거친 말을 쏟아내고 탐욕과 정욕에서 벗어날 수 없습니다.

내 안에 예수님이 계시는데 왜 이런 일들이 벌어지는 것일까? 왜 예수님을 닮아가는 삶을 살지 못하는 것일까? 이런 생각들로 가끔 좌절에 빠지기도 하고 때로는 낙담하기도 합니다. 작은 일에 아이들과 악다구니를 쓰는 자신의 모습을 볼 때면 쥐구멍이라도 찾고 싶습니다.

그러나 좌절하고 낙담하는 순간에도 우리 삶의 주인은 여전히 하나님이십니다. 내 안에 예수님이 계시지 않는 것이 아닙니다. 단지 우리가 연약한 육신 가운데 살고 있으므로 벌어지는 일들입니다.

구원은 예수 그리스도를 믿고 받아들이는 즉시 일어나지만, 인격의 변화는 많은 시간과 끊임없는 훈련이 필요합니다. 뼈를 깎는 아픔 없이 인격은 변하지 않습니다.

부모라는 이름은 자녀가 태어나면서부터 자동으로 얻어집니다. 그러나 올바른 부모의 마음을 만드는 데는 경건 훈련이 필요합니다. 넘어져도 말씀 앞에 다시 서고, 엎어져도 십자가 앞으로 다시 나가야 합니다. 끝까지 성령님께 자신의 연약함을 아뢰고 간구할 때 예수님의 마음을 품은 부모가 될 것입니다.

주님, 예수님의 마음으로 자녀를 바라보는 부모가 되기를 소망합니다. 예수 그리스도의 마음으로 자녀를 품는 날을 기대하며 오늘도 말씀 앞에서 섭니다.

주인과 똑같은 기쁨을 누리십시오

열매 거둘 때가 가까우매 그 열매를 받으려고 자기 종들을 농부들에게 보내니_마태복음 21
장 34절

그리스도인들은 자기 땅을 갖고 있지 않습니다. 주인은 따로 있고 세를 내고 농
사를 짓는 소작인입니다. 그런데 종종 소작농이라는 것을 잊고 살아갑니다. 농사
짓는 데 불편이 없도록 은혜를 베풀어 준 것을 마치 자기 땅처럼 생각합니다.

우리 삶도 주인이 하나님이심을 고백하지만 마치 내 것인양 살아갑니다. 자녀
도 마찬가지입니다. 하나님께서 주신 선물이라고 고백은 하지만 욕심을 버릴 수
없습니다.

부모의 욕심은 제 생각이 주인의 생각과 같을 거라는 착각에서 시작됩니다. 그
것이 바로 교만의 시작입니다.

감사를 잊어버리고 점점 불평과 원망이 커집니다. 자신이 청지기라는 본분을
잊어버린 농부는 씨앗도 뿌리기 전에 가을걷이에 대한 걱정과 두려움이 앞섭니
다. 일하는 기쁨도 평안도 누리지 못합니다.

부모가 자녀를 소유하려는 욕심을 버리면 많은 것을 누릴 수 있습니다. 소소하
지만 자녀로 인한 기쁨과 감사가 보입니다. 소작농으로 살아도 주인과 같은 행복
을 누릴 수 있습니다. 가을이 되면 풍성한 열매를 주인과 같은 기쁨으로 거둘 수
있습니다.

주님, 청지기 부모로서 사명을 잃지 않게 하소서.

하나님을 알 때 자존감이 높아집니다

6
25

> 그러므로 우리가 여호와를 알자. 힘써 여호와를 알자. 그의 나타나심은 새벽 빛 같이 어김없
> 나니 비와 같이, 땅을 적시는 늦은 비와 같이 우리에게 임하시리라_호세아 6장 3절

'자존감'이 없는 자녀를 보는 부모의 속은 새까맣게 타 들어갑니다. 자존감은 사람이 살아가는 원동력이며, 부족하면 행복한 삶을 살기 어렵다는 것을 알기 때문입니다. 그래서 자존감을 높이기 위한 여러 가지 교육을 합니다. 어느 정도 교육이 효과를 나타내기도 합니다. 그러나 근본적으로 자녀에게 '자아존중감'을 갖도록 하지는 못합니다.

자존감은 '내가 누구인지'를 아는 것에서 시작합니다. 곧 '인간 존재'가 자존감의 원점이 됩니다. 그러나 이 문제를 속 시원하게 풀어 줄 학문이나 방법은 세상에 존재하지 않습니다.

인간의 근원에 대한 해답은 하나님밖에 없기 때문입니다. 인간을 창조하신 하나님 손에 문제의 해답이 있습니다. 인간 존재의 근원을 푸는 일, 곧 내가 누구인지를 아는 일은 하나님이 누구신지를 알아야 풀 수 있는 문제입니다.

자존감의 문제를 해결하려면 하나님이 누구신지를 먼저 알아야 합니다. 하나님을 깊이 알면 알수록 자존감으로 충만하게 됩니다. 우주를 창조하신 하나님께서 '나'를 만드시고 그분이 '나'를 사랑하심을 아는 순간, 자존감의 문제는 눈 녹듯이 사라집니다.

하나님을 깊이 아는 부모는 자존감이 높습니다. 하나님을 깊이 아는 부모가 자녀의 자존감도 세워 줍니다. 하나님을 사랑하는 마음이 그대로 자녀에게 전달될 때 자녀의 자존감이 충만해집니다. 하나님으로 인해 형성된 자아존중감은 그 무엇으로도 무너트릴 수 없습니다. 어떤 경우에도 흔들리지 않습니다.

 주님, 자녀가 하나님을 알지 못하여 죄의 길로 가지 않게 하시고 말씀으로 인해 자녀의 자존감이 세워지길 원합니다.

교육만으로 변화되지 않습니다

모든 성경은 하나님의 감동으로 된 것으로 교훈과 책망과 바르게 함과 의로 교육하기에 유익하니_디모데후서 3장 16절

교육은 대상의 변화를 목적으로 합니다. 자녀 교육도 마찬가지입니다. 자녀의 변화를 소망하며 온 힘을 다하지만, 자신의 한계를 깨닫는 데는 오랜 시간이 걸리지 않습니다.

단언컨대 사람의 변화는 사람이 할 수 있는 영역이 아닙니다. 물론 좋은 프로그램과 훈련으로 어느 정도 변화될 수 있습니다. 그러나 속사람까지 변화되는 것은 거의 불가능합니다.

즉 사람의 영혼까지 변화시킬 수 없습니다. 오직 살아 계신 하나님의 말씀만이 사람에게 진정한 변화를 줍니다. 인류 역사에서 수많은 사람이 회심을 경험하고 죄악의 길에서 돌이켰습니다.

그런데도 부모들은 훌륭한 사람들의 행적을 통해서 자녀가 변화되기를 바랍니다. 어쩌면 자녀의 변화보다 훌륭한 사람들의 삶이 더 부러운지도 모르겠습니다. 그러나 인류 역사에 발자국을 남긴 사람일지라도 그 영혼이 하나님을 향하고 있지 않다면 우리가 닮고 바라볼 대상은 아닙니다.

우리 자녀가 닮아가야 할 대상은 순결하고 정직한 마음으로 하나님 앞에서 살아가는 사람입니다. 하나님께서 기뻐하시는 삶을 사는 사람을 우리 자녀가 닮아야 합니다.

자녀가 하나님께 나아가는 삶을 살기 원하는 부모는 사람의 교훈을 앞세우지 않습니다. 살아 계신 하나님께서 생각을 지켜 주시길 소원하며 오늘도 말씀 앞에 섭니다. 부모가 자녀에게 읽어 준 말씀 한 구절이 때가 되어 자녀의 삶을 송두리째 바꿔 주시기를 소망합니다.

주님, 말씀의 소중함을 깨닫는 하루가 되기를 소망합니다.

6 27 자녀를 사랑한다는 것은

또 네가 참고 내 이름을 위하여 견디고 게으르지 아니한 것을 아노라_요한계시록 2장 3절

하나님께서는 자기 백성들의 모든 것들을 알고 계십니다. 눕고 일어나는 것까지도 세밀하고 보고 계십니다. 하나님의 백성으로 살아가기 위해서 당하는 고초를 외면하지 않으십니다.

바람에 흔들리는 풀처럼 우리의 움직임에 따라 하나님의 마음도 출렁이십니다. 우리가 넘어질 때 더 아파하시고, 고난과 고통 가운데 있을 때 한시도 눈을 떼지 않으십니다.

연약한 믿음을 세워 가는 모습을 대견해 하시고 넘어졌을 때 일으켜 주고 싶지만 스스로 일어나기를 애타게 기다리고 계십니다.

"너는 내 사랑하는 아들이라. 내가 너를 기뻐하노라 하시니라"(막 1:11).

우리는 하나님께서 기뻐하시는 존재입니다. 하나님을 웃으시게 하는 존재입니다. 자녀는 부모에게 그런 존재입니다. 부모의 사랑이 그렇습니다.

자녀의 작은 행동 하나에 웃기도 하고 울기도 합니다. 옛말에 '쥐면 터질까 놓으면 날아갈까' 하는 말과 같습니다. 부모는 자녀에게서 한시도 눈을 떼지 못합니다.

그렇다고 자녀의 모든 행동에 관여하는 것은 올바른 사랑이 아닙니다. 부모의 사랑은 오래 참고 기다리는 것입니다(약 5:8). 그래서 사랑에는 고통이 있고 아픔이 있습니다. 넘어진 자녀보다 더 아파하는 것이 부모의 사랑입니다.

고통 가운데 있는 자녀보다 더 고통스러워하는 것이 부모의 사랑입니다. 직접 해결해 주지 않고 지켜보아야 하기 때문입니다.

하나님께서는 환난과 궁핍 가운데 있는 서머나 교회를 향해서 고난을 두려워 말고 끝까지 충성하라고 말씀하십니다. 그것이 주님의 사랑입니다.

주님, 자녀를 사랑하는 부모의 마음이 주님을 닮기 소망합니다.

마음이 열리기를 구하십시오

이에 그들의 마음을 열어 성경을 깨닫게 하시고_누가복음 24장 45절

엠마오로 가던 제자들은 부활하신 예수님과 동행했습니다. 그런데도 예수님을 알아보지 못했습니다. 예루살렘에서 일어난 일에 대해서 함께 이야기를 나눴습니다. 그러나 알아보지 못했습니다. 저녁 식탁에서 예수님께서 그들의 눈을 열어 주시매 곧 보게 되었습니다.

열한 제자들도 눈앞에 나타난 예수님을 보고 믿지 못했습니다. 바로 앞에서 생선을 드시고 계셨지만 믿을 수 없었습니다. 예수님께서 제자들의 마음을 열어 성경을 깨닫게 하실 때까지는 이해하지 못했습니다.

부모는 자녀의 눈과 마음이 열리기를 구해야 합니다. 눈이 열리지 않으면 보이지 않는 예수님을 만날 수 없습니다. 마음이 열리지 않으면 성경을 깨달을 수 없습니다. 온종일 성경을 손에서 놓지 않는다 하더라도 마음이 열려야 깨달을 수 있습니다.

성경은 지식으로 깨우칠 수 없는 영의 글이기 때문입니다. 글자를 통해서 드러난 뜻보다 보이지 않는 신비함이 더 많습니다. 인간의 능력으로는 한 구절도 스스로 깨달을 수 없습니다.

성령께서 우리의 눈과 마음을 열어 주시길 간구해야 합니다. 자녀의 눈과 마음이 열려서 말씀의 신비를 깨닫게 되기를 구해야 합니다. 그래야 성경이 지식이 되지 않습니다. 말씀이 영의 양식이 됩니다.

자녀의 눈과 마음이 열리기를 간구하는 부모가 되기를 소망합니다. 먼저 눈과 마음이 열려 하나님을 만나고 말씀을 깨닫는 부모가 되길 소망합니다.

주여, 구하옵나니 눈과 마음을 열어 주님을 보게 하시고 말씀을 깨닫게 하소서.

마땅히 두려워할 자를 두려워하십시오

마땅히 두려워할 자를 내가 너희에게 보이리니 곧 죽인 후에 또한 지옥에 던져 넣는 권세 있는 그를 두려워하라_누가복음 12장 5절

하나님을 두려워하지 않는 사람은 없습니다. 어떤 사람은 하나님을 경외함으로 두려워합니다. 그러나 어떤 사람은 하나님을 인정하지 않고 두려워하기만 합니다.

하나님을 경외함으로 두려워하는 사람은 매 순간 하나님의 보호하심과 인도하심에 감사하며 기쁨의 삶을 살아갑니다. 미래에 대한 불확실성을 가지고 있지만, 그로 인하여 불안하거나 염려하지 않습니다. 내일의 양식에 몰두하다가 오늘의 소중한 것들을 잃어버리지 않습니다.

그러나 하나님을 인정하지 않는 사람들은 미래를 두려워합니다. 그래서 권력과 재물과 명성에 집착합니다. 부모는 공부하지 않는 자녀가 불안합니다. 다른 아이들보다 뒤처질까봐 두렵기 때문입니다.

우리가 진정 두려워해야 할 것은 세상의 힘이 아닙니다. 물론 세상의 힘은 두려움을 줄 만큼 큽니다. 권력, 재물, 명성, 성공 앞에서 위축되지 않는 사람은 별로 없습니다. 그런데도 그런 힘에 굴복하지 않아야 하는 것은 그것들이 영원하지 않기 때문입니다.

하나님께서는 우리의 머리털까지 세시며 보호하십니다. 우리는 세상의 힘을 두려워하지 말고 내 삶의 주인이 하나님이심을 고백합니다. 지금 사막 한가운데 버려진 것 같을지라도 걸음을 인도하시는 하나님을 신뢰합니다.

주님, "내 삶의 주인은 하나님이십니다"라는 고백과 함께 세상의 두려움을 떨쳐버리고 하나님이 인도하시는 길을 걷기 소망합니다.

성경을 무시한 하나님의 뜻은 없습니다

사랑하는 자들아 영을 다 믿지 말고 오직 영들이 하나님께 속하였나 분별하라 많은 거짓 선지
자가 세상에 나왔음이라_요한일서 4장 1절

하나님의 뜻을 알고자 하는 간절함은 누구에게나 있습니다. 그런데 그 이면에는 빗나간 이기심이 숨어 있습니다. 다른 사람들보다 하나님과 특별한 관계를 맺고 있다는 것을 보여 주고 싶어 하는 마음이 있습니다.

하나님과 특별한 관계를 갖는다는 것은 좋은 일입니다. 그러나 하나님께서 자신에게만 어떤 비밀을 알려 주셨다고 생각하는 것은 옳지 않습니다.

어떤 이는 성경의 비밀을 캐내려고 애를 쓰기도 하고 또 특별한 체험도 합니다. 물론 하나님을 더 깊이 알고 사랑하려고 애쓰는 귀한 노력을 탓하는 것은 아닙니다.

다만, 하나님의 말씀을 다른 사람들을 통제하는 영적 무기로 삼으려는 교만함의 위험성을 말하는 것입니다. 이는 기독교 역사를 통해서도 볼 수 있고 우리 주변에서도 만날 수 있습니다. 처음에는 하나님의 이름으로 능력을 드러내다가 시간이 흐르면서 자신이 추앙받는 자리로 가는 것을 봅니다.

단언컨대 성경에 기록된 말씀을 무시하고 외면하는 하나님의 뜻은 없습니다. 성경을 무시한 하나님의 계시는 없습니다. 물론 이미 성경에 기록된 하나님의 뜻 이외에 숨겨진 하나님의 뜻이 있을 수 있습니다. 그러나 그것은 하나님의 주권에 따라 하나님께서 역사하실 그때 순종하면 되는 일입니다.

지금은 이미 드러난 하나님의 뜻, 기록된 성경의 말씀에 어떻게 순종할 것인가에 초점을 맞춰야 할 때입니다. 자녀를 향한 하나님의 뜻도 마찬가지입니다. 말씀을 가르치고 말씀대로 살아가도록 노력할 때 하나님의 뜻이 서서히 드러날 것입니다.

주님, 자녀가 하나님의 뜻을 성경 말씀을 통해 깨닫게 하소서.

7월

자녀는 말씀이 성취되는 과정

자녀는 말씀이 성취되는 과정입니다

7
01

일을 행하시는 여호와, 그것을 만들며 성취하시는 여호와, 그의 이름을 여호와라 하는 이가
이와 같이 이르시도다_예레미야 33장 2절

부모는 자녀가 태어나면서부터 자녀에 대한 하나님의 계획을 분명하게 알았으면 좋겠다는 마음이 듭니다. 그러면 자녀 양육이 좀 수월하지 않을까 하는 막연한 생각 때문입니다.

때로는 현실이 답답하여 하나님께 매달려 보지만 분명한 대답을 얻기란 쉽지 않습니다. 그러나 자녀를 향하신 하나님의 뜻과 계획은 분명합니다. 자녀는 무의미하게 태어나지 않습니다. 다만 지금 눈에 보이지 않을 뿐입니다.

우리가 보지 못한다고 해서 하나님의 일하심이 멈추는 것은 아닙니다. 하나님의 뜻과 계획은 진행되고 있습니다. 곧 자녀를 향하신 하나님의 사랑은 한순간도 멈춤이 없다는 뜻입니다.

자녀를 키우다 보면 예레미야처럼 감옥에 갇힌 것 같은 상황에 둘러싸일 때가 있습니다. 기쁨이었던 자녀가 큰 아픔이 되기도 합니다. 그런 상황이 되면 하나님의 계획과 뜻에 대해서는 아예 생각조차 못합니다.

예레미야가 감옥에 있을 때도 하나님께서는 일을 계획하고 성취하실 것을 분명하게 말씀하셨습니다. 그리고 놀라운 비밀까지 알려 주십니다. 예레미야에 대한 사랑과 뜻과 계획이 변함없음을 말씀하셨습니다.

눈에 보이는 자녀의 성장만큼 하나님의 뜻과 계획이 드러나지 않을 수 있습니다. 부모는 답답하고 기다림에 지칠 수도 있습니다. 그런데도 자녀를 향한 하나님의 뜻과 계획이 분명하게 성취될 날이 이르리라는 것을 믿어야 합니다(렘 33:14).

우리는 하나님의 말씀이 한 톨도 땅에 떨어짐 없이 성취됨을 믿습니다. 그렇다면 자녀에게도 하나님의 말씀이 성취된다는 사실을 믿고 기다려야 합니다.

주님, 자녀를 향하신 뜻을 믿고 기다리는 부모 되게 하소서.

믿음으로 고백합니다

그들은 믿음으로 나라들을 이기기도 하며 의를 행하기도 하며 약속을 받기도 하며 사자들의
입을 막기도 하며_히브리서 11장 33절

'이렇게 온실의 화초처럼 키워서 거친 세상에서 살아남을 수 있을까?' '우리 아
이만 손해를 보면서 살게 되는 것은 아닐까?'

말씀대로 자녀를 키우고자 하는 부모라면 이런 생각을 한두 번쯤은 하게 됩니
다. 세류에 휩쓸리지 말고 모든 일에 정직하게 살라고 자녀에게 가르치면서 마음
한구석에서는 걱정이 사라지지 않습니다.

말씀으로 자녀를 키우는 것은 세상 사람들이 가지 않는 길입니다. 세상이 추구
하는 입신양명(立身揚名)의 길이 아닙니다. 부모의 걱정은 당연합니다.

살면서 손해 보는 일이 더 많게 될 것이며, 세상 풍조와 동떨어진 삶을 살게 될
것입니다. 그러나 분명한 것은 그런데도 절대 넘어지지 않을 것입니다. 세상에 휩
쓸려 믿음을 버리지 않을 것입니다.

사람은 누구나 삶에서 거친 파도를 만납니다. 거친 파도를 견뎌 내고 순금처럼
되게 하는 것은 재물이 아닙니다. 지식이 아니며 처세술도 아닙니다.

믿음입니다. 환난과 역경을 이겨 낸 믿음의 선진들이 처음부터 강하고 담대해
서 승리자가 된 것은 아닙니다. 모세도 연약했고 기드온도 나약했으며, 다니엘도
처음부터 담대했던 것은 아니었습니다. 그러나 연약해 보이는 믿음이 그들을 지
켜 낸 것입니다. 믿음은 나약함, 두려움, 비겁함을 몰아내고 세상을 이기는 힘을
가지게 합니다.

믿음은 손해를 보더라도 오히려 감사하도록 할 것입니다. 믿음은 넘어질지라
도 다시 일어나도록 할 것입니다. 믿음은 그 삶을 평안과 기쁨으로 넘치게 할 것
입니다.

 주님, 자녀가 거칠고 험한 일을 만날지라도 원망과 불평 대신 찬양과 감사가 흘러넘치는
삶을 살게 하소서.

03

7

사람을 판단하는 기준

너희는 육체를 따라 판단하나 나는 아무도 판단하지 아니하노라_요한복음 8:15

선지자 사무엘에게 하나님께서 말씀하셨습니다.

"사람은 외모를 보거니와 나 여호와는 중심을 보느니라"(삼상 16:7).

사람을 겉모양으로 판단하지 말고 속마음까지 들여다보라는 말씀입니다. 그러나 사람에게는 그런 능력이 없습니다.

밖으로 드러난 모습으로 그 사람을 판단하고 결정하는 것이 대부분입니다. 그 사람의 인상, 뒷배경, 가진 것들(재산, 학력, 직업 등)을 보고 판단합니다. 때로는 숨겨진 마음을 알려고 노력하지만 꼭꼭 싸매져 있어 알 수 없습니다. 어쩌면 서로의 깊은 마음을 숨기고 살아가는 것이 편할 수도 있기 때문입니다.

그러나 그리스도인은 겉과 다른 속마음을 품어서는 안 됩니다. 다른 사람들에게 진실한 마음을 보여야 합니다. 특히 부모가 자녀를 겉으로 드러나는 행동이나 말로만 판단할 경우 양육에 어려움을 겪게 됩니다.

판단의 기준을 바꿔야 합니다. 우리의 판단 기준은 자신의 경험과 지식 등입니다. 문제는 그 판단 기준에 오류가 많다는 것입니다.

예수님께서는 자신이 아니라 하늘 아버지와 함께 판단하셨습니다. 부모가 자녀를 판단할 때도 이 기준을 따라야 합니다. 하나님의 뜻을 외면하고 부모의 가치관으로 자녀를 판단해서는 안 됩니다. 부모의 섣부른 판단으로 자녀를 함부로 규정하지 말아야 합니다. 부모 자신의 경험치가 아니라, 하나님의 말씀에 기준을 두어야 합니다.

지금 눈에 보이는 것으로 자녀를 판단하지 마십시오.

주님, 하나님의 마음으로 자녀를 바라볼 수 있을 때까지 판단을 미루고 사랑으로 지켜보는 부모가 되기를 소망합니다.

우연이 아닙니다

롯이 가서 베는 자를 따라 밭에서 이삭을 줍는데 우연히 엘리멜렉의 친족 보아스에게 속한 밭
에 이르렀더라_롯기 2장 3절

우리 일상은 우연으로 이루어집니다. 길을 가다가 우연히 누구를 만나고, 어떤 사건을 우연히 겪게 되고, 우연히 누구를 만나 사랑에 빠지고 결혼을 하게 됩니다. 우리 삶은 계획한 일보다 우연히 이루지는 일들이 더 많습니다.

우리에게는 우연이지만 하나님께는 필연입니다. 하나님께서는 우주 만물에 세밀한 뜻과 계획을 갖고 계십니다. 롯이 이삭을 주워 시어머니를 공양하기 위해 우연히 들어간 곳이 보아스의 밭이었습니다. 롯의 우연한 발길에 하나님께서는 다윗의 후손 예수 그리스도라는 필연을 심어 놓으셨습니다.

요셉의 형제들은 우연히 지나가던 미디안 상인들에게 요셉을 팔았습니다. 훗날 "하나님이 큰 구원으로 당신들의 생명을 보존하고 당신들의 후손을 세상에 두시려고 나를 당신들보다 먼저 보내셨나니"(창 45:7)라는 요셉의 고백처럼 요셉의 형제들의 우연은 하나님에게는 필연이었습입니다.

부모에게 자녀는 어떤 존재일까요? 때로는 '저렇게 예쁜 아이가 어떻게 내 자식이 되었을까?' 하고 감격하기도 하고, 때로는 '내가 무슨 죄를 지어 저런 녀석이 내 자식이 되었는고!' 하고 한탄을 하기도 합니다.

부모에게 자녀는 우연일까요? 아님 필연일까요? 부모는 내 자식으로 태어나야 할 필연을 발견할 때는 감사하고 기쁨이 큽니다. 그러나 분명한 것은 우연처럼 자녀가 태어났더라도 그것은 필연입니다.

그 뜻을 지금은 분명하게 알 수 없습니다. 그러나 때가 되면 부모에게 자녀는 필연이었음을 고백하게 될 것입니다.

주님, 우연히 스치는 일일지라도 그 속에 담긴 하나님의 뜻을 묻는 하루가 되기를 소망합니다. 제 자녀로 보내신 분명한 이유가 있음을 믿습니다.

하나님을 기다리십시오

너는 여호와를 기다릴지어다 강하고 담대하며 여호와를 기다릴지어다_시편 27편 14절

하나님께서는 자녀를 선물로 주시고 부모에게 청지기 역할을 맡기 셨습니다. 청지기는 자녀를 하나님 나라의 일꾼으로 세워가는 일을 합니다. 하나님께서 자녀를 부르실 때까지 말씀으로 무장된 용사가 되도록 최선을 다해 양육하는 일을 합니다.

그런데 자녀를 말씀으로 양육하는 일이 그리 쉽지는 않습니다. 눈에 보이는 성과를 바로 볼 수 없기에 더욱 그렇습니다. 주위를 돌아보면, 신앙생활을 하는 둥 마는 둥 하고 말씀과는 담을 쌓고 사는 것 같은데도 자녀가 잘되는 가정이 있습니다. 이름을 날리고 성공하여 재산도 잘 불리면서 무엇 하나 부러울 것 없이 살고 있습니다.

이를 부러워하지 마십시오. 그 안에 하나님이 계시지 않는다면 바람에 날려갈 티끌과 같습니다. 하나님이 없는 인생의 성공은 참된 만족이 없는 허전한 삶일 뿐입니다.

부모가 무릎으로 기도하고 말씀으로 가르쳤음에도, 자라는 모습을 다른 아이들과 비교하면 초라해 보일 수도 있습니다. 그렇다고 실망하거나 낙담하지 마십시오.

우리 눈에는 그 열매가 아직 보이지 않아도, 자녀에게 변화와 성장이 여전히 없어 보여도, 하나님의 일하심은 이미 시작되었습니다. 조급해하지 말고 하나님의 약속을 믿고 기다리십시오.

주님, 자녀의 곳간에 이미 곡식이 넘치고 포도주와 기름이 채워지고 있음을 믿습니다.

자녀를 부유케 하는 길

그는 그의 언약 곧 천 대에 걸쳐 명령하신 말씀을 영원히 기억하셨으니_시편 105편 8절

사람들은 이룩한 업적에 따라 누군가를 기억합니다. 또 성과에 따라 대우를 달리합니다. 그래서 큰 업적을 쌓고 싶어 하며 성과를 잘 내어 좋은 대우를 받고 싶어 합니다. 그러나 영원히 기억되는 것은 없습니다. 나라를 구했던 요셉도 사람들에게 잊혀졌습니다. 세월이 흐르면 사람의 기억에서 사라지기 마련입니다.

약육강식의 구조 속에서 누리는 행복은 지극히 짧고 불안함을 동반합니다. 온전한 기쁨을 누리지 못합니다. 영원한 승자가 없다는 것을 알기 때문입니다.

세상에서 부유함은 자신의 능력에 달려 있습니다. 그러나 그리스도인의 부유함은 다릅니다. 그리스도인은 하나님으로부터 출발하고 그 능력은 하나님에게서 나옵니다.

"네 하나님 여호와를 기억하라. 그가 네게 재물 얻을 능력을 주셨음이라"(신 8:18).

하나님은 우리의 업적이나 공로에 따라 차별 대우를 하지 않으십니다. 하나님께서는 우리의 순종과 사랑을 원하십니다. 우리가 기억해야 할 것은 우리가 세운 업적이나 공로가 아닙니다. 하나님께서 우리에게 주신 말씀입니다. 우리를 사랑하시는 증표인 말씀입니다.

부모는 하나님께 차별 없는 사랑을 받았습니다. 부모 또한 자녀를 이처럼 사랑해야 합니다. 자녀가 보인 성과나 능력에 따라 차별 대우를 하지 말아야 합니다. 세상은 우리의 자녀를 차별 대우할지라도 우리는 그러지 말아야 합니다.

부모가 자녀에게 본을 보이며 하나님의 말씀을 가르쳐야 합니다. 부유한 삶은 하나님의 사랑을 기억하며 사는 것입니다.

주님, 자녀의 행동에 따라 차별하는 부모가 되지 않기를 원합니다.

모든 것이 풍족한 삶

07
7

네가 모든 것이 풍족하여도 기쁨과 즐거운 마음으로 네 하나님 여호와를 섬기지 아니함으로
말미암아_신명기 28장 47절

모든 것이 풍족한 시대입니다. 먹는 것과 입는 것은 물론 누릴 수 있는 것들이 넘쳐납니다. 자녀 세대는 지금보다 더욱 풍요로운 시대가 될 것입니다. 그러나 사회가 풍요롭다고 해서 모든 사람이 그것을 누리는 것은 아닙니다. 설령 많은 것을 가졌어도 풍족함을 누리지 못하고 사는 경우도 있습니다.

이스라엘 백성들이 그랬습니다. 하나님께서 약속하신 가나안 땅은 젖과 꿀이 흐르는 곳입니다. 실제로 그들은 가나안 땅에서 살찌고 배부른 삶을 살았습니다. 광야의 삶과는 비교하지 못할 만큼 모든 것이 풍족했습니다.

그러나 그들의 삶은 행복하지 못했습니다. 풍족함을 누리는 삶이 아니었습니다. 외양간에는 소와 양이 가득하고, 포도주와 기름이 넘쳐나고, 들판에는 곡식이 잘 자라고 있어도 그들은 늘 마음이 가난했고 만족하지 못했습니다.

모든 것이 풍족하다고 기쁘고 즐겁게 살 수 있는 것은 아닙니다. 왜 그럴까요? 애초에 인간은 영적인 피조물로 창조되었기 때문입니다. 모든 것을 다 갖추고 있어도 하나님이 빠진 삶은 행복하지 못합니다.

하나님 한 분만으로 만족할 때 감사하며 행복하게 됩니다. 하나님을 기쁨과 즐거움으로 섬기는 삶이 우리를 풍족하게 합니다. 말씀에 순종하는 삶이 우리를 행복하게 합니다. 하나님의 말씀에 온전히 순종하는 부모의 삶은 자신뿐만 아니라 자녀에게도 영향을 줍니다.

"네가 네 하나님 여호와의 말씀을 청종하면 이 모든 복이 네게 임하며 네게 이르리니……네 몸의 자녀와"(신 28:2~4).

자녀가 복 받기를 원한다면 부모가 먼저 말씀 앞으로 나가야 합니다.

주님, 말씀에 순종하며 하나님을 즐겁게 섬기는 일이 우선임을 고백합니다. 자녀가 하는 모든 일에 복 주시길 원합니다.

버려야 얻습니다

그러나 무엇이든지 내게 유익하던 것을 내가 그리스도를 위하여 다 해로 여길뿐더러_빌립보서 3장 7절

부모가 되었지만 버리지 못하는 나쁜 습성이 있습니다. 드러나지는 않았지만 자신만이 알고 있는 것들입니다. 자녀에게 해가 된다는 것을 알고 있지만 쉽게 끊지 못합니다. 술, 담배, 게임, 욱하는 성질, 거짓말, 부정직, 고집, 거친 입 등 마음에 하나님을 두기 싫어 하여 생겨나는 것들입니다(롬 1:28).

이런 것들을 왜 버리지 못하는 것일까요? 쉽게 고칠 수 없다고 여기기 때문입니다. 그러나 이런 것들은 잠시 유익이 있을지 모르나 모두 썩어질 것이고 좋은 열매를 맺지 못합니다(갈 6:8).

가장 중요한 문제는 부모의 악한 습성이 자녀에게 전해진다는 것입니다. 자녀는 부모의 좋은 점보다는 나쁜 점을 더 쉽게 닮아갑니다. 부모의 모든 행위는 자녀에게 영향을 줍니다. 분명한 것은 부모가 이런 상태로는 하나님을 아는 기쁨을 얻지 못합니다.

어떤 부모라도 자녀에게 좋은 것을 물려주고 싶어합니다. 그렇다면 버려야 합니다. 버리지 않으면 그리스도를 얻지 못하고, 자녀에게 믿음을 유산으로 물려줄 수 없습니다. 자신에게 즐거움을 줄지라도 자녀에게 해가 된다면 버려야 합니다.

그렇다면 무엇을 버려야 할까요? 기준은 명백합니다. 자녀에게 유익한 것인가, 해로운 것인가입니다. 버리기로 지금 결정하십시오. 성령님이 도우십니다.

나쁜 습성이 사라진 자리에 예수 그리스도의 은혜가 채워지는 기쁨을 맛보게 되길 원합니다.

 주님, 자녀를 위해 나쁜 습성을 버릴 것을 결단하고 실천하게 하소서.

부모의 입에서 자녀의 입으로

7
09

> 내가 그들과 세운 나의 언약이 이러하니 곧 네 위에 있는 나의 영과 네 입에 둔 나의 말이 이제부터 영원하도록 네 입에서와 네 후손의 입에서와 네 후손의 후손의 입에서 떠나지 아니하리라 하시니라_이사야 59장 21절

선지자에게 임하신 하나님의 말씀이 어떻게 백성들에게 퍼졌을까 생각해 봅니다. 물론 기록된 문서를 통해서도 읽혔겠지만, 그것보다는 입에서 입을 통하여 온 나라에 전해졌을 것입니다.

하나님께서는 우리의 입에서 말씀이 떠나지 말게 하라고 하셨습니다(수 1:8). 부모의 입에서 하나님의 말씀이 떠나지 않음은 물론 자녀의 입에서도 말씀이 떠나지 않도록 해야 합니다.

입에서 말씀이 떠나지 않는다는 것은 단순히 말씀을 외우는 것에 있지 않습니다. 하나님의 말씀은 늘 성령님과 함께합니다. 생명력이 없는 세상의 말과 같지 않습니다. 입을 통해서 시와 노래가 흘러나오지만, 그것들은 생명력이 없습니다.

하나님의 말씀은 우리의 심령을 흔들고 마음과 생각이 드러나게 합니다(히 4:12). 말씀은 세상에 감춰진 모든 것들을 낱낱이 드러나게 합니다. 말씀이 들려지는 곳에 새로운 역사가 시작됩니다.

부모가 자녀에게 말씀을 가르치지 않는다고 해서 하나님의 말씀이 사라지는 것은 아닙니다. 하나님의 말씀은 살아 있기 때문에 끊임없이 후대에 전해질 것입니다. 그러나 말씀을 가르치지 않은 부모는 하나님 앞에 섰을 때 부끄러운 부모가 될 것입니다.

하나님께서 부모의 입술에 하나님의 말씀을 주셨습니다.

주님, 부모의 입을 통해서 자녀에게 말씀이 전해지도록 제 입술에 함께 하소서.

자녀를 가르치기에 앞서

형제들아 내가 그리스도 예수 우리 주 안에서 가진 바 너희에 대한 나의 자랑을 두고 단언하
노니 나는 날마다 죽노라_고린도전서 15장 31절

바울은 가문과 학식이 최고인 사람이었습니다. 그리고 소신과 열심이 있는 사람
이었습니다. 그래서 자원하여 기독교인들을 핍박하는 일에 앞장섰습니다. 그러나
예수 그리스도를 만난 뒤로 그는 자신이 가진 모든 것을 배설물처럼 여겼습니다.

부모는 아이들이 어릴 때 많은 것을 가르치고 싶어 합니다. 내 능력보다 더 많은
것을 쏟아 붓기도 합니다. 자녀가 잘 자라기를 바라기 때문입니다. 부모보다 더
나은 삶을 살았으면 하는 바람 때문입니다.

야단도 많이 치고 때로는 까닭 모를 매를 들기도 합니다. 말씀으로 자녀를 양육
한다는 핑계로 내 경험과 지식을 동원합니다. 모두 자녀를 잘 키우기 위함입니다.

그러나 시간이 지나고 보니 참으로 미숙한 부모였음을 고백합니다. 자녀를 잘
키우기 위해서 열심을 내는 부모였지만 그 방향이 잘못되었음을 알게 됩니다. 자
녀를 잘 키우고자 했던 마음이 오히려 아이들을 힘들게 하고 때로는 고통스럽게
했음을 알게 됩니다.

부모가 자녀를 양육하는 것은 자신을 십자가 앞에 내어놓는 것과 같습니다. 이
는 오늘 바울의 고백처럼 자기 경험과 지식을 배설물로 여기고 그 자리에 십자가
를 채우는 일입니다.

말씀으로 자녀를 양육하는 데 있어서 자녀를 가르치는 일이 먼저가 아닙니다.
부모 자신을 스스로 가르치는 일이 우선입니다. 자신을 회초리로 쳐서 하나님의
말씀에 순종하도록 가르치는 일이 먼저입니다.

십자가에 죽지 않은 부모의 열심은 오히려 독이 될 수 있습니다.

주님, 자녀를 가르치기에 앞서 내 지식과 혈기가 십자가에서 죽게 하소서.

우리는 행복한 사람입니다

7
11

이스라엘이여 너는 행복한 사람이로다 여호와의 구원을 너 같이 얻은 백성이 누구냐_신명기
33장 29절

하나님께서는 우리가 행복하게 사는 것을 원하실까요? 한편으로는 맞고 한편으로는 맞지 않습니다. 물론 하나님께서는 우리가 불행하게 사는 것을 원치 않으십니다. 그러나 하나님의 관심은 행복이 우선이 아닙니다.

무엇보다 먼저, 아바 아버지와 자녀의 긴밀한 관계를 통해서 성숙한 그리스도인이 되도록 이끄십니다. 우리가 아무리 행복해도 구원을 떠난 행복은 하나님께는 아픔입니다. 하나님을 떠난 우리의 행복은 하나님께는 견딜 수 없는 고통입니다.

하나님은 선하시기 때문에 우리에게 징계를 주십니다. 선하시기 때문에 올바른 행복을 누리며 살기를 원하십니다.

부모는 자녀가 행복하게 살기를 원합니다. 그래서 자녀가 행복하다면 무엇이든지 다 해 주고 싶습니다. 그러나 하나님의 기준에 맞지 않는 행복을 용납해서는 안 됩니다.

"내가 행복하다는 데 엄마(아빠)는 싫어?"라는 질문에 모든 것을 포기해서는 안 됩니다. 이로 인하여 자녀와 갈등을 겪는 것은 안타깝지만 하나님을 벗어나서 행복을 얻으려는 행동은 단호하게 거절해야 합니다. 그렇지 않으면 결국에는 자녀와 부모가 모두 후회하게 됩니다.

우리의 진정한 행복은 구원의 기쁨에서 출발합니다.

우리는 행복한 사람입니다.

주님, 오늘도 하나님을 벗어난 행복을 추구하지 않기를 원합니다. 발등에 빛이 되어 인도하소서.

부르심에 응답하게 하십시오

이때에 네가 만일 잠잠하여 말이 없으면 유다인은 다른 데로 말미암아 놓임과 구원을 얻으려니와 너와 네 아버지 집은 멸망하리라 네가 왕후의 자리를 얻은 것이 이때를 위함이 아닌지 누가 알겠느냐_에스더 4장 14절

모르드개는 부모 없는 어린 에스더를 자식처럼 키웠습니다. 에스더가 왕후로 뽑힐 만큼 잘 자란 것을 보면 모르드개가 사랑과 정성을 쏟아 키웠음을 알 수 있습니다. 그러나 에스더에게 유다 민족이 처한 어려움을 전할 때 하는 말을 보면 '자식처럼' 키웠다는 말이 무색합니다.

"너 혼자만 살아남을 수 있을 것 같으냐? 네가 가만히 있어도 우리 민족은 살아남을 것이다. 그러나 너는 망할 것이다."

숫제 협박합니다. 부모라면 "그래, 너라도 살아남아서 훗날을 기약하자"라고 할 텐데 말입니다. 그런데 모르드개는 참으로 모진 말을 전합니다.

모르드개의 진심은 바로 뒷말에 있습니다. "네가 왕후가 된 것은 이때를 위함이 아니냐?" 곧 하나님의 부르심을 명확하게 전달하는 것입니다. 만약에 모르드개가 에스더에 대한 안타까운 마음에 자기 생각대로 했다면 어찌 되었을까요?

모르드개도 에스더에게 그렇게 말할 때 심정이 매우 아팠을 것입니다. 그런데도 그것이 에스더를 향한 하나님의 부르심이라는 확신이 있었기에 그 말을 전했습니다. 개인의 감정보다 하나님의 뜻에 순종했습니다.

사랑하는 자녀에게 모질 정도로 하나님의 부르심에 순종하라는 말을 해야 할 때가 옵니다. 그때 부모의 마음보다 하나님의 부르심이 우선입니다. 자녀가 부르심에 순종하지 않는다고 하여 그 일이 이루어지지 않는 것은 아닙니다. 부르심에 순종하는 다른 사람이 그 일을 하게 될 것이고, 부모와 자녀는 그 영광에 참여하지 못하게 됩니다.

하나님의 부르심을 가로막는 부모가 되지 않기를 소망합니다.

실수를 미래와 바꾸지 마십시오

이 말씀을 하심은 베드로가 어떠한 죽음으로 하나님께 영광을 돌릴 것을 가리키심이러라 이 말씀을 하시고 베드로에게 이르시되 나를 따르라 하시니_요한복음 21장 19절

알면서도 실수할 때가 있습니다. 잘하려고 하는데 오히려 더 큰 실수를 하기도 합니다. 부모는 자녀에게 어떤 일을 칭찬할 때보다 실수를 지적할 때 더 신중해야 합니다.

"내가 그럴 줄 알았다." "그럴 거면 뭐하러 그렇게 애를 썼니?"

이렇게 말하는 부모도 악한 감정이 있는 것은 아닙니다. 다만 자녀의 실수가 안타까워서 나온 말일 뿐입니다. 그럴지라도 이런 말은 자녀의 마음에 못을 박는 것입니다.

자녀의 실수를 자녀의 미래와 바꾸지 마십시오. 실수가 미래로 가는 걸림돌이 아니라 오히려 디딤돌이 될 수 있도록 해야 합니다. 예수님의 제자 중에서 베드로만큼 실수가 잦았던 사람은 없습니다.

호기 있게 물 위를 걷다가 빠지기도 하고, 예수님께서 피땀 흘리며 기도하실 때 졸았으며, 죽어도 배반하지 않겠다고 한 약속을 저버리고 예수님을 부인하기도 했습니다.

베드로는 예수님을 힘들게 하는 사람이었습니다. 그런 실수투성이인 베드로와 부활하신 예수님께서 디베랴 호수에서 만났습니다. 예수님께서는 베드로에게 지나간 과거의 실수를 묻지 않으셨습니다. 여전히 "나를 따를 제자"라고 말씀하셨습니다.

베드로에 대한 예수님의 변함없는 신뢰가 베드로를 '죽음으로 하나님께 영광을 돌리는 자리'에까지 이르게 했습니다. 자녀의 실수를 자녀의 미래와 바꾸지 마십시오. 반복되는 실수라고 할지라도 그 실수가 자녀의 미래보다 크지 않습니다.

자녀에 대한 변함없는 신뢰가 자녀의 실수를 미래의 디딤돌로 변하게 합니다.

하나님께서 우리를 끝없이 기다려 주신 것처럼 사랑으로 기다리고 또 기다리는 부모가 되기를 소망합니다.

자신을 사랑하십시오

둘째는 이것이니 네 이웃을 네 자신과 같이 사랑하라 하신 것이라 이보다 더 큰 계명이 없느
니라_마가복음 12장 31절

이웃을 사랑하는 것은 주님의 명령이며 모든 그리스도인의 의무입니다. 이웃을
'주님께 하듯이' '내 몸같이' 사랑하는 것은 중요합니다. 그러나 그 이전에 더 중요
한 것이 있습니다. 그것은 자신을 사랑하는 일입니다.

사랑을 받아본 사람이 사랑할 수 있고, 사랑해 본 사람이 다른 사람을 사랑할 수
있습니다. 하나님의 사랑을 받고 느끼는 사람은 자신을 사랑하게 됩니다. 자신의
모든 것이 자신의 것이 아니고 하나님께 속한 것임을 알기 때문입니다.

자신을 사랑한다는 것은 "지혜와 키가 자라가며 하나님과 사람에게 더욱 사랑
스러워 가시더라(눅 2:52)"라는 말씀처럼 자라는 것을 말합니다. 육체와 영적으로
성장하는 일을 게을리하지 않는 것입니다.

부모가 자식을 사랑하는 일도 마찬가지입니다. 부모가 하나님의 사랑을 모른다
면 진정으로 자식을 사랑할 수 없습니다. 또한 모든 것을 자식을 돌보는 데 쏟아
붓느라고 정작 자신은 병들고, 경제생활이 곤궁해지고, 영적으로 피폐해져 간다
면 그것은 진실한 사랑이라고 말하기 어렵습니다.

자신을 사랑한다는 것은 자신만을 사랑하는 것이 아닙니다. 물론 자신을 사랑
함이 지나치면 교만에 빠지고 그 또한 진실한 사랑이 아닙니다. 하나님의 사랑을
아는 사람은 자신을 사랑하지 않을 수 없고, 자신을 사랑하면 이웃도 제 몸처럼 사
랑하게 될 것입니다.

 주님, 오늘도 하나님의 사랑으로 자신과 자녀를 사랑하기를 소망합니다.

헛된 예언에 속지 마십시오

주 여호와의 말씀에 본 것이 없이 자기 심령을 따라 예언하는 어리석은 선지자에게 화가 있을
진저_에스겔 13장 3절

예나 지금이나 거짓 선지자들이 많습니다. 선지자는 부르심을 받고 하나님의 말씀을 전하는 사람입니다. 그래서 가짜 선지자와 하나님의 뜻대로 전하지 않는 사람은 목숨을 잃었습니다. 하나님께서는 유다 왕 시드기야 앞에서 자기의 생각 대로 예언한 하나냐에게 "내가 너를 보내지 아니하였다"(렘 28:15)라는 말씀과 함께 그의 목숨을 취하셨습니다.

거짓 예언자는 사람들이 듣고 싶어 하는 달콤한 말을 합니다. 또한, 자기 생각대로 말을 합니다.

부모가 자녀를 향한 거짓 예언에 쉽게 넘어가는 이유는 무엇일까요? 자녀의 미래에 대한 불안과 걱정 때문입니다. 이는 자녀를 믿지 못하고 하나님을 온전히 신뢰하지 못하기 때문입니다. 거짓 예언자를 통해서 위로받고 그것을 좋아하는 것은 매우 어리석은 짓입니다. 진정한 평안을 얻을 수 없으며 거짓 예언자의 말대로 자녀의 앞날이 진행되지도 않습니다.

자녀의 앞날이 궁금하여 여기저기 기웃거리지 마십시오. 하나님께서 자녀를 향한 원대한 계획을 이미 실행하고 계십니다. 눈에 보이지 않는다고 하여 하나님의 손길이 없다고 단정하지 마십시오.

자녀의 미래는 하나님께서 이미 성경에 풀어놓으셨습니다. 다만 우리의 눈과 귀가 어두워 읽지 못하고 듣지 못할 뿐입니다. 자녀의 미래에 대해서 답답하다면 하나님의 말씀을 펼치십시오. 하나님의 설계도를 볼 수 있습니다.

주님, 자녀에 대한 막연한 불안감이 있습니다. 하늘에서 오는 진정한 평안을 누리게 하소서.

더 많은 요구에 감사합니다

알지 못하고 맞을 일을 행한 종은 적게 맞으리라 무릇 많이 받은 자에게는 많이 요구할 것이
요 많이 맡은 자에게는 많이 달라 할 것이니라_누가복음 12장 48절

말씀으로 자녀를 양육하다 보면 짐이 점점 무거워진다는 것을 깨닫게 됩니다.
이해할 수 없는 일들이 발생하기도 합니다. 하나님께서 요구하시는 것들이 더 커
진다는 것을 느낄 수 있습니다.

생각해 봅니다. 하나님께로 가까이 가면 갈수록 왜 십자가는 점점 무거워지는
가? 혹시 잘못된 길로 가고 있는 것은 아닐까?

주변에는 신앙생활도 설렁설렁하고 세상의 방법으로 자녀를 키우는데도 아무
런 문제 없이 잘 자라고 있는 것을 봅니다. 오히려 어떻게 하면 말씀 안에서 자녀
를 양육할 수 있을까 고민하는 부모보다 자녀를 더 잘 키우고 있는 것처럼 보이기
도 합니다.

사실입니다. 십자가 가까이 있는 부모들은 져야 할 짐들이 더 많습니다. 세상의
즐거움과 낙을 누리지 못할뿐더러 더 부지런해야 하고 더 큰 헌신을 해야 합니다.
생각하지 않은 날에 주인이 올 때에 준비하지 못한 종은 적게 받을 것입니다. 주인
은 많이 받을 만한 종에게 많은 것을 요구합니다.

받은 것이 적다 하지 마십시오. 우리는 하나님의 은혜를 많이 받은 자들입니다.
적어도 자녀를 하나님의 말씀으로 양육하겠다고 다짐한 부모들은 하나님께 받을
것이 많은 자입니다.

하나님께서 부모와 자녀에게 더 큰 요구를 하시는 것은 더 많은 관심과 사랑을
가지고 계신다는 뜻입니다. 부모가 능히 감당할 수 있기에 하나님께서 요구하십
니다.

주님, 자녀로 인하여 더 무거운 십자가를 지게 하시니 감사합니다. 능히 지고도 남을 능
력을 주옵소서.

하나님의 약속을 믿으십시오

내가 궁핍하므로 말하는 것이 아니라 어떠한 형편에든지 나는 자족하기를 배웠노니_빌립
보서 4장 11절

스스로 만족함은 체념이 아닙니다. 노력하다가 안 돼서 주저앉아 포기하는 것이 아닙니다. 자신의 삶을 운명에 맡기는 것은 자족이 아닙니다. 바울은 죄수로 감금된 상태에서 "나는 모든 것이 풍족하다"라는 고백을 합니다. 죄수의 몸이지만 자신이 가진 것에 만족하며 감사하는 바울을 생각해 봅니다.

자족은 지금은 비록 상황이 어렵고 마치 절벽 앞에 선 것 같을지라도 모든 것이 하나님의 계획하심 아래 있음을 믿는 것입니다. 시련을 능히 이겨 낼 힘 주실 것을 믿고 감사함으로 견뎌 내는 것이 자족입니다.

자녀를 생각만 해도 눈물이 날 때가 있습니다. 화가 치밀고 억울하고 분할 때도 있습니다. 도대체 내가 무엇을 잘못했는가? 욥과 같은 질문을 수없이 던지기도 합니다. 신앙생활 잘하면서 그저 잘 자라기만 바라는 것이 욕심인가 하는 의구심이 몰려옵니다.

하나님의 뜻을 묻지만 도무지 알 수 없습니다. '저런 아이에게 하나님께서 계획을 세우시기나 할까?' 모든 것이 믿을 수 없는 상황입니다. 그런데도 우리는 자족하며 감사해야 할까요? "모든 것이 풍족하다"라는 바울의 고백은 실제 상황이 만족할 만한 상태가 아닐 때 나온 말씀입니다. 자족은 하나님께서 모든 것을 채워 주실 것을 믿는 믿음입니다. 설령 상황에 변함이 없을지라도 그것으로 인해서 마음의 평안이 흔들리지 않습니다.

눈물과 한숨만 나게 하는 자녀가 기쁨을 주는 날이 올까요? 그 자녀로 인해서 웃고 감사하는 날을 기대해도 될까요? 네, 믿으십시오.

하나님께서는 반드시 선하심으로 열매를 맺게 하십니다. 부모가 기대하고 바라던 것보다 더 아름답고 향기 나는 열매가 맺힙니다. 지금 힘든 것은 그때가 언제인지 모르기 때문입니다.

자녀를 향하신 하나님의 약속을 믿습니다. 감사하는 삶 속에 자녀를 향한 하나님의 은혜가 날로 넘치기를 소망합니다.

막연한 기대를 버려야 합니다

영접하는 자 곧 그 이름을 믿는 자들에게는 하나님의 자녀가 되는 권세를 주셨으니_요한복음
1장 12절

성경을 살펴보면 훌륭한 인물의 자녀가 부모처럼 살지 못했던 경우가 많습니다. 엘리 제사장, 사무엘, 다윗, 솔로몬의 자녀들은 아버지의 뒤를 따르지 않았습니다. 자녀가 믿음을 물려받지 못했습니다. 부모는 자녀의 믿음에 대해서 막연한 기대를 하고 있습니다. 몸과 마음을 다해 봉사 활동을 하면 자녀에게 하나님의 보상이 있을 것이라고 기대하기도 합니다.

물론 부모의 몸과 마음을 다한 신앙생활이 자녀에게 영향을 미치지 않는 것은 아닙니다. 그러나 부모가 신앙생활 자체에 함몰되는 것은 옳지 않습니다. 그로 인해 자녀가 부모의 관심 밖으로 밀려날 수 있습니다. 부모의 신앙이 자녀에게 대물림되기를 원한다면 함께하는 시간이 필요합니다. 부모가 신앙생활로 바빠져서 자녀와 함께하는 시간을 갖지 못하는 것은 어리석은 일입니다.

내가 하나님을 열심히 믿는다고 자녀까지 자동으로 하나님의 자녀가 되는 것은 아닙니다. 자녀가 예수님을 영접하고 예수님의 이름을 믿어야 하나님의 자녀입니다. 부모는 자녀를 사랑하여 모든 것을 희생하길 원합니다. 그래서 간혹 자녀의 신앙도 이 범주에 넣으려고 합니다. 그러나 그것이 절대 불가능하다는 것을 믿음의 선진들을 보아 알 수 있습니다.

부모의 재산은 자녀에게 물려줄 수 있습니다. 그러나 신앙은 저절로 자녀에게 대물림되지 않습니다. 막연한 기대를 버리십시오. 자녀와 함께 기도와 찬양과 말씀 읽는 시간을 멈추지 말아야 합니다.

 주님, 막연한 기대를 버리게 하시고 자녀의 마음을 열어주셔서 예수님을 영접할 수 있기를 간구합니다.

자녀가 부모를 택했습니다

만세 전부터, 태초부터, 땅이 생기기 전부터 내가 세움을 받았나니_잠언 8장 23절

젊어서는 '내 인생은 나의 것'이라고 확신합니다. 그러나 세월이 지나면서 내 인생에 보이지 않는 손길이 있음을 인정합니다.

내가 택한 것이 아니라 하나님이 먼저 부르셨음을 알게 됩니다. 우리는 그것을 하나님의 은혜라고 고백합니다.

자녀는 분명히 부모의 자식으로 태어납니다. 고통을 직접 겪고 생명의 탄생을 봅니다. 그래서 내가 낳은 '내 자식'이라는 생각을 지울 수 없습니다.

옹알이, 배밀이, 첫걸음마, 밤새 내리지 않던 열 등 부모는 모두 어제 일처럼 기억하고 있습니다. 오랜 세월이 흘렀어도 잊히지 않습니다. 모습과 행동이 부모를 닮아가는 것을 보며 뗄 수 없는 운명 공동체임을 인정합니다.

문득 이런 생각이 듭니다. 정말 부모가 자녀를 낳았을까? 선택할 수 있어서 내 자식이 된 것일까? 아이들이 성장하는 모습을 바라보니 아니라는 생각이 더 분명해집니다. 아이가 부모를 택하여 스스로 왔습니다.

자녀의 그런 선택이 먼저 있었기에 우리는 부모가 되었습니다.

다른 부모는 키울 수 없는 다른 부모 밑에서는 행복할 수 없는 그런 모습으로 우리에게 왔습니다. 부모에게 행복을 주려고 왔습니다.

부모와 함께 즐거워하려고 왔습니다. 이 사실을 잊지 않는다면 자녀는 늘 부모의 기쁨이요 즐거움입니다.

자녀가 자신의 선택이 옳았음을 느끼며 살았으면 좋겠습니다.

주님, 자녀를 선물로 주셔서 감사합니다.

오래 참음으로 기다리십시오

또 우리 주의 오래 참으심이 구원이 될 줄로 여기라_베드로후서 3장 15절

하나님의 오래 참으심 없이 우리가 구원을 얻을 수 있을까요? 자신을 돌아보면 그럴 수 없다는 것을 바로 알게 됩니다. 인간은 하나님의 부르심에 바로 반응하는 존재가 아니기 때문입니다.

예수님을 영접하고 나서도 성숙한 그리스도인이 되기까지는 오랜 세월이 걸립니다. 주님의 기다림이 없다면 하나님 앞에 갈 수 없음을 우리는 알고 있습니다. 그런데도 부모는 자녀에 대해서 기다려 주지 못합니다.

다른 집 아이들에게는 잘 참아 줍니다. 그런데 정작 자기 자녀에 대해서는 잠시도 참지 못하고 화를 내거나 그것을 빌미로 협박을 합니다.

부모는 생각합니다. 어리니까 행동도 빨리 교정할 수 있고 되돌릴 수 있다고 생각합니다. 그러나 아이들은 빨리 흐르는 시간 속에 살고 있어서 어떤 행동을 되돌리기 위해서는 많은 시간이 필요합니다.

어른들은 천천히 걷고 있으므로 어떤 행동을 바로 다른 행동으로 옮길 수 있습니다. 그러나 나이가 어릴수록 되돌릴 수 있는 시간이 필요합니다. 그래서 부모의 입장만 생각하고 자녀가 부모의 말에 즉각 순종하기를 바라는 것은 욕심입니다. 오히려 자녀가 상처를 입을 수도 있습니다.

부모의 욕심이 자녀에 대해 잠시도 기다려 주지 못하게 합니다. 부모는 자녀가 빨리 배우고 익혀서 남보다 먼저 도착하는 것을 성공이라고 확신합니다. 그러나 하나님께서는 일찍 도착하는 것보다 과정에 관심이 있으십니다.

자녀가 자랄수록 부모는 더욱 기다려야 합니다. 그것은 자녀를 위함이 아니라 부모 자신을 위한 일입니다. 하나님께서 부모인 우리를 오래도록 참고 기다리셨기 때문입니다.

주님이 우리를 오래 참고 기다리신 것처럼, 자녀를 오래 참고 기다리길 소망합니다.

예수 그리스도를 만난다는 것

나 여호와 너의 하나님이 네 오른손을 붙들고 네게 이르기를 두려워하지 말라 내가 너를 도우
리라_이사야 41장 13절

예수 그리스도는 우리 삶에 어떤 영향을 미칠까요?

예수님을 만나서 삶이 바뀌지 않은 사람은 아무도 없습니다. 중풍 병자, 한센병자, 소경 등 어떤 병자라도 예수님을 만나면 고침을 받았습니다. 병 고침은 육체의 고통에서 벗어나게 할 뿐 아니라 그들의 삶을 변화시켰습니다.

방향키 없는 삶에 길을 열어 주었고 헤매고 있는 인생길에 등불이 되었습니다. 삭개오도 그런 사람 중 하나입니다. 나무 위에서 예수님과 한두 마디를 나눴을 뿐인데 나무에서 내려오는 삭개오는 올라갈 때와는 완전히 달라져 있었습니다. 삭개오가 자신의 소유를 나눠 주었다는 것은 삶의 방향이 달라졌다는 것입니다. 삶의 방향키를 예수님께 맡겼다는 것을 의미합니다.

성경에 등장하는 인물들뿐 아니라 역사 속에서도 하나님을 만난 이후 달라진 사람들이 많습니다. 우리 주변에서도 하나님을 만난 후 새로운 삶을 사는 사람들을 쉽게 만날 수 있습니다. 우리 또한 그렇습니다. 하나님을 만남으로 우리 삶의 방향이 달라졌습니다.

예수 그리스도를 만난다는 것은 영적 의미만 있는 것이 아닙니다. 눈에 보이는 개인의 삶이 바뀌는 것이며, 역사가 달리 기술되고 있다는 것입니다.

자녀가 예수 그리스도를 만난다는 것은 그 결과를 아무도 예측할 수 없는 광활한 세계로 인도되는 것을 의미합니다. 예수 그리스도를 등불 삼아 걷는 자녀의 길을 부모는 두려워할 필요가 없습니다. 하나님의 오른손에 붙들린 자녀의 삶을 부모는 걱정할 필요가 없습니다.

 주님, 자녀가 예수 그리스도를 만나기 소원합니다. 예수 그리스도 때문에 삶의 방향이 달라지는 자녀가 되기를 원합니다.

이렇게 자녀를 축복하십시오

어린아이 하나를 데려다가 그들 가운데 세우시고 안으시며 제자들에게 이르시되_마가복음 9
장 36절

부모가 자녀를 축복하는 것은 하나님의 명령입니다. 부모는 축복의 통로로 사용되어야 합니다. 부모가 하나님의 이름으로 축복할 때 하나님께서 자녀에게 복을 주신다고 약속하셨습니다(민 6:27).

그렇다면 부모는 어떻게 자녀에게 축복해야 할까요? 예수님께서 그 모범을 보여 주셨습니다. 예수님은 어린아이를 안으시고 축복하셨습니다.

부모가 자녀에게 기도할 때 예수님의 마음으로 자녀의 머리에 손을 얹습니다. 혹은 따뜻하게 손을 잡거나 가슴에 안고 기도합니다. 자녀 앞에서 무릎을 꿇고 낮은 자세를 취할 때 부모는 하나님의 축복을 흘려보내는 통로임을 깨닫게 됩니다.

자녀만이 아니라 다른 사람을 위해서 축복 기도를 할 때도 무릎을 꿇는 자세가 좋습니다. 축복하는 사람은 무릎을 꿇어 낮은 곳에서 겸손하게 하나님의 통로 역할을 합니다.

부모가 축복의 통로가 되고자 할 때 성령님께서 부모의 입술에 축복의 말씀을 부어 주실 것입니다.

부모가 선포하는 축복의 말씀을 하나님께서 그대로 이루어 가십니다. 아브라함에게 하신 약속의 말씀은 지금도 적용되는 말씀입니다.

 주님. 땅의 모든 족속이 자녀로 인하여 복을 얻을 것이라는 말씀을 믿습니다.

부모의 손길은 따뜻해야 합니다

7/23

예수께서 불쌍히 여기사 그들의 눈을 만지시니 곧 보게 되어 그들이 예수를 따르니라_마태복음 20장 34절

예수님께서는 많은 사람을 만져 주셨습니다. 예수님의 손길이 닿은 사람들은 병이 치유되었습니다. 단순하게 병만 고침을 받은 게 아닙니다. 모든 관계가 회복되었습니다.

병을 앓던 사람들은 이웃과 가족에게서 멀리 떨어져 살았습니다. 사랑하는 자녀를 마음 놓고 안아 주지도 못했을 것입니다. 이웃 사람들과도 다정하게 인사도 못 나누고, 부부일지라도 온전히 사랑하지 못했을 것입니다.

어쩌면 질병으로 인한 고통보다 마음의 고통이 더 깊었을 수도 있습니다. 사랑하는 사람들과 떨어져야 하는 아픔을 가지고 살았습니다.

예수님의 손길은 단절된 관계를 회복시켜 주셨습니다. 마음 놓고 자녀를 안을 수 있고, 부부끼리 애정 표현을 할 수 있고, 이웃과 정답게 인사를 나눌 수 있게 되었습니다. 그뿐만 아니라 제일 중요한 구원을 얻었습니다.

예수님의 손길은 회복입니다.

예수님의 손길은 복음입니다.

구원으로 초대하는 손길입니다. 부모의 손길이 예수님의 손길을 닮았으면 좋겠습니다. 자녀의 눈물을 닦아 주고 아픈 마음을 안아 주는 회복의 손길이 되었으면 좋겠습니다.

 상한 마음마저 만져 주시는 예수님처럼 자녀의 마음을 어루만지는 부모의 손길이 되게 하소서.

하나님을 기쁘시게 하는 자녀

믿음이 없이는 하나님을 기쁘시게 하지 못하나니 하나님께 나아가는 자는 반드시 그가 계신 것과 또한 그가 자기를 찾는 자들에게 상 주시는 이심을 믿어야 할지니라_히브리서 11장 6절

사람이 하나님을 기쁘시게 하는 일은 오직 한 가지밖에 없습니다. 믿음입니다. 믿음을 가진 사람만이 하나님을 기쁘시게 할 수 있습니다. 하나님께서 기뻐하시는 믿음이란 무엇일까요?

믿음은 초점이 '하다(doing)'에 있지 않습니다. 하나님을 기쁘시게 하려고 뭔가를 '하는 것'이 믿음이 아닙니다. '하다'에 초점을 두면 내가 무엇을 해야 하나님께서 기뻐하실 것으로 생각할 수 있습니다.

믿음은 내가 무엇을 하는 것이 아니라 내가 할 수 없음을 드러내는 것입니다. 내 힘과 능력으로 하나님을 위해서 아무것도 할 수 없음을 고백하는 것이 믿음입니다. 하나님은 자신의 기쁨을 위해서 우리가 무엇인가 하기를 원하시지 않습니다.

우리의 믿음은 내세울 것이 없습니다. 하나님께서 우리를 위해서 끊임없이 무엇인가를 하고 계시기 때문입니다. 하나님께서 우리를 통해서 무엇인가 이루어 가시도록 맡기는 것이 믿음입니다. 하나님께서 나를 통해서 일하심을 믿는 것이 믿음입니다. 하나님께서는 이런 반응을 기뻐하십니다.

하나님을 기쁘시게 하려고 자녀에게 무언가 하도록 강요하고 있다면 다시 생각해 봐야 합니다. 자녀에게 하나님 앞에서 힘을 키우도록 하는 것이 아니라 오히려 힘을 빼도록 가르쳐야 합니다.

하나님 앞에 자신의 연약함을 그대로 드러내야 합니다.

하나님께서 일하시도록 자신을 내려놓고 하나님을 기쁘시게 하는 믿음의 자녀 되기를 소망합니다.

입증하지 않아도 됩니다

악하고 음란한 세대가 표적을 구하나 요나의 표적 밖에는 보여 줄 표적이 없느니라 하시고 그
들을 떠나 가시니라_마태복음 16장 4절

부모는 신앙으로 자녀를 키워서 성공하는 모습을 기대합니다. 예수님께서 성공
의 보증수표가 돼 주시기를 원합니다.

때로는 우리도 우리 삶을 통해 신앙적 성공을 증명해 보이려고 애를 씁니다. 하
나님께서 어떻게 기적을 일으키셨는지, 어떤 특별한 은혜를 베풀어 주셨는지 설
명합니다.

물론 우리 삶에 기적이 일어납니다. 표적을 경험하기도 합니다. 하나님의 도우
심으로 도저히 오를 수 없는 곳에 도달하기도 합니다. 도저히 회복될 수 없는 병에
서 벗어나기도 합니다.

그러나 증명하지 않아도 됩니다. 물론 하나님의 일하심을 드러내어 하나님을
높이려는 마음도 있습니다. 그러나 자칫하면 성공의 잣대를 세상의 기준에 맞추
고 세상의 기대에 부응하려 할 수도 있습니다.

선한 뜻으로 시작했으나 결국 자신을 내보이고 싶은 마음이 앞서게 됩니다. 다
른 사람과 비교하게 되고, 자신의 노력을 자랑하고 싶은 마음을 '하나님께 영광'이
라는 포장으로 꾸밀 수도 있습니다.

우리가 굳이 증명하지 않아도 하나님께서는 다 알고 계십니다. 그 마음까지도
헤아리고 계십니다. 우리가 하나님의 자녀인 것은 변하지 않습니다.

우리의 실패나 성공과 상관없이 우리는 하나님의 자녀입니다. 세상 사람들의
인정 여부와 상관없이 하나님께서는 여전히 우리를 사랑하십니다.

주님, 자녀를 자랑하고 싶고 증명해 보이고 싶은 마음이 들 때 더욱 겸손함으로 주님을
바라보는 부모가 되길 소망합니다.

말씀으로 즐거운 자녀

마음의 즐거움은 얼굴을 빛나게 하여도 마음의 근심은 심령을 상하게 하느니라_잠언 15장 13절

얼굴은 마음의 거울이라고 합니다. 표정을 숨기려 애써도 얼굴은 마음의 상태를 그대로 드러냅니다. 인생을 평안하게 사는 것은 큰 복입니다.

마음에 즐거움과 기쁨이 있어야 얼굴이 빛난다고 했습니다. 표정은 자신뿐 아니라 바라보는 사람에게도 영향을 끼칩니다. 우리 자녀의 얼굴이 바라보는 사람들마저 행복하게 했으면 좋겠습니다.

세상에는 즐거움과 기쁨을 주는 것이 많습니다. 사람들은 그것을 얻기 위해서 치열한 싸움을 하기도 합니다. 세상에서 얻는 즐거움은 '소유'에 집중되어 있습니다. 세상에서 얻는 기쁨은 다른 사람과의 '비교'에 있습니다.

고난 중에서도 즐거움을 잃지 않도록 하는 것은 하나님의 말씀뿐입니다.

"주의 법이 나의 즐거움이 되지 아니하였더면 내가 내 고난 중에 멸망하였으리이다"(시 119:92).

하나님의 말씀은 마음을 기름지고 즐겁게 합니다. 오직 하나님 안에서만 진정한 즐거움을 누릴 수 있습니다(사 58:14).

부모는 자녀가 언제나 즐겁고 행복하길 원합니다. 기쁨이 넘치는 모습을 보면 먹지 않아도 배부릅니다. 자녀의 즐거운 모습은 부모를 행복하게 합니다. 자녀가 행복하기를 바라는 부모는 자녀에게 말씀을 먹입니다. 오직 주의 말씀만이 자녀에게 기쁨과 즐거움을 줍니다.

오직 주의 말씀만이 부모와 자녀를 즐겁고 행복하게 하시니 감사합니다.

자녀 양육은 부모의 경건 훈련입니다

경건의 모양은 있으나 경건의 능력은 부인하니 이 같은 자들에게서 네가 돌아서라_디모데후
서 3장 5절

부모는 자녀를 양육하면서 많은 어려움을 겪지만, 그로 인하여 믿음이 더욱 강건하게 됩니다. 그래서 자녀 양육을 경건 훈련이라 합니다. 자녀 문제 때문에 애태우며 십자가 앞으로 나아갈 때 부모의 믿음이 자라기 시작합니다.

자녀를 임신하면서부터 부모의 신앙 훈련이 시작됩니다. 그런데 이 경건 훈련은 조화가 필요합니다. 흔히 경건 훈련이라고 하면 기도, 금식, 성경 읽기 등과 같은 영적인 것을 떠올립니다. 맞습니다. 경건은 영적 훈련이 기초입니다. 그러나 그에 머물러서는 안 됩니다.

영적 훈련이 삶 속에서 실천되어 경건의 모습으로 나타나야 합니다. 무릇 경건하게 살고자 할 때 박해를 받는다고 했습니다. 경건하게 살고자 할 때 왜 박해를 받을까요? 경건이 영적 상태에만 머물러 있다면 굳이 박해를 받을 이유가 없습니다. 말씀대로 살고자 할 때 박해를 받습니다. 세상의 가치를 거부하고 하나님 나라의 가치를 기준으로 살 때 박해를 받게 됩니다.

하나님께서 기뻐하시는 금식은 주린 자에게 내 양식을 나누어 주며 나그네를 대접하는 것입니다. 부모를 공경하고 가족의 어려움을 외면하지 않는 것이라고 했습니다(사 58:7). 영적 상태에만 치우친 모습은 진정한 경건이 아닙니다. 말씀이 삶으로 드러나는 것이 경건의 능력입니다. 부모는 자녀가 어릴 때 기도, 예배, 성경 읽기 등의 신앙 교육에 힘을 다합니다. 그러나 삶에서 경건의 모습을 나타내는 훈련도 해야 합니다.

부모가 아침에는 성경을 읽고 기도하는 모습을 보여 주고 낮에는 삶 속에서 실천할 때 온전한 자녀 양육의 방향으로 갈 수 있습니다.

말씀을 삶에서 실천하여 경건 훈련에 최선을 다하는 부모가 되기를 소망합니다.

말씀에 순종하는 큰 사람

너희 중에 누구든지 으뜸이 되고자 하는 자는 너희의 종이 되어야 하리라_마태복음 20장 27절

자녀가 잘되기를 바라는 부모의 마음은 예나 지금이나 같습니다. 세베대의 아들의 어머니가 예수님께 와서 자기 자식들에게 중요한 직책을 달라고 부탁하는 것만 봐도 알 수 있습니다.

부모만 그런 마음이 있는 게 아닙니다. 누구나 다른 사람들보다 높은 자리에 오르기를 바라는 마음이 있습니다.

제자들도 서로 누가 크냐 하는 문제로 다툼을 벌였습니다. 제자들도 예수님의 눈에 들어서 더 높은 자리에 오르기를 바랐습니다. 다른 사람 위에 군림하고 싶은 마음은 어쩌면 타고난 것인지도 모릅니다.

사람은 눈에 보이는 것으로 크기를 결정합니다. 눈에 보이는 것으로 성공과 실패를 나눕니다. 그러나 예수님의 기준은 다릅니다.

"누구든지 내 이름으로 이런 어린아이를 영접하면 곧 나를 영접함이요 또 누구든지 나를 영접하면 곧 나를 보내신 이를 영접함이라. 너희 모든 사람 중에 가장 작은 그가 큰 자니라"(눅 9:48).

높은 자리에 오르고자 하는 사람은 종이 되어 다른 사람을 섬겨야 한다고 말씀하셨습니다. 세상의 기준과 전혀 맞지 않습니다. 예수님께서 이렇게 말씀하실 수 있었던 것은 자신이 섬김을 받지 않고 오히려 목숨까지 대속물로 주셨기 때문입니다(마 20:28).

그리스도인은 예수님의 가치관으로 세상을 살아가는 사람들입니다. 세상에서 섬기는 자리에 있으므로 하늘에서는 가장 큰 자로 여김을 받는 사람들입니다.

주님, 자녀가 말씀에 순종하는 큰 사람이 되길 원합니다.

믿음은 선물입니다

사람마다 먹고 마시는 것과 수고함으로 낙을 누리는 그것이 하나님의 선물인 줄도 또한 알았
도다_전도서 3장 13절

"의지만 강하면 못할 일이 없다"라고 말합니다. 전혀 틀린 말은 아닙니다. 주변에 보면 어려운 환경을 강한 의지로 이겨 내고 성공한 사람들을 많이 볼 수 있습니다. 마음을 굳게 하고 어려운 환경과 맞서 싸워 남들이 하지 못하는 일을 성취하기도 합니다.

인간에게 있어서 의지는 상상 못 할 힘을 만들어 내는 원동력이 됩니다. 그래서 가끔은 믿음과 의지를 혼동하기도 합니다. 자신의 의지로 믿음을 지켜 가려고 합니다. 자신의 강한 의지로 하나님의 뜻을 이루어 가려고 합니다.

물론 믿음을 지키고 성장하는 데 강한 의지가 전혀 필요 없는 것은 아닙니다. 그러나 믿음은 의지가 아닙니다. 하나님의 살아 계심과 천지 창조를 내 의지로 믿으려고 해도 믿을 수 없습니다. 그런데 어느 순간 아무런 노력을 하지 않고 특별한 까닭이 없음에도 모든 것이 저절로 믿어집니다. 그것이 믿음이며 그래서 믿음은 하나님께서 주시는 선물입니다.

노력과 의지로 믿음을 얻을 수 없기에 믿음은 자랑할 게 없습니다. 자녀를 믿음으로 양육한다는 것은 이와 같습니다. 부모의 뜻과 의지가 자녀에게 투영되는 것이 아니라 하나님의 뜻이 우선입니다. 부모의 생각대로 자녀를 이끄는 것을 내려놓는 것입니다. 부모 맘대로 자녀를 키울 수 있다는 생각을 버리는 것입니다. 부모의 노력과 힘으로 할 수 있는 일일지라도 하나님의 뜻이 아니라면 선택하지 않는 것입니다.

주님, 자녀 양육에 있어 우리의 생각과 의지를 내려놓고 오직 하나님의 뜻에 순종하는 믿음을 주소서.

은혜 위에 은혜를 구하십시오

우리가 다 그의 충만한 데서 받으니 은혜 위에 은혜러라_요한복음 1장 16절

부모는 자녀에게 "~하지 마라"는 말을 입에 달고 삽니다. 모두 걱정이 돼서 하는 말입니다. 그런데도 자녀는 여전히 부모가 하지 말라는 행동을 합니다. 아이들은 부모의 염려와 걱정을 아랑곳하지 않습니다. 그래서 부모와 자녀 사이에 다툼이 시작되고 사이가 벌어집니다. 점점 갈등의 골이 깊어지고 부모는 부모대로 실망하고 분노하기도 합니다. 자녀 또한 부모의 지나친 간섭에 더욱 엇나가게 됩니다.

신앙을 가진 부모는 또 다른 걱정이 있습니다. 그것은 아이들이 죄에 물드는 것에 대한 염려입니다. 그래서 잔소리가 점점 더 많아집니다. 이것이 지나치면 부모와 자녀 모두 신앙생활에서 누리는 기쁨이나 즐거움이 점점 사라지게 됩니다. 하나님의 말씀이 자신을 옥죄는 올가미가 됩니다.

부모가 자녀의 행동을 통제하는 것에는 한계가 있습니다. 안타깝게도 자식은 부모가 원하는 대로 따라주지 않습니다. 사실 자녀에게 나쁜 길에 서지 말고 하나님의 말씀대로 살라고 끊임없이 잔소리를 하지만 정작 부모 자신을 돌아보면 그렇게 살지 못하고 있습니다.

하나님의 은혜뿐입니다. 하나님의 은혜가 넘치면 자연스럽게 죄의 유혹에서 멀어지게 됩니다. 하나님의 은혜가 넘치면 불순종으로부터 멀어지게 됩니다.

하나님의 은혜는 부모의 잔소리를 없애 줍니다. 하나님의 은혜는 자녀에 대한 걱정과 염려를 없애 줍니다.

자녀에게 "~하지 마라"는 잔소리를 하기 전에 먼저 하나님의 은혜를 구해야 합니다. 자녀가 죄의 유혹을 받을까 걱정하지 말고 하나님께 은혜를 구하십시오.

 하나님의 은혜가 부모와 자녀에게 넘쳐서 죄로부터 멀어지게 하소서.

7
31
자녀는 주님의 증거입니다

또 그의 이름으로 죄 사함을 받게 하는 회개가 예루살렘에서 시작하여 모든 족속에게 전파될
것이 기록되었으니 너희는 이 모든 일의 증인이라_누가복음 24장 47~48절

우리가 끝까지 해야 할 일은 모든 민족에게 예수 그리스도를 전하는 일입니다. 이는 예수님께서 명령하신 일이기에 선택의 여지가 없습니다. 하나님께서 우주 만물을 창조하셨고 지금도 살아 계시며 예수님께서 죽은 지 사흘 만에 다시 살아나셨음을 전하는 일입니다.

증인은 헛된 것을 전하는 것이 아니라 부인할 수 없는 분명한 진실을 전하는 사람입니다. 모든 그리스도인은 예수 그리스도의 증인이며 증거를 가지고 있습니다. 부모도 마찬가지입니다. 그렇다면 부모는 어떤 증거를 가지고 있을까요?

부모의 증거는 자녀입니다. 자녀가 그 증거가 되기 위해서는 부모가 가는 길을 멈춰서는 안 됩니다. 부모가 가야 할 끝은 자녀가 완전한 그리스도의 증거가 되는 날입니다.

지금 자녀의 모습에서는 그럴 만한 싹이 전혀 보이지 않습니다. 오히려 하나님의 영광을 가릴 것만 같습니다. 밑 빠진 독에 물 붓기 같은 느낌입니다. 그래도 멈춰서는 안 됩니다.

자녀를 주님의 증거로 양육하는 일은 부모가 유익을 얻고자 함이 아닙니다. 오직 하나님께 드릴 영광만이 있을 뿐입니다. 부활하신 주님이 함께하십니다. 언젠가 하나님 앞에 서서 "이 아이가 바로 주님의 증거입니다" 하고 외칠 날이 올 것입니다. 우리 모두 그날을 기다리며 믿음으로 이 길을 함께 가길 원합니다.

주님, 자녀 양육은 주님께서 함께하시는 길입니다. 믿음의 동역자들이 있음을 기억하고 완주하길 소망합니다.

8월

이기는 싸움

이기는 싸움을 시작하십시오

너희를 향한 나의 생각을 내가 아나니 평안이요 재앙이 아니니라 너희에게 미래와 희망을 주는 것이니라_예레미야 29장 11절

싸움의 결과는 시작할 때 이미 많은 부분이 결정됩니다. 다윗이나 여호수아의 전쟁이 그렇습니다. 다윗과 여호수아는 출정할 때마다 이미 승리의 깃발을 가지고 나갔습니다. 물론 하나님께서 승리를 약속하셨지만, 그들이 승리를 입으로 선포하지 않았다면 어찌 되었을까요?

장수가 전쟁에 나갈 때 가족에게 "아무래도 이 싸움은 이기기 힘들 것 같아!"라고 말한다든가 부하들 앞에서 "목숨을 걸고 싸워 봐야 이기지 못할 것이다"라고 말한다면 결과가 어떻게 될까요?

하나님께서 승리의 약속을 주셨어도 믿지 못하고 부정적인 말을 한다면 그 전쟁은 질 가능성이 큽니다. 생각과 말은 행동을 끌어내기 때문입니다. 생각과 말이 바르지 못하면 행동도 실패로 기울게 됩니다.

하나님께서는 우리의 미래에 절망이 아니라 소망을 주셨습니다. 그런데도 우리는 그것을 가지려고 하지 않습니다. 스스로 좌절하고 실패자로 규정할 때가 많습니다. 부모와 자녀의 말을 잘 들어보면 부정적인 말이 많다는 것을 알 수 있습니다. 어떤 일을 할 때, "난 안 될 것 같은데" "내가 될까?" 등 해 보지도 않고 바람직하지 못한 결과를 예측하는 말을 먼저 합니다.

'머리가 나쁘다' '해도 안 된다' 같은 부정적인 사고는 뇌의 활동을 가로막는 걸림돌이 됩니다. 사람의 뇌는 생각과 말이 바르지 못하면 바로 몸의 기능이 그에 맞춰지도록 준비를 합니다. 그러니까 싸움을 하기도 전에 이미 한쪽 무릎을 꿇고 시작하는 꼴입니다.

부정적인 생각과 말 때문에 좋지 않은 결과가 나타나지 않도록 자녀를 격려해야 합니다. 자녀의 미래는 하나님께서 결정하십니다. 부모나 다른 사람들이 함부로 결정할 수 없습니다.

하나님께 의지하여 이기는 싸움을 하게 하소서.

대상을 분명하게 알아야 합니다

우리의 씨름은 혈과 육을 상대하는 것이 아니요 통치자들과 권세들과 이 어둠의 세상 주관자들과 하늘에 있는 악의 영들을 상대함이라_에베소서 6장 12절

처음부터 다툼과 분란으로 시작되는 일은 별로 없습니다. 좋은 의도로 시작했는데 결과가 다툼으로 나타날 뿐입니다. 남편의 어떤 행동을 보고 아내가 잔소리를 합니다. 또 아내의 행동을 남편이 못마땅해합니다. 부모가 자녀의 잘못된 버릇이나 행동을 고쳐 주고 싶어합니다.

이때부터 다툼과 분란이 시작됩니다. 자녀가 부모의 충고를 잘 받아들이면 문제가 없습니다. 그러나 부모의 뜻이 받아들여지지 않으면 화가 납니다. 자녀에게 꼭 필요한 충고라고 생각하기 때문에 더욱 의지가 강해지고 상대방을 몰아세웁니다. 이것이 다툼의 시작입니다.

어느 부모든 자녀와 다투려고 잘못을 지적하지 않습니다. 자녀도 부모와 사이가 멀어지고 싶어서 지적을 외면하지 않습니다. 문제는 눈에 보이는 현상에 집중하여 서로 할 수 없는 것을 하려고 하기 때문입니다.

지적을 통해서 상대방의 행동을 바꿀 수 있을까요? 결코 변화시킬 수 없습니다. 물론 폭력이나 힘을 사용해서 자녀의 행동을 바꾸려고 한다면 그럴 수도 있습니다. 그러나 결코 내면의 변화를 기대할 수는 없습니다.

부모에게 자녀는 사랑하고 기도해야 할 대상입니다. 다툼의 대상이 아닙니다. 더 분명한 것은 인격을 바꾸는 일은 우리가 할 수 없는 영역입니다. 사람을 변화시키는 것은 하나님의 만지심만으로 가능합니다.

우리는 할 수 있는 일을 해야 합니다. 자녀의 고치고 싶은 부분들이 눈에 보인다면 부모가 기도할 때입니다.

주님, 사랑하는 가족을 위해서 무릎을 꿇기 원합니다. 남편을 위해, 아내를 위해, 자녀를 위해서 무릎 꿇는 자가 되게 하소서.

부는 바람을 두려워 마십시오

바람이 거스르므로 제자들이 힘겹게 노 젓는 것을 보시고 밤 사경쯤에 바다 위로 걸어서 그들에게 오사 지나가려고 하시매_마가복음 6장 48절

부모는 자녀의 평안한 삶을 원합니다. 고난을 만나지 않고 걱정 없이 살아가기를 바랍니다. 그런 소망을 두고 자녀를 뒷바라지합니다.

자녀 앞에 궂은일, 힘든 일이 생기면 부모가 대신하여 해결합니다. 오직 자녀가 인생이란 바다에서 순항하기를 바랄 뿐입니다. 그래서 자녀가 작은 풍랑이라도 만나면 온갖 걱정과 근심이 앞서게 됩니다.

자녀 앞에 닥친 거친 바람을 부모가 대신하여 맞는 것이 자녀를 위한 것일까요?

깊은 밤, 칠흑처럼 어두운 바다 한가운데서 제자들은 거친 풍랑을 만났습니다. 있는 힘을 다해 노를 저어도 높은 풍랑을 이겨 낼 수 없었습니다. 예수님께서는 그 모습을 지켜보고 계셨습니다.

갑작스러운 폭풍을 만나서 죽을 고비를 넘긴 제자들의 입에서 나온 말은 "진실로 하나님의 아들이십니다."라는 고백이었습니다. 거친 풍랑을 이겨 내는 과정에서 제자들의 믿음이 확고해졌습니다.

거친 폭풍은 누구나 만나고 싶지 않습니다. 그렇다고 해서 자녀에게 장차 만나게 될지도 모르는 풍랑에 대한 두려움을 갖게 할 필요는 없습니다. 오히려 폭풍과 싸워 이길 힘을 길러 줘야 합니다.

자녀가 크고 작은 비바람을 만났을 때 부모가 해결하려고 나서지 마십시오. 물론 부모가 대신 해결하면 그때 당장은 편안할지 모릅니다. 그러나 그것은 자녀를 나약하게 만드는 일입니다. 작은 돌부리에 걸려 넘어졌다가 일어서기를 반복하다 보면 큰 돌부리에 걸려 넘어졌을지라도 다시 일어설 수 있는 자신감이 생깁니다.

 오늘 주님을 향해 나의 손을 듭니다. 평안하든 거친 폭풍이 몰아치든 제 손을 잡아주소서! 자녀의 손을 잡아주소서!

부모는 연약합니다

이와 같이 성령도 우리의 연약함을 도우시나니 우리는 마땅히 기도할 바를 알지 못하나 오직 성령이 말할 수 없는 탄식으로 우리를 위하여 친히 간구하시느니라_로마서 8장 26절

부모는 자식을 위한 일이라면 목숨까지도 아끼지 않습니다. 자식이 잘되는 일이라면 못 할 것이 없습니다. 어찌 보면 부모의 삶은 자식의 몸짓 하나에 웃고 우는 광대와 같은 것일지도 모릅니다. 자식을 위해서 부모의 삶을 희생하려는 마음은 본능입니다. 배우고 익혀서 가진 마음이 아닙니다.

그러나 부모는 연약합니다. 인간의 연약함을 벗어날 수 없습니다. 자식을 위해서 베풀 수 있는 사랑의 한계를 발견합니다. 부모가 할 수 있는 것들보다 할 수 없는 것들이 더 많음을 깨닫는 것은 고통입니다.

신앙으로 자녀를 양육하고자 하는 부모는 자신의 연약함을 더욱 쉽게 발견합니다. 새벽의 결단이 저녁도 되기 전에 무너지고 저녁의 결단이 아침이면 눈 녹듯이 사라집니다. 하루에도 몇 번씩 마음이 뒤바뀝니다.

믿음조차 자식 앞에서 너무 쉽게 무너지는 것을 보면서 자책감이 들기도 합니다. 그러나 가장 큰 문제는 자신이 연약하다는 것을 인식하지 못하는 것입니다. 자신이 강하다고 느끼는 순간 하나님으로부터는 멀어지고 있기 때문입니다.

부모가 자식을 위해서라면 어떤 희생도 할 수 있지만 믿음까지 버릴 수는 없습니다. 당장은 이익인 것처럼 보이지만 결국에는 부모와 자녀를 모두 불행하게 하는 일입니다. 말씀을 벗어나는 일들은 구원에 이르지 못하는 파멸의 길입니다.

부모가 연약하다고 하여 낙심하거나 좌절하지 마십시오. 우리를 도우시는 성령님이 계십니다. 기도조차 할 수 없고 이런 것들이 무슨 소용이 있을까 하는 회의감에 빠질 때도 있습니다. 그러나 낙심하지 마십시오.

 언제나 안타까움으로 바라보시고 우리를 대신하여 기도하시는 성령님을 의지합니다.

8 / 05 하나님의 영을 가득 채우십시오

하나님의 영을 그에게 충만하게 하여 지혜와 총명과 지식과 여러 가지 재주로 정교한 일을 연구하여 금과 은과 놋으로 만들게 하며 보석을 깎아 물리며 여러 가지 기술로 나무를 새겨 만들게 하리라_출애굽기 31장 3~5절

부모가 자녀의 앞날을 생각할 때 답답하고 난감한 때도 있습니다. 도무지 하고 싶은 게 없고 도드라진 특기나 장점도 없습니다. 그렇다고 해서 특별하게 말썽을 부리는 것도 아닙니다. 아무런 생각도 없는 것 같아 저절로 한숨이 나옵니다.

이스라엘 백성들은 광야에서 하나님의 명령에 따라 성막을 지었습니다. 그때 중요한 역할을 한 사람이 브살렐과 오홀리압이었습니다. 그들은 성막에 사용되는 중요한 기구들을 만들었는데, 원래 그런 기술을 가지고 있던 사람들이 아니었습니다. 특별한 재능이나 특기도 없었습니다.

그런데 하나님께서 브살렐과 오홀리압을 지명하여 부르셨습니다. 하나님께서 그들을 부르셨기 때문에 성막의 기구를 만들게 된 것입니다. 그들은 한 치의 오차도 없이 하나님께서 기뻐하시는 성막을 지었습니다.

하나님께서 그들에게 하나님의 영을 가득 채워 주시고 기술과 능력과 지식을 주셨습니다. 정교한 것들을 연구하고 설계하여 만들 수 있는 재능을 주셨습니다.

어느 분야에서 뛰어난 사람이 되려면 부단한 노력이 필요합니다. 타고난 재능도 필요합니다. 그러나 그것보다 우선 채워야 할 것은 하나님의 영입니다. 지혜의 근본이신 하나님의 말씀입니다. 그때 놀라운 일이 벌어질 것입니다. 생각하지 못한 것들이 떠오르고 기술과 지식의 진보가 눈에 띄게 달라질 것입니다.

자녀를 답답해하기 전에 하나님의 영이 가득 채워지기를 간구하십시오. 하나님께서 자녀에게 지혜와 총명을 부어 주시길 구하십시오.

 하나님의 영으로 충만한 자녀가 세상을 변화시키고 하나님 나라를 넓혀 갈 것을 믿습니다. 주님, 자녀에게 하나님의 영을 충만하게 하소서.

자녀를 빼앗기지 맙시다

8
06

네 자녀를 다른 민족에게 빼앗기고 종일 생각하고 찾음으로 눈이 피곤하여지나 네 손에 힘이

없을 것이며_신명기 28장 32절

신명기 28장은 하나님께서 주시는 복과 화에 대해서 동시에 말씀하고 있습니다. 들어가도 받고 나가도 받는 복과 무엇을 하든지 멸망의 길로 이르는 저주에 대한 말씀입니다. 복과 화를 나누는 기준은 단 한 가지입니다. 말씀에 대한 순종과 불순종입니다.

부모가 하나님을 경외하는 삶을 살 때 그 자손까지 복을 누리게 될 것이라고 약속하셨습니다(신 5:29). 그러나 불순종할 때는 자녀를 이방 민족에게 빼앗겨 찾지 못할 것이라고 경고하셨습니다.

우리는 신명기 28장의 말씀이 이스라엘의 역사 속에서 성취되었음을 알고 있습니다. 그렇다면 이 말씀은 우리 자녀와 무슨 상관이 있을까요?

우리 자녀도 이방 민족의 포로가 되고 있습니다. 말씀보다 게임, 스마트폰, 오락, 음란물에 마음을 빼앗기면서 하나님과 멀어지기 시작합니다. 몸은 교회 안에 머물러 있지만 마음은 이미 세상과 어울려 있습니다.

부모는 이방 민족이 자식을 빼앗아가는 모습을 지켜만 보고 있습니다. 세상의 종으로 살아가는 자녀의 모습을 넋 놓고 바라볼 뿐입니다. 하나님의 이름을 부르지 않고 그의 이름을 두려워하지 않습니다. 자녀가 한집에 살고 있지만, 이방 민족의 포로나 마찬가지입니다.

이방인이 자녀를 빼앗아가는 것을 그냥 두고 볼 수는 없습니다.

 하나님께서 약속하신 복이 자녀에게 내리길 간구하는 부모가 되길 소망합니다.

고난 중에 만나는 하나님

야곱은 광야에서 밤에 홀로 있습니다. 돌 베개를 베고 누웠는데 그때까지는 볼 수 없었던 별빛을 보았습니다. 야곱의 주위는 늘 밝게 빛났었기 때문에 그동안 야곱은 별빛을 보지 못했습니다. 모든 것이 자기 뜻대로 순조롭게 이루어질 때는 별빛을 보지 못했습니다.

별빛이 보이기 시작한 것은 자신을 죽이려는 형을 피해 집을 떠났을 때부터입니다. 장자의 명분도 사고 축복도 받았지만, 몸 하나 편히 누일 잠자리조차 없는 밤이었습니다.

그때 하나님을 만났습니다. 야곱의 인생에서 가장 어렵고 힘든 사막과 같은 때 하나님을 만났습니다. 돌아보니 우리의 삶도 그렇습니다. 편안하고 기쁘고 즐거울 때보다 고난 가운데 있을 때 하나님을 만난 경험이 더 많습니다.

"고난당한 것이 내게 유익이라. 이로 말미암아 내가 주의 율례들을 배우게 되었나이다"(시 119:71).

내 힘으로 무엇이든지 할 수 있을 때는 별빛이 보이지 않습니다. 내 주위가 온통 밝은 빛으로 가득 차 있기 때문입니다. 별빛이 스며들 틈이 없습니다.

하나님께서는 우리의 삶에 틈이 없다면 개입하지 않으십니다. 하나님께 틈을 내어드려야 찬란하게 빛나는 별빛을 볼 수 있습니다. 나 스스로 빛나지 않아야 내 삶을 밝혀 주는 별빛을 만날 수 있습니다.

내 힘과 내 뜻으로 자녀를 키우겠다고 애를 쓰다가 '이게 아니구나!' 하고 깨달을 때 비로소 하나님께서 찾아오십니다. 자녀 양육에 길을 잃었다는 생각이 든다면 하늘을 보십시오.

 주님, 밝은 별빛이 온몸에 내려앉는 것처럼 주님을 만나기 원합니다.

우상 숭배를 피하십시오

그렇게 하지 아니하실지라도 왕이여 우리가 왕의 신들을 섬기지도 아니하고 왕이 세우신 금 신상에게 절하지도 아니할 줄을 아옵소서_다니엘 3장 18절

바벨론 땅에 금 신상이 세워졌습니다. 왕의 명령에 따라 신하와 관리들이 금 신상에 절을 합니다. 사람의 목숨을 좌지우지하는 절대 권력자 앞에서 금 신상에 절하는 것만이 살아남는 길입니다.

금 신상에 절을 하지 않는 사람은 별로 없었을 겁니다. 한 번 절하면 모든 것이 안전하게 넘어갈 수 있었기 때문에 하는 척이라도 했을 겁니다. 어쩌면 그것이 현명하다고 생각할 수 있습니다.

오늘날에도 곳곳에 금 신상이 세워지고 있습니다. 권력, 재물, 학벌, 명예, 탐욕과 교만의 금 신상이 세워져 있습니다. 바벨론에 세워진 금 신상과 다른 점이 있다면 강제로 절하게 하지 않는다는 점입니다. 아무도 강요하지 않지만, 자신도 모르게 금 신상에 절을 합니다.

부모로서 우리는 드러내 놓고 하나님께서 싫어하시는 일을 하지는 않습니다. 하나님께서 기뻐하시는 자녀로 키우고 싶습니다. 자녀를 하나님께서 선물로 주셨음을 알고 있습니다.

우리가 경계해야 할 것은 부지불식 간에 눈길을 주는 금 신상입니다. 권력의 금 신상으로 몰려가는 사람들에게 휩쓸려서 어느새 그 무리 틈에 끼어 있습니다. 자신도 모르게 재물의 금 신상 앞에 서 있습니다. 얼떨결에 학벌의 금 신상에 절을 하기도 합니다.

문제는 있지 말아야 할 곳에 서 있는 자신을 발견하고서 그곳을 빠져나오려고 애쓰지 않는 것입니다. 절하는 무리 틈에서 나 홀로 꼿꼿하게 서 있을 수 있다고 생각하는 것은 이미 무너진 상태입니다.

주님, 부지불식 간에 우상 주위를 배회하지 않도록 도와주세요.

09

8

이기는 것만이 승리가 아닙니다

이 썩을 것이 썩지 아니함을 입고 이 죽을 것이 죽지 아니함을 입을 때에는 사망을 삼키고 이기리라고 기록된 말씀이 이루어지리라_고린도전서 15장 54절

자녀가 뒤처지는 것을 좋아할 부모는 없습니다. 어디서든지 두각을 나타내고 승리의 깃발을 들기 원합니다. 패배자의 눈물보다는 승리자의 환호성이 좋습니다.

우리는 은연중에 하나님을 승리의 도구로 이용하고 있지 않은지 생각해 봅니다. "믿는 자에게 못 할 일이 없다, 패배는 하나님 뜻이 아니다, 우리는 복을 받을 수밖에 없다." 자녀에게도 "걱정하지 말아라. 하나님이 너와 함께하신다"라고 하면서 하나님을 자녀의 시종으로 곁에 두려고 하는 것은 아닌지요?

물론 하나님께 패배는 없습니다. 능치 못할 일이 없습니다. 그러나 인간은 하나님과 다릅니다. 패배와 두려움에 언제든지 함몰될 수 있습니다.

패배할 수 있고 불가능이 존재하며 온갖 유혹과 두려움이 있다는 것을 자녀에게 가르쳐야 합니다. 이것들은 신앙생활을 잘 해도 나타날 수 있다고 가르쳐야 합니다. 찬양을 부르면서도 넘어지고, 교회로 가는 길에도 실패와 유혹을 맞닥뜨릴 수 있다고 알려 주어야 합니다.

그러나 넘어졌어도 실패자가 아니고, 싸움에서 졌다고 아주 진 것이 아니며, 유혹에 넘어갔으나 파멸에 이르지 않고, 두려움에 떨고 있으나 곧 승리할 것입니다.

넘어졌으나 다시 일어날 것이고, 패배했으나 다시 도전할 것이며, 유혹에 넘어갔을지라도 다시 거룩함으로 일어설 것입니다.

끝내 사망을 삼켜 버리고 승리의 깃발을 들고 승전가를 높이 부릅니다. 그래서 우리의 승리는 최후의 날에 있습니다.

주님, 결국은 승리할 것이라는 변치 않는 믿음을 갖게 하소서.

부모가 분노해야 할 것

하나님은 의로우신 재판장이심이여 매일 분노하시는 하나님이시로다_시편 7편 11절

"너희는 내 백성이 되겠고 나는 너희들의 하나님이 되리라"(렘 30:22).

우리와 하나님은 탯줄로 이어진 관계입니다. 하나님께서는 아픔과 고통을 통해서 우리를 낳으셨습니다. 우리를 향한 하나님의 사랑에는 아픔도 있습니다. 얼마나 고통스러운지 때로는 "내 자식이 아니다"라고 까지 하십니다(호 1:9). 정말 내 자식이 아니라고 내치는 것이 아니라 사랑이 너무 깊기에 화를 내십니다.

하나님께서 우리를 향해서 화를 내시는 경우는 어느 때일까요? 가짜 부모에게 마음을 빼앗겨 그들을 섬길 때입니다. 그때 하나님께서는 다시는 얼굴을 안 볼 것처럼 분노를 나타내십니다. 그런데도 그 분노는 독생자를 세상으로 보내서서 십자가에서 피 흘림을 당하게 하는 성육신의 사랑으로 표현됩니다. 정말 지독한 사랑입니다.

부모도 고통 중에 자녀를 낳고 기쁨을 얻지만 늘 자녀 때문에 기쁘지만은 않습니다. 분노하고 때로는 후회하기도 합니다. 그런데도 여전히 부모의 자리에 있는 것은 자녀로 인한 더 큰 기쁨이 있기 때문입니다.

부모가 자녀를 향해 화를 내는 이유는 다양합니다. 성적, 습관, 생활 태도 등 어떤 것이든 모두 자녀를 올바른 길로 인도하기 위한 부모의 사랑입니다. 그러나 부모가 정말 화를 내야 할 대상은 무엇일까요? 하나님을 하나님으로 받아들이지 않는 태도입니다. 그런 태도는 하나님을 삶의 주관자로 인정하지 않는 것입니다.

부모가 자녀에게 하나님에 대해서 알려 주지 않는 것은 하나님을 고통스럽게 하는 일입니다. 부모가 하나님의 살아 계심을 자녀에게 알려 주지 않는 것은 하나님의 기쁨을 빼앗고 고통만 남겨 놓는 일입니다.

주님, 부모가 진정 분노해야 할 것을 깨닫는 하루가 되기를 소망합니다.

영향력은 하나님으로부터 옵니다

8
11

부와 귀가 주께로 말미암고 또 주는 만물의 주재가 되사 손에 권세와 능력이 있사오니 모든 사람을 크게 하심과 강하게 하심이 주의 손에 있나이다_역대상 29장 12절

부모는 자녀에게 영향력을 끼치는 존재입니다. 부모가 어떤 사람이든지 어떤 위치에 있든지 상관없이 자녀는 부모에게 영향을 받습니다. 부모는 자녀에게 좋은 영향력을 주고 싶어 합니다.

부모의 영향력은 어디에서 오는 것일까요? 부모가 가진 소유에서 오는 것을 부정할 수 없습니다. 자녀는 부모의 소유를 통해서 일정 부분 영향을 받습니다. 그러나 이런 영향력은 겉으로 드러날 뿐 마음속 깊이까지 영향을 끼치지는 못합니다. 영향력은 사람과 사람의 관계에서 오기 때문입니다. 부모와 자녀의 관계 척도에 따라 자녀에 대한 영향력은 달라집니다.

부모가 자녀에게 영향력을 미칠 힘의 원천은 무엇일까요? 그것은 부모와 하나님의 관계입니다. 부모의 소유가 아무리 많아도 하나님과 친밀하지 못하다면 부모는 자녀에게 좋은 영향력을 미칠 수 없습니다. 하나님과의 친밀함은 부모의 소유와는 관계가 없습니다.

다윗은 아들 솔로몬이 성전을 지을 수 있도록 모든 준비를 마치고 이렇게 찬양했습니다. "부귀와 영광과 만물을 다스리는 권세와 영광이 주님에게서 나옵니다." 온 우주의 모든 것은 하나님으로부터 시작되었습니다. 예수님께서는 그 권세를 받으셨고 다시 부모에게 주셨습니다. 그러므로 부모의 힘의 원천은 하나님이십니다.

부모가 자녀에게 권위를 인정받고 선한 영향을 미치고 싶다면 하나님과의 관계가 온전한지를 먼저 돌아봐야 합니다. 부모가 하나님께 받은 은혜로 자신의 삶이 먼저 변화되고 그것이 자녀에게 흘러가야 온전한 영향력이라 할 수 있습니다.

주님, 자녀에게 선한 영향력을 미치는 부모가 되기를 소원합니다.

권세 있는 하나님의 자녀

죄 때문에 영적으로 죽었던 우리를 그리스도와 함께 다시 살려 주셨습니다. 그래서 여러분은 하나님의 은혜로 구원을 받게 된 것입니다_에베소서 2장 5절, 현대인의 성경

신앙생활을 제대로 하고 싶은데 그렇지 못할 때 죄책감과 좌절감이 듭니다. 이런 감정은 주님과 친밀해 지려고 애쓰는 사람에게 더 많이 생깁니다.

주님을 멀리 떠난 사람은 어지간한 일에는 죄책감을 느끼지 않습니다. 그러나 어떻게 해서든지 주님과 가까워지기를 원하는 사람은 영적으로 예민한 상태입니다. 마귀는 무딘 사람보다 예민한 사람의 틈을 놓치지 않고 공격합니다.

'내가 그럴 줄 알았지. 뭐 제대로 하는 게 있어야지.' 이런 생각에 붙잡히면 '맞아, 기도 생활도 제대로 못 하는데……' 하면서 더 깊은 좌절감으로 빠집니다. 자녀 문제에 걸리면 더욱 심해집니다. 자녀를 말씀으로 잘 양육하고 싶은 마음이 클 때 낙심도 큽니다.

그러나 이런 죄책감과 좌절감에 빠지는 것을 누가 좋아할까요? 부모의 낙담과 좌절감은 자녀에게 유익을 주지 못합니다. 부모 자신을 위해서도 좋지 않습니다.

우리는 하나님께서 주신 권세를 가진 자녀입니다. 하나님을 '아바 아버지'로 부르는 순간 우리에게는 하나님의 자녀라는 권세가 부여됩니다. 마귀의 사망 권세는 예수님의 죽음과 부활로 이미 사라졌습니다. 마귀는 지난날의 잘못과 실수를 참소하지만 우리는 이미 새로운 피조물이 되었습니다.

변화된 우리의 신분을 잊지 말고 당당하게 맞서야 합니다. 좌절감과 죄책감이 들 때 우리는 하나님의 자녀임을 기억해야 합니다. 우리가 죄로 인해서 주눅 들어서 살라고 예수님께서 십자가에서 고통을 당하신 것이 아닙니다. 예수님께서 모든 것을 짊어지셨으니 하나님의 자녀로 당당하게 살라는 뜻입니다.

우리는 승리자입니다. 넘어졌다면 다시 일어나 십자가 앞으로 나가는 권세 있는 하나님의 자녀임을 선포합니다.

13 본질을 분별하십시오

8

너희는 이 세대를 본받지 말고 오직 마음을 새롭게 함으로 변화를 받아 하나님의 선하시고 기뻐하시고 온전하신 뜻이 무엇인지 분별하도록 하라_로마서 12장 2절

세상에 편리한 것들이 많이 생겨납니다. 우리를 둘러싼 환경도 엄청난 속도로 변하고 있습니다. 편리함을 추구하는 사람들이 새로운 문화를 만들어 냅니다. 그러나 편리하다고 하여 모두 유익한 것은 아닙니다. 오히려 편리함이 믿음을 빼앗아 가는 경우도 많습니다. 편리함에 믿음이 눈 녹듯이 사라지는 줄도 모릅니다.

자녀를 키우다 보면 시대를 이끄는 문화와 싸워야 할 필요가 있습니다. 시대에 떨어지는 것처럼 보여도 하나님의 말씀에 분명한 것이라면 취해야 합니다. 아무리 생활에 유익을 줄지라도 믿음을 잃게 하는 것이라면 차단하는 결단력이 필요합니다. 문제는 이런 것들이 눈에 보이는 공격을 하지 않고 가랑비처럼 생활 속에 녹아든다는 것입니다.

자녀가 아무런 생각 없이 사용하는 스마트폰, 게임, TV 시청, 각종 문화 매체, 심지어는 옷과 음식 속에도 사탄의 발톱이 숨어 있습니다. 하나님의 말씀을 교묘하게 부정하는 것들이 곳곳에 숨어 있습니다.

악해지는 세상 속에서 부모가 먼저 본질을 분별할 수 있어야 합니다. 화려함 속에 숨어 있는 사탄의 음모가 무엇인지 분별해야 합니다. 편리함 속에 숨어 있는 악함이 무엇인지 찾아내야 합니다.

편리함에 안주하지 않고 믿음을 지킬 수 있는 부모의 영적 분별력이 필요한 때입니다. 편리함과 유익함에 믿음이 묻히지 않도록 오늘도 영적 눈이 열리기를 간구합니다.

 주님, 하나님께 속한 거룩한 것과 세상에 속한 부정한 것을 분별하는 영의 눈을 열어주세요.

이긴다는 것의 의미

통치자들과 권세들을 무력화하여 드러내어 구경거리로 삼으시고 십자가로 그들을 이기셨느
니라_골로새서 2장15절

예수님의 승리는 십자가입니다. 십자가는 겸손이요 내려놓음이며 순종입니다.
모든 것을 버림으로 얻은 승리입니다. 우리의 승리도 이와 같아야 합니다. 그러나
우리는 예수님의 승리와 다른 형태를 추구할 때가 많습니다. 버리고 포기하는 것
보다 쟁취하는 승리를 꿈꿉니다. 지금 가진 것보다 더 많은 것을 얻는 것이 승리라
고 말합니다.

더 얻기를 바라는 것이 나쁘다고 할 수만은 없습니다. 좀 더 편하고 넉넉한 삶을
누구나 원합니다. 그러나 그것은 하나님 나라에서 진정한 승리의 모습은 아닙니
다. 우리는 기억해야 합니다. 내가 하나를 더 가지게 되면 다른 사람의 몫 하나가
줄어든다는 것을 말입니다. 내가 승리의 기쁨을 맛볼 때 빼앗긴 사람은 고통의 시
간을 보내게 될 것입니다. 내가 무엇인가를 더 누리게 될 때 또 다른 누구는 절망
의 시간을 보내게 될 것입니다.

나의 승리가 누군가의 부족함으로 연결이 된다면 그것은 진정한 승리가 아닙니
다. 나의 기쁨이 누군가의 절망이 될 수 있기 때문입니다. 그러므로 우리가 추구
해야 할 진정한 승리는 상대방의 희생을 바탕으로 얻는 것이 아닙니다.

우리의 승리는 자신의 희생이 바탕이 되어야 합니다. 악의 세력과 싸움에서 무
릎 꿇지 않고, 거짓과의 싸움에서 진실을 구하고, 불평과 원망이 아니라 평화를
택하고, 불순종이 아닌 순종을 택하여 얻는 것이어야 합니다. 상대방을 넘어뜨려
서 실패자로 만들고 상대방이 가진 것을 빼앗음으로 얻는 승리는 진정한 승리가
아닙니다.

승리는 취한 자에게는 기쁨이 되지만 잃은 자에게는 슬픔과 고통이 된다는 것을
잊지 말아야 합니다.

오늘도 나의 희생으로 얻은 승리에 감사하는 하루가 되기를 소망합니다.

말씀으로 자유로운 삶

내가 내 자녀들이 진리 안에서 행한다 함을 듣는 것보다 더 기쁜 일이 없도다_요한삼서 1장 4절

우리는 예수 그리스도로 인하여 자유를 얻었습니다. 진리가 우리를 자유롭게 했습니다(요 8:32). 그런데도 우리의 삶은 자유롭지 못할 때가 많습니다. 말씀이 우리에게 압박으로 다가오면서 진정한 자유를 누리지 못합니다. 말씀으로 행동의 제약을 받기에 불편할 때가 있습니다.

하나님께서는 왜 우리에게 자유를 주시면서 또한 말씀을 주셨을까요? 예수님께서는 자신을 따르라고 하시며 또 본받으라고 하셨습니다. 이것은 내 마음대로 할 수 없음을 의미합니다. 예수님을 바라보면 바라볼수록 내 마음대로 하고 싶은 것들이 줄어드는 것입니다.

하나님께서는 인간은 피조물이며 연약한 존재임을 알기 원하십니다. 인간이 아무리 뛰어난 능력을 갖고 있어도 결코 하나님을 뛰어넘을 수 없습니다. 모든 생각과 행동이 하나님과 비교할 수 없는 존재입니다.

그런데도 우리는 그 사실을 인정하지 않습니다. 자신의 능력이 하나님과 겨룰 수 있다고 은연중에 믿고 있습니다. 그래서 진정한 자유를 누리지 못합니다. 자신의 능력을 믿기 때문에 한계를 인정하지 않습니다.

자녀를 양육하는 일도 마찬가지입니다. 부모의 재력과 능력을 의지할 때 하나님의 가치는 약해집니다. 말씀을 믿고 따르는 것보다 부모의 힘에 의지합니다. 때로는 그것이 더 좋은 결과가 나타나는 것처럼 보이기도 합니다.

말씀에 순종한다는 것은 자신의 한계를 분명하게 인정하는 것입니다. 말씀은 우리를 짓누르고 간섭하는 것이 아니라 자유로움을 주기 위한 것입니다. 진리 안에서 사는 삶은 우리에게 자유와 기쁨을 줍니다. 자녀를 진리 안에서 양육하는 부모가 되기 원합니다.

주님, 자신의 힘과 능력에 의지하는 부모가 아니라 말씀에 의지하는 부모가 되게 하소서.

자녀 양육의 비법

여호와여 주는 나의 등불이시니 여호와께서 나의 어둠을 밝히시리이다_사무엘하 22장 29절

부모는 자녀를 잘 키우고 싶은 마음이 있습니다. 다른 집 아이들보다 더 뛰어나게 키우고 싶은 욕심도 있습니다. 그래서 때로는 무모한 것에 도전하기도 하고 특별한 방법을 찾아보기도 합니다. 간혹 특별한 비법으로 자녀를 키웠다며 자랑하는 사람도 있습니다.

그러나 자녀 양육에 비법은 없습니다. 그들은 오늘도 자라고 있기 때문입니다. 아직 완성된 모습이 아니라 완성을 향하여 가고 있는 상태입니다. 오늘은 자랑이지만, 내일은 근심이 될 수 있습니다. 오늘은 기쁨과 즐거움을 주지만 내일은 한숨과 괴로움을 줄 수 있는 것이 자녀입니다.

자녀의 믿음도 마찬가지입니다. 어제는 믿음의 큰 나무 같은 행동을 하다가 오늘은 뿌리까지 뽑아 버리는 행동을 하기도 합니다. 흐르는 계곡의 물처럼 매 순간 요동치는 폭풍 같은 것이 자녀의 모습입니다. 그런 자녀를 키우는 데 어떤 비결이 있을 수 있을까요?

오직 한 가지입니다. 양육의 주권이 하나님께 있음을 인정하고 오늘 하루의 은혜를 구하는 길입니다. 말씀이 자녀를 인도하는 등불이 되기를 간구합니다. 어둠을 비추는 등불은 한 걸음 앞까지만 볼 수 있습니다.

빛이 어둠을 비추는 만큼만 걸음을 옮깁니다. 등불을 들고 어둠을 헤쳐 가는 길은 뛰어갈 수 없습니다. 한 걸음 한 걸음 갈 뿐입니다. 오늘 주신 은혜에 감사하며 또 하루의 은혜를 구합니다. 그래서 부모는 기도의 자리를 떠날 수 없으며 말씀을 놓을 수 없습니다.

한 걸음씩 가는 길이라고 크게 자랑할 것도 없지만 낙심할 이유도 없습니다. 하나님께서 큰 나무로 자녀를 키워 주실 것입니다.

 주님, 자녀가 믿음으로 굳게 설 그날을 기대하며 매일 말씀 안에서 자신을 돌아보는 은혜를 구합니다.

하나님 사랑으로 사랑하십시오

예수께서 이르시되 네 마음을 다하고 목숨을 다하고 뜻을 다하여 주 너의 하나님을 사랑하라 하셨으니_마태복음 22장 37절

자식 이기는 부모 없다고 합니다. 그만큼 부모는 자식 앞에서 한없이 작아집니다. 자식을 사랑하는 마음이 크기 때문입니다. 사랑이 크면 클수록 부모는 작아지고 낮아집니다.

부모의 사랑은 대가를 바라거나 알아주기를 원하지도 않고 마침도 없는 한없는 사랑입니다. 거저 주기만 할 뿐 되돌아오기를 바라지 않습니다. 자신의 목숨이라도 아깝지 않은 게 부모의 사랑입니다. 참 바보 같은 사랑입니다.

하나님께서도 부모의 이런 마음을 모두 알고 계십니다. 그런데도 하나님께서는 부모에게 자녀를 죽도록 사랑하라고 말씀하지 않으십니다. 오히려 자녀를 사랑하기 전에 먼저 하나님을 사랑하라고 말씀하십니다.

"너희는 먼저 그 나라와 그 의를 구하라"고 말씀하십니다.

하나님께서는 자녀를 사랑하지 않으시는 걸까요? 그렇지 않습니다. 크기를 가늠할 수 없을 만큼 우리 자녀를 사랑하고 계십니다. 그런데 왜 먼저 하나님을 사랑하라고 하시는 걸까요? 자녀에 대한 사랑보다 하나님 사랑이 먼저이기 때문입니다. 부모의 사랑보다 하나님의 사랑이 크기 때문입니다. 자녀가 더 큰 사랑을 받기 원하시기 때문입니다.

부모의 사랑은 온전하지 않습니다. 그러나 하나님의 사랑은 온전합니다. 부모의 사랑은 언젠가 끝이 납니다. 그러나 하나님의 사랑은 끝이 없습니다. 하나님께서는 부모가 하나님의 사랑으로 자녀를 사랑하기 원하십니다.

하나님의 사랑 안에 부모의 사랑이 있을 때 진정한 사랑입니다. 아무리 큰 부모의 사랑일지라도 하나님의 사랑 앞에서는 작아지고 또 작아집니다. 결국 부모의 사랑은 사라지고 하나님의 사랑의 흔적만 남게 됩니다.

주님, 오늘도 하나님을 사랑하는 마음으로 자녀를 사랑하게 하소서.

자녀로부터 자유로운 부모

그리스도께서 우리를 자유롭게 하려고 자유를 주셨으니 그러므로 굳건하게 서서 다시는 종의 멍에를 메지 말라_갈라디아서 5장 1절

자녀로부터 자유로운 부모가 있을까요? 방관하거나 포기하지 않는 이상 완전하게 자유로울 수 없습니다. 자녀에게 한 발자국이라도 들여놓지 않은 부모는 없습니다. 불확실한 미래가 자녀로부터 부모를 자유롭지 못하게 합니다.

부모가 자녀를 완벽하게 보호할 수 없다는 것을 인식할 때 기도에 매달리기도 합니다. 어떻게 보면 하나님의 힘을 빌려서 자녀를 부모가 원하는 곳으로 이끌어 가려는 마음도 있습니다.

할 수 있는 한 자녀의 안전을 위협하는 요소를 제거하고 부모가 할 수 없는 것은 하나님의 힘을 빌려보려고 합니다. 그러나 그런 기도는 요구 사항의 나열이나 청구서가 될 수 있습니다.

부모의 생각 테두리 안으로 하나님을 끌어들이려고 할 때 자녀를 위해서 기도는 하지만 자유를 얻지 못합니다. 인간의 무엇으로도 가둘 수 없는 창조주 하나님이심을 기억해야 합니다. 기도는 그곳에서 시작해야 합니다.

자녀에 대한 부모의 생각을 내려놓는다는 것은 하나님의 위대하심을 인정하는 것입니다. 그리함으로써 하나님의 손길이 미치기를 구합니다.

기도가 자녀의 통제 수단이 되지 않을 때 비로소 부모는 자녀로부터 자유로움을 얻을 수 있습니다. 자유로움을 얻어도 불안하지 않아야 진정한 자유입니다.

 주님, 자녀에게 행하실 놀라운 일을 기대합니다.

누구로부터 영향을 받고 있습니까?

그가 문으로 들어올 때에 아히야가 그 발소리를 듣고 말하되 여로보암의 아내여 들어오라 네가 어찌하여 다른 사람인 체하느냐 내가 명령을 받아 흉한 일을 네게 전하리니_열왕기상 14장 6절

여로보암 왕은 북이스라엘을 세우고 벧엘과 단에 금송아지를 세웠습니다. 그리고 아들이 병들자 그의 아내는 변장한 후 아히야 선지자를 찾아갔습니다.

그러나 선지자는 여로보암 왕의 아내가 들어올 때 발소리만 듣고도 "네가 어찌하여 다른 사람인 체하느냐?"고 책망했습니다. 여로보암 왕은 하나님의 통치를 피하려고 하였지만, 하나님의 심판을 피할 수 없었습니다.

우리는 세상에서 살고 있지만, 하나님 나라에 소속된 백성들입니다. 하나님의 통치 아래 살고 있기 때문입니다. 자녀 양육도 마찬가지입니다. 세상의 가치에 따르지 않고 하나님의 말씀으로 양육합니다. 하나님의 통치권 아래 있는 자녀이기 때문입니다.

우리는 자녀가 하나님의 통치를 받으며 살기를 원하지만, 실제 행동은 그렇지 못할 때가 많습니다. 자식이 잘되기를 바라는 욕심이 더 클 때도 있습니다. 하나님을 두려워하기에 '하나님의 이름'을 들먹이지만 실제로는 내 마음대로 하기를 원합니다. 말씀으로 자녀를 양육하는 것보다 출세와 성공이 증명된 교육 방법에 더 관심을 둡니다. 우리의 자녀 양육 방식은 정작 세상의 영향을 받고 있으면서 하나님의 이름을 부릅니다.

역사의 통치자는 하나님이십니다. 자녀를 부모가 마음대로 키울 수 있다고 여기지만 양육 주권이 하나님께 있음을 잊지 말아야 합니다.

 주님, 세상의 영향력을 차단하고 오로지 하나님만을 바라보는 부모이길 원합니다.

기준이 분명해야 합니다

나는 여호와 너희 하나님이라 나는 너희의 하나님이 되려고 너희를 애굽 땅에서 인도해 내었
느니라 나는 여호와 너희의 하나님이니라_민수기 15장 41절

세상에는 영향력을 가진 것들이 많이 있습니다. 훌륭한 철학 사상, 소설과 음악 같은 문학과 예술이 있습니다. 또한 어떤 사람의 삶을 따라 살려고 노력하기도 합니다. 자신이 영향을 받기도 하고 또 다른 사람들에게 영향을 주기도 합니다.

그렇다면 그리스도인들은 무엇에 영향을 받으며 살아야 할까요? 두말할 필요 없이 하나님의 말씀이 기준이 되어야 합니다. 세상 풍조와 상관없이, 혹은 교회의 타락과 상관없이 언제 어디서나 하나님의 말씀을 삶의 기준으로 삼아야 합니다.

세상의 뛰어난 학문과 철학을 도외시하라는 것은 아닙니다. 하지만 세상의 철학과 사상이 우리를 죄에서 구원할 수는 없습니다. 상처 입고 고통 가운데 있을 때도 하나님의 말씀이 기준입니다.

부모가 자녀를 양육할 때도 같습니다. 부모의 생각이 우선되거나 세상의 가치가 기준이 된다면 하나님의 자녀로 양육되는 것이 아닙니다. 하나님의 말씀이 기준이 될 때 하나님의 은혜 안에 살아갑니다.

하나님의 말씀이 기준이 되는 것은 자기 삶의 주인이 하나님이심을 인정하는 것입니다. 그리스도인의 삶이라고 풍파가 없는 것은 아닙니다. 그러나 하나님의 말씀이 기준이 될 때 어떤 환경에 있을지라도 평안을 누립니다.

세상의 가치가 아무리 훌륭해 보여도 그곳에서 영생의 생명수를 얻을 수 없습니다. 하나님의 말씀이 기준이 될 때 영생수를 마실 수 있습니다.

 오늘도 하나님의 말씀을 분명한 기준으로 삼아 하나님의 은혜를 누리게 하소서.

약한 것을 자랑하십시오

**8
21**

> 나에게 이르시기를 내 은혜가 네게 족하도다 이는 내 능력이 약한 데서 온전하여짐이라 하신
> 지라 그러므로 도리어 크게 기뻐함으로 나의 여러 약한 것들에 대하여 자랑하리니 이는 그리
> 스도의 능력이 내게 머물게 하려 함이라_고린도후서 12장 9절

나의 약함을 오히려 기뻐하고 그리스도의 능력 안에 머무는 것이 무엇일까요? 게으름, 온전히 믿지 못함, 결단하지 못함, 쉽게 무너지는 의지, 세상 가치관에 종속된 삶…… 그러면서도 복을 구하는 것은 약함이 아닙니다.

약하다는 것은, 그리스도의 능력으로 살아가는 가운데 겪는 고통입니다. 믿음이 부족하거나 죄를 지어서 당하는 고통이 아닙니다. 허랑방탕한 삶을 살아서도 아닙니다. 까닭 없는 고난도 아닙니다.

기도하며 말씀으로 자녀를 양육하고자 함에도 자녀로 인한 고통에서 벗어날 수 없을 때가 있습니다. 자녀는 여전히 빗나가고 신앙을 받아들이는 것조차 거부하고 있습니다. 부모는 '내게 무슨 잘못이 있나?' 뒤돌아보지만 딱히 걸리는 것들이 없습니다. 기도와 찬양을 쉬지 않지만, 자녀는 변화될 기미가 보이지 않습니다.

자녀가 주는 고통 때문에 십자가 앞에서 떠날 수 없습니다. 이때가 약할 때이며 강해지는 순간입니다. 교만하지 않고 나태해지지 않도록 하나님께서 주시는 은혜의 가시입니다.

자녀로 인하여 부모가 받는 고통은 헤아릴 수 없습니다. 눈에 보이는 것과 보이지 않는 것, 도무지 까닭을 알 수 없는 것들, 이해할 수 없고 설명할 수 없는 것들이 많습니다. 분명한 것은 하나님의 은혜 가운데 있다는 것입니다. 언젠가 희미하게 그 뜻을 알 수 있게 될 때가 있을 것입니다.

 약할 때 강함 되시는 주님. 연약한 부모를 도우소서.

나의 우는 소리를 들으소서

내 모든 원수들이 부끄러움을 당하고 심히 떨이여 갑자기 부끄러워 물러가리로다_시편 6편 10절

바위를 손바닥으로 치면 움직이지는 않지만 소리는 납니다. 그러나 아무리 애를 써도 아무 반응이 없는 때도 있습니다. 허공을 향한 몸짓입니다. 허공을 향해서는 아무리 손을 내리치고 발길질을 해도 아무 소리도 들을 수 없습니다. 오히려 스스로 지쳐갈 뿐입니다.

기도할 때도 허공을 대하는 것처럼 느껴질 때가 있습니다. 아무리 기도해도 하나님의 응답이 없습니다. 특히 자녀 때문에 가슴이 타들어 가고 도움을 청할 곳은 하나님밖에 없는데 도무지 응답이 없습니다.

사탄은 가정에 틈을 만들고, 부부 사이를 틀어지게 하고, 부모와 자녀 관계를 삐걱거리게 하는데 도움을 청할 곳이 없습니다. 몸도 마음도 심히 괴로워 손을 놓고 있을 때가 있습니다.

원수들은 나의 부끄러움을 기뻐하고 나는 근심과 슬픔으로 밤을 지새웁니다. 정성을 다해 뒷바라지한 자식들은 하나같이 뿔난 염소처럼 부모를 향해 치대기만 합니다.

그럼에도 우리는 왕이신 하나님께 기도합니다. 나를 불쌍히 여기시고 사막 같은 곳에서 나를 건져 내소서. 나의 부르짖는 소리를 들어주실 줄 믿습니다. 그리고 이렇게 외칩니다. 나를 넘어뜨리려는 악한 세력들아, 내게서 떠나가라. 자녀를 노리는 우는 사자들아, 모두 떠나가라!

우리의 부르짖음은 허공을 향한 외침이 아닙니다. 하나님을 향한 간구는 대답 없는 메아리가 아닙니다. 하나님께서는 우리의 기도를 들으시고 우리를 조롱하던 원수들은 부끄러움을 당할 것입니다.

주님, 나의 부르짖음을 들으시고 응답하소서. 나의 신음을 들으시는 하나님을 찬양합니다.

자존심을 지킵시다

이 후로는 누구든지 나를 괴롭게 하지 말라 내가 내 몸에 예수의 흔적을 지니고 있노라_갈라디아서 6장 17절

바울은 자신이 자랑할 것은 십자가 이외에는 없다고 했습니다(갈 6:14). 십자가 외에는 가진 것이 없다고 했습니다. 그렇다고 자존심도 없이 비굴하게 살았을까요? 그렇지 않습니다. 바울의 겉모습은 초라해도 언제나 높은 자존감으로 자신의 품위를 훼손하는 일을 하지 않았습니다. 언제나 당당했습니다.

배고픔과 죽음의 위협 앞에서도 위축되지 않았습니다. 바울의 높은 자존감과 당당한 자존심의 근원은 십자가에 있었습니다. 십자가의 은혜로 언제 어디서나 꼿꼿하게 살 수 있었습니다.

우리는 하나님의 자녀입니다. 하나님께서 부르시고 택하셨습니다. 예수 그리스도의 피값으로 되살아났습니다. 우리는 하나님의 사랑을 받는 귀한 존재입니다.

우리를 둘러싼 환경이 평탄치 않을지라도 떳떳하고 당당하게 살아갑니다. 우리는 그런 부모입니다. 억지로 하나님의 말씀에 순종하는 부모가 아닙니다. 기쁜 마음으로 자녀에게 말씀을 가르치고 자녀와 함께 하나님을 찬양하고 감사함으로 나갑니다.

억지로 예배하지 않고 남의 눈을 의식해서 예물을 드리지 않습니다. 그것은 우리의 자존심이 허락하지 않습니다. 세상의 성공이 부러워서 세상 가치관으로 자녀를 가르치지 않습니다.

자녀도 하나님 한 분만 얻게 되길 소망합니다. 우리는 환경에 따라 자존감이 무너지고 자존심이 구겨지는 부모가 아닙니다. 가진 것은 십자가뿐일지라도 언제 어디에서도 당당한 하나님의 자녀입니다.

예수 그리스도만으로 자존감이 세워지는 부모와 자녀 되기를 소망합니다.

실패를 넘어서 바라보십시오

주께서 내 영혼을 사망에서, 내 눈을 눈물에서, 내 발을 넘어짐에서 건지셨나이다_시편 116편 8절

실패 없는 삶은 없습니다. 누구든지 크고 작은 실패를 경험하며 살아갑니다. 넘어지지 않는 신앙생활도 없습니다. 오히려 크고 작은 넘어짐이 믿음을 굳건하게 합니다.

같은 실패일지라도 사람에 따라 결과는 다릅니다. 실패하여 낙망하는 사람도 있지만 어떤 이는 실패를 딛고 더 큰 성공을 이루기도 합니다. 같은 실패를 경험하지만 전혀 다른 결과를 만듭니다.

실패를 이겨 내는 방법이 다르기 때문입니다. 실패했을 때 나를 보면 자신의 모습에 낙담하여 스스로 더 큰 장애물을 만들어 냅니다. 말씀을 지키지 못한 죄책감에서 헤어나지 못합니다. 실패일지라도 주님을 바라봐야 합니다.

어떤 상황에서도 주님을 떠나서는 안 됩니다. 자녀를 하나님께 드리는 길은 멀고 힘든 길입니다. 수없는 넘어짐과 좌절이 있는 길입니다. 많은 약속과 다짐을 하지만 스스로 자신과의 약속을 파기하기도 합니다. 내 욕심과 게으름에 걸려서 넘어집니다. 다른 사람이나 환경보다 제 발에 걸려 넘어지는 것이 자녀 양육입니다.

넘어지면 낙심과 절망감이 더 커지기 때문에 주님을 멀리하기도 합니다. 그러나 자식이 잘못할 때 내가 아닌 다른 사람이 야단친다면 부모의 마음이 어떨까요?

주님도 같은 마음으로 우리를 기다리고 계십니다. 우리를 넘어짐에서 다시 일으켜 세우실 분은 주님이십니다. 넘어진 무릎을 치료하고 새로운 힘을 주실 수 있는 분은 오직 주님이십니다.

 주님, 비록 넘어질지라도 다시 일어서게 하소서.

8
25 소망을 품으십시오

나는 항상 소망을 품고 주를 더욱더욱 찬송하리이다_시편 71편 14절

소망이 있는 사람은 어떤 환경에 있을지라도 삶을 포기하지 않습니다. "의인은 그의 죽음에도 소망이 있느니라(잠 14:32)"라고 할 만큼 소망은 삶에 원동력을 제공합니다. 반면 소망이 끊어진 삶만큼 사람을 비참하게 만드는 것은 없습니다.

우리의 소망이 더욱 충만한 것은 소망이 주님께 있기 때문입니다. 우리의 소망은 하나님에게서 나옵니다. 소망은 죽을 사람도 살리는 힘이 있습니다. 그러나 사람을 바라보는 소망은 끈 떨어진 연과 같습니다. 사람에게서 소망을 얻는다는 것은 바닷가 모래에서 잃어버린 동전을 찾는 것보다 힘듭니다.

부모가 자녀를 사랑할지라도 엇나가는 자녀를 보면서 소망을 갖기는 쉽지 않습니다. 오히려 부모를 낙담하게 하고 소망을 갖지 못하게 합니다.

소망의 시작은 주님을 사랑하고 신뢰함에서 비롯됩니다. 주님에 대한 신뢰 없이 소망을 가질 수 없습니다. 주님을 신뢰한다는 것은 주님께서 일하심을 믿고 기다리는 것입니다. 내가 바라는 것보다 더 좋은 것을 주실 것을 확신하며 기다리는 것입니다. 그래서 소망이 있는 사람은 어떤 환경에도 굴복하지 않습니다. 위대하신 하나님을 믿기 때문입니다.

소망의 출발점이 하나님이심을 믿는 자는 소망이 끊이지 않으며, 하나님을 사랑하는 자는 소망을 잃지 않습니다. 부모가 자녀에 대한 소망을 버리지 않는 것은 그 소망이 하나님에게서 온 것임을 믿기 때문입니다. 하나님을 사랑하는 부모는 자녀에 대한 소망의 줄을 절대 놓지 않습니다.

주님, 낙심하거나 불안해하지 않고 하나님께 소망을 두게 하소서. 하나님의 도우심을 찬양합니다.

가장 좋은 것을 주십니다

너희가 악할지라도 좋은 것을 자식에게 줄 줄 알거든 하물며 너희 하늘 아버지께서 구하는 자에게 성령을 주시지 않겠느냐_누가복음 11장 13절

자식에게 나쁜 것을 주고 싶은 부모는 없습니다. 부모는 자식이 원하는 것보다 더 좋은 것을 주고 싶어 합니다. 입지 못하고 굶을지라도 자식에게는 좋은 옷을 입히고 배불리 먹이고 싶어 합니다. 가장 최고의 것을 주고 싶어 하는 게 부모의 마음입니다.

하나님께서는 우리에게 말씀하셨습니다. "구하라, 찾으라, 문을 두드리라." 부모는 이 말씀을 믿고 간구합니다. 자녀의 건강과 좋은 친구, 악한 꼬임에 빠지지 않을 분별력, 대학 입학, 졸업, 취업, 결혼 등 부모의 간구는 끝이 없습니다. 그리고 심지어는 구하지 못한 것까지 하나님께서 베풀어 주시기를 원합니다.

하나님께서는 분명 구하는 부모에게 가장 좋은 것으로 응답해 주실 것입니다. 그러나 부모가 원하는 것과 하나님께서 주시고자 하는 '가장 좋은 것'에는 차이가 있습니다. 부모가 원하는 것은 물질이며 눈에 보이는 세상의 것들이 대부분입니다. 이에 비해 하나님께서는 어떤 것을 주시기 원하실까요?

하나님께서는 '성령'을 주시기 원하십니다. 성령은 하나님 자신이십니다. 하나님께서 떡을 구하는 부모에게 성령을 주시는 이유가 무엇일까요? 부모에게 필요한 것은 떡인데 성령으로 해결이 될까요?

하나님께서는 이미 우리에게 필요한 것이 무엇인지 알고 계십니다. 있어야 할 것이 무엇인지 아시고 성령으로 채워 주십니다. 성령이 우리에게 임하심은 하나님께서 우리와 함께하신다는 약속입니다.

자녀 양육을 부모에게만 맡겨 놓는 것이 아니라 하나님께서 함께하십니다. 하나님께서 부모와 함께하신다는 것만큼 더 좋은 것은 없습니다.

주님, 오늘도 가장 좋은 것으로 채워 주시길 간구합니다.

권위를 잃지 마십시오

또 아비들아 너희 자녀를 노엽게 하지 말고 오직 주의 교훈과 훈계로 양육하라_에베소서 6장 4절

부모와 자녀가 친구처럼 스스럼없이 지내는 것은 좋은 일입니다. 그러나 분명한 경계선이 있어야 합니다. 이 경계선이 무너지면 자녀 양육은 혼란이 생기고 결국 부모의 권위를 잃게 됩니다.

요즘은 나이가 어려도 제 고집을 꺾지 않습니다. 아이가 막무가내로 떼를 쓰면 부모는 어쩔 줄 몰라 합니다. 부모가 어떤 말을 해도 듣지 않습니다. 결국, 아이의 뜻대로 하고 나서야 조용해집니다. 부모의 말도 듣지 않던 아이가 학교나 사회생활에서 다른 사람들의 말에 귀를 기울일 리 없습니다.

이는 사랑과 훈육을 혼동하여 생긴 일입니다. 자녀에게 폭력이나 억압을 사용하는 것은 옳지 않습니다. 그러나 자녀를 바른길로 인도하지 않는다면 그것은 부모의 직무유기입니다. 부모의 권리를 포기하는 것일 뿐 아니라 하나님의 말씀에 순종하지 않는 일입니다.

아이들은 스스로 부모 말에 순종하지 않습니다. 본능으로 부모가 쳐 놓은 울타리를 벗어나고 싶어 하고 권위에 도전합니다. 이때 훈계와 훈련을 통해 가르쳐야 합니다.

부모의 권위를 무너트리는 자녀의 행동에 단호하게 대처해야 합니다. 사랑하는 자녀에게 매를 주고 미워하는 사람에게는 떡을 준다고 했습니다(잠 13:24). 자녀를 훈계하는 것은 잘못을 뉘우치고 돌아설 기회를 주는 것입니다.

물론 부모의 권위를 잃지 않으려면 부모가 먼저 권위 앞에 순종해야 합니다. 부모의 권위는 하나님께서 주셨기 때문입니다. 그 출발점은 자녀가 부모에게 속한 것이 아니라 하나님의 선물이며 하나님의 자녀라는 분명한 인식입니다. 부모의 권위에 순종하며 자란 아이가 세상에서도 당당하게 살아갑니다.

 주님, 부모의 권위를 잃지 않고 사랑으로 자녀를 양육하게 하소서.

영적 성장을 이루십시오

육체의 훈련은 약간의 유익이 있으나 경건은 모든 일에 유익이 있으며 이 세상에서의 삶뿐만
아니라 저 세상에서의 영원한 생명까지 약속해 줍니다_디모데전서 4장 8절, 현대인의 성경

부모는 모든 면에서 성장해야 합니다. 자녀 양육에 필요한 것들을 배우고 익혀야 합니다. 그러나 무엇보다 중요한 것은 영적 성장입니다. 부모의 영적 성장은 미룰 수 없는 과제입니다.

열심히 운동하면 몸이 건강해지고 책을 읽고 공부하면 지식을 얻을 수 있습니다. 세상의 것들은 노력하고 애쓰면 어느 정도 성장하고 성취할 수 있습니다.

그러나 영적 세계의 성장은 세상의 법칙과는 다릅니다. 자신이 도달하고자 하는 목표를 정하고 노력한다고 얻을 수 있는 게 아닙니다. 신앙생활의 기간이나 직분으로 믿음의 깊이를 측정할 수 없습니다. 세상에서는 연륜이 쌓이면 그에 걸맞은 대접을 받을 수 있습니다. 그러나 영적 세계에서는 연륜이 모든 것을 담보해 주지는 않습니다.

그렇다면 부모의 영적 성장은 어떻게 이룰 수 있을까요? 그것은 하나님의 명령에 순종함을 통해서 이룰 수 있습니다. 하나님께서는 부모에게 특별한 명령을 하셨습니다. 자녀에게 말씀을 가르치라고 하셨으며, 자녀를 위해 기도하라고 하셨고, 자녀를 축복하며 본을 보이고, 주의 훈계로 양육하라고 하셨습니다.

우리는 이미 구원을 얻었고 부모로서 사명을 받았습니다. 그러므로 무엇을 더 얻으려는 것이 아닙니다. 부모로서 온전한 기쁨을 누리는 과정이 순종입니다. 자녀에게 말씀을 가르치고 자녀를 위해서 기도하고 본을 보이며 양육하는 것은 부모만이 누리는 즐거움이며 기쁨입니다. 영적으로 미성숙한 부모는 자녀를 건강하게 양육할 수 없습니다.

 하나님께서 부모에게 주신 명령에 순종함으로 부모의 영적 성장도 이루고 자녀도 건강하게 양육하게 하소서.

함부로 말하지 마십시오

그리 한 후에 사울의 옷자락 벰으로 말미암아 다윗의 마음이 찔려_사무엘상 24장 5절

부모는 자신도 모르는 사이에 자녀에게 악한 영향을 미칠 때가 있습니다. 그중 흔한 것이 다른 사람을 험담할 때입니다. 때로는 국가 지도자나 유명 인사들을 비난하고 험담하기도 합니다. 자녀가 앞에 있다는 것을 의식하지 못할 때도 있지만 가끔은 부모의 공명심이 작동하기도 합니다.

'나는 그렇지 않다'라는 것을 은연중에 자녀에게 보여 주고 싶어 합니다. 특히 사회적 관심을 끄는 사건이거나 화제가 되는 정치 사건일 경우 자신의 전문가적 식견을 드러내고 싶어 합니다.

험담과 비난은 자녀에게 매우 안좋은 영향을 끼칩니다. 자녀는 다른 사람의 잘못에 대해 '나는 그렇게 하지 말아야지' 하고 다짐할 정도로 성숙하지 않습니다. 오히려 부모의 권위를 깎아내리고 영향력을 무너트릴 뿐입니다.

또 다른 사람에 대한 비난과 험담을 하는 것도 문제이지만 자녀가 좋지 않은 말을 할 때 동조하는 것도 문제입니다. 자녀가 다른 사람을 비난할 때나 친구에 대해서 좋지 않게 이야기할 때도 부모가 더 흥분합니다. 그렇게 되면 옳고 그름을 떠나서 말들이 가시가 되어 자녀의 마음을 찌르게 될 것입니다.

부모는 자녀에게 권위를 인정받아야 영향력을 미칠 수 있습니다. 다른 사람을 함부로 대하면서 자녀에게 선한 영향력을 끼칠 수 없습니다. 따라서 자녀 앞에서는 어떤 이유에서든지 다른 사람을 비난하고 험담하는 일을 하지 말아야 합니다.

부모가 자녀 앞에서 함부로 말할 때 그 말은 곧 되돌아옵니다. 부모의 권위는 무너지고 존경심은 사라져 영향력 없는 허수아비가 될 것입니다.

 말의 중요성을 깊이 생각하고 실천하는 부모가 되길 소망합니다.

생각하는 부모가 되십시오

육신의 생각은 사망이요 영의 생각은 생명과 평안이니라_로마서 8장 6절

생각 없는 시대를 살고 있습니다. 세상은 사람들에게 생각할 틈을 주지 않고 사람들은 생각할 필요를 느끼지 못하고 있습니다. 깊게 생각하는 것보다 '편리함'을 이유로 단순하고 간단한 것을 따르고 있습니다.

신앙생활에서도 깊은 생각이 필요하지 않은 것들로 채워지고 있습니다. 말씀의 깊은 묵상보다는 핵심을 요약한 것을 취하고 성경책에서 말씀을 찾지 않아도 됩니다.

부모들도 자녀를 키우는 일에 복잡한 것을 싫어합니다. 말씀을 묵상하고 기도하고 하나님의 뜻을 구하는 것을 복잡하다고 좋아하지 않습니다. 자녀를 키우는 부모가 깊은 생각을 멀리하는 것은 세상의 것들을 따르겠다는 것입니다. 자녀에게 어떤 문제가 생겼을 때 하나님께 묻고 기도하기보다 정해진 세상의 것을 따릅니다. 결론을 얻어 내는 과정이 생략되어 편리하기 때문입니다.

그러나 성경은 세상에 뿌리를 둔 생각은 사망에 이르며 하나님과 원수가 되게 하는 것이라고 분명하게 말씀하고 있습니다. 하나님께서는 사람의 생각이 허무함을 알고 계십니다(시 94:11).

세상의 방법은 성공을 쉽게 취할지는 모르나 하나님과 점점 멀어지는 결과를 가져옵니다. 그러나 십자가의 방법은 고통스러운 과정을 거치지만 하나님과 더욱 친밀해지는 결과를 가져옵니다. 말씀을 깊이 묵상하며 자녀를 키우는 것은 말씀에 뿌리를 두는 자녀 양육입니다. 세상보다 하나님 나라에 더욱 가치를 둔 양육입니다. 이렇게 자녀를 양육하는 부모를 하나님께서 기뻐하십니다.

내 생각대로 자녀를 양육하겠다는 것은 교만입니다.

깊은 묵상과 생각으로 자녀를 양육하는 부모가 되길 소망합니다. 오늘도 생각이 깊으신 하나님을 따르길 원합니다.

자신을 속이지도 말고 속지도 마십시오

8
31

다윗이 일어나 함께 있는 사람 육백 명과 더불어 가드 왕 마옥의 아들 아기스에게로 건너가니
라_사무엘상 27장 2절

사울에게 쫓기던 다윗은 가족과 부하들을 이끌고 블레셋 땅에서 아기스 왕의 부하가 되어 몸을 피했습니다. 아기스 왕을 위해서 전쟁도 했습니다. 하나님께 이스라엘의 왕으로 기름 부음을 받았지만 적국의 신하처럼 일 년 사 개월을 살았습니다.

그토록 용맹하던 다윗도 사울을 두려워하여 상황 판단을 잘못했습니다. 그러나 다윗이 블레셋 땅에 거주한다고 하여서 다윗의 신분이 바뀐 것은 아닙니다. 아기스 왕의 신하가 될 수 없었으며, 그는 여전히 하나님께서 선택하신 이스라엘의 왕이었습니다.

자녀를 키우면서도 다윗과 같은 상황을 만날 때가 있습니다. '말씀으로 자녀를 키우지 않아도 잘 클 텐데 이렇게 힘들게 키워야 하나' 라는 생각도 듭니다. 남들처럼 편하게 키우고 싶기도 합니다. 미래의 불확실성과 두려움 때문에 오히려 세상 속으로 숨고 싶기도 합니다.

세상에 섞여 살면서 그리스도인이 아닌 듯 살기도 합니다. 그러나 우리가 어떤 옷을 입어도 신분에는 변화가 없다는 것을 알아야 합니다. 우리는 여전히 하나님의 사랑을 받는 하나님의 자녀입니다. "나는 아니다"라고 하며 그리스도인이 아닌 것처럼 살아도 여전히 이 땅에 사는 천국 시민이라는 신분에는 변화가 없습니다. 하나님께서는 한 번 택하신 백성을 절대 버리시지 않기 때문입니다.

세상과 맞서는 두려움이나 현실을 피하고 싶은 마음 때문에 자신을 속이지 마십시오. 그것은 겉으로는 안전과 평안을 줄지는 모르나 사탄의 속임수일 뿐입니다. 이런 마음이 들 때 "그래도 나는 하나님의 자녀"라고 외치며 당당하게 맞서 싸우십시오.

 주님이 언제나 함께하시니 감사합니다.

9월

주님 손에 드리십시오

주님 손에 드리십시오

9 01

다 배불리 먹고 남은 조각을 열두 바구니에 차게 거두었으며_마태복음 14장 20절

자녀 양육은 모든 것을 빨아들이는 블랙홀 같습니다. 붓고 또 부어도 끝이 없는 밑 빠진 독 같기도 합니다. 한 방울도 남기지 않고 주어도 자녀는 언제나 목말라 합니다. 이 고개만 넘어가면 끝나겠지 기대하지만 넘어가면 더 큰 고개가 기다리고 있습니다.

도무지 끝날 기미가 보이지 않지만, 부모의 샘물은 바닥을 드러내기 시작합니다. 예수님께서 서 계신 빈 들과 같습니다. 온종일 병든 사람을 고치고 말씀을 전하시느라 지쳤는데 날은 저물고 아무것도 구할 수 없습니다.

예수님 손에 들려 있는 것은 겨우 어린아이가 먹을 수 있는 정도의 적은 음식뿐이었습니다. 부모의 손에 들려 있는 것도 이와 같을 때가 종종 있습니다. 가진 것은 티끌 같은 것들뿐입니다. 모든 것을 포기하고 싶습니다. 손에 쥐고 있는 보잘것없는 것들조차 집어던지고 싶습니다.

그러나 그때 예수님께서는 낙담하지 않으셨습니다. 땅을 바라보지 않고 몇 명이나 먹어야 할까 셈하지 않았습니다. 예수님께서는 자신의 손에 있는 것을 탓하지 않고 하늘 아버지를 바라보셨습니다.

손에 들고 있는 것을 바라보면 볼수록 초라해지기만 합니다. 움켜쥐려고 애를 쓰면 쓸수록 남아 있는 것마저 빠져나갑니다. 부모가 애를 쓰는 만큼 문제가 해결되지 않습니다. 여전히 부모는 빈 들에 빈손으로 서 있습니다.

부모 손에 들고 있는 것이 적다고 낙담하지 마십시오. 자녀를 위해서 줄 수 있는 것이 없다고 포기하지 마십시오. 어떤 경우에도 포기하지 말고 하늘을 바라보십시오. 하늘 아버지를 향해 두 팔을 벌릴 때 바구니가 가득찰 것입니다.

주님, 자녀의 문제를 주님 손에 드리는 부모가 되기를 소망합니다. 어떤 일을 만나도 낙담하거나 포기하지 않고 주의 이름을 부르게 하소서.

행동에 따라 반응하지 마십시오

외모로 판단하지 말고 공의롭게 판단하라_요한복음 7장 24절

하나님께서는 다윗을 이스라엘 왕으로 선택하실 때 외모를 보지 않으셨습니다. "사람은 외모를 보거니와 나 여호와는 중심을 보느니라"(삼상 16:7). 우리는 눈에 보이고 귀에 들리는 대로 상대방을 판단할 때가 종종 있습니다. 그래서 공의로운 판단을 하지 못합니다.

부모도 이런 실수를 할 때가 있습니다. 밖으로 드러나는 행동이 마음을 나타내기도 하지만, 그게 전부는 아니라는 것을 종종 잊어버립니다. 아이들은 자신을 표현하는 방식이 서툴러서 속마음을 잘 드러내지 못할 때가 많습니다.

예를 들어, 어떤 음식을 먹을 때 큰아이는 "맛있네!"라고 간단하게 표현하고, 작은 아이는 "와! 이거 엄마가 한 거야? 정말 맛있네! 감사합니다" 하고 말하며 먹고, 셋째 아이는 그저 조용히 먹기만 합니다. 이때 대부분의 부모는 둘째 아이에게 마음이 더 갑니다. 그게 사람의 본능입니다. 그래서 둘째 아이에게 한 번 더 눈길을 주면서 "많이 먹어라~" 말합니다. 그렇다고 해서 부모가 둘째를 더 사랑하는 것은 아닙니다. 다만 아이의 반응에 따라서 한 번 더 반응을 한 것뿐입니다.

그러나 아이들 속마음은 부모가 차별 대우한다고 느낄 수 있습니다. 사람은 누구나 자신의 말과 행동에 상대방의 좋은 반응을 기대합니다. 상대방이 기분 좋게 반응하면 나도 거기에 맞게 기분 좋게 대응을 합니다. 이런 반응과 대응은 거의 무의식일 때가 많습니다.

아이들 행동과 말에 따라 부모의 태도가 달라지는 것은 옳지 않습니다. 부모가 자녀를 대할 때는 자녀 행동에 따라 반응하는 태도를 버려야 합니다.

하나님께서 우리를 바라보시는 것처럼 부모도 자녀를 그런 마음으로 바라보게 하소서.

03 감사와 은혜로 누리는 삶

평안을 너희에게 끼치노니 곧 나의 평안을 너희에게 주노라 내가 너희에게 주는 것은 세상이
주는 것과 같지 아니하니라 너희는 마음에 근심하지도 말고 두려워하지도 말라_요한복음 14
장 27절

자녀를 키우다 보면 크고 작은 문제들을 만납니다. 이번 일만 해결되면 더는 바랄 게 없을 것 같았는데 그 문제가 해결되고 나면 예상치 못했던 또 다른 문제가 생깁니다. 그래서 문제해결 중심으로 살다 보면 늘 환난과 고난을 벗어나지 못합니다.

그러나 문제 해결 중심으로 살지 않는다고 문제를 만나지 않는 것은 아닙니다. 세상은 우리가 평탄한 길을 가도록 놔두지 않습니다. 문제는 환난과 고난을 어떤 눈으로 바라보느냐에 있습니다.

문제를 걱정과 근심으로 바라보면 결과도 그 범주를 벗어나지 못합니다. 문제가 해결되어도 만족감과 행복을 느끼지 못합니다. 그러나 문제 속에서 작은 감사를 찾아낼 때 결과에 상관없이 만족하고 행복을 느낍니다. 만족이나 행복은 눈에 보이는 것이 아니라 마음속에 있습니다.

평안함이 있을 때 삶에서 만족과 행복을 누리게 됩니다. 자녀와 있는 모든 순간이 행복하려면 자녀에게 생기는 문제에 초점을 맞추지 마십시오. 그러면 늘 걱정과 근심에 쌓이게 되고 돌아보면 후회밖에 남지 않을 것입니다.

자녀에게 일어난 문제에 초점을 두지 말고 그 문제 속에서 감사를 발견하는 눈을 키워야 합니다. 문제 가운데 있는 부모에게는 절대 쉽지 않은 일입니다. 그러나 시간은 흘러가면 다시 되돌아오지 않습니다.

문제 속에서 감사를 찾을 때 하나님께서 주시는 평안을 누릴 수 있고, 이 평안함이 근심과 걱정을 거두어갈 것입니다. 그때 비로소 자녀가 짐이 되지 않고 행복의 근원이 될 것입니다.

 자녀가 하나님의 은혜로 자라게 하시니 감사합니다. 자녀로 인해서 행복하니 감사합니다.

순수한 것을 원하시는 하나님

한 사람이 두 주인을 섬기지 못할 것이니 혹 이를 미워하고 저를 사랑하거나 혹 이를 중히 여기고 저를 경히 여김이라 너희가 하나님과 재물을 겸하여 섬기지 못하느니라_마태복음 6장 24절

하나님과 재물을 같이 섬길 수 없습니다. 하나님도 사랑하고 재물도 사랑할 수는 없습니다. 사랑은 나눌 수 없습니다. 사랑은 한쪽을 선택해야 하기 때문입니다.

사랑은 크기가 아닙니다. 단 한 점이라도 다른 것이 섞이게 되면 사랑이 아닙니다. 순수함 그 자체가 사랑입니다. 남편이 아내를 99% 사랑하고 다른 여자를 1% 사랑한다면 그것이 진정한 사랑일까요? 아이들이 "저는 아빠(엄마)를 99% 사랑하고 1%는 옆집 아저씨를 사랑해요."라고 한다면 받아들일 수 있을까요?

하나님께서 우리를 사랑하실 때 다른 것을 섞지 않으십니다. 오로지 우리만 순수하게 사랑하십니다. 우리도 하나님을 순수함으로 사랑해야 합니다.

순수하다는 것은 상황에 따라 변하지 않는 것입니다. 어떤 상황에 있더라도 다른 것을 섞지 않습니다. 내 생각과 기준, 가치, 소유에 따라 사랑의 순도가 변하지 않습니다.

자녀가 온전히 하나님의 것임을 고백합니다. 부모도 온전히 하나님의 것임을 인정합니다. 온전히 하나님의 뜻을 구하고 따릅니다. 그러나 우리 마음은 갈대와 같습니다. 불시에 닥치는 자녀 문제 앞에서 내 결심은 블랙홀처럼 빨려 들어갑니다. 그러나 결코 물러서지 말아야 합니다.

주님, 온전히 주님만을 사랑하기 원합니다. 그 사랑으로 걱정과 근심에서 놓여나기를 기도합니다. 연약한 저를 도우소서.

자녀도 죄인임을 인정해야 합니다

죄의 삯은 사망이요 하나님의 은사는 그리스도 예수 우리 주 안에 있는 영생이니라_로마서 6
장 23절

착하게 살면서 좋은 일을 많이 하면 구원에 이를 수 있다고 생각하는 사람이 종
종 있습니다. 물론 이 사회에는 착한 사람이 꼭 필요합니다. 이웃을 돌보고 어려
운 일이 있을 때마다 앞장서는 사람들이 필요합니다. 그들이 삭막한 사회를 풍요
롭게 합니다.

그러나 착한 행실만으로는 구원에 이를 수 없습니다. 인간 자체가 죄인이기 때
문입니다. 아담과 하와의 불순종으로 인해서 사람에게 있었던 하나님의 형상은
타락하고 부패했습니다. 사람의 지정의(지성知性, 감성感性, 의지意志)는 하나님께 받
았던 상태를 온전하게 유지하지 못하고 있습니다.

사람의 생각에서 나오는 모든 것은 부패합니다. 그러므로 사람이 어떤 선을 행하
든 그것은 순수하지 못합니다. 사람은 누구든지 이 세상을 떠나는 그날까지 죄의
유혹에서 벗어날 수 없는 존재입니다. 그래서 예수 그리스도의 은혜가 필요합니다.

자녀 양육의 핵심 중 하나는 "자녀는 죄인이다."라는 부모의 확실한 인식입니
다. 따라서 다윗과 같은 고백이 필요합니다. "내가 죄악 중에서 출생하였음이여
어머니가 죄 중에서 나를 잉태하였나이다"(시 51:5).

부모가 자녀를 죄인으로 인정하지 않으면 사람의 생각과 노력으로 자녀를 양육
하게 됩니다. 이러한 육신의 생각은 사망이며 하나님과 원수가 되는 길입니다. 이
로써 부모는 자녀를 멸망으로 끌고 가게 될 것입니다.

반면 자녀를 죄인으로 인정하면 하나님의 은혜를 구하게 됩니다. 죄인인 부모
가 죄인으로 태어난 자녀를 안타까워할 때 성령께서 도우시고 인도하십니다. 그
리하여 자녀를 '생명과 평안'의 길로 이끌어 갑니다.

주님, 자신의 연약함을 깨닫고 무릎 꿇으오니 외면하지 마소서.

믿음의 환경을 만드십시오

그러므로 믿음은 들음에서 나며 들음은 그리스도의 말씀으로 말미암았느니라_로마서 10장
17절

인격을 형성하는 과정에서 환경은 매우 중요한 역할을 합니다. '맹모삼천지교(孟
母三遷之敎)'라는 말은 이것을 잘 나타내 주고 있습니다. 신앙도 마찬가지입니다. 믿
음이 성장하는 과정에서 '신앙 환경'이 많은 영향을 끼칩니다.

믿음은 말씀을 듣고 읽고 행함을 통해서 성장합니다. 그러므로 믿음의 환경에
노출되는 빈도에 따라 (개인의 차이는 있지만 두루 통용되는) 신앙의 진보가 달라집니다.
말씀을 들어야 깨달음이 생기고 깨달음을 통해서 믿음의 싹이 틉니다.

자녀를 말씀으로 양육하고 믿음의 유산을 물려주기 원한다면 믿음의 환경 조성
에 정성을 기울여야 합니다. 자녀가 말씀을 자주 들을 수 있는 환경을 만들어 주어
야 합니다.

사람은 스스로 죄의 환경을 조성하는 속성을 가지고 있습니다. 특히 어릴수록
환경을 이겨 내는 힘이 약하기 때문에 부모의 세심한 주의가 필요합니다.

어려서부터 부모가 말씀 읽는 것을 보여 주고 말씀대로 사는 모습을 보여 줘야
자녀가 자연스럽게 그 환경 속으로 들어올 수 있습니다. 함께 손잡고 기도하거나
신앙으로 존경받는 사람에 대해 자주 이야기를 들려주는 것도 좋습니다. 말씀대
로 사는 모습을 보여 주는 것이 어려울 것입니다. 그럴지라도 포기하지 말고 최선
을 다하는 모습을 보여 주면 됩니다. 어느 부모가 말씀대로 완벽하게 사는 모습을
보일 수 있을까요?

넘어지더라도 말씀을 붙잡고 다시 일어나는 삶이면 됩니다.

주님, 악한 환경으로부터 사랑하는 자녀를 보호하소서.

자녀 양육과 돈

돈을 사랑함이 일만 악의 뿌리가 되나니 이것을 탐내는 자들은 미혹을 받아 믿음에서 떠나 많은 근심으로써 자기를 찔렀도다_디모데전서 6장 10절

"자녀 양육은 돈이다."라고 말하고 싶을 정도로 자녀 양육에서 돈은 중요합니다. 실제로 많은 사람이 "돈이 있어야 애를 키우지"라는 말을 합니다. 돈의 위력은 학벌과 권력과 명예를 만들 수 있습니다.

돈이 중요한 역할을 하며 큰 힘을 가지고 있는 것이 맞습니다. 그러나 '돈'은 결코 섬겨야 할 대상이 아닙니다.

돈 자체가 악의 뿌리는 아닙니다. 돈을 지나치게 사랑함이 죄를 만들어 냅니다. 하나님께서 계셔야 할 자리에 돈이 대신 있는 상태를 말합니다.

돈을 사랑하면 많은 것을 얻을 수 있습니다. 학벌, 권력, 명예뿐 아니라 물질적 풍요까지 얻을 수도 있습니다. 그러나 이렇게 얻은 것들은 악의 뿌리가 되어 결국에는 자신을 파멸시키는 가시가 될 뿐입니다.

실제로 자녀 양육에 많은 돈이 필요합니다. 해 주고 싶어도 돈이 없어서 못 해 주는 경우가 많습니다. 더 높은 자리와 더 높은 명예를 얻을 수 있음에도 돈이 없어서 그저 보고만 있는 경우도 있습니다.

그럴지라도 우리는 돈을 하나님보다 더 사랑할 수 없습니다. 그보다 주신 은혜에 감사하며 "내가 결코 너희를 버리지 아니하고 너희를 떠나지 아니하리라"(히 13:5) 하신 약속의 말씀을 붙잡고 나가야 합니다.

자녀에게 돈에 대해서 가르쳐야 합니다. 올바르게 벌고 사용하는 법을 가르쳐 주어야 합니다. 돈은 이용하는 것이지 섬길 대상이 아니라는 것을 분명하게 알려 주어야 합니다. 돈은 악한 것도 선한 것도 아니며 사용하는 사람에 따라 가치가 형성되기 때문입니다. 사랑하고 경배할 대상은 하나님뿐입니다.

주님, 내 삶의 주인은 재물이 아니라 하나님이심을 고백합니다.

행위를 가르치십시오

그의 아들들이 자기 아버지의 행위(way)를 따르지 아니하고 이익을 따라 뇌물을 받고 판결을 굽게 하니라_사무엘상 8장 3절

예수님께서는 제자들을 부르실 때 "나를 따르라"라고 말씀하셨습니다. 우리를 향해서도 나를 따르라고 말씀하고 계십니다. 예수님께서 먼저 걸어가신 길을 우리는 따라만 가면 되는 것입니다.

인생에서 따라갈 길이 있다는 것은 행복한 일입니다. 길을 새로 만드는 수고를 할 필요가 없고 길이 아닌 곳에서 헤매지 않아도 되기 때문입니다. 그래서 자녀에게 따라가야 할 길을 가르치는 것이 중요합니다.

그러나 자녀가 부모의 길을 따르는 것은 생각보다 쉽지 않습니다. 사무엘의 아들들은 아버지의 행위를 따르지 않았습니다. 행위는 길(way)을 말합니다. 아들들이 아버지가 믿음으로 닦아 놓은 길을 가지 않았다는 것입니다. 아버지의 행위를 본받지 않았습니다.

사무엘은 수많은 기적을 일으켰고 백성들에게 가야 할 길을 제시한 사람입니다. 아들들도 그것을 보았습니다. 그런데도 사무엘의 자녀들은 아버지의 길을 따라가지 않았습니다.

부모가 살아가는 길이 자녀에게도 등불이 되어야 합니다. 부모가 말씀을 따라 길을 만들고 그 길을 자녀가 걸어갔으면 좋겠습니다. 부모가 세상을 떠나도 자녀가 부모의 길을 따르기를 소망합니다.

주님, 자녀에게 마땅히 가야 할 길을 가르치는 부모가 되기 원합니다. 부모의 행위를 따르는 자녀가 되게 하소서.

09 안전한 길로 가십시오

우는 자들은 울지 않는 자 같이 하며 기쁜 자들은 기쁘지 않은 자 같이 하며 매매하는 자들은 없는 자 같이 하며_고린도전서 7장 30절

불안한 사회입니다. 까닭 없는 폭력과 사람을 해치는 일들이 끊임없이 일어나고 있습니다. 세계 곳곳에 전쟁과 기근과 원인을 알지 못하는 질병들이 발생하고 있습니다.

세상 어디에도 안전한 곳이 없어 보입니다. 가정에서도 폭력이 도를 넘고 있습니다. 그래서인지 '내 자녀에게만' 초점을 두는 부모들이 늘어나고 있습니다. 오로지 '내 자식만' 좋으면 그만이라는 생각입니다.

부모로서 어느 정도 이해는 갑니다. 그러나 성경은 혼자 사는 것이 아니라 이웃과 함께 살아가기를 명령하고 있습니다. 과부와 나그네를 홀로 두지 말고 우는 자와 같이 울고 기뻐하는 자와 같이 기뻐하라고 하십니다.

우리는 무인도에서 살 수 없습니다. 함께 어울려 살아갑니다. 다시는 마주치고 싶지 않은 사람들과 부딪히며 살아가야 합니다. 내 아이가 안전하게 자라기를 바란다면 이웃을 돌아봐야 합니다.

물론 모든 이웃을 돌볼 수는 없습니다. 그러나 이웃의 한두 가정 정도에게는 깊은 관심을 가질 수 있습니다. 자녀의 친구들이 건강하고 안전해야 내 자녀도 안전하고 건강한 환경에서 자랄 수 있습니다. 주위를 돌아봄이 필요합니다.

"네가 밭에서 곡식을 벨 때에 그 한 뭇을 밭에 잊어버렸거든 다시 가서 가져오지 말고 나그네와 고아와 과부를 위하여 남겨두라 그리하면 네 하나님 여호와께서 네 손으로 하는 모든 일에 복을 내리시리라"(신 24:19).

주님, 자녀가 이웃과 함께 살아가는 법을 배우게 하소서.

하나님이 원하시는 부모의 의무

사무엘이 이르되 여호와께서 번제와 다른 제사를 그의 목소리를 청종하는 것을 좋아하심 같이 좋아하시겠나이까 순종이 제사보다 낫고 듣는 것이 숫양의 기름보다 나으니_사무엘상 15장 22절

하나님께서 부모에게 요구하시는 의무는 무엇일까요? 웨스터민스터 소요리문답(제39문)에서 그 답을 찾을 수 있습니다. 그것은 바로 하나님의 뜻에 복종하는 것입니다.

우리는 부모의 의무를 떠올릴 때 제일 먼저 자녀를 떠올립니다. 자녀를 잘 양육하여 하나님 나라의 군사로 키우는 일을 생각합니다. 그 또한 부모의 큰 의무 중 하나입니다. 말씀으로 자녀를 양육하는 것은 부모가 해야 할 일 중에서 가장 큰 일입니다.

그러나 그 전에 기억해야 할 것이 있습니다. 하나님 앞에서는 부모이기 전에 하나님의 자녀라는 사실입니다. 하나님께서는 부모를 하나님의 자녀로 바라보십니다. 자녀 양육의 짐을 짊어진 부모이기에 앞서, 하나님의 사랑을 마음껏 받고 누리는 하나님의 자녀입니다. 하나님의 말씀으로 인생의 길을 비추며 살아가는 자녀입니다(시 119:105).

그러므로 부모가 아닌 하나님의 자녀로서 그 의무를 먼저 기억해야 합니다. 하나님께서 자녀에게 요구하시는 의무는 순종입니다.

부모가 하나님의 자녀로서 의무를 다할 때 사랑하는 자녀를 위해서 무엇을 할 것인지 알게 될 것입니다. 하나님께서 그 길을 보여주실 것입니다.

자녀를 어떻게 양육할지 고민하기 전에 먼저 말씀에 순종하는 하나님의 자녀가 되기를 소망합니다.

주님, 부모가 먼저 하나님의 자녀로서 삶을 살기 원합니다.

삶을 물려주십시오

9
11

이 후에 너희의 자녀가 묻기를 이 예식이 무슨 뜻이냐 하거든 너희는 이르기를 이는 여호와의
유월절 제사라_출애굽기 12장 26~27절

신앙을 가진 부모는 믿음의 유산을 물려주고 싶어 합니다. 부모의 믿음이 후손에게 전해지기를 소원합니다. 그렇다면 믿음의 유산은 무엇일까요?

믿음의 유산은 역사에 남긴 흔적입니다. 이집트를 탈출하여 자유인이 된 이스라엘 백성들에게 아이들이 "유월절이 뭐예요?"라고 물으면, "이집트에서 종살이 할 때 하나님께서 우리를 구원하시려고 이집트 사람들에게는 재앙을 내리시고 하나님의 백성들은 보호하셨단다. 그것을 기념하는 거야"라고 알려 주라고 하셨습니다.

이집트 땅에 열 가지 재앙이 내리고, 홍해가 갈라지고, 반석에서 물이 솟아나고, 하늘에서 만나와 메추라기가 내렸던 일은 역사 속에서 실제로 일어난 일입니다. 강물이 핏빛으로 변하는 것을 보았고, 갈라진 홍해를 하나님을 찬양하면서 건넜고, 하늘에서 내린 만나를 먹었던 사람이 다름 아닌 우리의 아버지, 어머니, 삼촌 그리고 이웃들이라는 것입니다.

아이들이 묻습니다. "엄마는 홍해가 갈라지는 것을 봤어요?" 그때 부모는 이렇게 말할 수 있어야 합니다.

"하나님은 유일하시며 홍해가 갈라지는 것을 보여 주시고, 바다 위로 걸어오셔서 내 손을 잡아 주셨다. 엄마가 그 하나님을 만났다."

부모가 만났던 하나님은 역사의 시간 속에 기록으로 남아 있습니다. 개인의 기록 속에 흔적으로 있습니다. 그 사실을 자녀에게 증거하는 것이 믿음의 유산입니다.

주님, 오늘도 삶 속에서 하나님의 살아 계심을 체험하고 자녀에게 전하는 증인이 되길 소원합니다.

창조주 되시는 하나님의 선언

너희는 내 목소리를 순종하고 나의 모든 명령을 따라 행하라 그리하면 너희는 내 백성이 되겠
고 나는 너희의 하나님이 되리라_예레미야 11장 4절

하나님께서는 우주 만물의 창조주이십니다. 인간 존재의 근원이 되시며 만물의
통치자이십니다. 그런데 성경에서 하나님께서는 당신의 존재를 인정하라고 자주
말씀하십니다. 곧 "나를 여호와인 줄 알리라" "나는 너희의 하나님 여호와니라"라
는 말씀입니다.

이스라엘 백성들이 이집트에 있을 때 하나님은 '잊힌 존재'였기에 '내가 너희의
하나님'이라는 것을 수없이 강조하셨습니다. 그러나 가나안 땅에 정착하여 수백
년이 흐른 뒤에도 여전히 하나님은 같은 말씀을 하십니다.

그 말씀은 특히 바벨론에서 포로 생활을 하던 때인 에스겔서에 집중적으로 나
타납니다. 멸망해 가는 이스라엘을 향해서 "내가 너희의 하나님임을 알아 달라"고
애원하듯이 말씀하고 계십니다.

창조주가 피조물에게 자신의 존재를 계속 말씀하시는 기이한 현상입니다. 그만
큼 우상을 숭배하는 언약의 백성들을 향한 하나님의 안타까운 마음을 읽을 수 있
습니다. 하나님의 구애는 이스라엘 백성들이 '칼에 맞아 쓰러지더라도' 자신이 하
나님임을 알기를 바라고 계십니다(겔 6:7).

하나님께서 그토록 이스라엘 백성들에게 "나를 여호와인 줄 알라"고 말씀하시
는 이유는 무엇일까요? 그것은 하나님의 통치주권입니다. 우주 만물을 다스리시
는 분은 오직 하나님뿐이라는 사실을 알리고자 하시는 것입니다.

이것은 권력과 돈과 힘이 아니라 하나님께서 모든 것을 통치하고 계신다는 선언
입니다. 보이는 것에 의해서 세상이 움직이는 것 같지만 보이지 않는 하나님의 손
길에 의해서 통치되고 있다는 선언입니다.

자녀 양육의 주권이 부모에게 있지 않고 하나님께 있음을 선포하며 고백합니다. 나의 고
백을 받으소서.

하나님께서 쓰시는 자녀

만일 누가 무슨 말을 하거든 주가 쓰시겠다 하라 그리하면 즉시 보내리라 하시니_마태복음
21장 3절

'하나님께서 자녀를 들어 쓰심'이란 말만큼 부모의 가슴을 뛰게 하는 말도 없을 겁니다. 부모는 하나님께서 자녀를 사용하시기를 바라며 힘든 양육의 길을 가고 있기 때문입니다.

모든 자녀가 하나님께 쓰임을 받을 그날이 언제 올까요? 그 시기와 때는 오직 하나님께 달렸습니다. 하나님께서 모든 것이 완벽한 때에 자녀를 사용하실 것입니다. 우리는 믿음으로 기다릴 뿐입니다.

때를 기다린다는 것은 순종을 의미합니다. 부모의 생각으로 시기와 때를 정하는 것이 아니라 하나님께서 부르시면 언제든 순종하는 것을 '때를 기다린다'라고 말합니다.

부모가 크게 오해하는 것이 있습니다. 하나님께서 쓰신다는 것을 '준비된 자' '실력을 갖춘 자'로 생각하는 것입니다. 그래서 자녀에게 하나님께 쓰임을 받으려면 실력이 있어야 한다고 다그치기도 합니다.

그것은 부모의 생각입니다. 하나님의 뜻을 간과해서는 안 됩니다. 그것은 곧 교만입니다. 하나님의 귀한 자녀를 '세상에서 쓰기에 적당한 자' 혹은 '부모가 쓰기에 좋은 자'로 키워서는 안 됩니다.

하나님께서는 갖추어진 자를 찾으시는 게 아닙니다. 말씀에 순종하는 자를 부르고 계십니다. 하나님께서 지혜가 부족해도 부르심에 바로 순종할 사람을 찾고 계십니다.

부모는 '하나님께서 쓰시기에 부족함이 없는 실력'이란 말로 하나님과 자녀 사이에 걸림돌이 되어서는 안 됩니다. 조건과 상황을 돌아보기 전에 순종을 먼저 기억해야 합니다. 하나님께서 쓰시기에 합당할 정도로 완벽한 준비는 없습니다.

 주님, 부모와 자녀가 부르심에 바로 응답하는 믿음을 주소서.

연약함은 부끄러움이 아닙니다

그러나 하나님께서 세상의 미련한 것들을 택하사 지혜 있는 자들을 부끄럽게 하려 하시고 세
상의 약한 것들을 택하사 강한 것들을 부끄럽게 하려 하시며_고린도전서 1장 27절

　자녀의 뛰어남을 바라지 않는 부모는 없습니다. 하찮은 것이라도 자녀를 자랑
하고 싶은 게 부모의 본능입니다. 그러므로 자녀 자랑을 크게 탓할 일은 아닙니
다. 다만 자랑할 것이 없음을 부끄럽게 여기는 것은 잘못된 일입니다. 또 자신의
체면을 위해서 자식을 자랑의 도구로 삼는 것은 바람직하지 않습니다.

　자녀의 연약함을 탓하기 전에 먼저 부모 자신을 돌아보십시오. 우리가 지혜로
웠던가요? 혹은 유능하거나 모든 일에 뛰어났던가요? 부모도 유약하기 그지없는
한 인간이었습니다. 초라한 모습의 죄인이었습니다.

　세상의 눈으로 자녀를 바라보면 흠투성이입니다. 부족하고 내세울 것이 없어
보입니다. 그러나 하나님의 눈으로 보면 사랑받을 만한 것으로 가득합니다.

　세상에서 뛰어난 사람일지라도 하나님 앞에선 형편없을 수 있고, 내세울 것 없
는 초라한 사람도 하나님께서 택하시면 달라집니다. 그러므로 누구도 자신을 자
랑할 수 없습니다.

　연약하고 부족한 자녀도 하나님 안에 있다면 감사하고 자랑할 일입니다. 자녀
의 부족함이 아니라 하나님 안에 있지 않음을 부끄러워해야 합니다. 믿음의 눈으
로 연약함을 구분해야 합니다.

　하나님 안에서는 연약함이 없습니다.

주님, 자녀를 세상의 조건과 비교하여 부끄러워하지 않게 하소서.

여호와 이레의 길

9
15

여호와께서 아브람에게 이르시되 너는 너의 고향과 친척과 아버지의 집을 떠나 내가 네게 보여 줄 땅으로 가라_창세기 12장 1절

고향을 떠나 알지 못하는 곳을 향해 떠나는 아브라함의 길은 어떠했을까요? 아브라함의 여정을 보면서 부모들도 이와 같은 길을 가고 있다는 생각을 합니다.

자녀의 출생으로 갑자기 '부모'가 되면서 알지 못하는 길을 떠납니다. 가 본 적도 없고 알지도 못하는 길을 떠밀리듯 가기 시작합니다. 옆에서 여러 가지 조언을 해 주지만 자신이 가보지 않은 길은 생소하고 낯설기만 합니다.

'부모'는 이미 만들어진 상태가 아니라 자녀와 함께 태어나서 자라가는 덩치 큰 아이 같은 어른입니다. 그래서 자녀보다 더 많이 넘어지고 부딪히며 우왕좌왕합니다. 넘어져 무릎에서 피가 나도 어른이라 아무도 일으켜 줄 생각을 하지 않습니다.

좋은 부모가 되려고 애를 쓰지만 눈에 보이는 결과물은 별로 없습니다. 여전히 어린아이 같고 때로는 자녀보다 미성숙할 때도 있습니다.

자녀는 부모가 지난 길을 따라 옵니다. 그것이 부모를 힘들고 어렵게 합니다. 자녀가 자신을 닮을까 두렵습니다. 부모도 겪어 보지 않은 길을 자녀에게 가라고 해야 할 때 망설여집니다.

부모의 길은 어렵습니다. 그것은 부모를 닮는 자녀 때문입니다. 부모가 가는 길도 분명치 않은데 자녀가 그 길을 따라오고 있습니다. 그것이 힘듭니다. 그래도 포기하지 않고 끝까지 가야 합니다.

그래야 외아들을 믿음으로 드리는 아브라함의 자리에까지 갈 수 있습니다. 그때 하나님께서 이미 예비하신 '여호와 이레'의 길을 가고 있음을 알게 될 것입니다.

 주님, 부모의 길을 포기하지 않고 끝까지 가도록 인도하소서.

자녀를 향한 하나님의 뜻

그런즉 너희는 먼저 그의 나라와 그의 의를 구하라 그리하면 이 모든 것을 너희에게 더하시리라_마태복음 6장 33절

하나님의 뜻을 알기 원합니다. 우리의 삶에서 하나님의 뜻이 분명하게 드러난다면 얼마나 좋을까요? 여러 길이 있을 때 하나님께서 정확하게 선택하여 주시면 좋겠습니다.

자녀의 일도 마찬가지입니다. 자녀를 향한 분명한 뜻을 보여 주신다면 속 끓이는 일도 없을 것입니다. 하나님께서 자녀의 미래를 보장해 주시면 걱정할 필요가 없기 때문입니다. 그래서 때로는 하나님께 '자녀 미래 보증서'를 요구하고 싶습니다. 그렇다면 우리를 향한 하나님의 뜻을 어떻게 알 수 있을까요? 하나님의 뜻은 성경 말씀에 분명하게 드러나 있습니다.

"예물을 드리기 전에 먼저 형제와 화목하라(마 5:24), 네 눈 속에서 들보를 먼저 빼라(마 7:5), 형제를 먼저 사랑하고 존경하라(롬 12:10), 먼저 그의 나라와 그의 의를 구하라(마 6:33)" 등 성경에 기록된 모든 말씀이 하나님의 뜻입니다.

또한 하나님과 친밀함을 깨뜨리지 않는 것이 하나님의 뜻입니다. 곧 모든 일에서 하나님을 우선순위로 놓는 것이 하나님의 뜻입니다. 무슨 일이든지 하나님 나라와 의를 구하는 것에서 출발했다면 그것은 분명한 하나님의 뜻 가운데 있습니다.

하나님께서 우리와 함께하심이 하나님의 도우심입니다. 하나님과 친밀함을 벗어나지 않는 것이 하나님의 뜻을 따라 행함입니다. 일을 실패할 수도 있고 계획한 대로 이룰 수도 있습니다. 그러나 하나님의 뜻은 실패와 성공에 상관없이 늘 분명하고 변함이 없습니다.

자녀를 키우는 일에서도 하나님의 나라와 하나님의 뜻이 우선인지 생각해 보아야 합니다.

 언제나 자녀를 위해 일하심을 멈추지 않으시는 하나님을 찬양합니다.

9/17 솔직하게 구하십시오

아무것도 염려하지 말고 다만 모든 일에 기도와 간구로, 너희 구할 것을 감사함으로 하나님께
아뢰라_빌립보서 4장 6절

자신의 치부를 드러내고 싶어 하는 사람은 아무도 없습니다. 자신의 연약함을
자랑하는 사람도 없습니다. 그만큼 사람들은 자신의 약한 부분을 감추고 싶어 합
니다.

자식에 대해서도 마찬가지입니다. 자랑하면 자랑했지 허물이나 단점을 내세우
지 않습니다. 작은 일이라도 자식 자랑할 때가 부모의 마음이 가장 기쁩니다.

자식에 관해서는 누구에게도 지기 싫은 마음이 있습니다. 자식은 곧 자신을 나
타내는 것이라고 여기기 때문입니다. 자식에 대해서 자랑하고 싶은 마음을 나쁘
다고 말할 수는 없습니다. 자녀를 사랑하는 표현 중 하나니까요.

그러나 하나님 앞에서는 자녀에 관해서 이야기할 때 솔직해야 합니다. 주님 앞
에서 구할 때는 자녀의 잘못과 연약한 부분을 숨김없이 아뢰어야 합니다. 약한 부
분을 주님께 맡겨야 합니다.

"아무것도 염려하지 말고 구하라"는 말씀에는 이런 뜻도 포함되어 있습니다. 주
님께는 사람들 앞에서처럼 무언가를 가리지 말라는 뜻입니다. 자신이나 자녀에
대해서 포장을 하더라도 주님과 자신은 압니다.

자신이 처한 상황을 솔직하게 고백하고 구할 때 주님께서 주시는 평강이 찾아옵
니다. 그럴 때 우리는 평안을 누릴 수 있고 걱정과 염려에서 벗어날 수 있습니다.

사람들은 다른 사람의 연약한 부분을 업신여기고 비난합니다. 그러나 하나님께
서는 우리의 연약함과 부족함을 채워 주시고 강하게 하실 것입니다.

주님과 솔직하게 대면하는 오늘이 되기를 소원합니다.

어루만져 주는 친구를 두십시오

로뎀 나무 아래에 누워 자더니 천사가 그를 어루만지며 그에게 이르되 일어나서 먹으라 하는 지라_열왕기상 19장 5절

엘리야는 몸과 마음이 지쳤습니다. 낙심되었습니다. 바알 선지자와의 싸움에 온 힘을 쏟았습니다. 싸움은 완벽한 승리로 끝났습니다. 그런데도 현실은 변한 게 없었습니다. 오히려 이세벨은 엘리야를 죽이겠다고 협박했습니다. 엘리야는 도망하였습니다. 죽음에 대한 두려움이 밀려오기 시작했습니다.

하나님께서는 엘리야를 탓하지 않으셨습니다. 천사를 보내 어루만져 주시고 까마귀를 통해 먹을 것을 공급해 주셨습니다. 또 엘리야 앞에 자신을 나타내셨습니다. 지친 몸과 마음을 어루만져 주시고 세미한 소리 가운데 자신을 보이셨습니다.

우리도 엘리야와 같은 상황을 만날 때가 있습니다. 하나님의 큰 능력과 기적을 체험하고, 말씀의 신비하고 오묘한 맛을 깨닫기도 하고, 금식 기도를 마쳤지만 아무 변화도 없는 현실을 마주하는 때가 바로 이때입니다.

오로지 말씀대로 자녀를 키우면서 달려왔는데 도무지 변화가 보이지 않을 때, 대충 신앙생활을 하는 다른 집 자녀가 더 성공하는 것처럼 느껴질 때 낙심과 무기력이 밀려옵니다. 그냥 무너져 내립니다.

모든 것을 내려놓고 싶습니다. 몸에서 바람 빠지는 소리가 들리는 듯합니다. 그때 필요한 것은 다른 사람의 따뜻한 위로입니다. 아무 말 없이 어깨를 토닥여 주는 손길입니다. 부드러운 음식을 챙겨 주는 사람입니다.

자녀 양육에는 그런 친구와 동역자가 필요합니다. 넘어짐을 탓하지 않고 그저 안아 주는 친구가 있어야 합니다. 넘어짐을 탓하지 않는 친구가 있습니까? 곁에서 조용히 찬송을 불러주는 친구가 있습니까?

주님, 함께 가는 기도의 친구가 필요합니다.

9
19
주체가 누구입니까?

그러나 내가 나 된 것은 하나님의 은혜로 된 것이니 내게 주신 그의 은혜가 헛되지 아니하여
내가 모든 사도보다 더 많이 수고하였으나 내가 한 것이 아니요 오직 나와 함께하신 하나님의
은혜로라_고린도전서 15장 10절

아이를 낳고 기르는 일에 특별한 비법은 없습니다. 하지만 그리스도인의 자녀
양육은 같으면서도 매우 다른 길입니다.

양육의 주체가 누구인가에 따라 길이 나누어집니다. 자녀를 기르는 일에 내 힘
과 내 뜻을 강조하면 자녀 양육의 주체는 내가 됩니다. 부모의 뜻대로 모든 것을
결정하고 실행합니다.

치밀한 계획과 헌신으로 훌륭한 인재를 키워 내기도 합니다. 이른바 성공한 자
녀 양육의 모범을 보이기도 합니다. 그러나 간과해서는 안 될 것이 있습니다. 이
과정에 하나님의 개입이 전혀 없다는 것입니다.

반대로 자녀 양육의 주체를 하나님으로 삼으면 비슷해 보이지만 전혀 다른 길을
갑니다. 자녀 양육에서 부모의 생각과 뜻을 고집하기 전에 하나님의 뜻을 묻습니
다. 부모는 청지기 역할만 감당하고 주체는 하나님이 되십니다.

자녀의 삶 속에서 하나님의 계획과 뜻이 이루어지길 기대합니다. 자녀의 작은
일상 속에 하나님의 손길이 미치기를 소원합니다. 부모의 힘이 연약하고 부족하
기에 하나님의 능력을 기대합니다.

자녀 양육의 정점은 이름을 빛내거나 큰 업적을 남기는 것이 아니라 자녀가 하
나님의 구속사 안에 들어가는 것입니다. 자녀의 구원을 위해서 하나님께서 어떻
게 일하셨는지, 하나님의 뜻을 이루기 위해서 자녀를 어떻게 사랑하셨는지를 드
러내는 것입니다.

부모가 자녀를 기르면서 부딪히는 일들은 모두 같습니다. 그러나 자녀 양육의
주권이 누구에게 있는가에 따라 서로 다른 길을 갑니다.

오늘도 자녀 양육의 주권이 하나님께 있음을 고백하며 자녀의 삶 속에서 일하실 하나님
을 기대합니다.

하나님의 자녀입니다

곡식과 새 포도주와 기름은 내가 그에게 준 것이요 그들이 바알을 위하여 쓴 은과 금도 내가
그에게 더하여 준 것이거늘 그가 알지 못하도다_호세아 2장 8절

이스라엘 백성들은 사십 년 동안 광야 생활을 하면서도 먹고사는 문제에 대해서
고민하지 않았습니다. 하나님의 은혜로 살았습니다. 가나안 땅에 들어가서도 풍
족했습니다. 그들의 할 일은 오로지 하나님을 섬기고 찬양하는 것이었습니다.

그러나 그들은 그 약속을 지키지 못했습니다. 오히려 광야 생활을 할 때보다 더
하나님의 마음을 아프게 했습니다. 하나님께서 주신 땅에서 나는 소산으로 우상
을 섬기고 춤을 추었습니다.

이를 바라보시는 하나님의 안타까움이 그대로 묻어납니다. "나는 인애를 원하
고 제사를 원하지 아니하며 번제보다 하나님을 아는 것을 원하노라"(호 6:6). 섬겨
야 할 대상은 바알이 아니고 여호와 하나님이심을 스스로 밝히고 계십니다. 얼마
나 안타까우셨으면 나를 알아 달라고 애원하듯이 말씀하셨을까요? 사랑하는 백
성들에게 당하는 배신감의 크기를 우리는 측량할 수 없습니다.

모든 것의 출발은 하나님입니다. 우리의 생명은 물론 자녀조차 하나님께서 주
신 것입니다. "우리 삶의 주인은 하나님이십니다." 고백은 이렇게 해도 실제로 손
에서 놓지 못하는 것이 자녀입니다. 하나님으로부터 자녀를 떨어트려 놓고 싶은
부모는 없습니다. 단지 한 발자국을 허용했을 뿐입니다. "조금 크면 괜찮겠지"라
는 근거 없는 희망을 품은 탓입니다. 오늘 멀어진 한 발자국이 어느 순간 보이지
않을 만큼 멀리 떨어지게 합니다.

모든 것들은 하나님의 소유입니다. 그런데도 그것들을 부모에게 물려받았거나
자신의 노력으로 얻은 것으로 생각합니다. 이는 하나님의 마음을 아프게 하는 일
입니다. 세상은 그를 향해 환호할지 몰라도 하나님은 안타까워하십니다. 내 것이
없음을 고백하는 삶이 되기를 원합니다.

고백합니다, 주님. 자녀는 하나님의 소유입니다.

상처 받으시는 하나님

상심한 자들을 고치시며 그들의 상처를 싸매시는도다_시편 147편 3절

하나님께서는 아픈 마음을 어루만지고 상처를 싸매 주는 분이십니다. 우리의 작은 신음도 외면치 않으시고 언제나 감싸고 안아 주십니다. 우리의 상처를 싸매시는 하나님의 마음은 달빛이 햇빛처럼 밝아지고 햇빛은 일곱 배나 밝아질 정도로 기쁘십니다(사 30:26).

우리의 불안한 마음에 평안을 주시고 오래도록 기다려 주시는 분이십니다. 하나님을 떠났을지라도 다시 돌아오면 너그럽게 용서해 주는 분이십니다. 자비와 인애를 베푸시고, 의로우시며, 선하시며, 반석과 요새시며 우리의 방패가 되십니다(시 18:2). 찬송 받으시기에 마땅한 하나님을 사람의 생각으로 표현할 방법이 없습니다.

하지만 그 하나님께서 상처를 받으실 때가 있습니다. 우리가 정결한 신부가 되어 하나님을 섬겨야 함에도 우상을 따라갈 때입니다(호 2:13). 살아 계신 하나님을 외면하고 나무를 향하여 아버지라 부르고 돌을 향하여 어미라 부르며 절하는 모습에 괴로워하십니다(렘 2:27).

부모에게 기쁨이 되라고 자녀를 선물로 주셨건만 오히려 혹처럼 여길 때 하나님께서는 슬퍼하십니다. 하나님의 말씀에 순종하는 자녀로 양육하라고 하셨는데 오히려 거역하는 자녀로 키울 때 마음 아파하십니다. 주의 마음으로 자녀를 양육하지 않을 때 하나님은 상처를 받으십니다.

상처 받으시는 하나님께 위로를 드릴 때입니다.

하나님의 정결한 신부가 되어 주님을 찬양합니다. 주님의 기쁨 되기 원합니다.

기도 응답은 하나님의 주권입니다

9
22

이는 내 생각이 너희의 생각과 다르며 내 길은 너희의 길과 다름이니라 여호와의 말씀이니라_이사야 55장 8절

어떤 일이 끝나는 때를 알 수 없는 것만큼 막막한 일은 없습니다. 지금 당하고 있는 고난이 힘든 게 아닙니다. 아무리 힘든 고난일지라도 그 끝을 알 수 있다면 어떻게든 참고 견딜 수 있습니다. 그러나 정해진 기한이 없다는 것이 절망의 끝으로 몰아갑니다.

약속의 말씀을 붙잡아도 힘들기만 합니다. 내가 원하는 때가 그 말씀에 없기 때문입니다. 하나님께서는 우리에게 약속의 말씀을 주셨지만 기한과 때를 정하지 않으셨습니다. "구하라, 찾으라, 두드리라" 하셨지만 구하고 찾고 두드리는 기한은 정하지 않으셨습니다. "아무것도 염려하지 말고 구하라"고 하셨지만 언제까지 기다려야 구하는 것을 얻을지에 대해서는 말씀이 없으십니다.

우리가 원하는 것은 우리가 정한 때에 응답이 이루어지는 것입니다. 그래서 무작정 기다려야 한다는 것이 기도를 포기하게 합니다.

그러나 기도하는 사람이 응답의 때를 정할 수 없습니다. 기도 응답은 하나님의 주권이기 때문입니다. 우리는 그저 하나님의 생각과 사람의 생각이 다름을 인정하고 기다려야 합니다. 우리 생각에는 우리가 정한 때가 가장 좋은 것 같지만 하나님의 생각은 다르십니다.

하나님의 생각은 언제나 옳으시며 한 치의 오차도 없습니다. 항상 우리가 원하는 것보다 더 좋은 것으로 주십니다. 부모가 자녀를 위해서 기도할 때 이 점을 잊어서는 안 됩니다. 자녀에 대한 하나님의 사랑이 더 크고, 더 안타깝고, 더 간절하십니다.

 주님, 당신의 주권을 인정하며 잠잠히 기다리게 하소서.

그럼에도 자녀는 기쁨입니다

무릇 시온에서 슬퍼하는 자에게 화관을 주어 그 재를 대신하며 기쁨의 기름으로 그 슬픔을 대신하며 찬송의 옷으로 그 근심을 대신하시고 그들이 의의 나무 곧 여호와께서 심으신 그 영광을 나타낼 자라 일컬음을 받게 하려 하심이라_이사야 61장 3절

자녀를 키우는 일이 항상 기쁜 것만은 아닙니다. 어찌 보면 힘들고 고통스러울 때가 더 많습니다. 자녀 때문에 끊임없이 고통을 당할 때는 '차라리 자식이 없었으면' 하는 생각이 들기도 합니다. 자녀를 잘 키워서 어떤 영화를 바라는 것도 아닌데 속을 태웁니다.

그런데도 자녀는 기쁨입니다. 자녀를 양육하는 것은 특권입니다. 자녀가 부모를 힘들게 하고 때로는 고통스럽게 하지만 그래도 부모는 슬픔과 고통에만 머무르지 않고 기쁨으로 찬송합니다.

주님으로 인하여 기쁨과 찬송의 길로 나갑니다. 우리의 무거운 짐을 지고 주님 앞으로 나갈 때 슬픔과 고통이 변하여 기쁨과 찬송이 됩니다.

자녀 문제를 주님께 내려놓습니다. 기도할 수조차 없지만 주님 앞에 머무릅니다. 슬픔과 괴로움이 기도로 변합니다. 주님이 무거운 짐을 대신 지시고 우리에게는 영광의 옷을 입혀 주십니다.

자녀 때문에 발생하는 것들은 버릴 게 하나도 없습니다. 기쁨과 즐거움을 주는 것이든 고통과 괴로움을 주는 것이든 모두가 한때이기 때문입니다. 아장아장 걷던 때, 엄마를 보며 칭얼거리던 때는 다시 돌아오지 않습니다.

자녀가 기쁨과 즐거움을 주면 기뻐하고 즐거워하십시오. 자녀가 힘들게 하고 눈물 나게 한다면 애태우지 말고 주님께 나가십시오. 주님이 슬픔의 옷을 벗기고 기쁨과 찬송의 옷을 입혀 주실 것입니다. 웃고 울고하는 사이 아이는 자라서 아름다운 꽃을 피울 것입니다.

 오늘 주어진 시간 속에서 자녀와 함께 감사와 즐거움을 누리기를 소망합니다.

상처를 꿰매시는 하나님

상심한 자들을 고치시며 그들의 상처를 싸매시는도다_시편 147편 3절

상처를 받지 않고 사는 사람은 없습니다. 상처를 받기도 하고 주기도 합니다. 상처는 주는 사람이나 받는 사람이나 아프기는 마찬가지입니다.

사랑으로 모인 믿음의 공동체에서도 마찬가지입니다. 서로 상처를 주고받습니다. 관계가 먼 사람보다 가깝고 친밀한 사이에 상처는 더 많이 생깁니다.

신앙생활에서도 믿었던 사람들에게 상처를 받는 경우가 종종 있습니다. 평소에 존경했던 목회자나 가까이 지내던 사람들에게 뜻하지 않은 상처를 받습니다. 그래서 낙심이 더 큽니다.

가족들끼리도 상처를 주고받습니다. 형제자매는 물론 부모와 자녀 사이에도 상처가 존재합니다. 사랑하고 사랑해도 부족한 사이인데 서로에게 상처를 줍니다. 다시는 그러지 않겠다고 맹세하지만 쉽지 않습니다. 깊이를 더할 수 없는 사랑 때문에 생긴 애증 관계입니다. 넘치는 사랑과 상대에 대한 지나친 기대감 때문에 생기는 현상입니다.

상처를 받지 않고 살 수는 없을 것입니다. 다만 상처를 받았을 때 반응이 중요합니다. 받은 상처의 모든 원인을 다른 사람에게 돌릴 때 상처는 더 큰 아픔을 남깁니다. 돌아오는 것은 증오와 원망뿐입니다.

하나님께서는 결코 상처를 주지 않으십니다. 또 원인도 제공하지 않으십니다. 하나님께서는 우리의 상처를 싸매 주실 뿐입니다. 신앙생활에서 상처를 받았을때 그 원인을 하나님께 돌리지 마십시오. 자녀를 양육하다 상처를 받았다면 자녀에게 그 화살을 돌리지 마십시오.

상처 받은 자의 마음을 헤아리고 고쳐 주시는 하나님께 그대로 보이십시오. 오히려 하나님의 치유하심으로 복에 복을 더하는 날이 올 것입니다.

주님. 나의 상처를 고쳐 주시고 그 위에 복을 더하소서.

복되고 형통한 삶을 구하십시오

그는 시냇가에 심은 나무가 철을 따라 열매를 맺으며 그 잎사귀가 마르지 아니함 같으니 그가
하는 모든 일이 다 형통하리로다_시편 1편 3절

자녀가 복되고 형통한 삶을 살았으면 좋겠습니다. 어려운 일이나 막히는 것 없이 잘 풀리면 바랄 게 없습니다. 자녀에게 기쁘고 웃을 일만 생기기를 간절히 소망합니다.

그러나 부모의 바람이 아무리 간절해도 부모가 원하는 형통한 삶을 살기는 어렵습니다. 부모의 바람은 대부분 자녀의 먹고사는 것에 초점이 맞춰져 있습니다. 그러나 모든 것을 원한다고 하여 다 가질 수도 없을 뿐 아니라 설령 가진다 해도 그것이 형통한 삶은 아닙니다.

'복되고 형통한 삶'에 대한 부모의 생각과 하나님의 생각에는 차이가 있습니다. 성경은 풍요한 물질이 아니라 '악인의 말을 따르지 않고 죄인들의 행위를 본받지 않고 하나님을 거역하는 사람들과 어울리지 않고 하나님의 말씀을 묵상하며 사는 사람'을 가리켜서 복 있는 사람이라고 말하며 그가 바로 형통한 삶을 사는 사람이라고 말씀하고 있기 때문입니다.

유혹이 많은 세상입니다. 세상은 온통 하나님을 거역하는 문화와 풍조에 휩쓸려 있습니다. 우리 자녀도 세상 풍조에 휩쓸려 가고 있습니다. 그대로 둔다면 우리 자녀는 스스로 교만하고 오만한 자리에 앉게 되어 심판을 피할 수 없게 됩니다.

하나님의 뜻과 반대로 가고 있는 세상에서 우리 자녀를 지켜 내고 건져 낼 수 있는 것은 오직 하나님의 말씀밖에 없습니다. 하나님의 말씀을 한 번 외친다고 악한 것들을 물리치고 자녀를 보호할 수 있는 것이 아닙니다. 자녀의 삶 속에서 말씀이 등불이 되어야 합니다.

하나님의 자녀를 넘어뜨리려고 악한 세력이 눈에 불을 켜고 있습니다. 그런데도 이런 세상이 두렵지 않은 것은 우리 삶이 하나님의 말씀에 뿌리를 내리고 있기 때문입니다.

 자녀를 지키는 힘은 세상에서 나오는 것이 아니라 하나님의 말씀에 있음을 믿나이다.

자녀를 잘 키운다는 것은

내 계명은 곧 내가 너희를 사랑한 것 같이 너희도 서로 사랑하라 하는 이것이니라_요한복음
15장 12절

부활하신 주님께서 디베랴 바닷가에서 베드로에게 "네가 나를 사랑하느냐?"고 세 번 물으셨습니다. 주님을 세 번씩이나 부인했던 베드로에게 나는 여전히 너를 사랑하고 있으니 너도 괘념치 말고 서로 사랑하자고 말씀하시는 것입니다. 주님과 베드로의 관계는 다시 회복되었고 더욱 친밀해졌습니다.

스승과 제자의 관계, 죄인과 구세주의 관계, 하나님과 자녀로서의 관계 등 모든 것이 회복되었음을 뜻합니다. 서로 사랑한다는 것은 끊어졌던 관계가 회복되고 더욱 친밀해지는 것을 말합니다.

서로 사랑한다는 것은 상대방의 조건과 상관이 없습니다. 서로 사랑한다는 것은 상대방의 지위와 상관이 없습니다. 예수님께서 베드로를 사랑하신 것이 사랑입니다. 자녀를 잘 키운다는 것은 무엇일까요? 서로 사랑하는 것입니다. 자녀는 부모의 재산이나 지위에 상관없이 순종하고 공경합니다. 부모 또한 자녀의 뛰어남이나 성공에 상관없이 사랑합니다.

어떤 조건도 없이 부모와 자녀의 관계가 올바르게 유지되는 것 그리고 부모와 자녀 관계에만 오롯이 집중하는 것이 서로 사랑하는 것이며 이것이 자녀를 잘 키우는 것이 아닐까요?

부모는 조건을 달아서 자녀를 사랑하지 않습니다. 그저 자녀이기 때문에 사랑합니다. 부모와 자녀이기 때문에 사랑합니다.

하나님과 자녀가 친밀한 관계를 유지하고 있다면 부모는 자녀를 잘 키운 것입니다. 부모와 자녀 사이가 친밀하며 함께 살아가는 이웃들과 친구들과 틀어짐이 없다면 자녀를 잘 키운 것입니다.

 주님, 오늘도 자녀를 사랑하는 부모이길 원합니다.

뿌리를 어디에 내리고 있나요?

그는 시냇가에 심은 나무가 철을 따라 열매를 맺으며 그 잎사귀가 마르지 아니함 같으니 그가 하는 모든 일이 다 형통하리로다_시편 1편 3절

자녀를 키우는 방법은 다양합니다. 저마다 생각이 있고 자기만의 방법이 있습니다. 어떤 부모는 생각이 확고하기도 하지만 또 어떤 이는 이리저리 흔들리기도 합니다. 그래서 사람들은 다른 집의 자녀 키우는 방법을 알고 싶어 합니다. 특히 사람들의 입에 오르내릴 정도로 자녀를 잘 키웠다는 사람이 있으면 속속들이 알고 싶어 합니다. 모두 자녀를 잘 키우고 싶은 부모의 마음입니다.

이 점은 그리스도인이라 해도 그다지 다르지 않습니다. 여기저기 기웃거리기는 마찬가지입니다. 아이들이 잘 자라기만 하면 그만이라고 여깁니다. 온 신경을 아이들을 키우는 일에 씁니다.

그러나 부모가 잊지 말아야 할 것이 있습니다. 아이들이 자라는 게 문제가 아닙니다. 그냥 두어도 아이들은 자랄 겁니다. 아이들의 근본 뿌리가 어디에 있는가가 중요한 것입니다.

부모가 세상 방법을 쫓아 자녀를 키운다면 자녀는 세상에 뿌리를 두고 자라게 되어 세상을 향해서 꽃을 피우고 열매를 맺을 것입니다. 그러나 그런 나무는 살아 있으나 죽은 것이며 꽃을 피워도 고운 향기를 낼 수 없습니다. 바람에 나는 겨와 같을 뿐입니다.

우리 자녀는 말씀에 뿌리를 내리고 자라는 나무여야 합니다. 말씀에서 영향을 공급받아 푸른 잎사귀와 풍성한 열매를 맺는 나무입니다. 세상의 방법들이 그럴듯하고 좋아 보여도 하나님 말씀에서 나온 것이 아니라면 기웃거릴 필요가 없습니다.

자녀가 하나님의 말씀과 찬양이 흘러넘치는 시냇가에 뿌리를 내리고 자라기를 소망합니다. 부모가 먼저 그런 시냇가를 떠나지 않기를 소망합니다.

분노는 '상처 입은 나'의 표현입니다

분을 내어도 죄를 짓지 말며 해가 지도록 분을 품지 말고 마귀에게 틈을 주지 말라_에베소서
4장 26~27절

스스로 다스리기 가장 힘든 것이 '분노' 곧 '부아가 치미는' 것입니다. 까닭을 알 수 없는 분노는 자신을 위축시키고 자책감에 빠지게 합니다.

특별한 이유 없이 화가 나는 건 왜일까요? 특히 사랑하는 자녀에게 화를 쏟아내는 이유는 무엇일까요?

내 안에 '상처 입은 나'가 있기 때문입니다. 하나님께서 창조하신 본래의 '나'는 선하고 거룩했습니다. 그러나 아담의 죄로 인해 타락했고 상처를 입었습니다.

분노는 상처 입은 나의 표현입니다. 아파하고 있는 나의 모습입니다. 상처 입은 나는 치유가 필요합니다. 예수 그리스도의 십자가 보혈이 필요합니다.

상처가 치유되지 않은 부모는 언제든지 자녀에게 분노를 쏟아 낼 수 있습니다. 내 뜻대로 따라주지 않는 자녀에게 화가 저절로 화가 납니다. 스스로 다스릴 수 없는 화에 '나'를 내어줍니다.

분노가 증오로 변하지 않도록 조심해야 합니다. 그래서 성경은 화가 나도 마음에 품지 말고 얼른 풀라고 말씀하고 있습니다. 분노를 빨리 풀지 않으면 시간이 지날수록 마귀의 공격을 받기 때문입니다.

부모는 예수 그리스도의 보혈이 상처 입은 나를 치유해 주시길 간구해야 합니다. 상처 입은 나의 모습으로 자녀를 대하면 또 다른 상처를 입히게 됩니다. 까닭 모를 분노에 시달릴 때 주저하지 말고 십자가 앞으로 나가십시오.

주님, 내 안에 잠들어 있는 분노를 치유하여 주세요.

하나님께 도움을 구하십시오

세리는 멀리 서서 감히 눈을 들어 하늘을 쳐다보지도 못하고 다만 가슴을 치며 이르되 하나님이여 불쌍히 여기소서 나는 죄인이로소이다 하였느니라_누가복음 18장 13절

'하나님의 은혜'는 받는 사람의 조건이나 환경과 상관없습니다. 그것은 하나님의 전적인 주권이며 사랑입니다. 받는 사람은 그저 하나님께서 주시는 대로 받고 누리면 됩니다. 그런데도 '은혜'에 행위로 보답을 하려는 마음을 버리지 못할 때가 있습니다.

어떻게 은혜를 값없이 받느냐는 마음이 있기 때문입니다. 그러나 그런 마음은 하나님의 은혜를 가로막는 담이 됩니다. 하나님께서는 어떤 조건이나 환경 때문에 하나님 앞으로 나오지 못하는 것을 원하지 않으십니다.

부모의 재산을 탕진하고 돌아오는 아들을 기쁨으로 맞이한 아버지가 있습니다. 우리는 탕자처럼 돌아가기만 하면 됩니다. 십이 년 동안 병을 앓던 여인은 체면을 버리고 예수님 앞으로 나갔을 때 구원을 받았습니다. 여인처럼 예수님께 손을 내밀어야 합니다.

하나님께 부르짖을 힘조차 없을 때가 있습니다. 기도할 수 없어서 그저 넋을 놓고 있을 때도 있습니다. 그럴지라도 세리의 기도를 생각하십시오. 기도가 아니라 신음과도 같습니다. 그러나 그것은 하나님께서 귀를 기울이시는 기도입니다.

체면을 따지지 마십시오. 주님께 손을 내밀 때입니다. "주님, 도와주세요!" 하나님께서는 모든 사정을 다 알고 계십니다. 하나님께 도움을 구하십시오.

모든 사정을 다 아시는 주님, 도와주세요.

부모는 빛이 아닙니다

그는 이 빛이 아니요 이 빛에 대하여 증언하러 온 자라_요한복음 1장 8절

사람은 누구나 자기를 드러내고 싶은 욕망이 있습니다. 일종의 과시욕은 거의 본능에 가깝다고 할 수 있습니다. 타인에게 인정받아 자신의 존재감을 드러내고 싶은 연약한 모습의 일면입니다.

자기 정체성과 자존감이 부족할 때 나타나는 현상입니다. 요한은 자존감이 높은 사람이었습니다. 암흑기에 혜성처럼 나타나서 백성들에게 열렬한 지지를 받았지만 그것은 자신의 몫이 아니라며 받아들이지 않았습니다.

부모는 자녀 앞에서 매우 연약한 존재입니다. 자녀의 상황에 따라 부모의 존재감을 확인하려는 마음이 있습니다. 자녀가 뭔가를 잘하면 천하를 다 가진 듯하다가도, 남보다 못하면 금세 꺼질 듯합니다. 정확한 눈으로 자녀를 바라보지 못하고 부모의 정체성과 자존감을 세우는 도구로 생각합니다.

다른 사람들의 자녀 양육을 부러워합니다. 특히 '성공'이란 단어의 주인공이 되고 싶은 마음이 간절해집니다. '하나님의 영광'이란 미명 아래 자녀를 성공시키고 싶어 합니다.

그러나 분명한 것은 부모는 빛이 아닙니다. 자녀 또한 빛이 아닙니다. 부모와 자녀는 빛이신 예수 그리스도를 증거할 뿐입니다. 자녀의 성공을 통해서 부모의 존재감과 정체성을 찾으려는 것은 교만이 될 수 있습니다. 그것은 자신이 빛이 되고 예수 그리스도를 어둠으로 만들 수 있습니다.

자신을 빛내는 것은 하나님의 영광이 아닙니다. 부모는 빛이 아니라 예수 그리스도를 증거하는 광야의 소리일 뿐입니다.

예수 그리스도께로 가는 길을 인도하기 위해 부모 되게 하시니 감사합니다. 그 자체가 기쁨이고 행복입니다.

10월

실패는 없습니다

10
01 실패는 없습니다

여호와의 말씀이니라 너희를 향한 나의 생각을 내가 아나니 평안이요 재앙이 아니니라 너희
에게 미래와 희망을 주는 것이니라_예레미야 29장 11절

원하는 것을 이루지 못하는 것을 실패라고 합니다. 사람들은 실패 앞에서 낙망
하고 좌절합니다. 그러나 예수 그리스도 안에서는 실패가 없습니다. 실패는 사람
의 생각입니다. 포기와 좌절은 하나님께서 원하시는 것이 아닙니다.

힘을 다해 자식 뒷바라지를 하지만 도무지 희망이 보이지 않을 수도 있습니다.
애를 쓰면 쓸수록 자식은 점점 세상 밖으로 멀어져 갑니다. 이제는 놓아 버리고 싶
습니다. '제 인생 제가 살겠지' 하며 모른 체 그냥 두고 싶습니다.

그러나 부모가 희망을 버렸다고 해도 하나님께서는 아니십니다. 하나님의 생각
과 계획에는 중도 포기가 없습니다. 부모가 자녀에 대한 신뢰를 버렸어도 하나님
께서는 여전히 신뢰하고 계십니다. 부모가 자녀 때문에 낙망하고 불안해할 때 하
나님은 말씀하십니다.

"너는 나를 바라보며 찬송하라"(시 43:5).

지금 자녀가 끝이 보이지 않는 일탈 가운데 있을지라도 함부로 실패라고 단정하
지 마십시오. 희망이 없다거나 포기하지 마십시오.

요셉도 노예와 감옥의 시절이 있었고 다윗도 굴욕의 시절이 있었지만 결코 포기
하지 않았습니다. 많은 믿음의 선진들이 고통과 시련을 겪었지만 포기하지 않았
습니다.

인생길에서 만나는 고난과 시련은 예수 그리스도 안에서 순금이 됩니다. 한때
의 환난과 고통은 기쁨의 밑거름이 됩니다.

주님, 자녀가 어떤 상황에 있을지라도 결코 포기하지 않고 예수 그리스도 안에서 소망을
이루기를 원합니다.

삶의 기쁨은 선물입니다

10
02

> 사람마다 먹고 마시는 것과 수고함으로 낙을 누리는 그것이 하나님의 선물인 줄도 또한 알았
> 도다_전도서 3장 13절

꽃의 아름다움은 보는 것만으로도 행복합니다. 향긋한 냄새를 맡으면 저절로
기분이 좋아집니다. 잘 익은 열매는 바라보는 것만으로도 좋습니다.

꽃과 열매가 좋다 하여 꽃이 피고 열매가 맺히는 순간만 기뻐한다면 그 기쁨이
너무 짧습니다. 진정한 기쁨을 맛볼 수 없습니다.

씨앗에서 싹이 트는 아픔을 지켜 보고 비바람에 맞서는 어린 새싹을 안타까워하
고, 꽃망울을 틔우려는 몸부림에 같이 조마조마해지고, 열매를 맺는 고통에 함께
해야 꽃의 향기에 흠뻑 취할 수 있습니다. 그래야 작은 열매에도 마음이 풍성해지
는 기쁨을 누릴 수 있습니다.

자녀도 그렇습니다. 자녀에게 피는 꽃이나 열매만을 기뻐하고 즐거워한다면 너
무 짧은 순간일 것입니다. 그것은 존귀한 선물을 받았으나 온전히 누리지 못함과
같습니다(전 6:2). 그뿐 아니라 자녀가 부모의 짐이 될 수 있습니다. 부모의 인생에
달라붙은 방해 거리가 될 수 있습니다.

자녀에게 열매만 기대한다면 부모는 평생 갈증에 시달리며 살게 될 것입니다.
평안을 누리지 못하고 걱정과 근심만 떠안게 될 뿐입니다.

지금 상태로 누리십시오. 하나님께서 자녀로 인한 즐거움을 누리도록 허락하셨
습니다. 부모와 자녀 됨 만으로 감사하고 기뻐하고 즐거워하십시오.

주님, 자녀로 인한 기쁨과 즐거움을 누리기 원합니다. 순간이라도 헛되이 버리지 않고 감
사함으로 누리게 하소서.

10
03 열매를 기다리며

이러므로 그들의 열매로 그들을 알리라_마태복음 7장 20절

세례 요한은 회개에 합당한 열매를 맺어야 한다고 외치면서, 좋은 열매를 맺지 않는 나무는 찍혀서 불에 던져질 것이라고 했습니다(마 3:8, 10). 예수님께서도 열매로 그 사람을 알 수 있다고 하시면서 아름다운 열매를 맺지 않으면 불에 던져질 것이라고 말씀하셨습니다(마 7:19).

부모도 자녀를 키우면서 열매를 기다립니다. 그러나 그 열매는 세상이 말하는 열매와 다릅니다. 현대 사회는 교육의 효과를 수치로 나타냅니다. 교육의 효과를 양으로 표시합니다.

그러나 교육의 효과를 수치로 표현하는 것은 옳지 않습니다. 사람마다 고유한 특성이 있어 받아들이고 효과가 나타나는 시기가 모두 다르기 때문입니다. 일 년이 걸리기도 하고 혹은 수십 년이 걸리기도 하며, 때로는 그 사람이 죽은 뒤에 나타나기도 합니다. 그런데도 경제 논리로 교육의 효과를 측정하는 것이 지금의 현실입니다. 이로 인해서 많은 자녀들이 힘들어하고 있습니다.

말씀으로 양육하면 자녀에게 반드시 열매가 있습니다. 그러나 그 열매를 측정할 수는 없습니다. 말씀으로 자녀를 키운 결과를 수치로 나타낼 수 없습니다. 그런데도 부모는 수치로 드러나기를 소망합니다.

눈에 보이는 대로 생각하고 판단하는 인간의 습성 때문입니다. 사람의 눈에 보이지 않는다고 하여 열매가 없는 것이 아닙니다. 작은 수치로 나타난다고 하여 열매가 볼품없는 것이 아닙니다.

부모에게는 자녀를 말씀으로 양육할 때 아름다운 열매가 맺힌다는 분명한 믿음이 필요합니다.

 하나님의 약속을 믿고 기다립니다. 하나님의 때에 '자녀 나무'에 풍성한 열매를 주실 줄 믿습니다.

불안의 끝에서 기적을 경험하십시오

우리가 시작할 때에 확신한 것을 끝까지 견고히 잡고 있으면 그리스도와 함께 참여한 자가 되리라_히브리서 3장 14절

자녀를 말씀으로 양육할 때 가장 방해가 되는 것은 불안입니다. 이 '불안'은 삶의 모든 과정에 걸쳐 있습니다. 특별히 하나님의 손길이 아니면 해결될 수 없는 문제에 숨어 있습니다. 이는 하나님에 대한 신뢰가 없어서도 아니고 믿음이 새털처럼 가벼워서도 아닙니다.

불안은 밑도 끝도 없고 안개처럼 형체도 없지만 몸이 거꾸러질 만큼 대단한 영향력이 있습니다. 자녀 양육에서 불안은 처음부터 존재하지는 않습니다. 문제는 승리의 깃발이 보이고 손에 닿을 듯 결승점이 눈앞에 보일 때부터입니다. 한시도 쉬지 않고 달려와서 이제 승리의 깃발에 손만 내밀면 될 것 같습니다. 그때 느닷없이 안개처럼 나타나는 '불안'과 직면하게 됩니다.

주위를 돌아보니 많은 사람이 다른 곳을 향해 달려가고 있습니다. 내 뒤를 따라오는 사람은 별로 없습니다. 멈칫하는 순간 보이지 않던 것들이 새롭게 보이기 시작합니다. '그래 이 정도 했으면 됐지!' '이쯤에서 멈춰야 하지 않을까?' 등 의문이 꼬리에 꼬리를 물고 결승점은 점점 멀어지고 있습니다.

그 지점에서 적당히 타협해도 결승점에 도달할 것입니다. 그러나 폭풍 같은 하나님의 은혜는 만날 수 없습니다. 살아 계신 하나님의 손길은 경험하지 못합니다. 자녀를 양육하는 어느 지점에서 까닭 모를 '불안'을 만날 때 멈추지 말고 끝까지 가십시오. 그때 포기하면 두고두고 아쉬움이 남습니다. 적당히 타협해서 얻을 수 있는 것은 아주 적지만, 끝까지 가서 얻는 것은 헤아릴 수 없습니다.

주님께서는 우리가 끝까지 가기를 원하십니다. 한 발자국만 더 나가면 됩니다. '불안'이 엄습한다는 것은 곧 승리를 얻는다는 징조입니다.

주님, 하나님의 능력의 손으로 불안을 이기게 하소서.

상처를 치유하는 십자가

상심한 자들을 고치시며 그들의 상처를 싸매시는도다_시편 147편 3절

몸의 상처는 치료하고 시간이 흐르면 다시 회복됩니다. 그러나 마음에 생긴 상처는 쉽게 치료되지 않습니다. 몸의 상처는 보이지만 마음의 상처는 보이지 않기 때문에 '상처'로 인식하지 못할 때가 더 많습니다. 그래서 치료하기가 더 어렵습니다.

몸의 상처는 대부분 원인이 분명합니다. 그러나 마음의 상처는 원인이 불분명합니다. 마음의 상처는 받는 사람이 기준이기 때문입니다. 사람이 살아가면서 누구에게 가장 많은 상처를 받을까요? 가족과 같이 가까운 사람들입니다. 가족은 하나님께서 만들어 주신 공동체입니다. 그래서 가족끼리 주고받는 상처가 크고 또 오래갑니다.

일부러 상처를 주는 게 아닌데 큰 상처를 받는 이유는 왜곡된 사랑 때문입니다. 부모가 자식을 낳았으니 자신의 소유라고 여깁니다. 사랑을 듬뿍 주지만 소유가 포함된 것이기에 왜곡된 사랑입니다. 가족에게 상처를 크게 받는 또 다른 이유는 가깝기 때문입니다. 가까우므로 경계선을 인정하지 않습니다. 경계선이 없는 것을 사랑이라고 여깁니다. 가까울수록 존중해야 하며 친밀할수록 인정하고 함부로 대하지 말아야 합니다.

상대의 상처를 치유하려면 상처 준 것을 인정하고 용서를 구해야 합니다. 상처를 받은 사람도 용서하는 마음을 가져야 합니다.

상처를 준 사람과 받은 사람 모두를 치유할 곳은 십자가뿐입니다. 마음의 상처를 완전하게 치료하는 것은 오직 십자가뿐입니다. 오늘 자녀에게 상처를 주고, 상처를 받았다면 십자가 앞으로 나가십시오.

주님, 오직 십자가의 사랑만으로 상처를 치유하고 회복시키소서.

용기와 믿음으로 이겨냅시다

여호와를 바라보아라! 용기와 믿음을 가지고 여호와를 신뢰하여라_시편 27편 14절. 현대인
의 성경

믿음으로 자녀를 양육할 때 부모가 얻을 수 있는 유익은 무엇일까요? 자녀에 대
한 걱정과 근심이 해소되고 자녀의 미래가 확실하게 보장되는 것일까요?

부모는 무한한 경쟁 사회에서 자녀가 우뚝 서도록 하나님의 도우심을 바랍니
다. 온갖 사고와 실패로부터 보호하심을 바랍니다.

이 험한 세상에서 자녀가 자라기를 바라는 것이 잘못된 마음일까요? 그런 마음
은 자연스러운 것이며, 당연한 것입니다. 그런데 부모의 바람대로 자녀가 성장하
지 않습니다.

믿음으로 양육하고자 헌신한 만큼 자녀에게 변화가 일어나지 않습니다. 기도에
분명한 응답이 없고 자녀는 여전히 돌아오지 않고 있습니다.

하나님께서 우리를 버리신 것일까요? 우리의 기도에 귀를 기울이시지 않는 것
일까요? 하나님의 살아 계심이 느껴지지 않을 때 우리는 어떻게 해야 할까요? 자
녀 양육의 주권이 하나님께 있다고 고백한 것을 거두어들일 수 있을까요? 내 생각
과 내 뜻대로 자녀를 양육한다면 밝은 미래가 보장될까요?

우리는 하나님을 떠나서 살 수 없습니다. 하나님과 관계없이 자녀를 양육할 수
없습니다. 참으로 혼란스럽습니다. 분명하게 잡히는 것이 없지만 믿음의 길을 가
야 합니다. 자녀를 믿음으로 양육한다는 것은 참으로 고된 일입니다. 혹독한 훈련
입니다.

분명한 것은 하나님의 선하심으로 언젠가는 자녀에게 맺힌 아름다운 열매를 보
게 될 것이라는 것입니다. 하나님께서는 한시도 우리 자녀에게서 눈을 떼지 않으
십니다. 부모의 기도를 한마디도 헛되이 듣지 않으십니다.

주님. 우리의 믿음으로 이 험악한 세상을 이기고 끝내 승리할 수 있도록 이끌어 주소서.

자녀의 열매를 보는 때

그들의 열매로 그들을 알지니 가시나무에서 포도를, 또는 엉겅퀴에서 무화과를 따겠느냐_마태복음 7장 16절

부모는 자녀에게 맺힐 열매를 기대합니다. 그날을 기대하며 어렵고 외로운 길을 갑니다. 믿음으로 키운 자녀의 풍성한 열매를 보는 것만큼 큰 기쁨은 없습니다.

자녀에게 달릴 열매를 고대합니다. 보이는 것 같기도 하고 아예 싹이 없는 듯도 합니다. 도대체 열매는 언제 볼 수 있을까요?

자녀의 열매는 예수 그리스도의 재림을 기다리는 마음으로 바라봐야 합니다. 자녀뿐 아니라 모든 그리스도인의 삶이 그렇습니다. 예수 그리스도의 재림이 이미 시작되었지만 아직 오시지 않은 것처럼 말입니다.

자녀의 열매는 이미 맺혀 있습니다. 그러나 아직은 풋풋하고 설익은 열매입니다. 열매가 맺혀 있다는 것을 어떻게 알 수 있을까요? 자녀는 포도나무에 붙어 있는 가지입니다(요 15:5). 그러므로 포도나무에 붙어 있는 한 열매가 반드시 맺힐 것입니다. 포도나무에 가지가 붙어 있으니 떨어지지 않으며 언젠가는 잘 익어서 깊은 향기를 풍기게 됩니다.

열매가 익었다는 것은 그 사람에 대한 평가입니다. 한 사람에 대한 평가는 전 생애를 살펴본 뒤에야 할 수 있습니다. 완전한 평가는 사람에 의해서 이루어지는 것이 아니라 하나님 앞에 설 때 이루어집니다.

그러므로 누구든지 함부로 사람을 평가하지 말아야 합니다. 자녀를 평가하는 일은 더욱 조심해야 합니다. 지금 잘한다고 자랑할 것도 없고 조금 뒤처졌다고 포기해서도 안 됩니다. 그것은 하나님의 일하심을 가로막는 일입니다.

자녀의 열매는 하나님이 정하신 때에 익을 것입니다. 다만 부모는 풍성한 열매가 맺힐 것을 믿음으로 기대하며 기다릴 뿐입니다.

주님, 하나님의 때를 확신하고 기다리는 믿음을 주소서.

심은 대로 거둡니다

스스로 속이지 말라 하나님은 업신여김을 받지 아니하시나니 사람이 무엇으로 심든지 그대로 거두리라_갈라디아서 6장 7절

좋은 열매를 원한다면 좋은 씨앗을 심어야 합니다. 씨앗을 심는 노력이 필요합니다. 심고 가꾸는 수고 없이 좋은 열매를 기대할 수 없습니다.

부모가 자녀에게 말씀을 심으면 그에 합당한 열매를 보게 될 것입니다. 세상에서는 성실하게 일하고 노력하면 열매를 볼 수 있습니다. 그러나 그 열매에는 생명력이 없습니다.

심기 전에 살아 있는 씨앗을 선택하는 일이 무엇보다 중요합니다. 성령으로 심지 않은 씨앗은 성령의 열매를 맺을 수 없습니다. 세상의 가치관에 따라 씨앗을 심는다면 그에 맞는 열매가 맺힙니다. 이 열매는 세상에서는 환영받을지 모르지만 하나님께서 기뻐하시지 않습니다.

부모는 자녀에게 살아 계신 하나님의 말씀을 심어야 합니다. 육체의 바람을 따라 심지 말고 성령의 바람을 좇아 심어야 성령의 열매를 기대할 수 있습니다. 세상의 가치관에 따라 죽은 씨앗을 심지 말고 생명이 있는 하나님의 말씀을 심어야 합니다.

심지 않고 거둘 수 없습니다. 심은 대로 거두게 될 것입니다. 오늘도 자녀에게 맺힐 성령의 열매를 소망하며 말씀을 심습니다. 부모가 자녀에게 사랑을 심으면 사랑이 열릴 것이고 희락을 심으면 희락이 열릴 것이며, 화평을 심으면 화평이 열릴 것이고 오래 참음을 심으면 오래 참음이 열릴 것이며, 양선을 심으면 양선이 열릴 것이고 충성을 심으면 충성이 열릴 것이며, 온유를 심으면 온유가 열릴 것이고 절제를 심으면 절제가 열릴 것입니다. 이것은 하나님의 약속입니다.

 주님, 자녀에게 성령의 씨앗을 심고 그 열매가 맺히기를 소망합니다.

좋은 땅은 없습니다

10 / 09

> 좋은 땅에 뿌려졌다는 것은 곧 말씀을 듣고 받아 삼십 배나 육십 배나 백 배의 결실을 하는 자니라_마가복음 4장 20절

하나님 나라에서도 성공이 있습니다. 씨앗을 뿌리면 백 배의 결실을 맺는다고 했습니다. 땅에서 농사를 짓는 일은 갑절의 수확이 나는 것도 기적입니다. 그런데 '백 배'의 수확이라니 상상이 가지 않습니다. 그런데 분명하게 삼십 배, 육십 배, 백 배의 결실이 있다고 했습니다.

세상에서 성공의 기준은 물질입니다. 그러나 하나님 나라에서는 오직 말씀이 성공의 기준입니다. 말씀의 열매를 많이 맺는 것이 성공입니다. 말씀은 누구에게나 공평하게 주어집니다.

빈부귀천이나 남녀노소를 따지지 않고 공평하게 주어지는 말씀은 밭에 따라 열매가 천지 차이입니다. 열매를 전혀 맺지 못하는 밭과 백 배의 결실을 보는 밭이 있습니다. 그러나 애초부터 좋은 밭과 나쁜 밭은 없습니다.

말씀을 듣고 받아들이고 행하는 것이 좋은 밭입니다. 그때 말씀의 씨앗은 기적의 열매를 맺습니다. 좋은 밭은 만들어 가는 것입니다. 마음에 뿌려진 말씀을 사탄이 빼앗아 가지 못하게 하면 됩니다.

말씀을 마음속 깊이 간직하고 그 말씀을 지키기 위해서 힘쓰면 됩니다.

말씀을 지키고 열매를 풍성하게 맺고자 하는 싸움 속에서 좋은 밭이 만들어집니다. 그러나 치열한 싸움 없이 좋은 밭을 만들 수 없습니다. 넘어져도 절대 포기하지 않을 때 우리는 승리합니다.

주님, 자녀에게 심어진 말씀의 씨앗이 백 배의 결실을 맺도록 치열한 싸움을 멈추지 않게 하소서.

자족함은 감사입니다

내가 궁핍하므로 말하는 것이 아니니라 어떠한 형편에든지 나는 자족하기를 배웠노니_빌립
보서 4장 11절

우리가 살아갈 때 좋은 날만 있지 않습니다. 원하든 원치 않든 배고프고 고달픈
때를 만납니다.

돌아보면 상처가 생긴 시절이 꼭 나쁜 것만은 아닙니다. 그런 시간을 통해서 삶
이 더욱 치열해지고 세상을 넓게 보는 눈이 생겼습니다. 엎어지고 넘어짐을 통해
서 하나님을 의지하고 사랑하는 마음이 강해졌습니다.

'자족하는 삶'은 풍족함에서만 얻을 수 있는 게 아닙니다. 또 지푸라기조차 잡을
수 없는 삶에서만 배울 수 있는 것도 아닙니다. 궁핍과 풍족이 나선형처럼 뒤엉켜
지나가는 삶에서 얻는 선물입니다. 그러고 보면 우리 삶 가운데 버려도 되는 순간
은 하나도 없습니다.

우리 자녀도 자족함을 배웠으면 좋겠습니다. 그러나 모든 부모는 자녀가 평탄
한 길을 가기 바랍니다. 그래서 자녀가 어려움을 겪을 때마다 직접 해결해 주고 싶
어 합니다. 부모의 애틋한 마음입니다.

그러나 그런 부모의 행동이 자녀에게서 감사를 빼앗아 갑니다. 자족하는 삶을
잃어버리게 합니다. 그런 자녀의 삶은 결코 행복하지 못합니다. 사람은 소유로 만
족감이 채워질 수 없기 때문입니다.

자녀가 넘어졌다가 일어나려고 애쓰는 모습을 지켜 보는 부모의 마음은 자신이
넘어지고 다친 것보다 더 힘듭니다. 그러나 마음을 억누르고 잠시 지켜 볼 수 있어
야 합니다.

평탄치 못한 길을 가는 자녀에게 필요한 것은 부모의 눈물 어린 기도입니다. 그
기도가 어떤 형편에 있을지라도 자족하고 감사하는 자녀를 만듭니다.

주님, 사랑하는 자녀에게 일어날 힘을 주소서! 자녀가 포기하지 않도록 지켜 주소서!

10/11 부족한 것이 문제가 아닙니다

> 야훼께서 기드온에게 이르셨다. "네가 거느린 군대의 수가 너무 많다. 이대로는 내가 너희의 손에 미디안을 부치지 않겠다. 이스라엘 사람들이 나를 아는 체도 않고 제 힘으로 승전했다고 으스댈 테니 말이다"_사사기 7장 2절. 공동번역

미디안과 싸우기 위해서 모인 이스라엘 백성들은 삼만 이천 명이었습니다. 그러나 실제로 전쟁에 참여한 사람들은 삼백 명이었습니다. 그들은 다른 사람들보다 전쟁에 뛰어나거나 훈련을 더 많이 받아서 뽑힌 것이 아니었습니다. 그런데도 전쟁에서 크게 승리하였습니다.

애초 이 전쟁은 하나님의 싸움이었기에 이스라엘의 전투력과는 아무 상관이 없었습니다. 이스라엘이 미디안과 싸워서 이긴 것은 '여호와께 부르짖음'에 대한 응답이었기 때문입니다.

우리는 우리를 둘러싼 환경이 많은 영향을 미친다고 생각합니다. 그러나 그것은 세상의 논리일 뿐 하나님의 자녀에게는 중요하지 않습니다. 환경이 우리 삶을 좌지우지할 수 없습니다.

자녀를 키우면서 더 좋은 환경을 만들어 주지 못해 안타까울 때가 많습니다. 제대로 뒷바라지해주지 못해 자괴감이 들기도 합니다. 자녀를 사랑하는 마음 때문입니다. 그러나 자녀가 좋은 환경 속에 있다고 하여 하나님이 원하시는 삶을 살 수 있는 것은 아닙니다. 하나님께서 기뻐하시는 일을 할 수 있는 것도 아닙니다.

하나님께서는 우리의 힘으로 얻은 것들을 기뻐하시지 않습니다. 그로 인한 교만이 하나님을 멀리 떠나게 하여 결국 멸망에 이르기 때문입니다. 하나님 없이 성취한 것들은 오히려 독이 되고 걸림돌이 됩니다.

자녀의 모든 것이 갖추어져야 하나님께서 사용하실 것이라는 생각을 버리십시오. 오히려 내가 모든 것을 갖추었으니 "나를 사용하소서" 하며 으스댈 뿐입니다.

주님, 부모의 연약함이나 자녀의 부족함을 핑계 삼지 않게 하시고, 하나님께 기도하게 하소서.

훈계를 두려워 마십시오

내가 네 갈 길을 가르쳐 보이고 너를 주목하여 훈계하리로다_시편 32편 8절

사랑보다 더 중요한 것이 훈계입니다. 자녀가 잘못된 길로 가고 있는 것을 알면서도 바로 잡지 않는 것은 사랑이 아닙니다. 자녀를 사랑한다면 훈계뿐 아니라 때로는 징계도 해야 합니다.

우리에게 하나님의 징계가 사랑이며 더 큰 복을 주시기 위한 것임을 안다면 자녀에게 훈계와 징계하는 것을 두려워하지 마십시오. "주께서 그 사랑하시는 자를 징계하시고 그가 받아들이는 아들마다 채찍질하심이라"(히 12:6).

그런데도 부모가 자녀의 잘못에 대해서 훈계하기는 쉽지 않습니다. 엘리 제사장도 자녀의 잘못을 훈계하지 못했고 사무엘도 훈계의 때를 놓쳤습니다. 다윗도 아들 아도니야의 잘못을 알면서도 한 번도 책망하지 않았다고 합니다(열상 1:6). 부모가 자녀를 사랑한다면 자녀의 허물을 제대로 볼 수 있어야 합니다. 허물을 알고도 모른 체하는 것과 허물을 사랑으로 덮는 것은 다릅니다. 허물을 제대로 보고 드러낼 때 마음이 아프지만 그것은 곧 부모와 자녀가 성숙하게 자라는 원동력이 될 것입니다.

훈계는 앞을 바라보는 일입니다. 그러므로 훈계하는 방법이 매우 중요합니다. 같은 내용이 반복되면 잔소리가 되고 기준이 없으면 반감이 생깁니다. 자녀를 훈계하려면 먼저 부모 자신을 돌아보는 시간이 필요합니다. 자신을 돌아보지 않고 훈계만 하려고 하면 안됩니다. 자칫하면 분노를 일으키거나 상처를 줄 수 있습니다.

부모가 자녀를 어설프게 사랑하면 자녀를 더욱 깊은 죄악에 빠져들게 할 수 있습니다. 우리에 대한 하나님의 사랑은 독생자를 십자가에 피 흘려 죽게까지 하셨습니다. 예수님의 사랑은 자신의 피 한 방울도 남기지 않으신 것이었습니다.

주님, 자녀를 사랑하는 마음으로 자녀의 허물에 대한 훈계를 두려워하지 않게 하소서. 오늘의 아픈 훈계가 자녀의 앞날을 더욱 밝히게 하소서.

10/13

은혜라 말할 수 없는 은혜의 때

그런즉 나를 이리로 보낸 이는 당신들이 아니요 하나님이시라_창세기 45장 8절

'하나님의 은혜.'

신앙생활을 하는 사람들이 가장 많이 사용하는 단어입니다. 은혜 아니면 한순간도 살 수 없음이 믿음의 길을 가는 사람들의 고백입니다. 그런데도 '하나님의 은혜'라는 말은 쉽게 사용할 수 없는 말이기도 합니다.

마땅히 할 말이 없어서 붙이는 말이 아니라 실체가 있는 역사의 사건이기 때문입니다. 어쩌면 이 땅에서의 삶이 끝날 때 할 수 있는 단 한마디일지도 모릅니다. 요셉의 삶이 그렇습니다. 어려서 형들에 의해서 노예로 팔렸습니다. 이역만리 떨어진 낯선 곳에서 노예로 살다가 강간 미수범이 되어 감옥에 갇혔습니다. 그런데도 성경은 "하나님께서 요셉과 함께하셨다."라고 기록하고 있습니다.

요셉이 하나님의 은혜를 깨달은 것은 총리가 되어 일곱 해의 풍년이 지나고 일곱 해의 흉년이 진행 중일 때 곡식을 사러 온 형들을 만나고 나서입니다. 형들 앞에서 자신의 신분을 드러내고 바로의 궁궐 사람들이 모두 들을 정도로 울고 난 뒤 비로소 지나온 모든 과정이 하나님의 은혜였다고 고백합니다.

어쩌면 '하나님의 은혜'는 고난의 세월 없이 깨달을 수 없는 말인지도 모릅니다. 메마른 사막과 같은 세월을 보내고 난 뒤 고백하는 말일지도 모릅니다.

자녀를 키우면서는 늘 하나님의 은혜를 사모하지만, 지금은 눈에 보이지 않습니다. 요셉처럼 노예로 팔려가는 상황과 깊은 감옥에 갇힌 것 같은 처지에 있습니다. 은혜를 사모하지만 은혜가 없는 것 같은 때를 보내고 있습니다.

그런데도 하나님께서는 여전히 우리와 함께하고 계십니다. 우리는 깨닫지도 느끼지도 못하지만, 하나님께서는 항상 우리를 떠나지 않고 계십니다. 하나님께서는 한 번도 자녀에게서 눈을 떼신 적이 없으십니다.

 주님, 지금은 자녀에게 은혜가 필요할 때입니다. 걱정과 근심을 덮는 은혜를 부어 주소서.

부족함에서 행복은 시작합니다

나는 비천에 처할 줄도 알고 풍부에 처할 줄도 알아 모든 일 곧 배부름과 배고픔과 풍부와 궁핍에도 처할 줄 아는 일체의 비결을 배웠노라_빌립보서 4장 12절

인생에는 '조금만 더'라는 아쉬움이 언제나 있습니다. 그때 '조금 더 ~했더라면' 하는 안타까움과 후회가 남습니다.

'조금만 더'는 자녀를 키울 때 더욱 안타까움으로 다가옵니다. 조금만 더 공부를 잘했으면, 조금만 더 말을 잘 들었으면……. '조금만 더' 주어진다면 바랄 게 없을 것 같습니다.

정말 '조금만 더' 채워진다면 만족할까요? 완전한 행복을 가질 수 있을까요? 인간에게 완전한 행복이란 없습니다. 에덴동산 이후 완전한 행복이란 존재하지 않습니다. 소유에 초점을 두고 행복을 추구하는 이상 원하는 만큼의 행복을 가질 수 없습니다.

완전한 행복을 꿈꾸는 만큼 행복은 점점 멀어져 갑니다. 바울은 항상 기뻐하라고 요구합니다. 걱정이 생겨도 염려하지 말고 기뻐하고 감사하라고 합니다.

비천함과 풍부함에 상관하지 말고 만족하며 행복하게 지내라고 합니다. 어떤 형편에서든지 마음의 평안을 빼앗기지 말라고 합니다. 이는 소유에 초점을 두었다면 결코 불가능한 일입니다.

소유는 언제나 사람의 마음을 흔듭니다. 풍족해져도 언제나 마음이 불안정합니다. 그래서 행복은 소유의 관점을 떠나야 누릴 수 있는 가치입니다.

인간의 부족함과 연약함을 깨닫는 것에서 행복은 시작됩니다. 부모의 연약함을 깨닫는 순간이 행복의 시작입니다. 부모의 부족함을 깨닫는 순간이 기도의 자리로 나가는 때입니다. 그리하여 예수 그리스도로부터 행복이 시작됩니다.

 주님, "나의 하나님이 그리스도 예수 안에서 영광 가운데 그 풍성한 대로 너희 모든 쓸 것을 채우시리라"(빌 4:19)라는 말씀을 믿습니다.

10/15 체면보다 귀한 것을 택하십시오

여자가 대답하여 이르되 주여 옳소이다마는 상 아래 개들도 아이들이 먹던 부스러기를 먹나이다_마가복음 7장 28절

십이 년 동안 혈루증을 앓던 여인이 예수님의 옷자락이라도 만지고자 하는 간절함으로 나옵니다. 사람들의 틈을 비집고 나오는 여인의 모습을 떠올립니다.

많은 사람의 꾸지람에도 아랑곳하지 않고 "나를 불쌍히 여겨달라"고 소리치는 거지 소경 바디매오가 있습니다. 사람들이 죄인이라 부르던 세리 마태가 있습니다. 예수님을 보고자 나무로 올라갔던 세리장 삭개오가 있습니다.

그들은 모두 자신의 간절함을 체면이나 다른 사람들 때문에 포기하지 않았습니다. 두려워하지 않고 자신의 간절함을 택했습니다.

자식을 위해서 부모의 모든 것을 내던지는 여인이 있습니다. 귀신 들린 어린 딸을 둔 여자였습니다. 그는 예수님께 모욕적인 말을 들었습니다. 그런데도 포기하지 않고 예수님께로 나가서 자신의 딸을 고쳤습니다.

그 여인의 행동에서 부모의 마음을 봅니다. 자식을 위해서라면 목숨이라도 기꺼이 버릴 수 있는 부모의 마음입니다. 누군들 그렇지 않겠습니까? 그런데도 가끔 부모의 체면이나 주위의 시선이 두려워서 십자가 앞에 나가지 못하는 경우가 있습니다.

체면이 자녀의 구원보다 귀하지 않습니다. 다른 사람의 시선이 자녀의 구원보다 귀하지 않습니다. 자녀가 주님 앞에 바로 설 수만 있다면 부모가 가진 그 어떤 것이라도 버릴 수 있어야 합니다. 실제로 훗날 부모가 하나님 앞에 섰을 때 구겨진 부모의 체면을 하나님께서는 기억하지 않으실 겁니다.

땅에 떨어진 부스러기라도 자녀가 구원을 얻을 수만 있다면 기꺼이 받아들이겠다는 여인의 간절함이 오늘 우리의 마음이길 소망합니다.

주님, 세상의 무엇보다 자녀의 구원을 가장 귀하게 여기는 부모가 되길 소망합니다.

하나님의 위로를 구하십시오

나를 더욱 창대하게 하시고 돌이키사 나를 위로하소서_시편 71편 21절

하나님의 백성으로 천성을 향해 가는 길은 멀기만 합니다. 성숙한 그리스도인을 꿈꾸지만 넘어지기 일쑤입니다. 앞으로 나가기도 전에 돌부리에 걸립니다.

넘어졌지만 다시 일어나고 싶지 않을 때도 있습니다. 깊이 잠들어 깨어나고 싶지 않습니다. 그러면 모든 게 해결될 것 같습니다. 그런데 그럴 용기도 없습니다. 후회가 밀려옵니다. 그때 왜 그랬을까? 잠깐만 참았으면 좋았을 걸……. 할 수만 있다면 시간을 돌려버리고 싶습니다. 그러나 오늘도 작은 말 한마디에도 너무 쉽게 넘어집니다.

자녀가 툭 던진 한마디, 가까운 사람들의 지나가는 말 한마디에 기운이 빠집니다. 힘들 때는 마음까지 조급해집니다. 이러다가 나만 뒤처지는 것 아닌가? 우리 아이들만 뒤떨어지는 것 아닌가?

정신없이 달려가다 보니 엉뚱한 길로 가고 있는 자신을 발견합니다. 가슴을 치며 후회합니다. 그러나 후회하지 마십시오. 저지른 잘못에 대해서 가슴을 치며 아파하지 마십시오. 자책이 아닌 회개의 자리로 나가야 합니다. 지나온 길을 보여 주시는 십자가 앞으로 나가야 합니다.

넘어지지 않고 천성에 이를 자는 아무도 없습니다. 넘어지지 않고 성숙할 수 없습니다. 넘어지는 것이 두려운 것이 아니라 넘어짐도 모르는 것이 두려운 것입니다.

'아, 내가 넘어졌구나!' 하는 생각이 들 때 하나님의 위로를 구하십시오. 하나님께서는 애통하는 자에게 은혜를 주십니다. 어디로 가야 할지 모른다고 부르짖는 자에게 갈 길을 밝혀 주십니다.

주님, 부모와 자녀에게 주님의 위로하심을 구합니다.

맞서 싸우십시오

그런즉 너희는 하나님께 복종할지어다 마귀를 대적하라 그리하면 너희를 피하리라_야고보
서 4장 7절

오늘 피었다가 내일 사라지는 들꽃 하나에도 하나님의 돌보심이 있습니다. 우리 삶에서 하나님의 간섭하심 없이 무의미하게 지나가는 시간은 없습니다. 그런데도 때로는 하나님의 만지심을 느끼지 못하고 삶의 주도권을 내가 쥐고 싶을 때가 있습니다.

우리가 알지 못하는 사이에 세상과 벗이 되고 하나님과 멀어지고 있습니다. 세상에 묻혀 지내는 사이 평안은 사라지고 근심과 걱정이 들어왔습니다. 삶의 주도권을 쥐고 있음에도 오히려 근심과 걱정이 커가기만 합니다.

혹시 자녀에 대한 근심과 걱정이 떠나지 않는다면 삶의 주도권을 내가 쥐고 있지 않은지 돌아보십시오. 근심과 걱정이 자라는 것은 하나님과 멀어져 있다는 뜻입니다. 잠들어 있으므로 세상과 가깝고 하나님과 멀어진 것입니다.

자녀는 부모 뜻대로 자라지 않습니다. 부모가 계획한대로 가지 않습니다. 부모가 양육의 주도권을 가지면 세상과는 가까워지지만, 자녀와도 멀어지고 하나님과도 멀어지게 됩니다.

세상과 가까워지면 자녀에 대한 근심과 걱정은 더욱 커집니다. 이것은 부모가 삼킬 자를 찾는 사자 앞으로 자녀를 데려가는 것입니다.

세상의 화려함에 마음이 끌릴 때가 있습니다. 다 내려놓고 편하게 세상에 묻혀 살고 싶을 때가 있습니다.

세상과 맞설 용기가 나지 않습니까? 게으름과 편안함 때문에 하나님께 등을 보이고 있습니까?

 주님, 게으름을 깨뜨리고 편안함을 거절하고 주님 앞으로 나갑니다. 세상 풍조에 담대하게 맞서 싸우게 하소서.

하나님으로부터 용기를 얻으십시오

10
18

> 백성들이 자녀들 때문에 마음이 슬퍼서 다윗을 돌로 치자 하니 다윗이 크게 다급하였으나 그
> 의 하나님 여호와를 힘입고 용기를 얻었더라_사무엘상 30장 6절

다윗을 따르던 사람들이 다윗을 돌로 치려고 했습니다. 다윗이 없는 틈을 타서 아말렉 사람들이 급습하여 마을을 불태우고 아내들과 자식들을 포로로 잡아갔습니다. 백성들은 다윗의 잘못으로 이와 같은 일이 벌어졌다고 생각했습니다.

다윗의 아내도 잡혀갔습니다. 다윗은 울 힘조차 없을 만큼 울었습니다. 다윗은 크게 낙담했고 위기에 처했습니다. 그런데도 변명하거나 백성들에게 이런저런 사정을 설명하지 않았습니다. 바로 하나님 앞으로 나갔습니다. 그리고 다시 하나님 안에서 용기를 얻었습니다.

어떤 일에 실패하였을 때 사람들은 본능적으로 변명과 핑곗거리를 찾으려고 합니다. 실패의 원인을 환경이나 다른 사람에게 돌리려고 합니다. 또는 책임감 때문에 스스로 낙담하기도 합니다.

특히 부모의 실수로 인해서 자녀가 어려움을 겪게 될 때 매우 고통스러워 합니다. 용기를 잃고 낙담합니다. 그뿐 아니라 자녀의 작은 실패마저도 부모에게 원인이 있는 것 같아 보입니다. 말씀으로 양육하고자 할 때 이런 일들을 만나면 확신을 갖지 못하고 말씀과 점점 멀어지기도 합니다.

일의 실패와 어려운 환경만이 용기를 잃게 하는 것이 아닙니다. 게으름과 나태와 무기력도 용기를 잃게 합니다.

자녀를 양육하다가 낙담이 될 때가 있습니다. 도저히 다시 도전할 용기가 나지 않을 때 하나님 앞으로 나가십시오. 하나님께서 다시 길을 열어 주실 것입니다. 용기를 잃은 무기력한 심령에 하나님의 도우심이 있을 것입니다.

 주님, 오직 하나님만 믿고 의지하오니 용기를 주소서.

열매를 원한다면 일하십시오

10
19

우리가 너희와 함께 있을 때에도 너희에게 명하기를 누구든지 일하기 싫어하거든 먹지도 말 게 하라 하였더니_데살로니가후서 3장 10절

씨를 뿌리는 수고가 있어야 열매를 기대할 수 있습니다(시 126:6). 그럼에도 씨를 뿌리지도 않고 풍성한 열매를 기대하는 사람들이 있습니다. '어떻게 되겠지!' '잘 될 거야~' 같은 막연한 기대를 하고 있습니다.

그런 기대는 헛된 것이며 열매를 볼 수 없습니다. 열매는 정직하며 땀을 기억하기 때문입니다. 풍성한 열매를 기대한다면 노력을 게을리하지 말아야 합니다.

자녀를 양육함에도 씨를 뿌리고 땀을 흘리는 수고가 있어야 합니다. 물론 열매는 하나님의 몫입니다. 그러나 심고 물 주는 노력을 게을리 해서는 안 됩니다(고전 3:7).

부모가 해야 할 일은 무엇일까요? 우선은 자기의 몫을 다하는 것입니다. 자녀를 가장 잘 아는 사람은 부모입니다. 자녀를 가장 사랑하는 사람도 부모입니다. 그래서 부모는 자녀의 양육을 책임져야 합니다.

말씀을 가르치고 기도하고 훈계하는 일은 모두 부모의 몫입니다. 그런데도 학교나 교회에 위탁하고 싶은 마음이 있다면 그것은 게으름입니다. 하나님께서는 부모에게 자녀를 맡기셨습니다.

부모가 게을러서 공짜 밥을 먹으려는 생각이 있다면 버려야 합니다. '하나님께서 주셨는데 어떻게 되겠지' 하는 생각을 부끄러워해야 합니다.

자녀는 언젠가 아름다운 열매를 맺게 됩니다. 그때 기쁨에 함께 참여하려면 부모에게 주어진 일을 감당해야 합니다. 지금 바쁘다는 핑계로 자녀 양육에 게으름을 피우는 것은 어리석은 일입니다. 훗날 부끄러움을 면치 못할 것입니다.

오늘도 예수 그리스도의 명령에 순종하여 자녀를 위해서 기도하며 말씀을 가르치는 일에 힘을 다하게 하소서.

모든 것에 감사하십시오

그리스도께서 다시 살아나신 일이 없으면 너희의 믿음도 헛되고 너희가 여전히 죄 가운데 있을 것이요_고린도전서 15장 17절

세상살이가 점점 팍팍해져 갑니다. 힘들고 어려운 고개를 몇 번 넘으면 평지가 나올 만도 한데 여전히 오르막길입니다. 세상살이가 힘든데 자식을 키우는 게 쉬울 리 만무합니다. 예전에는 자식이 대여섯이나 되어도 잘 키웠는데 요즘에는 한두 명인데도 힘들기만 한 것 같습니다.

하나님께서는 우리에게 "모든 것에 감사하라" 말씀하고 계십니다. 우리를 죄 가운데서 건지시고 죽음에서 다시 살리신 예수 그리스도 때문입니다. 오직 예수 그리스도로 인하여 감사할 뿐입니다.

재물이 많고 권력을 가지고 있어도 사람은 만족하지 못합니다. 재물과 권력으로 영원한 기쁨과 행복을 누릴 수는 없습니다.

비교하는 세상에서는 그 어떤 것도 온전하게 감사하며 살 수 있는 조건이 될 수 없습니다. 여전히 불만과 걱정이 생깁니다. 예수 그리스도가 없으면 모든 것에 감사할 수 없습니다. 예수 그리스도를 붙잡고 있을 때만 감사하며 살 수 있습니다.

다른 자녀와 비교할 때는 자녀로 인한 감사가 나올 수 없습니다. 자녀는 '하나님께서 주신 선물'임을 깨닫고 살 때 감사는 저절로 나옵니다. 지금 자녀가 고난 속에 가고 있어도 죽음의 사슬을 끊고 다시 사신 예수 그리스도로 인하여 감사합니다. 때가 되면 고통과 환난이 변하여 기쁨과 즐거움이 되도록 그분이 이끄심을 믿기 때문입니다.

부모에게 오직 예수 그리스도로 인하여 은혜와 평강이 있기를 원합니다.

 주님, 자녀가 하나님의 은혜에 항상 감사하기를 소망합니다.

울며 씨를 뿌리십시오

또 이르시되 하나님의 나라는 사람이 씨를 땅에 뿌림과 같으니_마가복음 4장 26절

부모는 울며 씨를 뿌리는 농부와 같습니다. 눈물과 기도로 키운 자녀에게서 기쁨으로 열매 거두기를 기대합니다. 분명 그럴 날이 있으리라 확신하며 기다립니다. 그러나 씨앗만 보고 열매의 양을 알 수 없습니다. 수확해 봐야 그 결과를 알 수 있기 때문입니다.

한 알의 씨를 뿌리는 것과 같은 자녀 양육은 그 결과를 쉽게 예단할 수 없지만 심은 씨앗보다 더 풍성한 열매가 맺힐 것임에는 틀림없습니다. 그러나 눈앞에 있는 현실을 보면 답답하고 의심이 가기도 합니다.

이스라엘의 사사 시대와 같습니다. 세상은 혼탁하여 하나님의 말씀이 들리지 않고 제사장마저 눈이 어두워져 있었습니다. 암울하고 모든 희망이 끊어진 것처럼 보이는 시대였습니다. 그러나 어린 사무엘이 성전에서 자라고 있었습니다. 말씀에 기초를 둔 자녀 양육은 세상의 가치를 따라가지 않습니다.

가끔은 의심이 들 때도 있습니다. 정말 이 길이 맞는 것일까? 괜찮을까? 혹시 우리 아이만 뒤쳐지는 것은 아닐까? 더구나 오랜 세월을 기도하며 기다렸는데 변하지 않는 자녀를 볼 때면 더욱 그런 생각이 듭니다. 그러나 의심하지 마십시오. 행여나 열매가 안 보인다고 낙심하지 마십시오.

자녀 양육은 한 알의 밀이 땅에 떨어져 죽는 것과 같습니다. 부모가 자녀에게 쏟는 헌신은 작은 겨자씨 한 알과 같습니다. 지금은 보이지 않을 수도 있습니다. 그러나 곧 겨자씨 한 알이 자라서 새가 둥지를 틀 만큼 큰 나무가 될 것입니다.

눈물을 흘리며 씨를 뿌리는 자는 반드시 기쁨으로 곡식을 거둘 것이라고 하나님께서 약속하셨습니다. 부모가 할 일은 눈물과 기도로 씨를 뿌리며 기다리는 일입니다. 기다린 끝에 열매를 보게 될 것입니다.

주님, 씨앗 속에 숨겨진 풍성한 열매를 보는 부모가 되기를 소망합니다.

자녀가 우선이 아닙니다

이러므로 남자가 부모를 떠나 그의 아내와 합하여 둘이 한 몸을 이룰지로다_창세기 2장 24절

자녀는 더없이 귀한 존재입니다. 때로는 부모의 목숨보다 소중합니다. 그래서 늘 부족한 마음뿐입니다. 자녀는 보배입니다. 그렇다고 가정의 위계 질서를 벗어나게 해서는 안 됩니다. 아무리 귀해도 질서 안에서 귀할 뿐입니다. 귀하다는 이유로 모든 것을 용납하면 올바른 자녀로 양육할 수 없습니다.

가정은 하나님께서 만들어 주셨습니다. 남자와 여자가 서로 사랑하고 마음을 합하여 가정을 이룹니다. 남편이 아내를 지배하는 것도 아니고 아내가 남편을 장악하는 것도 아닙니다. 모두 하나님께서 허락하신 질서 안에서 남편과 아내가 존재합니다.

부모 없는 자녀는 없습니다. 부모를 통해서 자녀가 있으므로 부모는 자녀를 양육할 책임이 있습니다. 부모의 자격 조건은 하나님께서 부여하십니다. 자녀를 중심으로 가정이 만들어지는 게 아니라 부모를 중심으로 만들어집니다.

자녀가 귀하다고 모든 것의 우선순위에 자녀가 있는 것은 옳지 않습니다. 가정의 질서가 무너집니다. 아이들이 부모를 무시하거나 혹은 아내가 남편의 권위에 순종하지 않습니다. 아내가 자녀를 우선순위에 둔다면 남편은 가정에서 밀려 나게 됩니다. 부부 관계가 틀어지고 모든 것이 뒤엉키게 됩니다.

의외로 자녀가 중심이 되어 움직이는 가정이 많습니다. 자녀의 기분에 따라 집안 분위기가 달라지기도 합니다. 자녀가 가정의 질서를 흔드는 것을 내버려 둡니다. 그러면 하나님께서는 모든 책임을 부모에게 물으실 것입니다.

부부 관계가 무너지면 자녀 양육도 힘들어집니다. 반면 부부 관계가 좋으면 자녀도 안정되게 성장할 수 있습니다. 부부 관계가 안정되어야 자녀도 평안을 누릴 수 있습니다.

 주님. 주 안에서 아내는 남편의 권위에 순종하고 남편은 아내를 목숨을 다하여 사랑하는 가정을 만들어가길 소망합니다.

신앙 교육의 성과주의를 버리십시오

10 23

여호와께서 내게 이르시기를 "나에게 백성을 모으라 내가 그들에게 내 말을 들려주어 그들이 세상에 사는 날 동안 나를 경외함을 배우게 하며 그 자녀에게 가르치게 하리라" 하시매_신명기 4장 10절

일반 교육은 투자의 개념이 강합니다. 시간과 노력을 들인 만큼 좋은 결과를 원합니다. 아무리 훌륭한 교육 방법이라도 원하는 결과를 만들어 내지 못하면 사람들로부터 환영받지 못합니다. 교육이 사람의 인격을 성숙하게 하는 도구가 아니라 성공의 수단으로 사용되고 있습니다.

그래서 요즘의 교육은 삶을 풍요롭게 하기보다 오히려 피폐하게 하는 원인이 되기도 합니다. 교육 기간 만큼 지식이 쌓여 가지만 사람의 인격 성숙과는 상관이 없습니다. 오히려 자신만을 위한 이기주의가 더욱 커질 수 있습니다.

신앙생활에서조차 성과를 뒤쫓는 경우가 있습니다. 자신이 헌신한 만큼 그에 대한 결과를 원합니다. 십일조, 기도, 봉사 등을 투자로 여깁니다.

신앙 교육을 일반 교육과 같이 생각하기도 합니다. 신앙 교육을 출세나 성공의 수단으로 삼으려고 합니다. 다른 아이들을 뛰어넘고 세상에 우뚝 서게 하고 싶어 합니다. 때로는 일이 뜻대로 이루어지면 그것을 하나님의 영광을 위한 것이라고 포장하기도 합니다.

그러나 신앙 교육은 그 어떤 것의 수단이나 도구가 될 수 없습니다. 신앙 교육은 오로지 자녀가 하나님을 경외하는 것에 초점을 맞춰야 합니다. 하나님을 경외하는 것을 '수치나 양'으로 나타낼 수 없습니다. 그러므로 신앙 교육에서 성과를 추구하는 것은 어리석은 일입니다.

믿음의 분량은 수치로 표현할 수 없으며 그렇게 해서도 안 됩니다. 신앙 교육에서 성과주의를 버릴때 제대로 된 자녀 양육을 할 수 있습니다.

 주님, 신앙 교육의 결과를 세상의 부모처럼 바라지 않기를 소망합니다.

은혜를 입을수록

내게 주신 모든 은혜를 내가 여호와께 무엇으로 보답할까_시편 116편 12절

하나님의 은혜를 구합니다. 은혜 위에 충만한 은혜를 구합니다. 부족한 삶을 하나님의 은혜로 덮어 주시길 간구합니다. 은혜 안에 있는 삶은 세상으로부터 도피하는 것이 아닙니다. 일탈 행위가 아니라 원래의 삶으로 돌아가는 것입니다.

은혜가 충만하다고 하여 우리 삶의 조건이나 환경이 변하지는 않습니다. 여전히 삶은 고달프고 사방이 둘러싸여 있습니다. 그런데도 더 충만한 은혜를 사모하며 간구합니다.

하나님의 은혜가 임하면 임할수록 내 속은 점점 비어 갑니다. 하나님의 은혜는 내 속에 있는 모든 것들을 장마처럼 휩쓸고 지나갑니다. 탐욕과 욕심이 쓸려가고 자랑과 교만이 무너지고 불평과 불만이 녹아내립니다. 세상은 더 가지려고 하고 더 채우려고 하지만 하나님의 은혜는 가진 것조차 버리게 합니다.

그런데도 하나님의 은혜를 간구해야 할까요? 오로지 내 티끌만 한 공로도 인정받지 못하지만 그래도 하나님의 은혜가 넘치는 삶을 원해야 할까요? 네, 그렇습니다.

하나님의 은혜로 자녀를 키우기를 원합니다. 자녀를 사랑하는 마음이 크고 깊을수록 하나님의 은혜를 갈망합니다. 하나님의 은혜 안에서 부모가 가진 것이 얼마나 작고 부족한 것인지가 드러나기 때문입니다. 부모의 사랑이 하나님의 은혜의 만분의 일도 안되는 것을 알기 때문입니다.

은혜 안에 있을수록 부모의 사랑은 작아지고 하나님의 사랑은 커집니다. 부모의 사랑과 하나님의 사랑을 비교할 수 없음을 알기에 은혜를 구합니다.

 주님, 내 삶을 흘러넘치는 은혜 위에 은혜를 간구합니다.

하나님과 자주 대면하십시오

10
25

너는 청년의 때에 너의 창조주를 기억하라 곧 곤고한 날이 이르기 전에, 나는 아무 낙이 없다고 할 해들이 가깝기 전에_전도서 12장 1절

현대인들 대부분은 종종거리는 삶을 살고 있습니다. 온종일 바쁘게 뛰어다녀도 늘 시간이 부족합니다. 현대 생활 자체가 바쁘게 움직이지 않으면 살아갈 수 없기 때문입니다. 우리는 어쩌면 시간의 노예일지도 모릅니다.

시간은 모든 사람에게 똑같이 주어집니다. 그리고 지나간 시간은 되돌릴 수 없습니다. 우리는 같은 시간 속에 살고 있지만 같은 시간을 사용하지 않습니다.

자칫하면 시간은 우리 '자신'을 분주함 속에 매몰시켜 삶을 허무하게 만들 수 있습니다. 시간을 어떻게 사용해야 시간의 노예처럼 살지 않을 수 있을까요? 시간을 잘 쓰는 사람은 하나님과 대면하면서 자신을 돌아보는 사람입니다. 하나님과 대면하는 시간은 다른 시간을 멈추게 합니다. 그 시간은 자신을 돌아보게 하고 시작과 끝에 계시는 창조주를 기억하고 분주함을 멈추게 합니다.

자신을 들여다보는 사람은 시간의 노예로 살지 않습니다. 분주함 가운데 잠시 나를 붙잡고 있는 것이 무엇인가를 생각해 봅니다. 하나님과의 관계 안에서 시간을 보내고 있는가? 이 시간은 하나님과 어떤 관계가 있는가? 이런 질문 하나만으로도 자신을 돌아볼 수 있는 여유가 생깁니다.

부모는 자녀를 말씀으로 양육하고 자녀를 위해서 기도하는 데 시간을 사용해야 합니다. 분주하게 사는 것은 부모의 삶을 더욱 메마르게 할 뿐입니다.

자녀를 떠올리며 하는 짧은 기도가 무가치함에 매몰된 부모를 건져 낼 수 있습니다. 딱딱하게 굳어 가는 우리의 심령을 주님 앞으로 인도할 것입니다.

 주님, 시간의 노예가 아니라 하나님과 자주 대면하길 소망합니다.

능력의 하나님을 바라봅니다

우리가 사방으로 욱여쌈을 당하여도 싸이지 아니하며 답답한 일을 당하여도 낙심하지 아니하며_고린도후서 4장 8절

세상 사는 일이나 자녀를 키우는 것이나 무엇 하나 쉬운 일이 없습니다. 자녀가 아니었으면 겪지 않아도 될 일을 부모는 겪습니다. 말씀 안에서 살려고 애를 쓰지만 평안하거나 순탄하지 못합니다. 오히려 하나님을 모르고 살 때보다 더 힘들고 고단한 것 같습니다.

자녀를 키우는 것도 그렇습니다. 자녀가 말씀 안에서 자라도록 세상은 그냥 놔두지 않으며 어떻게든지 방해를 합니다. 또 말씀을 가르치고 기도하지만, 자녀는 여전히 그 자리에 있을 뿐입니다. 답답하고 낙심되어 모든 것을 포기하고 싶어집니다. 그런데도 가던 길을 멈춰서는 안 됩니다. 사방에 우리를 공격하는 악한 세력들뿐이라고 해도 결코 넘어질 수 없습니다.

자녀를 말씀으로 키우는 힘은 부모에게 있는 것이 아니라 하나님께 있기 때문입니다. 삶의 힘겨움으로 겉사람은 낡아지나 속사람은 날로 새로워지고 있습니다(고후 4:16). 겉사람이 낡아진다는 것은 아무도 알아주지 않는 변변찮은 상태를 말합니다.

실패한 인생처럼 보이나 그리스도로 인해 속사람이 영원한 삶으로 다시 태어나고 있는 사람입니다. 부모가 자녀를 위해서 흘린 눈물을 세상은 알아주지 않지만 하나님께서는 보석보다 귀하게 받으십니다.

사방에서 욱여쌈을 당할지라도 무너지지 마십시오. 포기하지 말고 능력의 하나님을 향해 손을 내미십시오. 하나님께서 함께하심을 믿으십시오. 어떤 고난일지라도 안개처럼 사라질 날이 올 것입니다. 자녀로 인하여 당하는 고난을 속사람이 새로워지는 과정으로 여기십시오.

 하나님의 크신 능력을 의지하여 승리하기를 소망합니다.

진실한 부모가 되길 소망합니다

주께서 이르시되 지혜 있고 진실한 청지기가 되어 주인에게 그 집 종들을 맡아 때를 따라 양
식을 나누어 줄 자가 누구냐_누가복음 12장 42절

자신을 속이지 않는 진실한 부모가 되기를 원합니다. 내가 믿는 하나님의 말씀을 거짓 없이 전하고 실천하는 부모이길 원합니다. 살아 계신 하나님의 말씀을 정직하게 가르치기 원합니다.

그러나 세상의 가치관과 말씀이 뒤섞인 부모의 욕망이 자녀에게 전해지고 있습니다. 십자가의 영광을 원하면서 고난은 외면하는 이중성이 자녀를 혼란에 빠뜨리고 있습니다. 하나님을 향한 마음과 속된 마음이 나눠집니다.

요셉처럼 총리가 되기 원하면서 요셉이 당한 고난의 시간을 말하지 않습니다. 솔로몬의 지혜를 원하면서 변절에 대해서는 숨기고 있습니다. 말씀에 순종하며 살려면 더 큰 고난이 있다는 것을 알지만 모른 체합니다.

하나님만 믿으면 모든 것이 해결된다는 해괴한 논리로 자녀에게 믿음을 강요합니다. 솔직히 속마음은 믿기만 하면 모든 것이 해결되기를 바랍니다. 참으로 어리석은 것임을 알면서도 마음을 속이고 있습니다.

세상은 정직하고 순결한 삶을 용납하지 않습니다. 그런 삶을 사는 사람들은 오히려 비난받고 따돌림을 당합니다. 때로는 재산의 손실과 육신의 고통도 당합니다. 심지어는 함께 어울려 살아가지 못하는 낙오자 취급을 합니다.

그런데도 우리가 얻을 수 있는 이익은 눈에 보이지 않습니다. 하나님을 열심히 섬긴다고 하여 즉시 보상이 따르는 것도 아닙니다. '하나님' 외에 얻을 수 있는 것은 없습니다. 예수 그리스도 외에는 얻을 것이 없습니다.

자녀에게 이렇게 말하는 부모가 되면 좋겠습니다. "예수님을 믿음으로 당하는 불이익을 기쁨으로 받으며 믿음으로 이겨 내거라!"

주님, 이 험한 세상에서 진실한 부모로 살 수 있을까요? 그렇게 살기 원합니다. 도와주세요.

하나님 없는 자신감은 죄입니다

네가 자신 때문에 나라들의 목전에서 수치를 당하리니 내가 여호와인 줄 알리라_에스겔 22장 16절

자녀가 모든 일에 자신감을 나타낼 때 부모는 매우 기쁩니다. 반면 매사에 자신 없어 하는 모습을 보면 안타깝기 그지없습니다. 자신감은 사람을 당당하게 합니다. 그래서 자신감을 기르는 훈련 프로그램도 많이 있습니다.

모든 부모는 자녀가 자신 있게 사는 모습을 보고 싶어 합니다. 더구나 재능도 많고 장점이 많은데도 도무지 자신감을 보이지 않는 자녀를 보면 부모의 가슴이 답답합니다. 설령 못해도 자신감이 있으면 얼마나 좋을까 하고 생각합니다.

간혹 자신감을 잘못 이해하여 무슨 일이든 허락하는 부모가 있습니다. 내 마음대로 되지 않음을 경험할 때 자신감이 없어진다고 생각하기 때문입니다. 어떤 일을 자신의 힘으로 할 수 있다는 측면에서 볼 때는 그럴듯하기도 합니다. 그러나 이는 매우 위험한 발상이며 자녀를 망칠 수도 있습니다.

살다 보면 자기 뜻대로 되는 일보다 되지 않는 일들이 더 많습니다. 어려서부터 모든 일을 자기 뜻대로 하던 자녀는 크면 막무가내로 자기 뜻을 관철하려는 고집쟁이가 됩니다.

무엇보다 하나님이 주인 되심을 고백하는 우리에게는 치명적입니다. 하나님의 자리에 '자아'가 자리 잡고 하나님을 대신 하게 됩니다. 하나님의 뜻보다 자기 뜻대로 살아가는 삶입니다. 하나님이 없어도 내 힘으로 할 수 있다고 믿습니다. 그것을 자신감이라고 오해하며 살아갑니다.

하나님 없이 내 힘으로 살 수 있다고 믿는 것은 죄입니다. 어려서부터 그런 생각을 하도록 가르친다면 그것은 부모가 자녀를 죄의 길로 인도하는 것입니다. 진정한 자신감은 하나님에게서 옵니다.

주님, 자녀가 하나님과 함께함으로 자신감을 갖기를 소원합니다.

먼저 하나님을 사랑하십시오

10 / 29

예수께서 이르시되 네 마음을 다하고 목숨을 다하고 뜻을 다하여 주 너의 하나님을 사랑하라 하셨으니_마태복음 22장 37절

부모는 자식을 사랑하고 사랑해도 늘 부족함을 느낍니다. 자식을 위해서라면 어떤 고난도 마다하지 않습니다. 할 수만 있다면 심장이라도 내어주며 사랑하고 싶은 마음입니다.

자식에 대한 부모의 사랑을 하나님께서도 아십니다. 그런데 성경은 자녀보다 하나님을 먼저 사랑하라고 말씀합니다. 부모가 힘을 다하고 목숨을 다해서 사랑해야 하는 대상은 하나님이라고 분명하게 말하고 있습니다.

부모가 하나님을 최우선으로 사랑하는 것은 생각보다 쉽지 않습니다. 마음은 하나님을 더 사랑하기 원하지만, 몸이 움직이는 쪽은 자녀입니다. 그런데도 하나님께서는 하나님을 먼저 사랑하라고 요구하고 계십니다.

왜일까요? 그것은 사랑의 크기 때문입니다. 부모의 사랑이 아무리 커도 하나님의 사랑을 뛰어넘지 못합니다. 부모가 자식을 위하여 목숨을 버릴지라도 하나님의 사랑과는 비교할 수 없습니다. 하나님의 사랑은 측량할 수 없습니다. 하나님의 사랑을 깨달은 부모는 하나님의 마음으로 자녀를 사랑할 것입니다.

부모가 자녀를 진정으로 사랑하기 원한다면 초점을 자녀에게 두어서는 안 됩니다. 먼저 하나님을 더욱 사랑해야 합니다. 힘을 다하고 마음을 다한 사랑을 하나님께로 향해야 합니다. 그 사랑이 자녀를 더욱 큰 사랑으로 사랑하게 될 것입니다.

자녀를 향한 하나님의 사랑의 크기를 모르는 부모는 자녀를 제대로 사랑할 수 없습니다. 하나님의 사랑을 알고 그 마음으로 자녀를 사랑해야 제대로 사랑할 수 있습니다.

주님, 자녀보다 먼저 하나님을 사랑하기 원합니다. 하나님의 사랑으로 자녀를 사랑하는 부모가 되기를 소원합니다.

사랑한다면 훈계하십시오

그는 압살롬 다음에 태어난 자요 용모가 심히 준수한 자라 그의 아버지가 네가 어찌하여 그리 하였느냐고 하는 말로 한 번도 그를 섭섭하게 한 일이 없었더라_열왕기상 1장 6절

아도니야는 다윗 왕의 넷째 아들이었는데 용모와 재능이 뛰어났습니다. 다윗은 한 번도 그를 책망하지 않았습니다. 다윗의 훈계 없이 큰 아도니야는 교만하여 결국 아버지를 반역까지 하게 되었습니다.

우리에게는 그런 모습이 없는지 되돌아봅니다. 세상의 잘못된 풍조가 있습니다. 공부만 잘하면 웬만한 잘못들은 덮어 두려고 합니다. 오히려 다른 것은 신경 쓰지 말고 공부만 열심히 하라고 부추깁니다. '성적 지상주의'는 자녀를 버릇없고 예의없는 사람으로 만듭니다.

부모가 자식의 허물을 사랑으로 덮어준다는 것은 잘못을 흐지부지 넘기라는 뜻이 아닙니다. 잘못된 행동에 대해서 명확하게 깨닫게 하되 용서하는 너그러운 마음을 품으라는 것입니다.

부모의 훈계는 자녀의 삶을 간섭하거나 잔소리가 되어서는 안 됩니다. 자녀의 행동이 잘못되어 죄악의 길로 가고 있다면 회초리를 들어서 잘못을 깨닫도록 해야 합니다.

훈계를 모르고 자란 자녀는 잘못을 지적당하면 고까워합니다. 잘못을 인정하지 않는 독선과 위선이 강한 사람이 되기 십상입니다. 그뿐 아니라 하나님의 징계도 받아들이지 않으려고 합니다. 하나님의 말씀도 자신의 입에 달콤한 것들만 골라서 받아들입니다.

물론 자녀에게 잔소리가 아닌 훈계를 하기 위해서는 부모의 성숙한 판단이 필요합니다. 성숙함에서 나오지 않는 훈계는 자녀에게 올바른 길을 제시하기보다 오히려 혼돈에 빠지게 할 수도 있기 때문입니다.

주님, 자녀에게 올바른 훈계를 하기 위해 오늘도 기도의 자리로 나가게 하소서.

진정한 복을 구하십시오

10/31

> 이제 청하건대 종의 집에 복을 주사 주 앞에 영원히 있게 하옵소서 주 여호와께서 말씀하셨사오니 주의 종의 집이 영원히 복을 받게 하옵소서_사무엘하 7장 29절

자녀가 이 땅에서 모든 일이 잘되는 복을 누리며 살기를 바라는 것은 부모의 한결같은 바람입니다. 그래서 자녀의 복을 구하는 부모의 기도는 늘 간절합니다. 그러나 눈에 보이는 복만 구하는 것은 본질을 놓치는 것입니다.

물론 자녀의 건강하고 풍족한 생활을 위해 기도해야 합니다. 자녀가 행복한 가정을 꾸리며 사는 것을 구하는 것이 잘못된 일은 아닙니다. 그러나 그것은 하나님의 자녀로서 누려야 할 복의 일부분입니다. 진정한 복은 아닙니다.

자녀뿐 아니라 그리스도인들이 받고 누려야 할 진정한 복은 무엇일까요? 그것은 다윗의 기도처럼 영원히 하나님 앞에 있는 것입니다. 다른 곳을 바라보지 않고 헛된 길을 좇지 않는 것입니다. 말씀으로 가르침을 받는 것을 즐거워하며 그 가르침대로 살아가는 것입니다.

'하나님과 동행하는 삶'을 누리며 사는 것이 진정한 복입니다. 세상 속에서 구별되어 '하나님 나라의 백성'으로 사는 것이 진정한 복입니다.

주님 앞에 서 있는 것처럼 진실하게 사는 것이 복 받은 자의 모습입니다.

 주님, 언제나 주님 앞에 머물게 하시고 자녀도 주님 곁을 떠나지 않는 삶을 살게 하소서.

11월

그래도 가야 할 길

11 / 01 그래도 가야 할 길

예수께서 대답하여 이르시되 너희는 너희가 구하는 것을 알지 못하는도다 내가 마시려는 잔을 너희가 마실 수 있느냐 그들이 말하되 할 수 있나이다_마태복음 20장 22절

　자녀 양육에 성공이 있을까요? 자녀가 이름을 널리 알리고 혹은 원하는 것을 얻으면 그것이 성공일까요? 그러면 자녀 양육은 끝나는 것일까요? 성공이 있다면 실패도 있을까요? 자녀의 성적은 바닥이고 끊임없이 문제를 일으켜 부모 속을 끓이고 있다면 그것은 실패일까요?

　자녀 양육에서 성공과 실패는 자녀가 현재 처한 상황으로 판단할 것은 아닙니다. 아직은 때가 아니라는 뜻입니다. 자녀 양육의 마침은 주님 앞에 섰을 때입니다. 그때 주님께서는 부모에게 말씀하실 것입니다.

　"잘했다, 충성된 종아." "이 게으르고 악한 종아."

　그날 주님께서는 무엇을 보고 말씀하실까요? 주님께서는 우리가 보지 못했던 자녀의 열매를 보고 말씀하실 것입니다. 이 땅에서 작은 씨라도 뿌렸다면 열매를 맺게 될 것이므로 책망은 듣지 않을 것입니다.

　그러므로 자녀의 현재 모습으로 성공과 실패를 말하기는 이릅니다. 아직은 때가 아닙니다. 지금의 자녀 모습을 기뻐하며 자랑할 일도 아니며 또한 기죽을 일도 아닙니다.

　인생은 넓은 바다와 같습니다. 잔잔한 것 같지만 큰 풍랑이 있고 큰 풍랑이 있다가도 잔잔해지는 것이 바다입니다. 아이들을 키우는 것도 이와 같습니다. 오늘은 마음껏 웃었지만 내일은 어떤 일로 마음을 졸일지 알 수 없습니다. 그래서 성공했다고 으스댈 것도 없고, 실패했다고 낙심할 필요도 없습니다.

　부모에게 필요한 것은 어떤 상황에서도 낙망하지 않고 쉼 없이 이 길을 가는 것입니다. 주님이 기다리시는 곳을 향해 십자가의 길을 따라 묵묵히 가는 것이 부모의 사명입니다.

주님, 낙심하며 불안해하지 않고 끝까지 자녀를 잘 감당할 수 있도록 도와주세요.

자녀는 자랑이 아니라 감사입니다

내가 부득불 자랑할진대 내가 약한 것을 자랑하리라_고린도후서 11장 30절

자녀를 자랑하고 싶은 마음은 부모의 본능에 가깝습니다. 걸음마를 시작하는 것, 엄마를 보며 까르르 웃는 것, 심지어 고집 피우는 것까지 모두가 부모에게는 자랑 거리입니다. 특히 학업에서 두각을 나타낼 때 부모의 기쁨은 말할 수 없습니다.

내 자식을 칭찬하고 자랑하는 것이 무슨 문제냐고 반문할 수도 있습니다. 자랑을 탓하는 것이 아니라 '내 자식'이라는 생각과 부모의 과시하고 싶은 마음이 문제 입니다. 자식을 위해서 무엇이든지 해 줄 수 있다는 능력을 자랑함입니다. 자식을 통해서 자신을 드러내고 싶은 교만이 숨어 있습니다. 자식 자랑이 아니라 자신을 자랑하고 싶은 교만함입니다.

이런 마음 틈새에 악함이 끼어듭니다. 하나님의 은혜보다 사람의 힘이 더 크게 보입니다. 바울은 자랑할 것이 수없이 많았지만 오히려 자신의 약함을 자랑했습니다. 가진 것에 대한 자랑은 교만이지만 자신의 부족함을 자랑하는 것은 감사이기 때문입니다.

성경은 사람에 대해서는 자랑하지 말라고 말씀합니다(고전 3:21). 때로는 자녀가 신앙생활을 잘하고 있음을 자랑하게 됩니다. 말씀을 열심히 읽고 예배를 잘 드리는 모습을 보면 부모는 자연스럽게 자랑을 하게 됩니다.

신앙생활은 자랑해도 괜찮다고 여깁니다. 그러나 그 또한 감사함으로 해야 합니다. 자랑은 인간의 행위에 초점이 있지만 감사는 은혜에 초점이 있기 때문입니다. 그래서 자랑할 게 하나도 없습니다. 오직 은혜에 감사할 뿐입니다.

자녀는 하나님께서 주신 선물입니다. 그래서 자랑보다는 감사입니다. 부모의 뒷바라지보다 하나님의 은혜 속에서 자녀가 자라고 있습니다.

주님, 그동안 자녀의 행동에 초점 맞춘 것을 회개합니다. 오직 주님의 은혜임을 고백합니다.

03

멍에를 감사함으로 지십시오

나는 마음이 온유하고 겸손하니 나의 멍에를 메고 내게 배우라 그리하면 너희 마음이 쉼을 얻
으리니_마태복음 11장 29절

자녀는 기쁨과 즐거움을 주는 최고의 선물입니다. 그러나 기쁨과 즐거움만은 아닙니다. 자녀로 인하여 고통을 겪기도 하고 눈물로 밤을 지새우기도 합니다. 때로는 부모가 된 것을 후회하기도 합니다.

자녀를 키우면서 왜 기쁨과 즐거움만 있지 않는 걸까요? 부모가 자녀를 하나님의 말씀으로 양육하는 것은 제자들이 자기 십자가를 지고 예수님을 따르는 것과 같기 때문입니다(마16:24). 누구든지 예수님을 따르려면 십자가를 져야 합니다. 십자가의 고난이 있어야 부활의 영광에 참여할 수 있습니다. 고난 없는 영광은 없습니다.

과연 자녀를 키우면서 겪는 고통의 시간은 무익한 것일까요? 그렇지 않습니다. 그것은 씨앗이 싹을 틔우기 위해서 자신의 껍질을 벗는 과정과 같습니다. 고난이 유익이라는 말씀은 고난 자체에 있지 않습니다. 고난 중에 십자가 앞으로 더 가까이 감으로써 하나님을 더욱 깊이 알게 되기 때문에 유익한 것입니다.

자녀가 부모에게 고통을 안겨 줄 때 부모는 십자가 앞으로 더 가까이 나갑니다. 자녀가 무거운 짐이 될 때 말씀을 더 사모하며 엎드리게 됩니다. 부모는 자신의 힘만으로는 자녀 양육이라는 무거운 짐을 질 수 없다는 것을 알기 때문입니다.

자녀로 인한 어려움을 겪고 나면 자녀가 새롭게 보입니다. 작은 일에서도 기쁨과 즐거움을 느끼고 작은 몸짓에도 감사할 뿐입니다. 자녀는 부모를 성숙에 이르게 하는 멍에입니다.

주님, 연약하여 무거운 짐을 지기가 힘듭니다. 그러나 자녀에게서 오는 어려움과 고난을 피하고 싶지 않습니다. 감사함으로 짐을 질 수 있도록 도와주소서.

혼자가 아닙니다

우리는 하나님의 동역자들이요 너희는 하나님의 밭이요 하나님의 집이니라_고린도전서 3장
9절

　부모 혼자서 자녀를 키우지 않습니다. 깊은 산속에서 길을 잃은 것 같고 사막에서 오아시스를 찾아 헤매는 것 같지만 부모는 혼자가 아닙니다. 하나님께서는 언제나 부모와 같은 양육자입니다.

　자녀의 양육 과정에서 하나님과 부모가 동역자인 것은 분명합니다. 다만 부모가 느끼지 못하거나 알아채지 못할 뿐입니다. 그럴지라도 하나님은 자녀 양육에서 변함없는 동역자입니다.

　하나님께서는 늘 함께하셨습니다. 아브라함과의 언약에서나 야곱의 삶 속에서도 함께하셨습니다. 또한 모세를 이집트로 홀로 보내지 않으셨습니다. 이집트 군대와 함께 싸우셨고 광야에서 사십 년을 이스라엘 백성과 같이 보내셨습니다. 두려워하는 여호수아와 함께 가나안 땅으로 향하셨습니다.

　하나님께서는 자녀를 부모에게만 맡기고 외면하지 않으십니다. 자녀에게서 한시도 눈을 떼지 않으십니다. 부모는 자녀에게 문제가 있을 때만 불면의 밤을 보내지만 하나님께서는 항상 밤을 지새우십니다. 부모가 애끓으며 남몰래 눈물 지을 때 하나님은 더 깊은 아픔으로 함께하고 계십니다.

　나 혼자 무거운 짐을 지고 있다고 생각하지 마십시오. 평강의 하나님이 부모보다 더 많은 짐을 지고 계십니다. 부모와 함께 가고 계십니다. 부모는 혼자가 아닙니다. 자녀 양육의 중심에 언제나 주님이 계십니다.

　자녀를 양육하면서 우리는 하나님과 동역자입니다. 하나님의 은혜입니다.

주님, 마음을 굳게 하여 어떤 일에도 두려워하지 않게 하소서. 부모의 역할을 다 마칠 때까지 주님께서 함께 하심을 믿습니다.

긍휼은 오직 하나님께 달려 있습니다

내가 너를 불쌍히 여기지 아니하며 긍휼히 여기지도 아니하고 네 행위대로 너를 벌하여 너의
가증한 일이 너희 중에 나타나게 하리니 나 여호와가 때리는 이임을 네가 알리라_에스겔 7장
9절

하나님의 인자하심과 오래 참으심은 측량할 수 없습니다. 인간의 시간이나 생
각 안에서 결정하지 않으시기 때문입니다. 하나님의 긍휼도 마찬가지입니다. 우
리는 하나님의 은혜를 입은 자들입니다.

참 좋으신 하나님. 이 말 앞에 잠시 망설여집니다. 혹시 우리는 좋으신 하나님을
이용하고 있는 것은 아닌가? 오래 기다려 주시는 하나님이심을 알고 일부러 늑장
부리는 것은 아닌지, 죄 가운데 머물면서 오래 참으심을 기대하는 것은 아닌지 생
각해 봅니다(롬 6:1).

타락한 인간의 속성상 그럴 수 있습니다. 그러나 하나님께서는 분명하게 경고
하고 계십니다. 긍휼을 베풀지 않고 행위대로 벌하고 때리겠다고 하십니다. 자신
의 백성을 때려야 하는 하나님의 마음을 가늠해 봅니다. 분노의 출발점을 찾아가
봅니다.

에스겔 시대, 우상의 똥으로 더럽혀진 성소, 썩은 냄새가 진동하는 성전에 하나
님께서는 더 계실 수 없어서 성전을 떠나십니다. 이스라엘 백성을 향하여 분노하
시는 하나님, 그러나 그 분노조차 사랑에서 나오는 것이기에 하나님의 마음은 더
욱 아프셨을 것입니다.

사랑하는 백성을 위해서 채찍을 들어야 하는 하나님의 마음을 조금은 이해할
수 있습니다. 긍휼을 베푸시는 하나님이 맞습니다. 그러나 은혜와 긍휼은 하나님
의 몫이지 우리의 것이 아닙니다. 우리가 긍휼을 구할지라도 응답은 하나님께 있
습니다. 우리 자녀는 말씀과 찬양과 기도를 먹으며 자라고 있습니다. 자녀 마음의
성전은 깨끗한가요? 혹시 부모가 자녀의 성전을 어지럽히고 있지는 않은지요?

하나님께서 은혜 베풀 자에게 은혜를 베풀고 긍휼히 여길 자에게 긍휼을 베푸신다는 말
씀을 기억합니다. 은혜를 베풀고 긍휼히 여겨 주소서.

부모로서 자신감을 가집시다

11
06

두려워하지 말라 내가 너와 함께함이라 놀라지 말라 나는 네 하나님이 됨이라 내가 너를 굳세게 하리라 참으로 너를 도와주리라 참으로 나의 의로운 오른손으로 너를 붙들리라_이사야 41장 10절

'부모'라는 이름은 참으로 큽니다. '부모'가 되고 나면 넘을 수 없는 거대한 벽과 마주 선 듯합니다. '부모'라는 이름 앞에서 으스댈 사람이 없습니다. 자신도 모르게 기가 죽습니다.

더구나 '부모'에 '믿음'이란 단어가 붙으면 저절로 움츠러듭니다. 내가 온전한 믿음으로 자녀를 양육하고 있다고 나설 수 있는 사람은 없습니다. 그만큼 부모는 자녀 앞에서 스스로 약자이고 연약한 자입니다. 누에가 실을 뽑아내듯이 자신의 모든 것을 쏟았음에도 더 주지 못한 것이 안타까울 뿐입니다. 자녀가 요구하든 요구하지 않든 부모는 그저 자녀를 향해서 무엇이든지 줄 뿐입니다.

부족하고 연약한 것이 맞습니다. 더 사랑하지 못한 것도 맞습니다. 그런데도 우리는 여전히 부모입니다. 완성되지 못한 사랑을 끊임없이 뽑아내야 하는 부모입니다. '부모' 자체가 불완전하기 때문입니다. 그러나 부모로서 자신감을 가져도 됩니다. 교만에서 나오는 자만심이 아니라 자신의 연약함을 인정하는 겸손함에서 오는 자신감입니다.

부족하고 연약한 부분을 채워 주실 하나님께서 우리 손을 잡고 계십니다. 주님께서 잡고 계시면 두려움과 죄책감에서 벗어날 수 있습니다. 부모의 약함을 하나님께서 굳세게 하실 것입니다. 부모가 채워 주지 못하는 부분까지 하나님께서 채워 주실 것입니다. 자녀에게 쏟는 부모의 사랑은 세상에서 그 누구도 줄 수 없는 최고의 사랑입니다.

 주님, 오늘 어깨를 펴고 자녀를 안아 주는 부모 되게 하소서.

11 07 하나님의 영광을 위하여

그런즉 너희가 먹든지 마시든지 무엇을 하든지 다 하나님의 영광을 위하여 하라_고린도전서
10장 31절

우리는 꿈을 꿉니다. 자녀가 성장하여 많은 사람 앞에서 "하나님께 영광을 돌립니다."라고 말하는 모습을 상상합니다. 이를테면 유명 가수가 연말에 시상식에서 상을 받아 들고 "하나님께 영광을 돌립니다."라는 인사말을 하는 장면이나 축구선수가 경기에서 골을 넣고 기도하는 장면을 자녀에게 대입하여 봅니다.

그래서 때로는 자녀를 다그치기도 합니다. 영향력을 미치는 자리에 서게 되는 것이 하나님께서 기뻐하시는 일이라고 말합니다. 아주 틀린 말은 아닙니다. 그렇다고 꼭 맞는 말도 아닙니다.

대부분 우리의 삶은 평범하고 소소한 일상으로 이루어집니다. 수많은 대중 앞에 드러나는 일은 일생에 없을 수도 있습니다. 국가의 대통령이라고 할지라도 어느 순간만 대중에게 관심을 받습니다. 겉으로 보이는 삶보다는 보이지 않는 것들이 훨씬 더 많습니다.

만약 성공한 순간만이 하나님께 영광이 된다면 우리는 평생 몇 번이나 하나님께 영광을 드릴 수 있을까요? 영광을 받으시는 하나님의 목마름은 가뭄보다 깊을 것입니다.

진정 하나님께 영광이 되는 것은 순간순간 하나님과 동행하는 것입니다. 하나님께서는 모든 시간 속에서 영광을 받기 원하십니다. 예배 시간만이 아니라 분주하게 움직이는 모든 시간 속에서 영광을 받기 원하십니다. 그리스도인에게 의미 없는 시간이란 없습니다. 무슨 일을 하든지 하나님과 함께하는 시간은 영광의 시간입니다. 일의 소중함 여부는 하나님과 동행하느냐에 달려 있습니다.

하나님께서는 우리에게 일의 성과를 원하시지 않습니다. 하나님께서 원하시는 것은 작은 순간을 드리는 것입니다.

 주님, 오늘 하루도 하나님과 동행하는 기쁨을 누리길 소망합니다.

받은 은혜를 되새겨 보십시오

수고하고 무거운 짐 진 자들아 다 내게로 오라 내가 너희를 쉬게 하리라_마태복음 11장 28절

한결같은 은혜 아래 살면 좋으련만 그건 바람일 뿐입니다. 속절없이 넘어지는 뒤웅박 같은 신앙생활을 하고 있습니다. 늘 성령 충만하여 기쁨으로 살기 원하지만, 주님 말씀처럼 마음은 원하지만 육신이 약합니다.

자녀와도 늘 친구처럼 지내고 싶은데 마음에도 없는 잔소리와 쓴소리를 해서 서먹한 분위기를 만듭니다. 그리고 곧 후회가 밀려와서 자신을 힘들게 합니다. 언제쯤 부모 노릇을 제대로 할지 자신이 한심하기도 합니다.

자녀를 양육하다가 방향을 잃어버렸을 때 어디로 가야 할까요? 주저하지 말고 은혜가 시작된 곳으로 돌아가야 합니다. 십자가 앞으로 돌아가면 됩니다.

오늘 자신을 있게 한 말씀 앞에 다시 섭니다. 그 십자가 앞에 그냥 서 계십시오. 나를 믿음의 길로 인도했던 말씀이 다시 살아나고 은혜가 봄바람처럼 흘러올 것입니다.

지치고 넘어졌을 때 은혜가 시작된 곳으로 다시 걸어가십시오. 주님께서 기다리고 계십니다. 우리의 실패와 잘못을 묻지 않으시고 따뜻하게 안아 주실 것입니다. 주님의 음성에 다시 귀를 기울이십시오.

주님을 모르고 방황하던 그때 나를 은혜의 강가로 이끌었던 말씀을 다시 기억하십시오. 그 말씀을 묵상하며 하나님께서 주셨던 은혜를 되새겨 보십시오. 다시 시작할 힘이 날 것입니다.

주님, 오늘 기억해야 할 말씀이 무엇입니까? 지금까지 이끄신 말씀과 베푸신 은혜를 되새기는 하루 되게 하소서.

부모의 자리를 잊지 마십시오

주 안에서 택하심을 입은 루포와 그의 어머니에게 문안하라 그의 어머니는 곧 내 어머니니라_로마서 16장 13절

'부모'가 있어야 할 곳은 어디일까요? 자녀 양육에서는 무엇보다 어머니의 위치가 중요합니다. 어머니의 위치와 역할에 따라서 자녀의 삶이 달라지기도 합니다.

어느 날 세베대의 아들 야고보와 요한의 어머니가 예수님을 찾아와서 "하나는 우편에 하나는 좌편에 앉게 해 달라"고 요구했습니다.

주님을 자녀를 위한 성공의 도구로 여기는 모습입니다. 오직 자기 자녀의 성공만을 위해서 기도합니다. 더 빨리 성공하길 원해서 십자가에 매달립니다. 그랬던 어머니가 변하기 시작합니다.

예수님께서 십자가에서 고난 당하시는 것을 멀리서 지켜 보았던 어머니들은 바로 행동을 시작했습니다. 그들은 할 일이 무엇인지를 바로 알아차렸습니다. 제자들이 성령 충만을 받은 후 여러 곳으로 퍼져서 말씀을 전했듯이 어머니들도 그 역할을 했을 것입니다.

어머니들은 보이지 않는 곳에서 복음을 전파했을 것입니다. 바울이 전도 여행 중에 루스드라에서 만난 디모데도 어머니로부터 신앙 훈련을 받았습니다(행 16:1).

자식의 출세와 성공만 생각하던 어머니가 무엇이 자식을 위하는 것인지를 알게 되었습니다. 비록 드러나지 않고 특별하지 않아도 자녀를 말씀으로 다듬는 곳이 부모가 있어야 할 곳입니다. 자녀를 말씀으로 훈련하는 일이야말로 그 어떤 일보다 위대한 사명입니다. 사람들은 몰라도 주님께서 기억하십니다.

주님, 오늘 부모로서 있어야 할 곳이 어디인지 생각하고 실천하는 날이 되기를 소망합니다.

지금이라도 씨앗을 뿌려야 합니다

11
10

그 세대의 사람도 다 그 조상들에게로 돌아갔고 그 후에 일어난 다른 세대는 여호와를 알지
못하며 여호와께서 이스라엘을 위하여 행하신 일도 알지 못하였더라_사사기 2장 10절

이스라엘의 패망 원인은 국력이 약해서가 아니었습니다. 자녀에게 하나님을 가
르치지 않아 우상을 섬긴 것이 원인입니다. 가나안에 정착한 이스라엘 사람들은
자녀에게 하나님에 대해서 알려 주지 않았습니다. 광야에서 사십 년 동안 살면서
많은 하나님의 은혜를 누렸지만 그 사실들을 자녀에게 가르치지 않았습니다.

노예로 살던 사백 년과 광야에서 살던 사십 년 동안은 그들의 것이 없었습니다.
하늘에서 만나와 메추라기가 내리지 않으면 끼니조차 해결할 수 없었습니다. 그
러나 가나안 땅에서는 자신들이 땀 흘린 대가로 열매를 먹을 수 있었습니다. 힘써
서 얻은 수확은 기쁘고 감사한 것이었으나 하나님을 점차 잊어버리게 했습니다.

우리도 형편이 다르지 않습니다. 1950~70년대를 지나면서 부모 세대는 오직
끼니를 해결하기 위해 울면서 기도했습니다. 자식을 굶기지 않기 위해서 열심히
일했고 하나님께서 풍요를 주셨습니다. 이제는 더 이상 끼니를 위해서 기도하지
않아도 될 만큼 넉넉해졌습니다.

그런데 이스라엘 백성을 닮아가고 있습니다. 먹고 마시는 것이 풍성해지자 그
것을 주신 하나님에 대한 기억이 사라지고 있습니다. 하나님을 자식들에게 전해
주는 부모들이 사라지고 있습니다.

신앙 교육이 사라지고 있다는 것은 단순한 일이 아닙니다. 믿음의 후손들이 세
워지느냐 아니냐에 따라 한 나라의 흥망성쇠가 좌우되기 때문입니다. 부모가 씨
앗을 뿌리지 않는다면 후손들은 무엇을 먹고 살아야 할까요?

지금도 늦지 않았습니다. 다음 세대를 위해서 말씀의 씨앗을 뿌려야 합니다. 싹
이 나지 아니할까 열매가 맺히지 아니할까 걱정할 필요가 없습니다. 열매는 하나
님께서 맺히게 하실 것입니다.

 주님, 지금의 부모 세대가 하나님께로 돌아간 후에도 하나님께서 하셨던 놀라운 일들을
기억하는 다음 세대가 더 많아지길 소망합니다.

한 번도 가보지 않은 길

이제 여러분은 전에 한 번도 가 본 적이 없는 길을 가게 됩니다_여호수아 3장 4절, 현대인의 성경

인생은 한 번도 가 보지 않은 길을 찾아가는 일입니다. 먼저 길을 갔던 사람들이 있지만, 자신은 처음 가는 길입니다. 앞선 발자국을 따라갈지라도 미지의 세계에 대한 두려움은 여전합니다. 인생에서 반복되는 시간은 없기 때문입니다.

믿음의 길도 마찬가지입니다. 성경 속에 믿음의 선진들이 있지만 여전히 자신에게는 낯설고 떨리는 길입니다. 같은 말씀을 믿고 같은 길을 걸어가는 것 같지만 언제나 개척자의 길이고 다시 오지 않을 시간을 향하여 가고 있습니다. 말씀으로 자녀를 양육하는 일도 같습니다. 반듯하게 자란 아이의 양육 경험을 듣기도 하고, 책을 찾아보기도 하지만 여전히 자녀 양육은 처음 겪는 일입니다.

누구나 가 보지 않은 길에 대한 두려움과 걱정은 있습니다. 그런데도 분명한 것은 말씀을 따라가는 길에 대한 믿음입니다. 길을 믿는 것도 아니요 자신의 선택을 믿는 것도 아닙니다. 하나님의 말씀을 믿기 때문입니다.

이스라엘 백성들은 여호수아의 인도로 요단강을 건너갑니다. 한 번도 가 본 적이 없는 길을 갑니다. 여호수아가 담대하게 백성들을 이끌고 요단강으로 향할 수 있었던 것은 하나님께서 말씀하셨기 때문입니다. 자기 생각대로 요단강을 건널 계획을 세웠다면 두려움과 걱정에서 벗어날 수 없었을 것입니다. 누구든지 가 보지 않은 길을 가는 것은 두렵습니다. 그 두려움을 자기 생각과 능력으로는 떨쳐 낼 수 없습니다. 목적지에 대한 확신이 없기 때문입니다. 그러나 말씀을 붙잡고 가는 길은 분명하고 확실합니다.

인생의 걸음이 끝나는 곳에서 웃고 계시는 주님을 만나게 될 것입니다. 말씀으로 자란 자녀가 그 영광의 길을 따라올 것입니다.

 주님, 한 번도 가 본 적이 없는 길을 담대하게 갈 수 있는 것은 오직 주님이 계시기 때문입니다. 주님을 찬양합니다.

헛된 인생은 없습니다

우리가 알거니와 하나님을 사랑하는 자 곧 그의 뜻대로 부르심을 입은 자들에게는 모든 것이 합력하여 선을 이루느니라_로마서 8장 28절

하나님의 자녀에게 헛된 삶이란 없습니다. 의미없는 태어남은 존재하지 않습니다. 누구든지 하나님의 귀한 자녀입니다.

그런데도 가끔 자녀를 눈앞에 보이는 현상만으로 판단합니다. 그것은 하나님의 귀한 자녀를 대하는 올바른 자세가 아닙니다. 비록 부모일지라도 자녀의 존재 가치를 낮게 바라보는 것을 하나님께서는 허락하지 않으십니다.

자녀가 방황하고 있으면 부모는 걱정부터 앞섭니다. 혹 빈둥거리고 노는 일에만 신경을 쓸 때 하나님께서 저런 아이를 통해서 무슨 일을 하실까 하는 의심이 들기도 합니다.

부모의 눈으로 자녀를 보면 답답하고 안타까울 때가 많습니다. 그러나 하나님께서 세상으로 보내신 하나님의 자녀라는 것을 믿어야 합니다.

한 치의 오차도 없으신 하나님께서 자녀를 세상으로 보내셨습니다. 부모의 뱃속에 잉태되기 전부터 하나님께서 계획하시고 준비하셨습니다.

결코 하나님의 자녀는 무익한 삶을 살지 않습니다. 하나님께서 그대로 두지 않으실 것입니다. 우리는 하나님의 뜻과 계획을 알 수 없지만 신뢰할 수는 있습니다. 하나님의 신실하심을 믿기에 자녀를 믿습니다. 믿음을 가지고 주님 앞으로 나갑니다.

주님, 자녀를 선물로 주셔서 감사합니다. 자녀를 주신 뜻을 알기 원합니다. 세상으로 보내신 하나님의 뜻을 알기 원합니다. 그 뜻에 순종하는 부모 되게 하소서.

믿음의 계보가 이어지기를 소망하며

인자를 천대까지 베풀며 악과 과실과 죄를 용서하리라 그러나 벌을 면제하지는 아니하고 아버지의 악행을 자손 삼사 대까지 보응하리라_출애굽기 34장 7절

성경을 읽다 보면 부러운 역사가 있습니다. 읽기가 딱딱해서 건성으로 건너뛰는 부분이지만 곰곰이 생각해 보면 은혜가 있습니다. 바로 '누구의 삼십 대 손이요, 누구의 십육대 손이라'라고 적혀 있는 족보입니다.

이는 역사 이전에 믿음의 계보이기 때문입니다. 믿음이 삼십 대 사십 대 자손까지 흘러가는 것에 대한 부러움입니다. 믿음을 대가 끊어지지 않고 이어가게 하는 것이 재산을 이어가게 하는 것보다 훨씬 어렵기 때문입니다.

아이들이 장성하면서부터 자녀 양육에 대한 초점이 점점 흐려지고 있습니다. 그저 무난하게 탈 없이 살고 있음에 감사할 뿐입니다. 아이들이 어려서는 크고 작은 일들이 생길 때마다 기도가 일상사였는데 점점 무뎌지고 있습니다. 영적으로 예민함이 사라지고 있습니다.

머뭇거려서는 안 되는데 말입니다. 부모는 앞으로 삼사 대의 자손까지 내다보면서 자녀를 양육해야 합니다. 내 자식의 대에서 끝날 일이라면 그렇게 애쓰지 않아도 될 것입니다. 부모가 살아 있는 동안 뿌리를 튼튼하게 하지 않으면 삼사 대는 커녕 한 대도 넘기기 어렵습니다.

이런 사실을 알면서도 지금 눈앞에 있는 자녀가 무탈하니 긴장의 끈이 풀어지는가 봅니다. 삼사 대까지 믿음이 굳건하게 흘러가려면 이 세상을 떠나는 날까지 기도와 찬송의 끈을 놓아서는 안 될 것입니다. 우리 자손들이 조상의 믿음을 이어받았다고 고백하는 장면을 기대해 봅니다.

주님. 부모에게 부어 주셨던 하나님의 은혜가 삼사 대 뒤 자손까지도 이어지길 소망합니다.

'알고도'의 아픔이 있습니다

다니엘이 이 조서에 왕의 도장이 찍힌 것을 알고도 자기 집에 돌아가서는 윗방에 올라가 예루
살렘으로 향한 창문을 열고 전에 하던 대로 하루 세 번씩 무릎을 꿇고 기도하며 그의 하나님
께 감사하였더라_다니엘 6장 10절

다니엘은 자신을 향한 음모를 알고 있었습니다. 습관대로 기도할 때 자신에게 닥칠 위험에 대해서도 잘 알고 있었습니다. 기도할 때 당할 불이익과 고통을 익히 알고 있었습니다.

자녀에게 신앙 교육을 할 때 아픔이 있습니다. 그것은 솔직하게 말하지 못할 때가 있다는 것입니다. 말씀대로 세상을 살 때 직면하게 될 어려움에 대해 모두 말해 주지 못하는 경우입니다. 모순이지만 그렇습니다. 부모는 자녀가 말씀에 순종하여 승리하는 삶을 살기 원합니다.

그러나 그 삶이 어떤 삶인지에 대해서는 자세하게 말해 주지 못합니다. 정직하게 살아갈 때 당하는 불이익이 있습니다. 다른 사람들의 아픔을 나누느라 오히려 자신의 아픔을 돌보지 못할 때도 있습니다.

말씀대로 살아가려고 할 때 겪어야 하는 좌절도 있습니다. 말씀을 내려놓으면 편안한 삶을 살 수 있다는 것을 알고 있습니다. 자녀가 말씀대로 살아간다는 것은 편안한 삶이 아니라 고된 삶을 선택한다는 뜻입니다.

세상에서 말씀대로 사는 삶이 불편하고 힘겹다는 것을 알면서 그 길을 가는 것이 그리스도인의 삶입니다. 그런데도 부모의 내면에는 내 자식은 편안하게 살았으면 하는 마음이 있습니다. 그것이 잘못된 소망인 줄 알면서도 말입니다.

부모는 자녀에게 말씀대로 살아가라고 가르칠 때마다 마음 한구석이 무겁습니다. 자녀가 말씀대로 살아가려고 애쓰는 모습을 볼 때 감사하면서도 가슴이 저며 옵니다.

주님, 이미 '알면서도' 부모로서 믿음의 길을 선택하고 자녀에게 가르치게 하소서. 주님 오시는 그날을 기다리며 감사와 기쁨으로 가게 하소서.

11/15 부모를 향하신 하나님의 뜻

여호와의 말씀이니라 너희를 향한 나의 생각을 내가 아나니 평안이요 재앙이 아니니라 너희에게 미래와 희망을 주는 것이니라_예레미야 29장 11절

우리에게 일어나는 일 중에서 그 원인을 정확하게 알 수 있는 것은 그리 많지 않습니다. 우리가 원하는 길을 가고 있을지라도 그 길의 끝에 원하는 것이 있을지 확신할 수 없습니다.

예레미야는 이스라엘 백성들이 다른 나라에 포로로 끌려가서 칠십 년을 살아야 하는 것이 재앙이 아니라고 했습니다. 번영을 주고 희망을 주시는 하나님의 뜻이라고 했습니다. 백성들이 어떻게 이를 받아들일 수 있을까요?

고난이 유익이라 하지만 내게 닥치는 고난 속에서는 유익을 발견하기가 쉽지 않습니다. 자녀를 바라보는 부모의 마음도 그렇습니다. 자녀를 향하신 하나님의 뜻과 계획이 선하심을 믿습니다. 그러나 현실 앞에서는 그렇지 못합니다. 멀리 바라보고 기다리기에는 현실이 너무 급합니다.

자녀는 하나님께서 주신 선물이며 하나님의 자녀라고 분명한 고백을 합니다. 그런데도 눈앞에서 벌어지는 일들 앞에서는 그런 고백이 무용지물입니다. 왜 이런 고통을 받아야 하는가? 묻고 되물어도 돌아오는 것은 메아리뿐입니다.

그런데도 자녀를 향하신 하나님의 뜻과 계획은 변하지 않습니다. 하나님께서는 자녀에 대한 사랑을 버리지 않으십니다. 부모를 향하신 하나님의 뜻은 분명합니다. 자녀가 어떤 상황에 있을지라도 결코 사랑의 끈을 놓지 말라는 것입니다.

하나님께서 자녀를 포기하지 않는 한 부모는 자녀를 포기할 수 없습니다. 자녀에 대한 부모의 사랑을 멈출 수 없습니다. 자녀를 향하신 하나님의 선하신 뜻과 계획을 믿으십시오. 걸음을 멈추지 않고 나가는 것이 부모를 향한 하나님의 뜻입니다.

주님, 분명하게 드러난 하나님의 뜻에 순종하는 부모 되기 원합니다.

오직 주만 바라봅니다

그때 살아남은 이스라엘 민족은 여호와께서 내리시는 이슬 같고 풀잎에 내리는 단비 같을 것이
며 그들은 하나님을 의지하고 사람을 의지하지 않을 것이다_미가 5장 7절. 현대인의 성경

이스라엘의 형편은 바람 앞의 등불 같았습니다. 앗수르의 침략 앞에 놓여 있었습니다. 그런데도 나라의 지도자나 백성들은 누구 하나 정신 차리는 사람이 없었습니다. 하나같이 부패하고 우상 숭배의 길을 떠나지 않았습니다.

하나님께서는 땅이 꺼지고 하늘이 무너져 내리는 것 같은 상황 속에서도 단비를 내리시고 구원할 자를 택하십니다. 적들은 완전한 승리를 쟁취했다고 환호성을 지르지만 전쟁은 아직 시작도 하지 않았습니다. 여호와의 전쟁은 지금부터 시작입니다. 비 한 방울 내리지 않는 사막에서도 단비를 누리는 사람들이 있습니다. 오직 하나님만 바라보는 사람들입니다. 사람을 의지하지 않고 오직 하나님께 간구하는 사람들은 단비를 맛봅니다.

오직 주만 바라봅니다. 오직 하나님만 의지합니다.
더 바라볼 곳이 없습니다. 더는 의지할 곳이 없습니다.
사람을 의지했다가 무너졌습니다.
사람을 바라보다 넘어졌습니다.
주만 바라보며 다시 일어납니다.
주만 의지하며 다시 일어섭니다.

주여, 메마른 삶에 단비를 내리소서. 하나님께서 주시는 은혜로 내 삶에 다시 꽃이 피길 원합니다. 오직 주만 바라보는 삶 위에 단비를 내리소서. 하늘과 땅을 지으시고 놀라운 일을 행하시는 주님만 바라봅니다. 연약한 부모의 갈 길을 가르치소서. 그 길을 따르겠습니다.

오직 주님만 바라보는 변함없는 믿음을 주소서.

11 / 17 포기하지 않으시는 하나님

> 그러나 이스라엘 자손의 수가 바닷가의 모래같이 되어서 헤아릴 수도 없고 셀 수도 없을 것이
> 며 전에 그들에게 이르기를 너희는 내 백성이 아니라 한 그곳에서 그들에게 이르기를 너희는
> 살아 계신 하나님의 아들이라 할 것이라_호세아 1장 10절

하나님께서는 호세아 선지자에게 음란한 여자와 결혼하여 자식을 낳으라고 하셨습니다. 아들을 낳았는데 이름도 '하나님의 흩어진 자'란 뜻을 가진 '이스르엘'이라고 짓게 하셨습니다. 딸의 이름은 '사랑받지 못한 자'라는 뜻을 가진 '로루하마'라고 지었습니다. 셋째는 아들이었고 '내 백성이 아니다. 나는 너희 하나님이되지 않을 것이다.'라는 뜻을 가진 '로암미'라고 지었습니다.

세 아이의 아버지가 된 호세아의 처지를 생각해 봅니다. 마음이 얼마나 아팠을까요? 이스라엘의 신앙 공동체에서 '나는 하나님의 백성이 아니다.'라는 이름을 가지고 살아간다는 것은 매우 큰 고통이었을 것입니다. 그렇다면 하나님의 마음은 어떠셨을까요? 자신의 백성에게 이제는 내 백성이 아니라고 하시는 말씀이 진심이실까요? 공동체로부터 손가락질당하는 호세아의 입장은 안중에도 없는 걸까요?

그렇지 않습니다. 이스라엘 백성들이 하나님의 사랑을 외면하고 우상을 사랑하자 "이제부터는 너희는 내 백성이 아니다."라고 화를 내십니다. 다시는 안 볼 것처럼 말씀하십니다. 그러나 그 이면에는 헤아릴 수 없는 하나님의 안타까움이 묻어납니다. 끝까지 사랑할 수밖에 없는 처절함이 드러납니다.

하나님께서는 순결치 못한 이스라엘 백성들을 포기하지 않으셨습니다. 마찬가지로 우리를 포기하지 않으십니다. 자녀에 대한 하나님의 사랑도 마찬가지입니다.

하나님께서 자녀를 포기하지 않으시는 이상 부모도 자녀를 포기할 수 없습니다. 속썩이는 자녀를 외면하고 싶을 때도 있지만 하나님의 사랑을 생각하면 그럴 수 없습니다.

 오늘도 그 열매를 기대하며 자녀를 사랑하는 부모가 되길 소망합니다.

결과를 예단하지 마십시오

이는 하늘이 땅보다 높음 같이 내 길은 너희의 길보다 높으며 내 생각은 너희의 생각보다 높음이니라_이사야 55장 9절

사람은 지혜로워서 미래를 예측할 수도 있고 결과를 생각하며 자신의 행동을 결정할 수도 있습니다. 그러나 아무리 지혜롭다고 해도 한계가 있습니다. 오히려 잘못된 계산이 엉뚱한 결과를 가져올 수도 있습니다.

아브라함은 자신의 몸에서 후손이 태어날 것을 기다리지 못하고 종과 결혼을 하였습니다. 그러나 하나님께서는 그에게 이삭을 허락하셨습니다. 사울은 사무엘을 기다리지 못하고 자기 생각대로 제사를 드렸습니다. 나오미의 가족들은 베들레헴을 떠나서 모압으로 갔지만, 오히려 비참한 형편을 맞이했습니다.

하나님께서 하시는 일에 사람이 그 결과를 함부로 예단하는 것은 어리석은 일입니다. 특히 부모라고 할지라도 자녀의 앞날에 대해서 예단하지 마십시오. 부모의 계획이 아무리 뛰어나도 하나님의 계획에 미치지 못합니다.

부모의 자식 사랑이 아무리 클지라도 하나님의 사랑에 미치지 못합니다. 부모는 현재 모습을 보고 앞날을 예측합니다. 그러나 하나님께서는 자녀에게 더 큰 꿈과 그것을 이루기 위한 계획들을 가지고 계십니다.

실패한 삶을 살았던 나오미가 다윗 왕조의 선조가 될 줄은 누구도 예상하지 못했습니다. 이것은 시간과 시대를 뛰어넘는 하나님의 계획과 뜻이기에 사람은 결코 알 수 없는 일입니다.

눈앞에 보이는 자녀의 모습 때문에 절대 실망하지 마십시오. 또한 함부로 해서도 안 됩니다. 현실은 답답하고 캄캄할지라도 하나님의 선하신 뜻을 믿고 기다려야 합니다. 하나님께서 자녀를 선물로 주실 때 이미 훌륭한 계획을 세우셨습니다.

주님, 지금 필요한 것은 자녀의 앞날을 예단하는 것이 아닙니다. 믿음으로 기다리는 것입니다. 자녀와 함께 있음에 감사하고 찬양과 기도의 자리로 나가게 하소서.

기다림이 깊어질수록

만일 우리가 보지 못하는 것을 바라면 참음으로 기다릴지니라_로마서 8장 25절

기다림은 사람을 설레게 합니다. 기대감 때문입니다. 그러나 기다림이 길어질 때 지루하고 마음이 조급해집니다. 기다림의 끝에 있는 결과가 보이지 않기 때문입니다.

기다림이 길어질수록 기대가 사라지고 모든 것들이 흐트러집니다. 기다림의 설렘에서 소망이 사라집니다. 무엇을 기다리고 있었는지조차 잊어버리게 됩니다.

그러나 기다리지 않고 맛볼 수 있는 열매는 없습니다. 특히 자녀를 둔 부모에게 기다림은 축복의 시간입니다. 언제 끝날지 모르는 터널을 지나고 있지만, 오히려 부모가 성숙해지고 소망으로 충만해지는 시간입니다.

오랜 기다림으로 지치고 낙심될 때 오히려 기대에 대한 확신은 더욱 커지며 소망은 더욱 튼튼해집니다. 우리의 마음을 살피시는 성령님이 말할 수 없는 탄식으로 우리를 위해 기도해 주십니다(롬 8:26).

혼자서 기다리는 것 같으나 혼자가 아닙니다. 우리의 연약함을 도우시는 성령님이 함께 계십니다. 보이는 것을 기다리는 것은 기다림이 아닙니다. 아는 것을 기다리는 것은 기다림이 아닙니다.

기다림에 지쳐서 소망조차 사라질 때 우리의 절망과 고통을 성령님이 아시고 기대에 대한 확신을 더욱 크게 만들어 주십니다. 자녀에 대해 기다림이 길어진다고 절대 낙심하지 마십시오.

기다림이 길어지고 깊어질수록 더욱 성숙해집니다. 자녀에 대한 기대와 소망이 충만하여 기쁨으로 가득한 날이 되기를 소망합니다.

주님, 조급함으로 기다리지 않게 하시고 믿음으로 끝까지 기다리게 하소서.

희망이 사라질 때

아브라함이 바랄 수 없는 중에 바라고 믿었으니 이는 네 후손이 이같으리라 하신 말씀대로 많은 민족의 조상이 되게 하려 하심이라_로마서 4장 18절

인생을 살다 보면 내 뜻대로 되는 게 없음을 깨달을 때가 있습니다. 온 힘을 쏟고 노력했지만 모든 것이 수포가 되기도 합니다. 차라리 아무것도 하지 않았더라면 하는 후회가 밀려옵니다.

나오미는 베들레헴의 흉년을 피해 이방 땅으로 가서 자식들을 결혼까지 시켰습니다. 그러나 결국에는 과부가 된 며느리 한 명만 데리고 고향으로 돌아왔습니다.

자식을 키우다 보면 이런 일들을 종종 만나게 됩니다. 자식에게 유익한 것이라면 물불을 가리지 않습니다. '너 하나만은'이란 생각으로 부모는 모든 것을 참으면서 자식을 키웁니다. 오로지 자녀가 번듯하게 자라는 것만 기다리며 고통과 어려움을 견뎌 냅니다.

그런데도 자식은 부모의 뜻과는 달리 점점 엇나가기만 합니다. 몸과 마음이 지칩니다. 모든 것에서 떠나고 싶은 마음입니다. 그동안 희생했던 자신이 원망스럽기까지 합니다.

하나님이 계시기나 한지 묻고 싶습니다. 관심이 없으신 듯한 하나님이 야속하기도 합니다. 그렇더라도 잊지 말아야 할 것이 있습니다. 여전히 하나님께서는 우리와 함께하고 계십니다. 인생의 시작과 끝을 알고 살아가는 사람은 없습니다. 인생의 시작과 끝을 같이 지켜 보시는 분은 하나님밖에 없습니다. 우리가 가는 길은 천국의 삶을 준비하는 과정일 뿐입니다. 실패와 연약함은 천국을 준비하는 여정입니다.

예수 그리스도께서 우리의 여정에 함께하고 계십니다. 소망이 끊어지고 희망이 사라졌나요? 이미 희생 제물이 되신 주님께서 우리를 다시 살리실 것입니다.

 주님, 부모의 눈에는 희망이 사라진 것 같습니다. 그러나 주님께서는 소망의 불씨를 끄지 않으심을 믿습니다.

11
21

부모의 책임은 어디까지일까요?

집사들은 한 아내의 남편이 되어 자녀와 자기 집을 잘 다스리는 자일지니_디모데전서 3장
12절

하나님께서는 자녀를 부모에게 선물로 주시고 청지기의 역할을 맡기셨습니다. 그런데 자녀를 키우다 보면 궁금한 것이 있습니다. 청지기인 부모가 어디까지 책임을 져야 하는가 하는 문제입니다. 성경은 그 역할의 범위를 정해 놓지 않았습니다.

부모도 사람이기 때문에 능력에 한계가 있습니다. 곧 능력 밖의 일까지 책임지려는 것은 어리석습니다. 그러나 부모의 책임이 분명한 것은 최선을 다해야 합니다. 모든 사람은 부패한 죄성을 가지고 태어납니다(시 51:5). 이는 부모가 어찌할 수 없는 문제입니다. 그러나 자녀가 죄를 미워하고 죄에서 멀어지도록 가르치는 것은 부모의 책임입니다. 아무리 능력이 뛰어난 사람이라도 자녀를 구원할 수는 없습니다. 구원의 길은 오직 예수 그리스도께만 있습니다. 그러므로 부모는 그 길을 안내해야 합니다.

구원받은 하나님의 자녀가 살아가는 법을 삶으로 보여 주며 가르치는 것은 부모의 책임입니다. 죄의 길을 택하거나 이웃에게 해를 끼치는 일에 대해서 부모의 책임이 없다고 할 수 없습니다.

자녀의 기질은 타고나는 경향이 많습니다. 그러나 성품은 교육과 훈련을 통해서 다듬어집니다. 자신이 하고 싶은 대로 하게 내버려 두면 안됩니다. 참고 양보하고 이해하고 감사를 표현하도록 가르치는 것이 부모의 할 일입니다.

부모가 자녀의 인생을 책임질 수 없지만, 자녀가 살아가는 방식에 대해서는 책임을 벗어날 수 없습니다.

 주님, 말씀과 기도를 가르치게 하소서. 하나님을 경외하는 삶을 살아가도록 인도하는 부모 되게 하소서.

과거에 발목 잡히지 마십시오

그런즉 누구든지 그리스도 안에 있으면 새로운 피조물이라 이전 것은 지나갔으니 보라 새 것
이 되었도다_고린도후서 5장 17절

한 해가 저물어가고 있습니다. 시간은 멈추지도 않고 되돌릴 수도 없습니다. 누구나 과거가 있습니다. 화려하고 아름다웠던 것도, 고통스러웠던 것도 지나가면 과거입니다. 내용이 다를지라도 '과거'라는 틀은 같습니다.

과거가 무의미한 것은 아닙니다. 과거의 시간에 따라 미래도 달라집니다. 개인뿐 아니라 국가나 단체들도 마찬가지입니다. 역사나 계보, 전통, 이력과 경력 등이 이에 속합니다.

과거가 소중한 것임에는 틀림없습니다. 그러나 아무리 소중한 과거라도 현재의 발목을 잡고 있다면 문제입니다. 발목을 잡는 과거는 결코 도움이 되지 않기 때문입니다. 설령 그것이 오늘을 있게 한 과거일지라도 말입니다.

발목을 잡는 과거는 현재를 미래로 나가지 못하게 할 뿐더러 결국은 과거의 아름다운 기억까지도 파괴하고 맙니다. 과거를 오늘의 거울로 삼는 일은 필요합니다. 그러나 그것이 지나쳐서 과거에만 집착하는 것은 옳지 않습니다.

그리스도인은 날마다 새롭게 태어납니다. 하나님께서는 어제나 오늘이나 같으시지만 우리는 날마다 새롭게 태어나는 삶을 살고 있습니다. 그러므로 과거에 발목 잡혀 있다는 것은 사탄을 이롭게 하는 일입니다. 우리가 새로운 삶을 살지 못하도록 방해받고 있는 것입니다.

과거는 우리를 새롭게 하지 못합니다. 우리를 새롭게 하는 것은 오직 예수 그리스도뿐입니다. 어떤 사람이든지, 어떤 과거를 가졌든지 예수 그리스도 안에 있을 때 새롭게 태어날 수 있습니다.

 주님, 과거에 집착하지 않고 예수 그리스도와 함께 미래를 향해 나가는 아름다운 발걸음이 되기를 소망합니다.

357

기다림은 때를 준비하는 것입니다

하나님이 모든 것을 지으시되 때를 따라 아름답게 하셨고 또 사람들에게는 영원을 사모하는 마음을 주셨느니라 그러나 하나님이 하시는 일의 시종을 사람으로 측량할 수 없게 하셨도다_
전도서 3장 11절

씨앗을 뿌린 후 제일 답답할 때가 씨앗이 땅속에 있을 때입니다. 씨앗은 흙에 덮여 보이지 않고 어떤 상태인지조차 알 수 없기 때문입니다. 그렇다고 매일 흙을 파 본다면 씨앗은 말라버릴 것입니다. 싹을 틔울 수 없을 것입니다. 흙에 수분이 적당하고 씨앗이 건강하다면 싹이 올라올 때까지 기다려야 합니다.

자녀는 흙속에 심긴 씨앗과 같습니다. 흙속에서 새싹을 준비하고 있는 씨앗입니다. 언젠가는 흙을 비집고 올라와서 무럭무럭 자랄 씨앗입니다. 그런데 부모는 기다리지 못합니다. 수시로 흙을 파 보고 물을 주고 또 주곤 합니다. 씨앗이 움트는 시간을 주지 않습니다.

부모가 자녀를 기다리는 것은 결코 헛된 시간이 아닙니다. 자녀에게는 움트는 시간이 필요하고 부모도 새싹을 기를 준비가 필요합니다. 아무리 좋은 씨앗이라도 기다림이 있어야 새싹이 올라옵니다. 그 시간을 기다리지 못하면 싹을 틔우는 것을 볼 수 없습니다.

땅에 뿌려진 씨앗은 하나님의 때에 맞게 싹을 틔울 것입니다. 하나님께서 보시기에 아름다운 날에 꽃이 피고 열매를 맺게 될 것입니다. 수시로 땅을 헤집는 일은 하나님의 때를 인정하지 않는 불순종입니다. 하나님의 일하심을 인정하지 못하는 불신앙입니다.

새싹을 기다리며 답답해하지 말고 부모가 할 수 있는 일을 준비하십시오. 기다림이 기도로 변하고 답답함이 찬양으로 바뀌어 갈 때 새싹을 보게 될 것입니다. 부모의 기다리지 못함으로 인해 자녀의 때를 놓치지 마십시오. 부모가 자녀를 기다리는 시간은 헛된 시간이 아닙니다.

하나님의 때와 하나님께서 하실 일을 기대하며 준비하는 부모 되게 하소서.

열매는 부모의 것이 아닙니다

그런즉 심는 이나 물 주는 이는 아무것도 아니로되 오직 자라게 하시는 이는 하나님뿐이니라_고린도전서 3장 7절

씨를 뿌리면서 열매를 기대하지 않는 사람은 없습니다. 무더운 여름에 땀을 흘리는 농부는 가을에 풍성한 열매를 기대합니다. 뿌리고 가꾸는 수고가 있었다면 기쁨의 열매를 기대할 수 있습니다(시 126:6).

부모가 자식을 키울 때도 성장의 기쁨을 기대합니다. 진자리 마른자리 갈아 누이는 것은 풍성한 열매가 맺힐 것을 믿기 때문입니다. 하나님께서는 '자녀'라는 씨앗을 선물로 주셨습니다. 그 씨앗을 밭에 심고 가꾸는 것은 부모의 몫입니다.

부모는 자녀를 돌보고 가르치는 일에 최선을 다해야 합니다. 그러나 자라고 열매 맺게 하는 것은 하나님께서 하실 일입니다. 오직 하나님만이 열매를 맺게 하십니다. 그러므로 열매를 취하시는 분도 하나님이십니다.

물론 물을 주는 노력이 필요합니다. 그러나 물을 주는 것만으로 씨앗에서 열매가 맺히지는 않습니다. 열매를 알 수 있는 분도 오직 하나님뿐이십니다. 심는 씨앗이 몇 개인지는 알 수 있으나 그 열매가 얼마나 될지는 알 수 없습니다.

부모가 열매를 취할 생각으로 자녀를 키우면 탐욕이 스며듭니다. 자녀에 대한 소유욕이 생깁니다. 자녀를 부모의 생각대로 키우고 싶어 집니다. 하나님의 뜻과 전혀 다른 방법으로 자녀를 양육합니다.

이런 양육 방법은 열매를 얻는 즐거움을 누리지 못하게 합니다. 오히려 부모와 자녀의 삶을 피폐하게 할 뿐입니다. 자녀에게 맺힐 열매를 오로지 하나님께 맡기십시오. 하나님께서 부모의 기대보다 더 풍성한 열매를 준비하고 계십니다. 열매를 수확하는 잔치에 부모는 초대받을 것입니다.

열심히 물을 주고 땀을 흘린 수고에 대한 상을 받을 것입니다(고전 3:8). 열매를 취하는 기쁨을 온전히 누리게 될 것입니다.

주님, 오늘도 하나님께서 맡겨 주신 자녀를 위해서 온 힘을 다합니다. 그러나 그 열매 맺힘은 온전히 하나님께 맡깁니다.

부모가 있어야 할 자리

내 아버지여 만일 할 만하시거든 이 잔을 내게서 지나가게 하옵소서 그러나 나의 원대로 마시
옵고 아버지의 원대로 하옵소서_마태복음 26장 39절

고난과 고통을 즐거움으로 생각하는 사람은 없습니다. 누구든지 다가올 환난을 알고 있다면 어떻게든 피하려고 애를 쓸 것입니다. 예수님도 그러셨습니다.

십자가를 앞에 두고 그 마음을 제자들에게 말씀하셨습니다. "지금 내 마음이 괴로워 죽을 지경이다." 그러면서 잠들지 말고 "나와 함께 깨어 있으라"(마 26:38) 하셨습니다. 십자가를 피하고 싶은 마음을 하늘 아버지께 기도하셨습니다. 십자가의 고통이 얼마나 큰지 알고 계셨기 때문입니다.

그러나 예수님께서는 하늘 아버지의 뜻에 순종하셨습니다. 고통의 잔을 피하지 않겠다고 하셨습니다. 예수님께서는 '마음이 괴로워 죽을 지경'임에도 어떻게 하나님의 뜻에 순종할 수 있었을까요? 인간의 의지와 뜻이 아닙니다. 인간의 힘과 의지가 약함을 아셨기에 예수님께서는 '땅에 엎드려' 기도하셨습니다. 기도가 아니라면 고난의 잔을 마실 수 없으셨습니다.

내 손에 있는 고난의 잔을 바라봅니다. 작은 것이든 큰 것이든 두렵고 떨리기는 마찬가지입니다. 피해갈 수만 있다면 그렇게 되기를 간절히 기도합니다.

자녀가 잔잔한 호수 같은 삶을 살기 원합니다. 자녀의 인생이 구름 한 점 없는 가을 하늘 같기를 소망합니다. 그런데 크고 작은 걱정거리가 끊이지 않습니다. 원하지 않는 고난이 부모 앞에 닥칩니다.

부모 마음대로 되지 않는 자식 앞에 낙심합니다. 정답이 없는 문제를 안고 어디로 가야 할까요? '마음이 괴로워 죽을 지경'일 때 엎드려 기도하셨던 예수님 앞으로 가야 합니다. 예수님이 엎드리셨던 그 자리로 나가야 합니다. 문제가 해결되고 안 되고는 그 다음의 일입니다. 기도의 자리로 가는 일이 먼저입니다.

주님, 내 뜻과 힘으로 해결하려던 마음을 내려놓게 하시니 감사합니다.

부모를 정결케 하는 고난

보라 내가 너를 연단하였으나 은처럼 하지 아니하고 너를 고난의 풀무 불에서 택하였노라_이
사야 48장 10절

자녀를 힘들게 키우기 원하는 부모는 없습니다. 그런데도 평탄하게 자녀를 키웠다는 부모를 찾아보기 힘듭니다. 특히 믿음으로 자녀를 양육하고자 할수록 고난의 삶을 살아갑니다.

어쩌면 부모는 자녀를 잉태하는 순간부터 고난의 풀무 불 속으로 들어가는 것과 같습니다. 돌아보니 자녀로 인한 기쁨도 많았지만 숨겨진 고난의 과정도 길었습니다.

하나님께서는 왜 부모에게 고난의 길을 허락하시는 걸까요? 편안하고 걱정 없이 자녀를 키우면 안 되는 것일까요? 그것은 부모를 정결하게 하고 그 정결함으로 자녀를 양육하기 바라시는 하나님의 마음 때문입니다.

풀무 불 속에서는 무엇이든지 녹아서 사라지지만 순금은 오히려 드러나게 됩니다. 자녀로 인하여 고난을 받는 부모는 내면에 있는 찌꺼기들이 걸러지게 됩니다. 까닭 모르는 분노, 비난과 원망, 자신만을 생각하는 이기심 등이 고난의 풀무 불 속에서 녹아 사라지게 됩니다. 그리고 흔들리지 않는 순결한 믿음만이 남게 됩니다.

고난을 겪는다고 해서 누구나 깨닫는 것은 아닙니다. 미련한 부모는 깨닫지 못하며 오직 지혜 있는 부모만이 깨닫게 됩니다(단 12:10). 그런데도 고난을 원하는 부모는 없습니다. 그러나 고난을 이겨 낸 부모는 자녀로 인하여 의와 평강의 열매가 맺히는 것을 보게 될 것입니다(히 12:11).

고난의 풀무 불이 부모를 성숙하게 하고 부모답게 만들어 갑니다. 자녀로 인하여 받는 고난은 반드시 끝이 있습니다. 또한 부모 혼자서 겪는 고난이 아니라 하나님께서 함께하십니다.

주님, 오늘 연단의 풀무 불 속에 있더라도 낙심하지 않게 하소서. 오직 하나님께서 원하시는 부모의 자리에 이르기를 간절히 소망합니다.

삶을 풍요롭게 하는 것

11
27

하나님의 어리석음이 사람보다 지혜롭고 하나님의 약하심이 사람보다 강하니라_고린도전서
1장 25절

부모는 자녀가 똑똑하기를 바랍니다. 자녀가 똑똑하기를 바라는 부모의 마음속에는 무엇이 숨어 있을까요? 사람이 똑똑해야 더 많은 물질을 누리며 행복하게 살수 있다는 마음이 있습니다. 그런데 정말 똑똑하면 삶이 행복할까요?

행복은 지식의 많고 적음과 상관이 없습니다. 삶을 풍요롭게 하는 것은 지식이 아닙니다. 오감을 통해서 희로애락을 적절하게 나타내는 것이 중요합니다. 슬픈 일을 당하면 슬퍼하고, 기쁜 일을 만나면 기뻐하고, 아름다운 것들을 보면 감탄하는 것입니다. 슬픔을 아는 사람이 다른 사람의 슬픔을 위로할 수 있고, 기쁨을 누릴 줄 아는 사람이 다른 사람의 기쁜 일을 내 일처럼 좋아하며, 아름다움을 아는 사람이 모든 일에 감사로 반응하게 됩니다. 이런 것들이 우리의 삶을 풍요롭게 하고 행복하게 합니다.

이런 사람들은 하나님과의 관계도 풍요롭습니다. 삶에서 만나는 희로애락을 통해서 하나님의 존재를 인식하며 살아갑니다. 이것이 진정한 삶의 행복입니다.

자녀가 행복하고 풍요로운 삶을 살기를 바란다면 지식을 가르치기 전에 오감을 누리고 표현하는 법을 가르쳐야 합니다. 그렇다면 이를 위해 어떤 교육이 좋을까요? 자연과 가깝게 지내고 감정을 잘 표현할 수 있도록 이끌어 주는 것입니다. 그리고 무엇보다 중요한 것은 성경을 읽어 주는 것입니다.

성경은 오감을 통해서 하나님을 만나도록 하는 최고의 길잡이입니다. 하나님도 우리처럼 슬퍼하시고 기뻐하시며, 화를 내시고 살아 계신다는 것을 느끼게 하는 것이 최고의 교육입니다.

언제나 하나님이 사람보다 지혜롭고 현명하시다는 것을 기억하는 부모가 되길 소망합니다.

어리석은 자녀는 부모의 책임입니다

그러므로 어리석은 자가 되지 말고 오직 주의 뜻이 무엇인가 이해하라_에베소서 5장 17절

세상의 어느 부모가 어리석은 자녀를 바라겠습니까? 어리석다는 것은 생각이나 행동이 슬기롭지 못하고 둔한 것이고, 그런 자녀를 원하는 부모는 아무도 없습니다. 그런데도 어리석고 미련한 자녀가 있습니다.

성경은 어리석은 사람에 대해서 이렇게 말씀하고 있습니다.

어리석은 사람은 다른 사람을 비방하며(민 12:11), 다른 사람의 생명을 귀하게 여기지 않고(삼상 26:21), 그의 마음에 이르기를 하나님이 없다 하며(시 14:1), 자신의 행동을 살피지 못하고 뜬 말도 쉽게 믿으며(잠 14:15), 작은 화도 다스리지 못하고 그대로 드러내며(잠 29:11), 악한 것을 생각하며 굶주린 이웃을 돌아보지 않고(사 32:6), 하나님을 알지 못하며(렘 4:22), 자신이 어리석은 짓을 해도 그것이 어리석은 것인지를 알지 못한다고 했습니다.

부모를 속상하게 하고 다른 사람들까지 눈살을 찌푸리게 하는 행동이 어리석은 짓입니다. 이렇듯 어리석은 자녀는 왜 생기는 것일까요? 올바른 가르침을 받지 못해서입니다. 자기 생각이나 행동이 어리석다는 것을 깨닫지 못하기 때문입니다.

부모가 어리석은 자녀를 만들었습니다. 어리석음에 대해서 가르치지 않았기 때문입니다. 어떤 것이 슬기롭고 현명한 것인지 보여주지 않았고 자녀에게 배울 기회를 제공하지 않았습니다.

슬기로움에 대해서 배우지 못했으니 슬기롭게 행동할 수 없습니다. 현명한 행동을 보지 못했으니 현명하게 행동할 수 없습니다. 그러니 재산을 물려주려고 애쓰기보다 어리석은 자녀가 되지 않도록 가르쳐야 합니다.

주님, 자녀에게 들려주는 하나님의 말씀이 자녀를 슬기롭게 함을 믿습니다.

11
29

사랑의 깊이가 다릅니다

나의 힘이신 여호와여 내가 주를 사랑하나이다_시편 18편 1절

　사랑의 힘은 위대합니다. 사랑을 위하여 목숨을 내어놓기도 하고 모든 것을 포기하기도 합니다. 인류 역사에서 사랑만큼 숭고한 것은 없습니다. 동서고금과 남녀노소를 합하여 '사랑'이란 말보다 더 큰 공통분모는 없습니다. 사랑은 인간이 추구하는 최고의 가치임에 틀림없습니다.

　사랑은 모양이 같아 보일지 모르나 크기도 다르고 깊이도 다릅니다. 사랑의 크기와 깊이가 다르다는 것은 사랑이 영원하지 않다는 것을 뜻합니다. 인간은 한정된 시간을 살기 때문에 결국 인간의 사랑에는 끝이 있습니다. 인간의 사랑이 영원하다는 것은 관념에 지나지 않습니다.

　남녀가 서로 사랑하여 목숨까지 내어줄지언정 그 사랑에는 반드시 끝이 있습니다. 부모가 자식을 사랑하여 모든 것을 포기해도 그 사랑에는 마침이 있습니다. 부모의 사랑이 위대한 것이 맞지만 그 크기와 끝은 드러나고야 맙니다. 부모가 자녀를 사랑하는 데는 한계가 있습니다. 그러나 부모로서는 그 한계를 인정하고 싶어 하지 않습니다. 부모는 자녀에게 영원한 사랑을 주고 싶기 때문입니다.

　하지만 영원한 사랑은 하나님의 사랑밖에 없습니다. 깊이를 측량할 수 없고 크기를 헤아릴 수 없고 끝을 알 수 없는 사랑은 하나님의 사랑뿐입니다. 시공간의 제한을 받지 않는 영원한 사랑은 오직 하나님의 사랑뿐입니다.

　부모가 자녀의 곁을 떠나도 영원히 남아 있는 것은 부모의 사랑이 아니라 하나님의 사랑입니다. 자녀와 끝까지 함께하는 것은 하나님의 사랑입니다.

주님, 태초부터 영원까지 존재하는 하나님의 사랑에 자녀를 맡깁니다.

하나님의 영광을 가로채지 마십시오

11 / 30

> 그런즉 너희가 먹든지 마시든지 무엇을 하든지 다 하나님의 영광을 위하여 하라_고린도전서 10:31

무엇이 하나님의 영광일까요? 하나님의 영광은 '하나님 자체, 본성'을 말합니다. 곧, '하나님'과 같다는 것입니다. 하나님의 임재입니다. 성경에는 하나님의 임재 모습이 다양하게 기록되어 있습니다. 그런데 세상에서 사용하는 '영광'은 '성공'이란 단어로 요약할 수 있습니다.

그렇다면 '하나님의 영광을 위하여 하라.'라는 말은 무슨 뜻일까요? 그것은 우리의 삶 속에서 온전히 하나님의 주권을 인정하는 것이며 하나님의 자녀로서 복음에 합당한 삶을 사는 것을 말합니다. 그런데 '하나님의 영광'에 대해 크게 오해하는 부분이 있습니다. 우리는 '하라' 곧 사람의 행동(do)에 초점을 둡니다. 사업을 열심히 해서 성공한 결과를 하나님께 드리고, 공부를 열심히 하여 성공한 결과를 하나님께 드리는 등 어떤 것을 이루어서 하나님께 드린다고 생각합니다.

그러나 '영광'은 사람이 만들 수 있는 것이 아닙니다.

"아버지, 때가 왔습니다. 아들이 아버지께 영광을 돌릴 수 있도록 이 아들을 영광스럽게 하소서"(요 17:1). 예수님조차 하늘 아버지께 영광을 돌릴 수 있는 것은 하나님께서 영광을 주셔야 할 수 있다고 하셨습니다.

그러므로 '하나님의 영광을 위하여'에서 우리가 할 수 있는 것은 없습니다. 우리의 모든 삶에 하나님의 주권을 인정해야만 합니다. 부모가 자녀에게 '하나님의 영광을 위하여'라는 말을 내세워서 공부를 강요하는 것은 겁박입니다.

부모가 자녀에게 성공만 원하는 것은 부모의 욕심이지 하나님과는 상관이 없는 일입니다. 이루고 싶은 성과나 성공을 "하나님의 영광을 위하여"라고 포장하는 것은 오히려 하나님의 영광을 가로채는 일입니다.

주님, 자녀를 성공하게 하고 싶은 욕심으로 자녀에게 무거운 짐을 지게 한 것을 회개합니다. 성령님께서 주시는 능력으로 하나님을 기쁘시게 하는 부모와 자녀 되게 하소서.

12월

하나님의 때를 기다리십시오

하나님의 때를 기다리십시오

너희는 두려워하지 말고 가만히 서서 여호와께서 오늘 너희를 위하여 행하시는 구원을 보라_
출애굽기 14장 13절

"차라리 이집트 사람을 섬기며 사는 게 낫겠다."

이스라엘 백성들은 건널 수 없는 바다와 추격해 오는 이집트 군대를 보고 두려움과 공포에 떨었습니다. 그들은 불평 불만을 쏟아 냈습니다.

우리도 종종 이런 상황과 맞닥뜨립니다. 특히 자녀를 키우면서 부딪히는 상황은 입을 다물지 못하게 합니다. 오직 믿음으로 힘든 길을 지나왔는데 오히려 더 나빠진 상황에 처하기도 합니다.

도저히 탈출구가 없어 보이는 상황을 회피하고 싶습니다. 불평과 원망이 저절로 나옵니다. 그런 우리를 향해서 하나님께서 말씀하십니다. "두려워하지 말고 가만히 서서 보라." 자녀에게 이해할 수도 없고 받아들일 수도 없는 일이 생길지라도 두려워하지 말라는 것입니다.

하나님을 떠난 곳에서 만나는 것은 우상입니다. 하나님을 떠나서는 결코 선한 해결책이 나오지 않습니다. '가만히 서서'라는 것은 주님을 온전히 신뢰하는 것입니다. 살아 계신 하나님의 능력을 믿는 것입니다. 십자가 앞에 가만히 서서 자녀를 바라보십시오. 하나님께서 이미 자녀의 삶 가운데서 일하고 계심을 보게 될 것입니다.

문제에 집중하면 하나님의 때를 알지 못합니다. 말씀과 기도로 묵묵히 길을 갈 때 하나님께서 앞서서 일하심을 보게 될 것입니다. 자녀에게 내린 하나님의 은혜를 알게 될 것입니다.

 오늘 자녀를 향한 불평과 원망을 버리기 원합니다. 가만히 서서 자녀를 위하여 일하시는 하나님을 만나게 하소서.

우리가 소망을 두어야 할 곳은

우리가 가진 이 희망은 영혼의 닻과 같아서 튼튼하고 안전하여 휘장 안에 있는 지성소에 들어 갑니다_히브리서 6장 19절, 현대인의 성경

인생은 넓은 바다에 떠 있는 돛단배와 같습니다. 바람과 파도가 없이 잔잔할 때도 바다 깊은 곳에는 소용돌이치는 흐름이 있습니다.

고요한 바다를 지나 항구에 도달하면 좋으련만 바다는 돛단배를 그냥 두지 않습니다. 때로는 돛이 부러지기도 하고 바닷물이 배에 들이칠 때도 있습니다.

자녀를 키우는 것도 하나님의 품인 항구를 향해서 가는 것과 같습니다. 부모는 안타깝기만 합니다. 배를 잡아 주고 싶습니다. 어떤 폭풍에도 흔들리지 않도록 닻이 되고 싶습니다.

재물로 권력과 명예로 자녀가 탄 돛단배를 지켜 주려고 합니다. 그러나 그것은 헛된 일입니다. 그 어떤 것도 배를 안전하게 지켜 주지 못합니다. 파도보다 높은 담을 쌓아도 돛단배를 향한 풍랑을 막을 수는 없습니다.

돛단배는 어떤 풍랑에도 흔들리지 않고 안전하게 갈 수 있는 닻이 필요합니다. 그 소망의 닻은 하나님이 계신 지성소입니다. 하나님의 말씀입니다. 하나님의 임재가 계신 예배와 하나님께 드리는 찬양입니다. 우리 영혼의 닻이 내려져 있는 곳에 소망을 두어야 합니다.

하나님께서 계신 곳에 닻을 내리고 가는 항해는 비바람이 불고 폭풍이 몰아쳐도 방향을 잃지 않습니다. 자녀가 탄 돛단배가 하나님께서 계신 곳에 닻을 내리기를 소망합니다.

주님, 오늘도 찬양과 기도로 나아가기 원합니다. '하나님의 항구'를 향해 기쁨으로 달려가게 하시니 감사합니다.

오직 하나님을 위하여

12
03

내가 내 몸을 쳐 복종하게 함은 내가 남에게 전파한 후에 자신이 도리어 버림을 당할까 두려
워함이로다_고린도전서 9장 27절

"사십에서 하나 감한 매를 다섯 번 맞았으며 세 번 태장으로 맞고 한 번 돌로 맞
고 세 번 파선하고 일 주야를 깊은 바다에서 지냈으며…… 수고하며 애쓰고 여러
번 자지 못하고 주리며 목마르고 여러 번 굶고 춥고 헐벗었노라"(고전 11:24~27).

다메섹으로 가다 주님을 만난 바울은 자신의 삶을 이렇게 고백했습니다. 그런
데도 심판 날에 하나님 앞에서 설 것을 두려워했습니다. 최선을 다해서 복음을 전
하지 못했음을 안타까워했습니다.

자식을 키울 때도 바울 같은 두려움이 있습니다. 자식을 위해 큰 노력을 기울였
습니다. 자식 일이라면 아까운 것이 없습니다. 자식이 잘된다면 바울과 같은 고난
도 기꺼이 감당하리라는 마음으로 살았습니다.

형태는 다르지만 바울과 같은 어려움을 견디며 자식을 키웠습니다. 그래서 자녀
가 성장할수록 두려움도 커집니다.

온 힘을 다해 자녀를 키웠음에도 "그 일이 나와 무슨 상관이 있더냐? 나는 네가
무슨 일을 했는지 모른다"라는 말을 하나님께 듣게 된다면, 생각만으로도 아찔합
니다.

바울 사도도 그런 생각을 했을 겁니다. 자신이 굶주리고 헐벗고 죽을 고비를 당
한 일들이 하나님과 상관이 없는 '나를 위한 일이 아닐까?' 하는 생각 말입니다.

한 해를 보내면서 뒤돌아봅니다.

자식을 위해서 온 힘을 다한 일이 누구를 위한 것인가? 부모 자신을 위한 것이
아니길 소망합니다. 자식을 위한 것이 아니길 바랍니다.

 주님, 자식을 향한 열성이 자신을 위한 것이나 자녀를 위한 것이 아니길 소망합니다. 오
직 하나님을 위한 것이기를 간구합니다.

이 길 끝까지, 함께

보라 내 언약이 너와 함께 있으니 너는 여러 민족의 아버지가 될지라_창세기 17장 4절

부모가 자녀를 키우는 일은 먼 길을 여행하는 것 같다는 생각을 합니다. 목적지는 정해져 있지만 언제 도착할지 모릅니다. 부지런히 가고 있지만 방향이 맞는지 의심이 들 때도 있습니다. 그런데도 안개와 같은 길을 계속 갑니다.

여행자의 길은 고단합니다. 그렇다고 보상이 있는 것도 아닙니다. 그러나 이 길을 멈출 수 없습니다. 그것은 '부모'로 불리는 순간부터 감당해야 할 몫입니다.

부모의 여행이 끝날 때 그곳에서 누구를 만날까요? 부모는 어떤 기대를 갖고 여행의 끝을 기다려야 할까요? 성공한 자녀의 모습은 아닙니다. 자랑스러운 부모도 아닙니다. 또는 모든 일을 마치고 안식하는 삶도 아닙니다.

우리 자녀를 하나님의 자녀로 삼아 주신 것은 분명합니다. 그러나 어떻게 이끌어 주실지 우리는 알지 못합니다. 그러나 하나님의 계획하심을 믿고 부모의 길을 갑니다.

긴 여행 끝에 하나님께서 기다리고 계십니다. 하나님께서는 고단한 여행길을 지나온 부모를 안고 위로해 주실 것입니다. 그때 우리는 쌓아 두었던 울음을 터트리면 됩니다.

이 길을 서로 격려하며 같이 가기 원합니다. 하나님의 언약이 함께하는 이 길 끝까지 동행하기 원합니다.

주님, 고단한 부모의 길을 기쁨으로 가게 하시니 감사합니다. 주님 만나는 그날까지 포기하지 않고 가게 하소서.

평안을 추구하십시오

형제여, 내가 주님 안에서 그대를 통해 기쁨을 얻게 하고 그리스도 안에서 내 마음이 평안하게 해 주시오_빌레몬서 1장 20절, 현대인의 성경

내 맘대로 평안을 누릴 수 없는 이유는 평안은 하나님께서 주시기 때문입니다 (요 14:27). 그렇습니다. 진정한 평안은 우리가 주님 안에 있을 때 누릴 수 있습니다.

주 안에서 누리는 평안은 기쁨과 즐거움입니다. 평안한 삶은 소유에 영향을 받지 않습니다.

부모에게 평안의 통로는 자녀입니다. 자녀를 통해서 기쁨을 얻고 심지어 살아가는 의미를 찾기도 합니다. 이것은 자녀가 주님 안에 있을 때 가능합니다. 자녀가 주님을 떠나 있다면 자녀는 평안을 주는 통로가 되지 못합니다.

자녀도 부모를 통해서 평안을 얻습니다. 물론 부모가 주 안에 있을 때 그렇습니다. 부모가 세상과 맞대어 있다면 자녀의 성적과 성공, 출세를 기대합니다. 그러면 부모는 자녀에게 고통과 괴로움을 전달하는 통로가 됩니다. 자녀는 기쁨과 즐거움을 누리지 못합니다.

부모가 주 안에서 평안을 누리고 있다면 세상의 즐거움과 기쁨을 추구하지 않습니다. 자녀에게도 세상이 추구하는 것을 좇으라고 하지 않습니다. 자녀가 예수 그리스도 안에서 자라는 것만으로도 부모는 행복합니다.

부모와 자녀가 주님 안에서 서로 기쁨과 즐거움을 주고받는 통로가 되길 원합니다. 서로 평안을 누리기를 소망합니다. 하나님께서 평안을 주시기를 간구합니다.

주님, 세상에서 오는 평안이 아니라 주님이 주시는 평안으로 근심과 두려움이 없게 하소서.

묵상은 싸움입니다

다윗이 블레셋 사람에게 이르되 너는 칼과 창과 단창으로 내게 나아오거니와 나는 만군의 여호와의 이름 곧 네가 모욕하는 이스라엘 군대의 하나님의 이름으로 네게 나아가노라_사무엘상 17장 45절

묵상은 고요하고 평화로운 것이 아닙니다. 치열한 싸움터가 묵상입니다. 불꽃 튀는 전쟁터에 자신의 맨몸을 고스란히 드러내는 것과 같습니다. 사방에서 날아오는 화살 속에 방패도 없이 서 있는 것이 묵상입니다.

말씀을 삶에 적용하며 세상에 은혜를 나누려는 싸움입니다. 고상한 것이 아닙니다. 사방으로부터 사탄의 공격을 받지만 물러나지 않는 것입니다.

고요함 중에 말씀을 묵상합니다. 주님의 음성을 듣고자 합니다. 말씀에 순종하고자 무릎을 꿇습니다. 자녀를 향하신 하나님의 뜻을 구합니다. 하나님의 말씀을 듣습니다. 그러나 여기서 멈추는 것은 말씀으로 자녀를 양육하는 것이 아닙니다. 그 말씀을 듣고 세상으로 들어가는 것이 묵상의 시작이며 자녀 양육입니다.

싸움을 피하거나 패배 의식에 사로잡히지 않습니다. 싸움에서 입을 상처를 두려워하지 않습니다. 승리를 확신하며 싸움에 임할 뿐입니다. 어떤 환경 속에서도 승리를 확신하며 평안을 깨뜨리지 않는 것이 말씀을 묵상하는 힘입니다. 칼과 창을 의지하지 않기 때문에 세상에서 보면 바보 같은 짓입니다. 그러나 하나님께서 자기 백성을 보호하시므로 칼과 창이 필요하지 않습니다.

칼과 창이 아니라 말씀의 힘으로 자녀를 키우는 부모가 되길 원합니다. 말씀을 깊이 묵상함으로 세상을 이기는 부모가 되길 원합니다. 자녀에게 칼과 창이 아니라 말씀을 들게 하십시오. 말씀의 검만으로 세상을 이길 수 있음을 믿고 나가게 하십시오.

 주님, 오늘도 말씀으로 세상에서 승리하는 날이 되기를 소망합니다.

시간이 많지 않습니다

12 / 07

> 네가 눈으로 본 그 일을 잊어버리지 말라 네가 생존하는 날 동안에 그 일들이 네 마음에서 떠나지 않도록 조심하라 너는 그 일들을 네 아들들과 네 손자들에게 알게 하라_신명기 4장 9절

모세는 사십 년의 광야 생활이 끝나갈 때쯤 마지막으로 하나님 말씀을 전합니다. 비록 자신은 가나안 땅에 들어가지 못하지만 그곳에서 살아갈 백성들을 위해 말씀을 전했습니다.

지난 광야 생활에서 만났던 하나님을 잊지 말고 자녀에게 가르치라고 당부하고 또 당부합니다. 홍해를 가르시고 반석에서 물을 솟게 하시며 만나와 메추라기로 먹이시고 구름기둥과 불기둥으로 인도하신 살아 계신 하나님을 자녀에게 증거하라는 것입니다.

이 명령은 우리에게도 같습니다. 부모가 만난 하나님을 자녀에게 증거할 사명이 있습니다. 그러나 요즘은 부모가 자녀에게 하나님을 증거하는 일을 게을리합니다.

부모에게 주어진 시간이 많지 않습니다. 부모가 이 땅에서 머무르는 시간은 한정되어 있고 자녀도 곁에 있을 날이 얼마 없습니다. 재물을 물려주기 위해 애쓰기에는 너무 아까운 시간입니다. 하나님을 경외하며 섬기는 삶을 가르칠 때입니다.

부모는 화살처럼 지나가는 시간 앞에 서 있습니다.

부모의 삶 속에서 만난 살아 계신 하나님을 증거해야 합니다. 오늘 자녀에게 부모가 예수 그리스도의 증인으로 사는 모습을 보여주길 소망합니다.

주님, 살아 계신 하나님의 증인이 되는 부모 되게 하소서.

잠시 멈추십시오

부자는 자기를 지혜롭게 여기나 가난해도 명철한 자는 자기를 살펴 아느니라_잠언 28장 11절

인생의 길을 분명하게 알고 가는 사람이 얼마나 될까요? 수학 공식처럼 명확한 길을 갈 수 있을까요? 특히 자녀를 양육하면서 "이것이 하나님의 뜻이다"라고 말할 수 있을까요?

가야 할 길이 분명한 삶을 살았으면 좋겠습니다. 자녀도 일찍이 진로가 정해지고 그 길을 가면 좋겠다는 생각을 합니다.

자녀를 키우는 데 가장 큰 어려움은 아이가 특별하게 하고 싶은 일도 없고 자질도 보이지 않을 때입니다. '물에 물 탄 듯' 사는 자녀를 볼 때 부모는 '어디로 가야 하나?' 마음속이 혼란스럽습니다.

그러나 진로를 정하고 가는 길도 어렵기는 마찬가지입니다. 특히 믿음으로 자녀를 양육하고자 할 때 더 혼란스럽습니다. 이것이 하나님의 뜻일까? 정말 하나님께서 원하시는 일일까?

분명한 이유와 뜻을 알고 인생을 사는 사람들은 없습니다. 그런데도 구리로 만든 흐릿한 거울과 같은 길을 가는 것은 하나님에 대한 분명한 믿음 때문입니다. 하나님께서 사랑하는 자녀를 계획도 없이 이 땅으로 보내시지 않기 때문입니다. 나 홀로 가고 있는 것이 아니라 하나님께서 함께하심을 믿기 때문입니다.

가고 있는 길에 대해서 의심이 들 때도 혹은 확신이 설 때도 잠시 멈추십시오. 잠시 멈추고 하나님을 바라보는 시간이 필요합니다.

"하나님 지금 제가 가고 있는 길이 맞나요?"

"하나님 이 길이 하나님께서 원하시는 길인가요?"

주님, 걸음을 잠시 멈추고 하나님의 은혜를 보게 하소서. 베풀어 주신 은혜에 감사하며 오늘도 다시 길을 가게 하소서.

간구에 늦음이란 없습니다

마음을 살피시는 이가 성령의 생각을 아시나니 이는 성령이 하나님의 뜻대로 성도를 위하여 간구하심이니라_로마서 8장 27절

진리에 대한 깨달음은 쉽게 오지 않습니다. 일이 닥쳤을 때는 보이지 않던 것이 지나고 나면 훤히 보입니다. 한바탕 소동을 벌인 뒤에야 들리지 않던 말들이 귀에 쏙쏙 들어옵니다.

깨달음과 동반하는 것은 아쉬움과 안타까움입니다. 그때 알았더라면 하는 아쉬움과 안타까움입니다. 그러나 깨달음보다 중요한 것은 돌이키는 것입니다. 깨달은 대로 행함입니다.

하나님께서는 돌아오라고 말씀하십니다.

"생각을 버리고 여호와께로 돌아오라"(사 55:7).

다시 돌아올 때 하나님께서는 닫혔던 하늘을 열어 비를 내려 주십니다. 사막에서 샘물을 만나는 은혜를 베푸십니다.

자녀가 부모의 손을 떠나 있음을 봅니다. 회초리를 들어 훈육하지 못한 것이 아픔으로 다가옵니다. 그럼에도 십자가 앞으로 나가야 합니다. 간구하는 데 늦은 때는 없습니다.

"주님, 지난날 깨닫지 못하여 자식을 말씀으로 가르치지 못했습니다. 주님, 귀가 먹어서 듣지 못했고 눈이 멀어서 하나님의 살아 계심을 보지 못했습니다. 용서하소서. 지금 저는 어찌해야 합니까?"

하나님은 약속하셨습니다.

"내게로 돌아오라. 그리하면 나도 너희에게로 돌아가리라"(말 3:7).

포기하지 마십시오. 하나님께서 말씀하실 때까지는 끝난 것이 아닙니다. 평생 이루지 못한 일도 주님께서 돌아보시면 한순간입니다.

주님, 맡겨 주신 자녀를 위해 끝까지 기도하게 하소서.

평안의 미래를 바라보십시오

그는 물가에 심어진 나무가 그 뿌리를 강변에 뻗치고 더위가 올지라도 두려워하지 아니하며 그 잎이 청청하며 가무는 해에도 걱정이 없고 결실이 그치지 아니함 같으리라_예레미야 17 장 8절

불확실성의 시대입니다. 그 어떤 것을 붙잡아도 미래가 확실하지 않습니다. 사상, 권력, 돈, 학력, 명예도 미래를 보장하지 못합니다. 그래서 아직 다가오지 않은 미래는 설렘보다 두려움과 걱정이 앞섭니다.

특히 자녀의 앞날을 생각할 때 복잡합니다. 부모가 자녀를 아무리 사랑해도 미래를 보장해 줄 수 없기 때문입니다. 그래서 부모 마음에는 늘 걱정과 근심이 한구석에 자리 잡고 있습니다. 그러나 하나님께서 자녀에게 평안과 희망을 약속하셨습니다. 물가에 있는 나무는 가뭄이 들어도 두려워하지 않습니다. 그런데도 부모에게는 걱정과 근심이 떠나지 않습니다.

우리에게 미래가 두려움으로 다가오는 것은 미래를 바라보는 관점 때문입니다. 우리는 미래를 소유의 관점으로 바라고 기대합니다. 지금보다 더 많은 것을 갖기 원합니다.

눈을 돌려야 합니다. 소유에 초점을 둔 미래는 걱정과 근심을 떠날 수 없습니다. 불확실한 시대를 확실하게 바꿀 힘이 사람에게는 없습니다.

우리의 미래는 하나님과의 관계에 있습니다. '오늘보다 내일이 하나님과의 관계가 더 깊어지는가? 올해보다 내년이 하나님과 더 친밀해지는가?'에 우리의 미래가 있습니다.

날이 갈수록 하나님을 사랑함이 깊어지고 하나님께 더욱 가까이 가는 부모라면 걱정하지 않아도 됩니다. 걱정과 근심이 사라지면 평안함이 옵니다. 미래를 기다리는 마음이 매일 새롭고 설렙니다.

주님, 우리의 소유에 따라 미래를 바라보지 않게 하소서. 하나님을 사랑함으로 미래를 기다리게 하소서.

사람이 정한 때를 두려워하지 마십시오

12 / 11

이는 내 생각이 너희의 생각과 다르며 내 길은 너희의 길과 다름이니라 여호와의 말씀이니라_이사야 55장 8절

부모는 평생을 기다리며 살아갑니다. 배밀이와 뒤집기를 기다리고 홀로 서고 걷는 것을 기다리고 '엄마, 아빠'라고 부르는 소리를 기다립니다. 나가면 돌아오기를 기다리고 울면 웃을 때를 기다립니다.

그러나 아무리 기다려도 모든 일에는 때가 있습니다(전 3:1). 요셉이 기한이 차고 때가 이르러 이집트의 총리가 되고 형제들을 구원한 것처럼, 이스라엘 백성들이 광야 생활을 마친 후에야 가나안 땅에 이른 것처럼 기다려야 할 때가 옵니다.

부모가 기다린다는 것은 하나님의 마음을 헤아리는 것임을 기억해야 합니다. 기다리는 것에는 아픔이 있습니다. 요셉에게는 캄캄한 감옥이 있었고 모세에게도 도망자의 때가 있었습니다.

부모가 때를 정하고 자녀를 양육하는 것은 나병을 고치러 엘리사를 찾아온 나아만의 생각과 같습니다. 자녀가 세상이 정한 때에 다다르지 못하는 것을 두려워하지 마십시오. 자녀에게 부모 맘대로 때를 정해 놓고 그것을 실패라고 하지 마십시오. 부모의 생각이 아무리 깊고 높은들 하나님의 생각과 같지 아니하며 더 높지 못합니다(사 55:9).

하나님께서 자녀에게 정하신 때는 결코 거짓되지 않습니다. 더딜지라도 반드시 나타날 때를 믿고 기다리는 부모만이 그 기쁨을 맛볼 것입니다. 성급함과 조급함을 내려놓는 부모가 되기 원합니다.

주님, 자녀의 때를 기다리는 인내를 허락하소서.

인생 최고의 선물, 자녀

그가 너로 말미암아 기쁨을 이기지 못하시며 너를 잠잠히 사랑하시며 너로 말미암아 즐거이
부르며 기뻐하시리라_스바냐 3장 17절

선물은 받는 사람을 즐겁고 기쁘게 합니다. 특히 사랑하는 사람으로부터 받는
선물은 더욱 그렇습니다. 선물은 받는 사람뿐 아니라 주는 사람도 기쁩니다. 그렇
다면 평생을 설레게 하는 선물이 있을까요? 감동과 기쁨이 평생 가는 선물 말입
니다.

일반적으로 선물은 받는 기쁨이 아무리 커도 영원하지는 않습니다. 눈물을 흘
리며 감동하던 선물도 어느 순간 시들해집니다. 그렇게 좋았던 것이 시간이 지날
수록 대수롭지 않게 여겨집니다.

그러나 시간이 지날수록 감사가 절로 나오는 귀한 선물이 있습니다. 그것은 바
로 자녀입니다. 야곱과 결혼한 레아는 여섯째 아들을 낳고 이렇게 고백했습니다.
"하나님께서 내게 후한 선물을 주시는도다"(창 30:20). 이는 생명의 근원이 하나님
께 있음을 고백하는 말이기도 합니다.

하나님께서도 부모에게 자녀를 선물로 주실 때 기쁘게 주셨습니다. 기대하는
마음으로 주셨습니다. 부모는 감사함으로 받을 뿐입니다. 아무리 생각해도 부모
에게 자녀를 선물로 받을 만한 자격은 없습니다.

하나님의 기대에 부응할 만한 능력도 없습니다. 그런데도 자녀는 부모를 기쁘
고 즐겁게 합니다. 바라보는 것만으로도 가슴이 설렙니다. 시간이 지나면 무뎌질
만도 한데 자녀를 사랑하는 마음은 점점 커지기만 합니다. 최고의 선물을 주신 하
나님, 감사합니다.

주님, 자녀로 인하여 누릴 수 있는 기쁨과 즐거움을 주셔서 감사합니다.

완벽한 부모는 없습니다

우리가 무슨 일이든지 우리에게서 난 것 같이 스스로 만족할 것이 아니니 우리의 만족은 오직
하나님으로부터 나느니라_고린도후서 3장 5절

자녀에게 실수하는 것을 인정하지 못하는 부모가 있습니다. 스스로 완벽한 부
모의 모습을 원하기 때문입니다. 자녀가 원하는 것을 수용해 주면서 관대하고 너
그렇게 대합니다. 그렇다고 해서 자녀에게 "내가 이만큼 했으니 너도 이 만큼은
해야 한다"라고 요구하지도 않습니다. 모든 면에서 완벽하고 멋지게 보이고 싶어
합니다.

그러나 자녀에게 실수하지 않는다고 좋은 부모는 아닙니다. 자녀는 부모의 완
벽한 말과 행동에서만 배우지 않기 때문입니다. 때로는 부모의 실수를 통해서도
배웁니다. 실수를 인정하는 진솔한 모습에서 더 많은 것을 배울 수 있습니다.

아무리 완벽을 추구한다 해도 우리는 결코 완벽할 수 없습니다. 인간 자체가 완
벽할 수 없기 때문입니다. 완벽을 추구하는 이면에는 자만감과 자기만족이 숨겨
져 있습니다.

자기만족은 자녀를 위한 것이 아닙니다. 성경은 은으로 만족할 수 없고 소득이
높아도 만족할 수 없다고 말씀하고 있습니다.

자녀에게 실수를 보이기를 두려워하지 마십시오. 실수를 감추고 변명하기보다
솔직하게 인정하는 것이 낫습니다. 이 세상에 완벽은 없습니다. 완벽을 추구하는
것은 교만에 가깝습니다.

처음부터 잘하는 부모는 없습니다. 넘어지고 실수하면서 부모가 되어 갑니다.

주님, 실수하는 자신을 인정하고 하나님을 바라보길 원합니다.

끝까지 견디는 자에게 주시는 은혜

오직 모든 일에 하나님의 일꾼으로 자천하여 많이 견디는 것과…… 근심하는 자 같으나 항상 기뻐하고 가난한 자 같으나 많은 사람을 부요하게 하고 아무것도 없는 자 같으나 모든 것을 가진 자로다_고린도후서 6장 4,10절

'이 힘겨운 싸움은 언제쯤 끝나는 것일까?'

온종일 아이들과 씨름하다 보면 자신도 모르게 지칩니다. 때로는 몸이 피곤하여 모든 것이 짜증나고 힘겹기도 합니다. 악해지는 세상 속에서 자녀를 순결하게 키우려는 몸부림에 열매가 맺힐까요? 좌절과 무기력이 한꺼번에 몰려옵니다.

싸움이 아무리 힘들고 어려워도 포기할 수 없습니다. 사랑하는 자녀를 사자에게 줄 수는 없기 때문입니다. 견디며 기다리고 넘어지면 다시 일어납니다. 안개 속처럼 모든 것이 희미해도 돌아서지 않습니다.

'이것도 믿음일까?' 하는 의구심이 들 때도 있지만, 꿋꿋하게 소망의 길을 갑니다. 우리가 어떤 상황에 있을지라도 포기하지만 않는다면 주님의 영광에 참여할 수 있습니다. 끝까지 견디는 부모는 하나님의 영광을 볼 것입니다.

넘어졌지만 다시 일어날 수 있습니다. 안개 속에 있을지라도 포기하지 않는다면 길을 찾을 수 있습니다. 끝까지 견디기만 하면 볼 수 있습니다.

'끝까지 견뎌 낼 것이고 포기하지 않는다'라고 결심하십시오. 넘어진 사람이 있다면 손을 내밀어 주십시오. 우리 함께 이 고난을 견뎌 냅시다. 견딤 끝에 하나님께서 기뻐하시는 자녀가 서 있습니다.

주님, 상황이 힘들게 할지라도 결코 믿음을 포기하지 않게 하소서.

12
15
'적당한 때'가 은혜입니다

여호와께서 너희의 땅에 이른 비, 늦은 비를 적당한 때에 내리시리니 너희가 곡식과 포도주와
기름을 얻을 것이요_신명기 11장 14절

모두가 앞서가기를 원합니다. 먼저 출발하지 않으면 뒤처진다는 강박 속에 살
고 있습니다. 더 많이 갖기를 원하는 탐욕 때문입니다. 나만 더 많이 누리기를 원
하기 때문입니다. 이런 욕망은 세상이 존재하는 한 멈추지 않을 것입니다. 어쩌면
더 강해지고 치열해질지도 모릅니다.

그리스도인들도 마찬가지입니다. 우리 아이만 뒤처지면 어쩌나 하는 불안에서
벗어날 수 없습니다.

그러나 곡식이 익고 포도나무에서 포도를 얻으려면 적당한 비와 햇볕이 필요합
니다. 비가 필요하다고 비만 내리면 곡식이 썩고 햇볕이 좋다고 햇볕만 내리쬐면
곡식이 말라 죽습니다.

하나님께서 사람을 어린아이로 태어나게 하시고 자라게 하시는 것에는 이런 뜻
이 숨어 있습니다. 어릴 때는 어린 만큼 누리고, 자랐을 때는 자란 만큼 누리면서
살라는 것입니다. 하나님께서는 적당한 때에 누릴 것들을 맞춰 놓으셨습니다.

비와 햇볕은 무조건 많이 내리는 것이 좋은 것이 아닙니다. 적당한 때에 적절하
게 내리는 것이 좋습니다. 하나님의 은혜는 이른 비와 늦은 비처럼 적당한 때에 내
리기 때문에 풍성합니다.

우리가 원할 때가 아니라 하나님의 계획 안에 있는 때입니다. 자녀가 앞서가지
못한다고 불안해하지 마십시오. 다른 아이들보다 조금 가졌다고 걱정하지 마십시
오. 적당한 때에 하나님께서 적절하게 은혜를 부어주실 것입니다.

주님, 오늘 주어진 것을 감사함으로 누리는 날이 되기를 소망합니다.

선교의 끝은 자녀입니다

오직 성령이 너희에게 임하시면 너희가 권능을 받고 예루살렘과 온 유대와 사마리아와 땅 끝
까지 이르러 내 증인이 되리라_사도행전 1장 8절

"그러므로 너희는 가서 모든 민족을 제자로 삼아 아버지와 아들과 성령의 이름
으로 세례를 베풀고 내가 너희에게 분부한 모든 것을 가르쳐 지키게 하라. 볼지어
다 내가 세상 끝날까지 너희와 항상 함께 있으리라"(마 28:19~20).

예수님께서 부활하시고 제자들에게 주신 명령은 복음을 전하는 것이었습니다.
우리도 이 명령을 주님이 재림하시는 그날까지 최우선으로 지켜야 합니다.

복음을 들고 땅 끝까지 가는 일입니다. 그렇다면 주님께서 명령하신 '땅 끝'은 어
디일까요? 또 시작점은 어디일까요? 우리가 가야 할 시작과 끝은 가정이며 자녀
입니다.

복음으로 다시 가정이 회복되는 것이 시작점입니다. 복음으로 부부 관계가 회
복되고 가정이 예수 그리스도 안에서 화목하게 되는 것이 복음의 시작입니다. 부
모와 자녀 사이가 회복되는 것이 선교의 시작입니다.

선교의 끝도 가정입니다. 가정이 회복되어야 합니다. 특히 부모에게 선교의 끝
은 당연히 자녀입니다. 자녀가 말씀으로 세워지는 것이 선교의 끝입니다.

많은 부모가 이 점을 놓치고 있습니다. '땅 끝'을 지형적으로 생각하여 가장 멀리
떨어진 지역을 선교의 끝으로 생각하고 있습니다.

진정 선교의 끝은 자신의 자녀입니다. 가정입니다. 예수 그리스도 때문에 가정
이 회복되고 자녀가 말씀으로 양육되는 것이 선교의 끝입니다.

오늘도 선교의 끝인 자녀를 향하여 온 힘을 다해 달려가는 부모 되게 하소서.

자녀의 길을 예비하십시오

외치는 자의 소리여 이르되 너희는 광야에서 여호와의 길을 예비하라 사막에서 우리 하나님
의 대로를 평탄하게 하라_이사야 40장 3절

세례 요한은 유다 백성들에게 예수 그리스도께서 구원자로 오실 것을 외쳤습니
다. 그는 "나는 그의 신을 들기도 감당하지 못하겠노라"라며 오직 예수 그리스도
의 오심을 준비하는 사명을 감당했습니다.

부모도 세례 요한과 같다는 생각을 합니다. 자녀가 부모의 뒤를 따라오고 있습
니다. 부모는 세례 요한처럼 굴곡진 길을 다듬어야 합니다. 자녀가 예수 그리스도
를 만나는 데 방해가 되는 것들을 제거해야 합니다.

자녀가 복음을 듣지 못하도록 방해하는 것들을 제거해야 합니다. 자녀가 하나
님의 말씀을 들을 수 있도록 길을 열어놔야 합니다.

자녀는 은혜 가운데 성령과 불로 세례를 받을 것입니다. 부모가 낙타털 옷을 입
고 허리에 가죽 띠를 띠고 거친 음식을 먹는 것은 자녀가 믿음의 길을 갈 수 있도
록 준비하는 것입니다.

부모의 손에 들린 것은 말씀과 기도뿐입니다. 묵상과 기도로 한 발씩 앞으로 나
갑니다. 그 길로 자녀가 따라오고 있음이 보입니다.

오늘도 자녀의 길을 예비하기 위해 말씀과 기도로 준비합니다.

주의 은혜를 사모합니다.

주님, 우리의 길을 인도하소서.

마침내 이길 것입니다

버려지 같은 너 야곱아, 너희 이스라엘 사람들아 두려워하지 말라 나 여호와가 말하노니 내가 너를 도울 것이라 네 구속자는 이스라엘의 거룩한 이이니라_이사야 41장 14절

부모와 자녀 사이는 연과 연줄 사이 같습니다. 연이 높이 올라갈수록 연줄은 점점 팽팽해집니다. 연을 놓칠까 봐 온 힘을 다해 얼레를 잡습니다. 끈에 나뭇잎이라도 스치면 줄이 끊어져서 날아갈 것 같습니다.

끈을 잡은 손이 지쳐갑니다. 내가 연에 딸려 올라가 정처 없이 날아다닐 것 같습니다. 자녀를 잘 양육하고자 할수록 부모의 삶은 지쳐만 갑니다. 끝은 있는 것일까? 그늘을 만들어 주는 나무 같은 자녀의 모습을 볼 수 있을까?

하나님께서는 낙심 속에 있는 부모를 향해 "내가 부모로 택한 자여, 내가 너를 불렀다"라고 말씀하십니다. 세상이 "이제 너는 끝이다"라고 말할 때, 하나님께서 부르십니다.

두려워하지 말고 놀라지 말고 낙심하지 말라고 하십니다. 하나님께서 함께하시고 도와주신다고 말씀하십니다. 이기게 될 그날을 보여 주십니다. 끝내 승리할 수밖에 없는 그날을 보여 주십니다.

"보라, 네게 노하던 자들이 수치와 욕을 당할 것이요 너와 다투는 자들이 아무것도 아닌 것 같이 될 것이며 멸망할 것이라"(사 41:11).

그날에 우리를 괴롭히던 것들이 썩은 나무처럼 무너지는 것을 보게 될 것입니다. 고목 같던 나무에서 새싹을 발견하고, 환하게 웃고 있는 자녀의 모습을 만나게 될 것입니다.

하나님께서 우리와 함께하시고 우리는 이기게 될 것입니다.

주님. 모든 어려움을 주님으로 말미암아 이겨 내게 하소서.

돌을 세우는 부모가 되십시오

12 / 19

여호수아가 요단에서 가져온 그 열두 돌을 길갈에 세우고_여호수아 4장 20절

이스라엘 백성들이 요단강을 건너자 하나님께서는 요단에서 가져온 돌을 길갈에 세우게 하셨습니다. 이 돌은 요단강을 건넌 승리의 기념비가 아니라 자녀 교육용이었습니다. 이 돌은 부모가 살아 계신 하나님을 경험하고 만났음을 자녀에게 증거하는 물증입니다. 홍해를 마르게 하시고 이집트 군대를 물리치신 하나님이심을 알려주는 교육 자료입니다. 또한 자녀가 오직 하나님만 섬기도록 하기 위함이었습니다.

자녀의 신앙 교육을 위해서 돌을 세우라고 말씀하셨습니다. 하나님을 섬기는 것이 부모 대(代)에서 끝나지 않고 자손 대대로 이어지게 하는 것이 하나님의 뜻이었습니다.

또 한 해가 저물어갑니다. 우리의 삶은 요단강을 건너온 것과 같습니다. 하나님께서는 강물을 멈추게 하시고 우리가 무사히 건널 때까지 기다리셨습니다. 하나님의 은혜가 아니었다면 이 한 해도 지나오지 못했을 것입니다.

우리는 자녀를 위해 길갈에 세워졌던 증거의 돌을 세웠을까? 자녀에게 증인이 될 만큼 살아 계신 하나님을 만나고 섬겼는지 뒤돌아봅니다. "내가 내 몸에 예수의 흔적을 지니고 있노라"(갈 6:17)는 바울의 고백처럼 한 해의 삶 속에 흔적이 남았는지, 하나님이 아니시면 도무지 설명할 수 없는 일들이 내 삶에 있었는지 생각해 봅니다.

자녀를 올바로 양육하는 일은 부모의 능력으로 할 수 있는 일이 아닙니다. 오직 하나님만이 하실 수 있습니다.

주님, 한 해를 보냅니다. 하나님을 사랑하며 자녀를 위해 증거하는 돌을 세우는 부모가 되기를 소망합니다.

모든 것이 하나님 은혜입니다

그러나 내가 나 된 것은 하나님의 은혜로 된 것이니 내게 주신 그의 은혜가 헛되지 아니하여 내가 모든 사도보다 더 많이 수고하였으나 내가 한 것이 아니요 오직 나와 함께하신 하나님의 은혜로라_고린도전서 15장 10절

"모든 것이 하나님 은혜입니다."

이것은 쉽게 할 수 없는 고백입니다. 특히 자녀를 키우는 일은 더 그런 것 같습니다. 모든 것이 하나님의 은혜라고 한다면 부모 입장에서 억울한 것이 많을 듯합니다.

부모보다 열심과 정성으로 자녀를 키우는 사람이 있을까요? 부모는 '진 자리 마른자리' 가리지 않고 자녀에게 정성을 다합니다. '자식'이라는 이유만으로 모든 것을 양보합니다.

자녀의 고통을 보는 것만으로도 어쩔 줄 모르는 이가 부모입니다. 때로는 하나님 앞에서 울며 떼를 쓰기도 합니다. 그저 자식 때문입니다. 자식 잘되라고 하는 모든 일조차 행여 자식에게 걸림돌이 될까 노심초사합니다.

그런데도 무슨 일만 생기면 부모 탓입니다. 가끔은 억울합니다. 때로는 분하기도 합니다. 그러나 자녀가 성장할수록 저절로 고백하게 되는 말이 있습니다.

"모든 것이 하나님 은혜입니다."

돌아보니 부모가 아니라 하나님의 손길이 자식을 키웠습니다. 모든 것이 하나님의 은혜입니다. 이제 눈으로 주를 뵈니 부모의 모든 노력이 티끌과 같습니다.

주님, 은혜 없이 자녀를 키울 수 없음을 고백합니다. 한없는 은혜를 간구하오니 내려 주소서.

주여 기다립니다

12 / 21

너희가 나를 택한 것이 아니요 내가 너희를 택하여 세웠나니_요한복음 15장 16절

신앙생활을 하기로 내가 선택한 것 같지만 뒤돌아보면 하나님께서 먼저 택하고 부르셨다는 것을 알게 됩니다. 이스라엘 백성들도 마찬가지였습니다. 그들이 하나님을 선택한 것이 아니라 하나님께서 그들을 택하셨습니다. 그들은 '선민'이라는 자부심이 대단했습니다. 수많은 민족 중에서 선택받았으니 그럴 만도 합니다.

그러나 먼저 선택을 받았다는 사실이 구원의 조건이 되지는 않습니다. 또 선조들이 하나님의 은혜를 받았다고 그 은혜가 저절로 후손들에게 이어지지도 않습니다.

하나님께서는 거듭 "자녀에게 말씀을 가르치라" 말씀하십니다. 부모가 택함을 받고 구원을 받았다고 해서 자녀까지 저절로 구원받는 것은 아닙니다.

부모의 믿음이 자녀 구원의 보증수표가 되지 못합니다. 자녀에 대한 하나님의 택하심이 있어야 하고 자녀 또한 그 부르심에 응답해야 하기 때문입니다. 부모는 기도할 뿐입니다. 나를 구원하신 하나님, 자녀도 구원하여 주소서.

자녀를 구원의 물가로 인도할 수는 있지만 강제로 구원받게 할 수는 없습니다. 오늘도 부모는 기도할 뿐입니다.

분명한 것은 부모의 기도에 하나님께서는 응답하신다는 것입니다.

믿음으로 오늘도 기도하며 기다립니다.

 주님, 사랑하는 자녀가 하나님의 부르심에 순종하게 하소서. 마음을 열고 하나님과 인격적으로 만나게 하소서.

말씀은 늘 가까이 있습니다

그대는 어떤 형편에서든지 항상 말씀을 전하시오. 끝까지 참고 가르치면서 사람들을 책망하고 꾸짖어 올바로 살도록 권하시오_디모데후서 4장 2절, 현대인의 성경

가장 효과 있는 교육 방법은 실물 교육입니다. 직접 보고 듣고 체험하도록 하는 것입니다. 그리고 그보다 더 효과 있는 방법은 배운 것을 다른 사람에게 가르치는 것입니다. 다른 사람을 가르치려고 준비하면서 다시 배우게 되고 가르치는 동안 다시 깨닫게 됩니다.

자녀에게 성경을 가르칠 때도 마찬가지입니다. 말씀은 살아 움직이고 있음을 기억해야 합니다. 예수님께서는 제자들에게 실물 교육을 하셨습니다. 말씀이 삶과 분리되어 있지 않다는 것을 보여 주셨습니다.

어부였던 베드로에게는 사람을 낚는 어부가 되라고 하셨고, 바다 위를 걷는 예수님을 보고 두려워하는 베드로에게는 "나와 함께 있으면 두렵지 않다"라고 말씀하셨습니다. 어린아이를 축복하심으로 제자들에게 어린아이를 대하는 모범을 보여 주셨습니다. 병자를 치유하실 때도 "무엇을 원하느냐?"고 물어보시고 고쳐주셨습니다. 이는 병자에 대한 긍휼을 보여 주시는 것입니다.

살아 있는 말씀을 경험하지 못한 채 가르치는 것은 지식을 전달하는 것과 같습니다. 자신의 삶 속에서 말씀을 만나고 그 말씀을 가르칠 때 진정한 효과를 볼 수 있을 것입니다.

말씀을 체험한 부모가 그 말씀을 자녀와 나누는 과정에서 말씀 교육이 제대로 이루어집니다. 말씀은 늘 우리 가까이 있습니다. 살아 있는 말씀을 전할 준비가 되어 있을 때 기회가 열립니다. 손과 발길이 닿는 곳에 말씀이 있습니다.

주님, 항상 자녀에게 살아 있는 하나님의 말씀을 전하기 원합니다.

부모의 책임을 기억하십시오

네 하나님 여호와를 기억하라 그가 네게 재물 얻을 능력을 주셨음이라_신명기 8장 18절

자녀 양육에서 부모의 책임은 어디까지일까요? 어떤 문제가 생길 때마다 대부분은 부모의 잘못으로 결론이 납니다. 아이의 일탈에 대한 책임이 부모에게 있다고 입을 모아 말합니다.

부모는 자식을 키우고 가정을 꾸리기 위해서 힘을 다합니다. 자신보다는 가족을 위해서 일합니다. 일하느라 아이들이 자라는 모습을 제대로 보지 못하기도 합니다. 문득 훌쩍 커버린 아이들이 낯설게 느껴지는 시간을 마주하기도 합니다. 혹은 자녀가 일으킨 문제와 마주합니다. 어쩌다 여기까지 오게 되었을까?

부모는 말합니다. "너를 위해서 열심히 일했다. 너 잘되기만 바랄 뿐이다." 진심입니다. 그러나 자식은 원하지 않았다고 합니다. 부모에게 한 번도 희생을 요구한 적이 없다고 합니다. 네가 누린 모든 것들이 내 희생으로 된 것이라고 말해도 아이들은 감동이 없습니다.

모든 책임이 부모에게 돌아옵니다. 부모는 죄책감을 벗어날 수 없습니다. 더불어 '내가 뭘 그렇게도 잘못했기에'라는 생각에 화가 납니다. 자식을 낳았다는 이유만으로 변명할 기회조차 없습니다. 모든 것들이 한순간에 무너져 내리는 듯합니다.

비로소 고개를 들어 하늘을 바라봅니다. 그렇습니다. 우리에게는 하늘 아버지가 계십니다. 부모의 한계를 인정하고 하늘을 보십시오.

자녀를 키운다는 것은 부모 자신도 커 가는 것을 의미합니다. 부모는 자녀뿐 아니라 자신도 보살펴야 합니다.

주님, 연약한 부모입니다. 연약한 자녀입니다. 하나님의 돌보심과 은혜를 간구합니다.

지켜보시는 하나님이 계십니다

여호와여 어느 때까지니이까 나를 영원히 잊으시나이까 주의 얼굴을 나에게서 어느 때까지
숨기시겠나이까_시편 13편 1절

다니엘의 세 친구는 맹렬히 타는 풀무 불 속으로 던져졌습니다. 그러나 그들은
머리털 하나도 그을리지 않았습니다. 풀무 불 속에는 한 명이 더 있었습니다. 세
사람과 함께하시는 하나님이었습니다.

어느 한순간 인생이 풀무 불 같을 때도 있습니다. 하나님의 얼굴을 구하지만, 적
막하기만 합니다. 하나님께서 나를 버리신 것은 아닐까 반문하게 됩니다.

자녀에게 문제가 생기면 더욱 그렇습니다. 부모의 선 밖으로 나간 자녀는 돌아
올 기미조차 없습니다. 하늘은 캄캄하기만 합니다.

우리는 다니엘의 세 친구처럼 '그리 아니하실지라도'를 고백합니다. 하나님을
떠날 수 없습니다. 십자가를 버릴 수 없습니다.

세 친구와 함께 계셨던 하나님께서 우리와도 함께 계십니다. 앞만 바라보고 있
어서 뒤에 계심을 보지 못할 뿐입니다. 캄캄한 밤이 되어야 빛나는 별이 보입니
다. 사막 가운데서만 볼 수 있는 것들이 있고 적막 가운데서만 들을 수 있는 음성
이 있습니다.

늘 우리를 지켜보시는 하나님이 계십니다.

언제나 지켜 보시는 주님 감사합니다. 주님과 함께 믿음으로 끝내 승리하게 하소서.

12 / 25

오직, 하나님의 이름으로 나가십시오

다윗이 블레셋 사람에게 이르되 너는 칼과 창과 단창으로 내게 나아오거니와 나는 만군의 여호와의 이름 곧 네가 모욕하는 이스라엘 군대의 하나님의 이름으로 네게 나아가노라_사무엘상 17장 45절

다윗은 무기가 없었습니다. 가진 것은 하나님의 이름뿐이었습니다. 다윗은 어린 소년이었고 골리앗은 힘 센 병사였습니다. 누가 보아도 무모한 대결이지만 다윗은 담대하게 나섭니다.

말씀으로 자녀를 양육하는 것은 다윗이 골리앗 앞에 서는 것과 같습니다.

칼과 창으로 무장한 적 앞에 조약돌 몇 개를 들고 맨손으로 서 있습니다. 참으로 초라한 부모의 모습입니다. 세상은 큰 칼과 긴 창을 가지라고 충고합니다. 그래야 적들을 더 물리칠 수 있을 것 같습니다.

세상은 더 많은 돈과 더 많은 권력을 가지라고 말합니다. 그래야 세상을 살아가기 편하다고 합니다. 그래서 칼과 창을 들고 싶은 마음이 자꾸 생깁니다. 칼과 창만 들면 무엇이든지 금세 이루어질 것만 같습니다. 하지만 그런 욕망을 내려놓아야 합니다.

하나님 이외에 다른 것으로 자녀를 양육하고 싶은 욕망을 다스려야 합니다. 다른 것을 취하려다 하나님을 놓치게 되기 때문입니다. 우리 손에 이것저것 다 쥘 수는 없습니다. 칼과 창을 쥘 것인지 하나님의 이름을 잡을 것인지 선택해야 합니다.

주님, 오직 하나님의 이름만 의지하길 원합니다. 오직 하나님의 이름만으로 자녀를 양육하게 하소서.

하나님을 아는 것이 성공입니다

그들은 번성할수록 내게 범죄하니 내가 그들의 영화를 변하여 욕이 되게 하리라_호세아 4장 7절

자녀의 풍성한 삶을 원치 않는 부모는 없습니다. 하나님도 부모의 마음과 같으실까요? 물론입니다. 자녀를 사랑하는 마음은 하나님을 따라갈 수 없습니다.

그렇다면 하나님께서는 우리의 궁색한 삶을 원치 않으실까요? 그럴 수도 있습니다. 그러나 전혀 부족함 없이 사는 것도 하나님의 뜻은 아닙니다. 사실 하나님께서는 우리의 소유에 관심이 없으십니다. 하나님께서는 자녀가 하나님을 알고 있는가에 관심이 있으십니다.

하나님을 알고 하나님을 사랑하며 살아가는 자녀의 삶에 관심이 있으십니다. 아버지가 자녀를 알고 자녀가 아버지를 아는 친밀한 관계를 원하십니다. 그런데도 부모는 하나님을 잘못 알아 자녀를 엉뚱한 길로 인도할 때도 있습니다. 세상에서 성공한 삶을 하나님께서 기뻐하신다고 생각합니다. 그러나 하나님 없는 성공은 오히려 하나님을 욕되게 할 뿐입니다.

진정한 성공은 하나님을 더욱 깊이 알아가고 사랑하는 일입니다. 하나님을 소홀히 여기고 하나님을 사랑하지 않는 것은 실패입니다. 말씀을 잊어버리고 살아가는 것 또한 실패입니다(호 6:6).

세상의 성공을 부러워하지 마십시오. 세상의 가치관을 좇도록 자녀에게 강요하지 마십시오. 자녀가 하나님을 알아가도록 가르치십시오. 하나님을 알아갈 때 더욱 풍요로운 삶을 살게 될 것입니다.

 오늘도 하나님을 알아가고 사랑하는 데 힘을 쏟는 하루가 되기를 소망합니다.

하나님과 동행한다는 것은

내가 너와 함께 있어 네가 어디로 가든지 너를 지키며 너를 이끌어 이 땅으로 돌아오게 할지라 내가 네게 허락한 것을 다 이루기까지 너를 떠나지 아니하리라_창세기 28장 15절

사람은 서로 영향을 주고받으며 살아갑니다. 연약한 존재이기 때문입니다. 특히 어릴수록 주위 사람들에게 많은 영향을 받습니다. 성경은 이렇게 말씀하고 있습니다.

"지혜로운 자와 동행하면 지혜를 얻고 미련한 자와 사귀면 해를 받느니라"(잠 13:20).

자녀의 주변에 지혜로운 친구들이 많으면 좋겠습니다. 그래서 지혜롭게 자라길 바랍니다. 그러나 자녀를 둘러싼 환경은 악하고 좋지 않은 것들이 많습니다.

아이들은 연약한 존재입니다. 악한 환경에서 자신을 스스로 지킬 만한 힘이 없습니다. 도움의 손길이 필요합니다. 부모가 도움이 되면 좋겠지만 부모 역시 연약합니다.

하나님께서는 우리의 연약함을 알고 계십니다. 하나님의 도우심이 없이는 제대로 갈 수 없음을 알고 계십니다. 그래서 두려워하지 말고 놀라지 말라고 하십니다. 우리와 함께하시며 붙들어 주심을 믿으라고 말씀하십니다(사 41:10).

부모는 하나님께서 하신 언약을 믿습니다. 하나님께서 자녀와 함께하시며 어디를 가든지 붙잡아 주실 것을 믿습니다. 오직 부모가 할 일은 자녀의 환경을 변화시키는 것입니다. 찬송 시간과 성경 읽는 시간, 기도하는 순간을 늘려야 합니다.

하나님과 관련된 것들이 많아지도록 해야 합니다. 그래서 항상 하나님께서 계시다는 것을 알게 해야 합니다. 하나님과 동행한다는 것은 하나님의 영향을 받으며 살아가는 것입니다.

주님, 오늘도 세상이 아닌 하나님의 영향 아래서 살아가는 부모와 자녀가 되기를 소망합니다.

지금을 감사함으로 누리십시오

에녹은 므두셀라를 낳은 후, 삼백 년 동안 하나님과 동행하며 자녀를 낳았고_창세기 5장 22절

자녀의 모습은 다양합니다. 말썽을 일으키고 부모의 속을 긁는 자녀가 있습니다. 반면 바라보기만 해도 안타까운 자녀도 있습니다.

때로는 '부모'를 그만두고 싶을 때도 있습니다. 그러나 자식이 잘할 때만 자녀와의 관계가 잘 형성되는 것은 아닙니다. 어떤 경우라도 '부모와 자녀' 사이는 변하지 않습니다. 부모와 자녀는 소유가 아니라 관계로 형성되었기 때문입니다. 어느 한쪽이 강요해서 맺은 것이 아니라 창조주 하나님이 만드신 관계입니다.

어떻게 해서 부모와 자녀 사이가 되었는지 분명하게 알 수 없습니다. 하나님만이 아실 뿐입니다. 그러나 분명한 것은 자녀가 선물이라는 것입니다. 지금 내게 주어진 특별하고 귀한 선물입니다. 앞으로 변화되고 자라는 모습을 기대하는 것이 부모의 할 일입니다. 무엇보다 중요한 것은 지금을 감사함으로 누리는 것입니다.

'지금'이라는 시간은 지나면 사용할 수 없는 것입니다. 지나가면 돌이킬 수 없습니다. 자녀가 어떤 형편에 있을지라도 '지금'이라는 선물을 놓치지 마십시오.

자녀로 인하여 얻는 즐거움이나 기쁨에 감사하십시오. 그리고 고통과 괴로움도 '부모'가 아니라면 얻을 수 없는 소중한 것들입니다.

주어진 '지금'을 감사함으로 누리는 날이 되기를 소망합니다.

하나님께서 지으신 모든 것이 선합니다. 자녀를 선물로 주셔서 감사합니다.

지금 꿈을 꿔도 될까요?

그 후에 내가 내 영을 만민에게 부어 주리니 너희 자녀들이 장래 일을 말할 것이며 너희 늙은
이는 꿈을 꾸며 너희 젊은이는 이상을 볼 것이며_요엘 2장 28절

나이가 들면서 새로운 도전을 주저하게 됩니다. '용기'가 없다고 말할 수도 있겠지만 육체도 마음도 지쳐 있기 때문입니다.

그런데 성경 말씀은 "늙은이가 꿈을 꾼다"고 말씀하고 있습니다. 꿈은 젊은이의 소유물처럼 여겨집니다. 젊어서는 꿈을 향해 달려가고 늙어서는 삶을 되돌아보며 정리하는 게 순리입니다.

그렇다고 나이 들면 꿈을 꾸지 말라는 것은 아닙니다. 꿈꿀 수 있습니다. 물론 젊었을 때보다 꿈을 이룰 가능성이 적을 수는 있습니다.

성경에서 말하는 늙은이의 꿈은 세상의 꿈과 다릅니다. 하나님의 뜻과 일치된 꿈입니다. 젊어서 갖는 꿈은 자신의 포부가 담겨 있고 자신의 노력과 힘으로 이루려는 경우가 대부분일 것입니다. 그러나 늙은이가 꾸는 꿈은 자신의 꿈이 아닙니다. 자신을 내려놓고 하나님의 뜻에 순종할 때 나오는 꿈입니다. 어쩌면 그것이 진정한 꿈일 수 있습니다. 자신의 힘으로 아무것도 이룰 수 없을 때 자신을 향한 하나님의 꿈을 발견합니다.

살아서 그 꿈이 이루어지는 것을 보지 못할 수도 있습니다. 그러나 그 꿈은 하나님에게서 온 것이기에 반드시 이루어질 것입니다.

자식에게 바라는 것도 그렇습니다. 젊어서는 자녀에게 바라는 것이 용광로 같았지만 나이 들면서는 바랐던 것보다 더 많이 감사하게 됩니다. 비로소 온전한 부모가 된 것입니다.

이제는 하나님께서 주시는 꿈을 발견하게 하소서. 육체는 약해지고 환경은 열악하지만, 그 꿈으로 가슴이 설레게 하소서.

구하는 기도, 행하는 기도

구하라 그러면 너희에게 주실 것이요 찾으라 그러면 찾아낼 것이요 문을 두드리라 그러면 너희에게 열릴 것이니_누가복음 11장 9절

기도가 깊어지면 내 생각을 내려놓고 하나님의 뜻을 구하게 됩니다. 그래서 기도는 인생의 안내판과 같습니다. 어두운 세상을 비추는 등불과도 같습니다.

기도를 통해서 하나님의 뜻을 발견하고 그 뜻에 순종하는 길을 택합니다. 천성을 향하여 가는 순례자의 길과 같은 것이 기도의 삶입니다.

기도의 핵심은 '두드리라'와 '하라(行, do)'에 있습니다. 내 힘에 의지하는 것이 아니라 성령님의 힘에 의지합니다. 내 생각을 버리고 하나님의 뜻을 채우려면 행동이 필요합니다. 사랑받기를 원한다면 마음에 사랑의 자리를 비워 놓아야 합니다. 그리고 상대방을 사랑해야 합니다. 기도하는 것에 그친다면 헛된 바람이 될 수도 있습니다.

자녀를 위한 간구의 제목이 '하나님을 경외하는 자'입니까? 그렇다면 하나님을 경외할 수 있도록 말씀을 가르치고 예배의 자리로 나가야 합니다. 이웃을 사랑하는 자녀가 되기를 간구한다면 사랑을 행함으로써 이웃의 어려움을 지나치지 말아야 합니다.

말씀을 행하지 않으면 내 생각을 비울 수 없습니다. 행함이 없는 믿음은 살아 계신 하나님을 만나기에 부족합니다. 하나님께서 기도를 들으신다고 믿는다면 행함의 자리로 나가야 합니다.

자녀를 위해 기도하고 있습니까?

구하는 데만 머물지 말고 행함의 자리로 나가야 합니다. 자녀를 믿음으로 양육한다는 것은 말이 아니라 행동입니다.

주님, 말씀대로 행하는 부모가 되게 하소서.

장차 나타날 영광을 기대하십시오

생각하건대 현재의 고난은 장차 우리에게 나타날 영광과 비교할 수 없도다_로마서 8장 18절

고난을 원하는 사람은 없습니다. 사람은 누구든지 평안한 삶을 살기 원합니다. 그러나 사도 바울은 그리스도를 위하여 받는 핍박과 괴로움을 오히려 기뻐했습니다. 그리스도의 능력으로 고난을 이겨 내기에 고난 후에는 오히려 강해지는 것이라고 했습니다.

바울의 고난을 묵상하면 자녀의 어린 시절이 떠오릅니다. 불쑥 다가온 일들 앞에 가슴을 졸이며 애태웠습니다. 어느 때는 눈물조차 마를 때도 있었습니다.

그러나 이런 어려움을 견딜 수 있었던 것은 자녀의 성장하는 모습 때문이었습니다. 자라면서 잔병이 줄고, 넘어져도 다시 일어나고, 가슴을 졸이게 하는 일들이 줄어들었습니다. 그런데도 여전히 바람 앞에 놓인 등불처럼 위태롭게 보이기는 마찬가지입니다.

어쩌면 자녀가 부모를 평안하게 하는 일은 평생 없을지도 모릅니다. 그래도 부모는 자녀가 주는 고난을 기쁨으로 여겨야 합니다. 그 가운데 부모는 고난을 이겨 내는 힘이 생깁니다.

또한 고난을 이겨 낼 수 있는 것은 자녀에게 소망이 있기 때문입니다. 그것은 지금 겪는 고난보다 크고 값진 것입니다. 그때는 지나온 모든 것에 기쁨과 감사만이 남을 것입니다. 그때는 지금 받는 고난이 옛 추억의 그림자로 남아 있을 것입니다.

한 해를 돌아보니 주님께서 주신 힘이 아니었다면 견딜 수 없는 날들이 많았습니다. 힘들고 어려웠던 시간을 장차 받을 영광을 생각하며 견뎌왔음에 감사할 뿐입니다.

365일 복 있는 자녀로 살게 하시는 주님을 찬양합니다.